21世纪普通高等教育核心课程经典辅导·英语系列

语言学教程

精读精解

主 编 廖美珍

西北工業大學出版社

西安

【内容简介】 本书是以《语言学教程》(北大版)教材为蓝本所编写的学习辅导书。全书按照蓝本教材编章的顺序编写,每章主要包括以下六方面的内容:本章要点、参考译文、术语双解、重难点解析、强化练习及强化练习答案。

本书主要针对高等学校英语(外语)专业本科和研究生学习而编写,适用于相关专业本科生、研究生考生和教学人员参考学习。

图书在版编目(CIP)数据

语言学教程精读精解 / 廖美珍主编. —西安:西北工业大学出版社,2020.2 (2023.7 重印)

ISBN 978-7-5612-6381-5

Ⅰ. ①语… Ⅱ. ①廖… Ⅲ. ①语言学—高等学校—教学参考资料 Ⅳ. ①H0

中国版本图书馆 CIP 数据核字(2019)第 148114 号

YUYANXUE JIAOCHENG JINGDUJINGJIE

语言学教程精读精解

责任编辑:付高明　　**策划编辑**:李　萌
责任校对:杨　睿　　**装帧设计**:晨　宇
出版发行:西北工业大学出版社
通信地址:西安市友谊西路 127 号　　**邮编**:710072
电　　话:(029)88493844　88491757
网　　址:www. nwpup. com
印 刷 者:武汉市籍缘印刷厂
开　　本:880 mm×1 230 mm　1/32
印　　张:12. 875
字　　数:649 千字
版　　次:2020 年 2 月第 1 版　2023 年 7 月第 5 次印刷
定　　价:49. 00 元

前言 FOREWORD

“语言学”(或曰“普通语言学”)是高等学校英语(外语)专业本科和研究生层次非常重要的一门必修课。无论是专攻语言学、文学、翻译学的学生,还是其他方向的学生,都必须有一个扎实的语言学基础。

《语言学教程》(第五版,下文简称《教程》)是目前大多数外语院校采用的一本教材。虽然本书得到大多数学者的认可,但是不少学生抱怨:本书不少地方不好懂或者根本就看不懂。这里既有专业术语的问题,也可能有语言表达的问题。鉴于此,北京大学出版社出版了一个中文译本,实在是做了一件好事。

然而,作者在教学中发现,仍有许多人学习《教程》很吃力,出版社和有关部门的广泛调查也证实了这一点。因此就有了现在的这本书。

本书有什么特点呢?

☞ 专门针对本科学生和备考研究生的学生编写;

☞ 以《教程》为基础,用相对通俗易懂的语言表述其要点;

☞ 每章开头概括了本章的重点;

☞ 重要内容均附英文原文,便于学生理解;

☞ 术语英汉语双解;

☞ 提供习题参考答案。

但是,有一点要说明的是,本书的目的是帮助读者学习《教程》和阅读其他的语言学著作(尤其是国外学者的著作),因此,本书不是《教程》和其他语言学著作的替代物。

本书的编者和分工如下:

陈伟:第 3 章、第 4 章和第 5 章;

李辉望:第 6 章、第 7 章、第 8 章和第 11 章;

刘兴兵:第 9 章和第 10 章;

胡海娟:第 2 章和第 12 章;

史红丽:第 1 章。

廖美珍负责编写体例、统一风格和核校工作。参与修订的老师有(按照姓氏拼音顺序):常何,高苏,吕万英,彭雪和周睿丰。

由于作者水平有限,本书仍存在不少问题,敬请原书作者和读者批评指正。请将意见或建议通过电子邮件发送至 zbbook@ foxmail. com。

编者

2019 年 12 月

目 录
CONTENTS

第1章 语言学导论

Chapter 1 Invitations to Linguistics

本章要点

1. 研究语言的目的
2. 语言的定义特征
3. 语言的功能
4. 语言学的主要分支
5. 语言学的一些重要区别

参考译文

1.1 为什么学习语言？(Why Study Language?)

语言是人和人的生活不可或缺的组成部分,因此人们把许多有关语言的东西看成是理所当然的。在有些人看来,语言根本就不是值得进行学术研究的一门学科,他们将其视为进入其他知识领域的手段,而不把语言本身作为一门学科来研究。然而,我们如果认真地思考一下下面这些关于语言的说法,就会发现,我们实际上对语言的性质及其在生活中的作用知之甚少,而许多可怕的种族歧视和社会经济歧视都是源自于对语言的无知和对语言的错误认识。

说法1:语言只是交际手段。(Language is only a means of communication.)

说法2:语言有形式—意义对应的关系。(Language has a form-meaning correspondence.)

说法3:语言的功能是交换信息。(The function of language is to exchange information.)

说法4:英语比汉语难学。(English is more difficult to learn than Chinese.)

说法5:黑人英语不标准,应该加以改革。(Black English is not standard and should be reformed.)

……

诸如此类的说法还很多。不过当你学完本书再回顾时,我们希望你会发现这些观念并非完全正确。

下面是一些关于语言的基本观点,也许你不用太多思考就会同意或当即反对。但无论如何请完整阅读本书，因为这些观点将在各章节内逐一讨论。

(1)儿童不需要指导就能够快速、高效地掌握母语。(Children learn their native language swiftly, efficiently and without instruction.)

(2)语言有规则可循。(Language operates by rules.)

(3)任何语言都由三个主要部分构成：语音系统、词汇语法系统及语义系统。(All languages have three major components: a sound system, a system of lexicogrammar and a system of semantics.)

(4)人人都会说一种方言。(Everyone speaks a dialect.)

(5)语言在慢慢地变化。(Language slowly changes.)

(6)所有的语言使用者都使用各种不同的语体和行话。(Speakers of all languages employ a range of styles and a set of jargons.)

(7)语言与语言使用者和社会有着密不可分的关系。(Languages are intimately related to the societies and individuals who use them.)

(8)文字是口语的衍生物。(Writing is derivative of speech.)

人们发现，语言研究不仅有趣，而且有多种用途。通过语言研究，我们可以发现人脑运作的更多秘密。例如，脑部损伤是如何导致语言障碍的？儿童是如何习得语言的？人们如何学习及教授不同的语言？意义与感知之间的关系是什么？语言在不同文化中的角色是什么？为什么人们要使用语言的不同变体？为什么不同群体之间的语言会有差异？科学家是如何实现计算机模拟人类工作的？本书是一本入门读物，亦可作为将来你在上述某一领域及其他相关领域进一步研究的起点。

这里我们再谈谈教育方面的宏观问题。我们都明白语言在个人及社会生活中的重大意义，假如不深谙语言之本质及其运作机制，我们忽略的将是构成人类本质的基础东西。语言是人类共同分享的一种重要资源。可见，了解语言不仅仅是语言学家们的工作。

1.2 什么是语言？(What Is Language?)

《韦氏新世纪词典》中列出了“语言”一词最常用的几个定义：[1](a)人类言语(human speech)；(b)通过这一手段进行交际的能力(the ability to communicate by this means)；(c)一种语音和语义相结合的系统，用来表达和交流思想感情(a system of vocal sounds and combinations of such sounds to which meaning is attributed, used for the expression or communication of thoughts and feelings)；(d)该系统的书写形式(the written representation of such a system)。[2](a)任何一种表达或交流的手段，如手势，标牌或动物的声音(any means of expressing or communicating, as gestures, signs, or animal sounds)；(b)由符号、数字及规则等组合成的一套特殊体系，用来传递信息，类似计算机信息传递(a special set of symbols, letters, numerals, rules etc. used for the transmission of information, as in a computer)……(P. 759)总得来说,尽管语言有多种解释,但在这里我们只关注它的主要意义,即意义[1](a)(b)(c)和(d)。

关于上面提到的语言其他释义的研究,当代语言学同样给予了关注,比如对借助图像、声音等符号资源来表现的多模式语篇进行研究。多模式至少包含五种意义产生模式:语言的、视觉的、动作的、空间的和听觉的,在它们的共同作用下创造了文本。

从这种意义上说,当不同的意义模式相互作用时一切文本都是多模式的。文字和图像被组织在一张页面上就产生了一篇新闻报道;图像、声音和动作就可以创造一部戏剧或一个电视节目;小声说的话或是小的字体就可以表达一个特殊的含义;照片被紧紧框在相框中就会带来一种局限性。

语言最简明的定义是一种口头交际工具。语言具有工具性,无论口头交际还是书面交际都是一种有目的的行为;语言具有社会性和约定俗成性,因为语言是一种社会符号,它要求语言使用者对人类交际互动有广泛地了解。如,非言语暗示、动机及社会文化角色等,只有这样语言交际才得以正常进行。语言习得和语言使用还受到生理、认知、心理及社会环境等诸多因素的影响。简言之,语言使我们区别于动物,人类语言比任何其他动物交流系统都要复杂得多。

1.3 语言的本质特征(Design Features of Language)

毋庸置疑,语言对人类是至关重要的。但是,我们却很难说清楚究竟是什么使得人类语言优于动物语言。其他物种如鸟类和蜂类,它们为了交配繁殖以及种群之间的合作,常常通过唱歌或跳舞的形式进行交流,其间的程序也是非常复杂的。那么,它们也是在使用语言吗?答案是否定的。著名哲学家伯兰特·罗素(Bertrand Russell)曾经说过:"一只狗无论它叫得多么娴熟和动听,它也无法告诉你它父母虽然贫穷但是诚实。"那么,究竟是什么使语言如此复杂多变,不仅不受制于相邻上下文语境的约束,还能够不断产生新的意义?一句话,就是为什么人类语言如此不同于其他物种的语言?我们把区别人类语言性质的种种特征称为本质特征(The features that define our human languages can be called DESIGN FEATURES.),其中包括下面几个方面:

1.3.1 任意性(Arbitrariness)

这一广为人知的概念首先是由索绪尔(Saussure)提出来的。任意性(arbitrariness)指语言符号的形式和意义之间没有自然的联系。(Arbitrariness means that the forms of linguistic signs bear no natural relationship to their meaning.)例如:我们无法解释为什么*一本书*被读作 *a /buk/*;*一支钢笔*读作 *a /pen/*。然而,任意性的任意程度似乎有所不同。

(1) 语素的音和义之间的任意性(arbitrary relationship between the sound of a morpheme and its meaning)

你也许会不同意,认为各种不同程度的象声词就不属于任意关系。象声词(onomatopoeia)指一个词是靠模拟自然声响而形成的(Onomatopoeia refers to words that sound like the sounds they describe.)。例如:汉语中的“叮咚”“轰隆”“叽里咕噜”这类语言符号似乎有一定的自然依据。但在英文中,上述几个词却有着完全不同的读音。再如:英文中狗吠是 bow wow,而中文则是汪—汪—汪。

但我们对于象声效果存在一定误解。事实上,任意与象声可以同时发生。试以威德逊(Widdowson) 从济慈(Keats)所著 *Ode to a Nightingale (夜莺颂)* 一诗中摘取的一行诗句为例:

例 1-1

The murmurous haunt of flies on summer eves. (夏日夜晚飞虫嗡嗡飞动。)

大声朗读该句,你会感觉到诗中词语语音与语义之间的联系。但实际上,这种感觉不是来自词语本身,而是在你知道词语语义后才建立起来的联系。我们来实验一下,试用 murderous (谋杀)替换 murmurous(嗡嗡声),那么该词的语音与苍蝇飞动发出的嗡嗡声就完全失去联系了。“只有当你知道一个词的意义后,你才会推断它的形式是合理的。”(Widdowson, 1996:6)这条规律同样也适合于其他许多象声词汇。

(2)句法层次的任意性(arbitrariness at the syntactic level)

根据系统功能理论学家和美国功能理论学家的观点,语言使用在句法层次上是非任意性的。

所谓句法(syntax)是指根据语法组成句子的规则。(Syntax refers to the ways that sentences are constructed according to the grammar of arrangement.)我们知道,句子中各种要素的排列顺序要遵循一定的规则,分句前后、次序往往和真实事件发生的顺序有一定程度的对应。也就是说,句子的任意程度低于词语,尤其体现在下面的顺序关系中。试比较:

例 1-2

(a) He came in and sat down. (他进来坐下。)

(b) He sat down and came in. (他坐下进来。)

(c) He sat down after he came in. (他进来后坐下。)

在(a)句中,我们排出了两个动作的先后;(b)句中,读者会理解为这两个动作的次序颠倒了——或许他是先坐进轮椅里再驶入屋内的;(c)句中,一个“after”调换了两个分句的顺序。因此,功能学家们认为语言中最严格意义上的任意性只存在于对立体中的区别性语音单位里,如:*pin* 和 *bin*, *fish* 和 *dish*。

(3) 任意性与约定性(arbitrariness and convention)

那么,语言符号的形式和意义之间到底有什么关系呢? 这个关系就是约定性。

这里我们不得不看一看硬币的另一面了,也就是相对任意性的约定性。作为英语学习者我们通常被告知"这是惯用法",这意味着这是一种约定俗成的说法,即使你觉得它看起来或是听起来有不合逻辑之处,也不可以做任何改动。语言的任意性使其不断创造出新鲜词汇,而语言的约定性使语言学习变得艰辛、复杂。对于外语学习者来说,语言的约定性要比任意性更值得注意,这也解释了为什么我们在费力地记忆惯用法时,对语言的任意性浑然不觉,但却对语言的约定性却有些头痛。

◀ 1.3.2 二重性(Duality)

二重性(duality)是指有两个结构层次这个特质,上层结构的单位是由底层结构的元素组成的,每层结构又有各自的构成原则。(By duality is meant the property of having two levels of structures, such that units of the primary level are composed of elements of the secondary level and each of the two levels has its own principles of organization.)(Lyons, 1982:20)

一般来说,口语的组成成分是那些本身并不传达意义的语音。它们的唯一作用是相互结合,形成有意义的语音单位,例如词。我们把语音称为底层单位,与词等上层单位相对立,因为底层单位没有意义而上层单位有独立明确的意义。具有二重性的语言系统不仅要有元素(底层单位),也要有单位。很多动物用特殊的呼喊进行交际,这些呼喊声也有相应的意义。但是这些底层单位虽然有意义但却不能进一步分解成元素。所以,我们说动物交际系统不具备这一人类语言独有的区别性特征——二重性。正因如此,从人类角度来看,动物的交流能力受到很大的限制。

谈到语言的二重性,我们就必须注意语言的层次性。比如,我们听别人讲一种自己不懂的外语时,似乎感觉到熟练的说话人语流酣畅,没有间隙。其实,没有哪一种语言是真正没有间隙的。要表达分离的意思就必须有分离的单位。因此,理解一门新语言的关键就是要找出那些分离的单位。最底层的单位是一个个由多个无意义语音组成的音段,我们称之为音节。音节(syllable)是话语的最小单位(A syllable is the smallest unit that is normally spoken by itself)。音节间相结合构成数以千计的语义段,也就是词的组成部分,被称为语素,例如前缀 trans-、后缀-ism 等。有了成千上万的词,我们就能组成数以百万千万计的意义,在此基础上,再组成无数语句和语篇。

正如鲍林泽(Bolinger)和舍尔斯(Sears)指出的那样:"分层——一种层次套层次的组织——是'有限的手段作无限使用'的物质体现。这个特征是人类语言最明显的标志性特征,它赋予人类语言以无穷尽的资源。"(Stratification—this organization of levels on levels—is the physical manifestation of the "infinite use of finite means", the trait that most distinguishes human communication and that provides its tremendous resourcefulness.)(1981:3-4)

现在我们来体会二重性的优势,它使人类语言具有巨大的能创性。仅用为数不多的几个元素就可以创造出大量不同的单位,如,几组语音(例如,英语的48个语音)可以创造数以万计的词汇。这些词汇又可以造出无数句子,句子又可以形成数量更多的语篇。

◀ 1.3.3 创造性(Creativity)

创造性(creativity)指语言的二重性和递归性使语言变得具有无限变化的潜力(By creativity we mean language is resourceful because of its duality and its recursiveness.)。说语言比交通灯复杂,其原因之一就是我们可以用语言创造出新的意义。我们可以举出很多例子来表明词语的创造性用法总能够产生新的意义,而且大家能够马上听懂,即便可能是以前从没见过这个用法。这一特征也使人类语言不同于鸟类语言——鸟只能传达一些有限的信息。(Thomas & Shan, 2004:7)

但是假如只把语言看成一个交流系统的话,那么语言就不是人类所独有的。我们知道,鸟、蜂、螃蟹、蜘蛛及其他生物都能够在一定程度上交流,只不过所传达内容极其有限而已。语言的创造性部分来源于它的二重性,二重性使说话人仅用基础的语言单位就可创造出无限多的句子,其中的大部分句子说话人可能从没有听过也没有说过。

语言的创造性还体现在另一方面,它有潜力产生出无限长的句子。语言的递归性为这种可能性提供了理论基础。例如,我们可以把下面的句子无限制地延长:

例 1-3

He bought a book which was written by a teacher who taught in a school which was known for its graduates who...

◀ 1.3.4 移位性(Displacement)

移位性(displacement)是指语言使用者可以用语言来表达不在交际现场(时间和空间上)的物体、事件及概念。(Displacement means that human languages enable their users to symbolize objects, events and concepts which are not present at the moment of communication.)这样我们可以谈论孔夫子或者北极,尽管孔夫子是两千多年前的人物而北极也遥不可及。

多数动物一旦受到有关群体利益的刺激就会马上做出相应的交际反应。例如,鸟类发出表示危险的鸣声警告现在有危险情况。这些动物是受"直接刺激反应的控制"。人类语言和动物交际系统不同,不受直接刺激控制。我们谈论的内容也不需要受到外界刺激或内在因素的触发。蜜蜂交际有一定的移位性,它能够回巢报告在时间和距离上都很遥远的食物来源。但是,狗却不会告诉你它的主人过几天才能回来。人类语言使我们可以谈论不存在的或尚未出现的事物。

移位性赋予人类的是归纳及抽象的能力(Displacement benefits human beings by giving them the power to handle generalizations and abstractions.)。的确,词语常

常被用来指代当前语境里没有的实体事物(They are often used with a deference for referential application.)。当我们能够谈论遥远的事物时,我们就有了理解诸如"真理、美丽"等非实物抽象概念的能力。简而言之,移位性对人类智力的贡献使我们具有可以抽象思考的能力。(Fowler,1974:8)

1.4 语言的起源(Origin of Language)

"词是世界之源,词与主同在,词就是主。"(In the beginning was the Word, and the Word was with God, and the Word was God.)(Gospel of John,1:1)

"主说,看哪,人们都成为一样的人,他们使用同一种语言;他们现在能做这件事;以后他们想做的事就没有做不到的了。"(And the Lord said, Behold, the people is one, and they have all one language;and this they begin to do; and now nothing will be restrained from them, which they have imagined to do.)(《创世纪》,第十一章)

这一段圣经似乎要揭示语言起源的神秘性。我们所了解的是现在世界上正在使用的语言超过六千多种,方言更是不计其数。统一的语言早已不复存在,我们无法听懂彼此的语言。关于语言的起源有许多著名理论,不过有些已不足为信,以下是其中一些。

"波喔"理论(the bow-wow theory):在远古时代,人类不断模仿周围荒野里动物的叫声,语言便由此发展而来。象声词似乎是该理论的最佳证明。但是在下文的讨论中,我们会发现象声词对自然界声音的模仿却大有差异。这一理论缺乏有力证据。

"噗噗"理论(the pooh-pooh theory):原始祖先们的生活非常艰苦,他们本能地发出痛苦的、生气的或高兴的声响。例如,人类语言中普遍存在的感叹词。但是这一理论的缺陷是几乎所有语言中的感叹词都是极其有限的。此外,*Oh*, *Ah*, *aiyo* 等感叹词与语言的发音系统几乎没有什么联系,因此没有太大价值。

"哟嗨哟"(号子)理论(the yo-he-yo theory):原始人一起劳动时,发出有节奏的声响,这种声响渐渐演变成号子,最后发展成为语言。语言的确有节奏的用法,不过这种有节奏的声音与其现代的用法相差甚远。这个理论最多只能算是一种推测。

我们还可以做各种各样的猜想,但是迄今为止,人们寻找语言起源的努力依然毫无结果。当然这也反映了人们对人类渊源的关注,而将来也许会有深远意义的发现。但是我们现在能确信的只有一个事实:即语言演化离不开历史、社会及文化环境。(One thing we can say for certain is that language evolves within specific historical, social and cultural contexts.)

1.5 语言的功能(Functions of Language)

语言学家是从抽象角度来讨论语言功能的,而不是拘泥于语言的具体运用,如聊天、思考、买卖、读写、问候、褒贬他人等。他们对语言的实际功能进行了总结并对其基本功能做出如下分类。

雅科布逊(Jacobson)认为,如同其他任何语义符号系统一样,语言首先是用来交际的。不过对于许多人来说,交际的主要目的是指代。雅科布逊和布拉格结构主义学派学者(the Prague school structuralists)的观点基本一致。他认为,指代不是交际唯一的目的,甚至不是其主要目的。在其著名的《语言学与诗学》(Linguistics and Poetics)一文中,雅科布逊确立了言语事件的六大组成因素(1960:21-22),即发话人(speaker)、受话人(addressee)、语境(context)、信息(message)、语码(code)、接触(contact)。雅科布逊根据这六大基本因素又确立了六种相应的语言功能,即所指功能(referential),用于传递信息(to convey message and information);诗歌功能(poetic),为了语言而使用语言(to indulge in language for its own sake);感情功能(emotive),用于表达观点、情感和情绪(to express attitudes, feelings and emotions);意动功能(conative),通过命令或恳求说服、影响别人(to persuade and influence others through commands and requests);寒暄功能(phatic),和他人进行交流(to establish communion with others);元语言功能(metalingual),解释意图及语意(to clear up intentions and meanings)。这些功能分别与语境(context)、信息(message)、发话人(speaker)、受话人(addressee)、接触(contact)及语码(code)等交际因素相对应。雅科布逊(1960)的语言功能观至今还有重要的意义,如图 1-1 所示。

语境 context
所指功能 referential

发话人 speaker 感情功能 emotive (如:发怒语调)	信息 message 诗歌功能 poetic (如:诗歌)	受话人 addressee 意动功能 conative (如:祈使和呼格)

接触 contact
寒暄功能 phatic
(如:早上好!)

语码 code
元语言功能 metalingual
(如:喂,能听到我说话吗?)

图 1-1 雅科布逊的语言功能观

韩礼德(Halliday)提出了元语言功能理论(a theory of metafunctions of language),即语言有概念功能(ideational)、人际功能(interpersonal)及语篇功能(textual)。概念功能建立体验模式和逻辑关系(ideational function constructs a model of experience as well as logical relations),人际功能体现社会关系(interpersonal function enacts social relationships),语篇功能使语境内容相关联(textual function creates relevance to context)。(Halliday, 1994)

在韩礼德的早期著作中,通过观察儿童语言发展,提出语言有七种功能:工具功能(instrumental)、控制功能(regulatory)、表达功能(representational)、互动功能(interactional)、自指性功能(personal)、教导功能(heuristic)及想象功能(imaginative)。还有根据不同理念划分的分类方法,但对语言基本功能的划分还是相差无几的。下面我们把这些功能一一列出,其中有些功能可能会重复出现。

◀ 1.5.1 信息功能(Informative Function)

对多数人来说,信息功能是语言的主要功能(The informative function is predominantly the major role of language for most people.),语言就是思维的工具。人们常常感到需要说出自己的思想,比如在解答数学难题的时候。语言能够记录事件的功能也是社会发展的前提,可以说这确实是语言的重要功能之一。

在功能语法中,信息功能也被称作概念功能。韩礼德指出:"语言用于表达'内容',即表达说话者对现实世界的体验,其中包括他内在的意识世界。在实施这个功能时,语言予体验以结构,并左右我们看待事物的方式方法。因此,如果我们不按照语言提示的常规去做而要另辟蹊径的话,就需要付出大量智力劳动。"(Lyons, 1970:143)(Language serves for the expression of content:that is,of the speaker's experience of the real world, including the inner world of his own consciousness. In serving this function, language also gives structure to experience, and helps to determine our way of looking at things, so that it requires some intellectual effort to see them in any other way than that which our language suggests to us.)

◀ 1.5.2 人际功能(Interpersonal Function)

语言最重要的社会用途就是人际功能,人们通过它建立并维护自己的社会地位。(The most important sociological use of language is the interpersonal function, by which people establish and maintain their status in a society.)在功能语法中,人际功能涉及说话人与听话人在话语语境中的互动,以及说话人对他所说或所写内容的态度。例如:人们称呼别人或者是指代自己的方式[如:亲爱的先生 (Dear Sir)、亲爱的教授(Dear Professor)、约翰尼(Jonny)、你的(yours)、你的顺从的仆人(your obedient servant)]揭示了不同的人际关系。

"语言用于建立和维持社会规则,其中包括使用语言本身所产生的交际角色——如提问者和回答者角色,就是在我们提问或回答问题时出现的……这样一来,社会群体就被区分开来,个体的身份得到确认和加强,通过个人与他人的互动,语言也使个人的特性得到表达和发展……"。(Halliday,in Lyons, 1970: 143)(Language serves to establish and maintain social rules, which includes the communication roles created by language itself—for example the roles of questioner and respondent, which we take on by asking or answering a question;...Through this function,... social groups are delimited, and the individual is identified and reinforced, since by enabling him to interact with others language also serves in the expression and development of his own personality.)附属于人际功能的是认同功能。例如,在足球比赛中球迷们不停的加油声,公众聚会时高喊着的名字和口号,电视观众对电视比赛的反映,这些都表明了我们的身份和立场。语言确立我们的身份,在生理上表现为我们的年龄、性别和声波纹;心理上表现为语言、个性和智力;地理上表现为口音、方言;种族及社会方面表现为社会分层、阶级、地位、角色、团结性和距离。(David Crystal, 1992:17)

人际功能概念涵盖面很广,经常被放在其他的如行事功能、感情功能、表达功能和寒暄功能等概念里讨论,以强调人际功能的不同侧重面。

◀ 1.5.3 施为功能(Performative Function)

施为功能源于以奥斯丁(Austin)和塞尔(Searle)为代表的语言哲学研究,现在已成为语用学的支柱性理论。(参见8.1节)

施为功能主要用于改变人们所处的社会地位(The performative function of language is primarily to change the social status of persons.)。如结婚仪式,对囚徒的宣判,婴儿的洗礼,船只初次下水前的命名及对敌人的诅咒等。施为行为使用的一般都是非常正式甚至是程序化的语言。

在一些宗教迷信场合,施为功能还被用来控制现实世界。在汉语语境中,如有人打碎一只碗或碟子,主人或在场的人会说:岁岁平安,以此控制影响他们生活的力量。

◀ 1.5.4 情感功能(Emotive Function)

根据部分调查显示,尽管语言使用在多数情况下是用来传达信息的,但它在口头交际中所占的比例仅为20%左右。(Nida, 1998:17)情感功能是语言最强大的功能之一,因为它能够左右听众的情绪,使之拥护或反对某人某事。(The emotive function of language is one of the most powerful uses of language because it is crucial in changing the emotional status of an audience for or against someone or something.)大卫·克里斯托(David Crystal, 1992:17)认为,语言是我们面临压力时释放紧张情绪的方式之一,例如,诅咒、说脏话、对艺术或美景发出的不自觉的感叹。常见的词或词组有上帝、天哪、该死、好美的景色、哦等。

情感功能在表达功能(expressive function)里也有讨论。表达功能可以完全是个人的,不需要和他人交流的(The expressive function can often be entirely personal and totally without any implication of communication to others.)。例如:锤子不小心敲到手指,人会喊痛;意识到自己忘掉一个约会,会不自觉地骂该死。感叹词如:Man(天哪)! Oh boy(我的妈呀)! And hurrah(好哇)! 这些词一般也不是用来和别人交流的,完全是个人对自身感觉的一个反应。上面的词语也可用于群体间的相互反应,以此来加强相互间表达性语言的使用,从而巩固他们之间的关系(Nida, 1998:21)。

◀ 1.5.5 寒暄功能(Phatic Function)

寒暄功能一词源于马林诺夫斯基(Malinowsky)对托伯兰岛人(Trobriand Islanders)语言功能的研究。

语言使用的研究,指语言的社会互动性。(The phatic function refers to the social interaction of language.)

例1-4

Mrs. P sneezes violently.(P夫人使劲地打着喷嚏。)

Mrs. Q: Bless you.(Q夫人说:保佑你。)

Mrs. P: Thank you.(P夫人:感谢。)

我们都用这些看似无意义的琐屑表达来维护和别人的良好关系,同时又不用涉及任何实质性的东西。关于天气和健康之类的礼节性话语,如"早上好""上帝保佑你""天气不错",说的是一些显而易见的事实。不过它们能保证需要交流时交流的渠道是畅通的。在不同的文化里,寒暄语也不同。大卫·克里斯托(David Crystal)认为,并不是所有人都像英国人那样把天气作为寒暄内容。如隆迪(Rundi)妇女[位于中非的布隆迪(Burundi, Central Africa)]告辞时,一般有礼貌的说法是:"我必须回去了,要不我丈夫就该打我了。"广义上讲,寒暄功能指的是那些有助于确认和维持人际关系的话语,如俚语、笑话、行语、礼节性相互问候、语体和方言的转换等。我们不得不学习大量此类词汇以确保和他人的和谐交往。

◀ 1.5.6 娱乐功能(Recreational Function)

语言的娱乐功能常常被忽略,因为它的目的和用途好像都转为有限。(The recreational function is restrictive in purpose and supposedly limited in usefulness.)不过,没有人能否认人们可以完全为了使用语言的快乐而使用语言,例如,婴儿的牙牙学语、赞美诗者的吟唱等。突出的例子,是在拉丁美洲、伊斯兰国家以及中国的部分地区广泛流行着的对歌活动。对歌者先唱出开头几句,再由对方接出下文或唱出节奏韵律相同的下句。一次对歌可持续数小时之久,而多数人都是为了寻求语言使用的快乐。著名影片《刘三姐》中就展现了对歌的情景,参与者从语言游戏中获取乐趣。

当你观察儿童做游戏时,你就会发现声音的作用。有时一些毫无意义的韵律也会给游戏增添不少娱乐性,重复性的节奏不仅有助于控制游戏,也易受到孩子们的普遍喜爱。成人也能够享受使用语言的快乐,例如,作诗能带来语言美感的享受和语言使用的快乐,这方面的娱乐功能非常接近雅科布逊(Jacobson)的诗歌功能。

◀ 1.5.7 元语言功能(Metalingual Function)

我们的语言可以用来讨论语言本身。(Our language can be used to talk about itself.)例如,我可以用"书"一词来谈论一本书,我也可以用"书"一词来谈论"书"这个语言符号。作者要把篇章组织为连贯完整的语篇,常会使用一些特定的表达来提醒读者所处位置和以后进展的方向。例如,他们不说[a]"The lion chased the unicorn all around the town"(狮子追着镇周围的独角兽),而说[b]"All around the town the lion chased the unicorn"(在镇周围狮子追着独角兽)。两句顺序变化改变了我们对句子的审视视角,[a]回答的是"狮子在干什么",而[b]关心的是"狮子在什么地方或什么范围内追着独角兽"。这是语言的元语言功能。

元语言功能使得语言具有无限的反身性:我们人类可以谈论"谈话",思考"思维",也只有人类才能问"交际""思维""做人"的意义。

1.6 什么是语言学?(What Is Linguistics?)

上面论述了语言的结构特征、功能和语言学的目标,现在简单讨论一下什么是语言学及语言学作为一门科学的地位。语言学通常被定义为一门关于语言的科学或者是对语言的科学研究(Linguistics is usually defined as the science of language or, alternatively, as the scientific study of language.)。这也是一个丰富而有趣的领域①。

然而,语言学是否是一门科学也曾引发过较多争议,尤其是在语言学形成的初级阶段。不过现在这类争论已不复存在,因为语言学已经成为社会科学和人类学的主要学科之一。作为一门被认可的学科,语言学有着巨大的研究潜力,是一座学术"工厂",每年都要生产出大量的文章、论文和专著。对语言学研究的热情还表现在如"语言""语言学杂志""通过语言""应用语言学"(*Language*, *Journal of Linguistics*, *Lingua*, *Applied Linguistics*)等学术专刊里和定期举办的学术会议上。

从上述讨论中,我们不难发现语言学各项研究蓬勃发展是有理由的。语言不仅对个人很重要,对人类社会的有效运转也很重要,加之语言本身结构复杂深奥,所以注定要吸引大批学者。既然这种关注一定又要产生有应用价值的研究(如言语矫治、教育、翻译技巧及其他更多的应用),语言学注定会成为在学术上和经济上受欢迎的热门学问。语言学还极富理论研究价值,比如说,索绪尔的结构主义就影响到很多其他的相关社会学科,如文学研究和社会研究。在中国,语言研究历史悠久,但是现代语言学要达到"高峰"还需要长期不懈的努力。

作为一门学科,语言学目前已经有一套成型的理论、方法和分支。在研究语

---

① 你可以找到很多语言学信息丰富的网址。例如:http://www.linguist.org,http://logos.it/language-today.最近,许多个人专业网站也大量涌现,你可以浏览世界各地语言学者的在线课程。

料方面，是凭直觉还是要建语料库的争论已日渐淡去，因为人们已经意识到两者各有优势。而且随着计算机技术的发展，语料库语言学也飞速发展起来。莱昂斯(Lyons)在 20 世纪 70 年代曾经有过这样的论述：语言学是经验性的而不是猜想的或直觉的，语言学研究要靠观察或试验得来的语料进行。现在我们期待着能有更多更有效的研究方法来对语言学研究进行细分和补充。

1.7 语言学的主要分支(Main Branches of Linguistics)

一般来说，语言学至少应该有 5 个分支：语音学、形态学、句法学、语义学和语用学。下面分别介绍这几门语言学的主要分支。

◀ 1.7.1 语音学(**Phonetics**)

语音学(phonetics)研究语音，包括言语的产生(即语音是如何产生、传递和接收的)，还有语音的描写和分类、词语和连贯言语等。(Phonetics studies speech sounds, including the production of speech, that is how speech sounds are actually made, transmitted and received, the description and classification of speech sounds, words and connected speech.)

一旦决定对言语进行分析，我们可从不同层面着手。在一个层面上，言语分析涉及解剖学和生理学。由此我们研究舌头和喉等器官以及它们在言语产生中发挥的作用。在另一层面上，我们专门研究这些器官产生的语音：先是辨认，然后将其归类。这是发音语音学(articulatory phonetics)的范畴。另外，我们也可以研究音波的性质——声学语音学(acoustic phonetics)。言语是要人听、要人理解的，因此就要研究听话人的分析和处理声波的方式方法——听觉语音学 (auditory phonetics)。

以上 4 个层面可以综合研究，不过在本书中，我们只探讨发音语音学。因为扎实的语音学知识也是学习音系学的良好基础。没有这方面的知识，音系学的学习就无从下手。

◀ 1.7.2 音系学(**Phonology**)

音系学(phonology)研究语音和音节的构成、分布和排列规则(Phonology studies the rules governing the structure, distribution and sequencing of speech sounds and the shape of syllables.)。它的研究对象是语言的语音系统，研究起点是音位。音位(phoneme)是语言学中能够区别意义的最小语音单位。(Phoneme is the smallest linguistic unit of sound that can signal a difference in meaning)英语中约有 45 个音位。把/p/读 10 次，由于生理原因，每次的发音都会有些细微的不同。另外，/p/在 *poor* 和 *soup* 中的读音也不同，这是因为周围语音的影响不同。不过，每个/p/音还是相似的，不会和其他音位如/b/或/m/混淆。

语音学研究的是人类能够产生的语音，而音系学研究的是组成语言和意义的语音子集合体。前者研究的是无序状态，后者侧重有序（The first focuses on chaos while the second focuses on order.）。

◀ 1.7.3 形态学（Morphology）

形态学（morphology）涉及词的内在结构。它研究最小的意义单位——语素以及词的形成过程。（It studies the minimal units of meaning—morphemes and word-formation processes.）。很多人认为词是语言最小的意义单位，而事实上很多词都可以再分解成更小的单位：语素。语素有多种用途，比如：有的改变意义或者词性从而产生新词；有的给已存在的词义增添语法信息或做细微的修正。由于语素是音义结合体，因此其中有不少复杂情况。由此产生了一个名为形态音系学（morphophonology）的新领域。

语言对形态成分的依赖程度不同，例如：在拉丁文中，意义是通过词尾形态变化而改变的。而在英语中，更多的是利用词语的顺序来改变意义。如 the dog sees the rabbit（狗看到兔子）。改变词语排列顺序后，该句变为 the rabbit sees the dog（兔子看到狗）。句义随之发生变化。在拉丁文和俄语中，dog 和 rabbit 两词根据它们在句中是主语还是宾语分别添加不同形态的词尾，因此即使改变位置也不会影响到句子意思。

◀ 1.7.4 句法学（Syntax）

句法学（syntax）是关于形成和理解正确英语句子的原则。（Syntax is about principles of forming and understanding correct English sentences.）句子形式和结构受句法规则支配，这些规则规定词语顺序、句子组织、词语间关系、词类及其他句子成分。我们知道，词语组成句子结构靠的并不仅仅是顺序。

例 1 – 5

a. *The children watched* [*the firework from the hill*].

（孩子们观看山上的烟火。）

b. *The children watched* [*the firework*][*from the hill*].

（孩子们从山上观看烟火。）

两句句序一样，句意却不同，每种意义都与其相应的结构对应。当然还有更多的例子，如：The chicken is too hot to eat.

◀ 1.7.5 语义学（Semantics）

语义学（semantics）研究的是语言中语义是如何编码的（Semantics examines how meaning is encoded in a language.）。它涉及的不仅是作为词汇单位的词语意义，还有语言中词之上和词之下成分的意义，如语素意义与句子意义。（It is not only concerned with meanings of words as lexical items, but also with levels of language below the word and above it, e. g. meanings of morphemes and sentences.)关键概念有语义成分(semantic components)、词的外延(denotation of words)、词之间的意义关系(如反义关系 antonymy 和同义关系 synonymy),还有句子间的语义关系(如蕴涵 entailment 和预设 presupposition)等。

1.7.6 语用学(Pragmatics)

语用学(pragmatics)研究语境中的意义(Pragmatics is the study of meaning in context.)。它处理的是特定语境里的特定话语,尤其注重社会语境对话语理解的影响。换言之,语用学研究的是语言用来交际的方式,而不是语言构造的方法。(In other words, pragmatics is concerned with the way language is used to communicate rather than with the way language is structured.)

语用学视言语行为首先为一种受社会习俗约束的社会行为。(It regards speech performance as primarily a social act ruled by various social conventions.)关键概念有:所指(reference)、语力(force)、语效(effect),而合作原则(cooperative principles)已经广为人知了。语用学是语言学研究中最有前途的领域之一。试以会话为例,由于语言主要通过语码传递,所以语用规则控制一定数量的会话互动,如顺序结构、错误修正、角色、言语行为等。会话组织包括轮流讲话、打开话题、会话持续、结束会话,还有建立及维持话题等。

1.8 宏观语言学(Macrolinguistics)

语言学不是唯一涉及语言的学科,其他学科,如心理学、社会学、人类学、法学和人工智能等都与语言息息相关(Linguistics is not the only field concerned with language. Other disciplines such as psychology, sociology, ethnography, the science of law and artificial intelligence etc. are also preoccupied with language.)。尽管"索绪尔的目的是建立独立的语言学学科,给语言学规定明确的研究目标,使之摆脱对其他学科的依赖。但是随着语言学学科的成熟,语言学不可避免地要和其他学科建立联系。描写语言底层结构的这一中心目标仍然存在,这是普通语言学和描写语言学的范畴。但是由于语言既有个人的一面又有社会的一面,自然心理学家和社会学家对其也会产生兴趣"(Hartley, 1982:16)。因此,宏观语言学(macrolinguistics)的一些分支单从名称上就能表现出跨学科特征。

1.8.1 心理语言学(Psycholinguistics)

心理语言学(pyscholinguistics)研究语言和大脑的相互关系(Psycholinguistics investigates the interrelation of language and mind.)。例如,话语的产生和处理,以及语言习得等,还有对语法的心理语言学研究以及研究心理语言学对语法形式有什么限制。心理语言学还研究儿童的语言发展,如语言习得理论、语言的生理基础

以及一个大话题——语言和认知的关系。(Slobin,1979)

◀ 1.8.2 社会语言学(Sociolinguistics)

社会语言学(sociolinguistics)是个涵盖面极广的概念,包含了有关语言和社会的许多问题,如语言的社会功能、语言使用者的社会特征等。社会语言学研究各种语言变体的特征、它们的功能特征和语言使用者特征,因为在一个语言社区中,这三者总是相互作用,不断变化。试图揭示那些在言语社区里解释并约束语言行为以及对待语言的行为的社会规则规范。还试图确定语言变体对其使用者的象征价值。语言变体获得象征价值是语言功能区分的必然结果(That language varieties come to have symbolic or symptomatic value, in and of themselves, is an inevitable consequence of their functional differentiation.)。

◀ 1.8.3 人类语言学(Anthropological Linguistics)

作为一门科学,语言研究稍稍早于人类学研究。两门学科在人类学早期调查阶段紧密地联系在一起,因为人类学家需要语言学家来帮助研究没有文字的语言。与其他语言学家相比较而言,人类语言学家(anthropological linguists)主要致力于早期无文字语言的历史及结构的研究,他们关注的是语言的起源及语言数千年来的分裂变化。无文字记载的语言要能够听到才能进行研究,可见,一旦说话人死去,该语言也就无从考证。人类语言学家必须从现在着手,对当代语言进行比较,然后推断出它们以前曾经有过何种变化,这种变化可以解释现代语言的异同。他们提出的典型问题是:两种或多种现代语是否起源于同一种原始语言?如果彼此有联系的话,那么它们是从什么时候开始出现差异的?(They typically ask such questions as: Did two or more contemporary languages diverge from a common ancestral language? If they are related, how far back in time did they begin to differ?)

◀ 1.8.4 计算机语言学(Computational Linguistics)

计算机语言学(computational linguistics)属于跨学科领域,它研究如何利用计算机去处理及产生人类语言(为区别于计算机语言,也称为“自然语言”)。(It centers around the use of computers to process or produce human language.)语言学对这一领域的贡献是帮助理解语料的特殊性质,并提供有关语言结构和使用的描述及理论。计算机科学提供计算机系统设计及应用的理论和技术。目前的应用领域有语言翻译(机器翻译),在大量的文本库中寻找并储存相关资料(语料库和信息提取),以及实现各种形式的计算机多媒体交流。

1.9 语言学的一些重要区分(Important Distinctions in Linguistics)

◀ 1.9.1 描写与规定(**Descriptive vs. Prescriptive**)

扫码获取本书资源

思考一下下面的例句：

例 1-6

Don't say X.(不要说 X。)

People don't say X.(人们不说 X。)

第一句是规定性(prescriptive)的命令，第二句是描写性(descriptive)的陈述，二者的区别在于是规定事物的状态还是描写事物的实际状态。(The distinction lies in prescribing how things ought to be and describing how things are.)

"说语言学是一门描写性的科学，就是说语言学家努力发现并记录语言社区成员实际遵循的语言规则，而不试图给他们强加其他的规则，或者正确的规范。"(Lyons, 1981: 47)

为什么现代语言学家如此坚持两者间的区别？其主要原因是传统语法过于强调规定性，例如："不能使用双重否定""不能使用分裂不定式"，等等。

18 世纪时，欧洲所有语言的研究都是规定性的。当时，语法学家努力制定正确的语言规则，并希望其可以一劳永逸地解决有争议的语言用法。有些用法要求背下来，要么严格遵守，要么避而不用。语言使用只有正确与错误之分，非白即黑。

我们至今还保留着这些态度，不过人们现在已经意识到语言在实际中的使用要比权威规定的"标准"重要得多。当决定英语某些用法是否正确时，我们既不能求助于逻辑也不能求助于拉丁语法。当然这并不是说建立和确定规范不重要。"在现代社会，在对一个国家或地区的主要方言进行标准化时，行政和教育的优势是明显的。"(There are obvious administrative and education advantages, in the modern world, in standardizing the principal dialect that is employed within a particular country or region.)(Lyons, 1981:53)但是语言学作为一门科学的本质，决定了它的主要任务是描写而不是规定。

◀ 1.9.2 共时与历时(**Synchronic vs. Diachronic**)

共时描写(synchronic description)是把某一固定时间作为它的观察点(一般是现在，但非必须)。(Synchronic description takes a fixed instant as its point of observation)绝大多数语法都是共时的，比如从图书馆书架上取一本《现代希腊语语法》，它一般会说本书是共时语法。同样，《莎士比亚英语结构》是对过去某单一状态的英语的共时描写。当然，共时性也是虚幻的。因为语言每分每秒都在变化，而语法撰写又是个极其漫长的过程。不过，这种虚幻的共时性对语言学却至关重要。(Fowler,1974:34)

索绪尔的历时语言学(diachronic linguistics)研究语言的历史变化。(Diachronic linguistics is the study of a language through the course of its history.)19 世纪,历时语言学曾是达尔文主义者关注的焦点,语言学家在对印欧语系的历时性研究中建立了坚固的传统,该传统引发并产生了大量有关欧洲大部分知名语言历时研究的资料。

◀ 1.9.3 语言与言语(Langue vs. Parole)

索绪尔区分了语言(langue)和言语(parole)。语言指说话人的语言能力;(Langue refers to the linguistic competence of the speaker.)言语指语言的实际状况或语言学(话语)语料。[Parole refers to the actual phenomena or data of linguistics (utterances).]虽然言语提供即时可用的资料,但语言学家的研究对象却是每个团体使用的语言,即在社会里由教养而赋予个人的词汇、语法和音系等知识,个人凭此使用和理解语言。

"如果我们能够理解所有人头脑里储存的词汇形象,我们就能够确认决定语言形成的社会规则。社会是一个库房,里面是一个特定团体的所有成员,他们积极地使用语言这个语法系统,这个系统潜在地存在于每个人的大脑中。具体地说,就是某群人的头脑中。因为语言在任何一个说话者那里都不完全,完美的语言只存在于集体中。在区分语言和言语的同时,我们也区分了社会的东西和个人的东西(what is social from what is individual);本质的东西和偶然的次要的东西(what is essential from what is accessory and more or less accidental)。"[索绪尔(Saussure),1959:13-14]

◀ 1.9.4 语言能力和语言应用(Competence vs. Performance)

乔姆斯基在《句法理论面面观》(*Aspects of the Theory of Syntax*)一书中讨论了这个根本的区分。语言能力(competence)指某个语言使用者有关语言规则系统的潜在知识(competence is a language user's underlying knowledge about the system of rules),语言运用(performance)指语言在具体语境中的实际运用(Performance refers to the actual use of language in concrete situations.)。(Chomsky,1965:3)

作为语言使用者,我们对语言规则都有直觉上的把握。也许我们不能明确地说出这些规则,但是我们的语言运用显示我们在遵循这些规则。比如,你听到一场激烈的讨论,想把它记录下来,你会发现辩论者们不是总遵守语言规则。实际上,即便是成熟的说话人也会出现不恰当地开始一个句子或者说出不合规范和语法的句子的现象。

即便是学龄前儿童也知道一些语言规则——除了太为细致的规则外。他们通过使用语言学会了这些规则。儿童的用词方式表明,他们知道什么是名词,虽然他们还不知道怎么给名词下定义。我们还发现一般语言使用者的语言能力和语言运用之间的差异。乔姆斯基认为,语言学家的任务就是从语言运用的语料里找出为语言使用者所掌握的潜在规则系统。(According to Chomsky, the task of a linguist is to determine from the data of performance the underlying system of rules that has been mastered by the language user.)

乔姆斯基指出,语言能力和语言运用之分类似于索绪尔的语言和言语的区分。不过他不接受把语言仅仅看作是一个纯系统的元素组合的观点,他认为,他的语言能力更接近于著名德国语言学家洪堡特(Humboldt)的观点,即潜在的语言能力是一个生成过程系统。(It refers to the underlying competence as a system of generative processes.)

不是所有的语言学家都赞同乔姆斯基的观点,认为"语言学理论主要涉及理想的说话人和听话人,他们有完美的语言知识,并处在完全同一的语言团体里"。(Linguistic theory is concerned primarily with an ideal speaker-listener, in a completely homogeneous speech-community, who knows its language perfectly.)(Dell Hymes, 1965:3)德尔·海姆斯从社会文化角度观察语言,以此研究个人及社区说话的方式变化。他发现,说话者语言运用的变化是有规律的而不是任意的。因此,语言能力这一概念可以扩展,不只适用于乔姆斯基所说的语法知识,还包括语言运用的语用能力。延伸后的语言运用概念被称为交际能力。(The extended idea of competence can be called communicative competence.)这一概念虽然尚需进一步明确,但它在过去20年的中国外语教学中大受欢迎。

术语双解

arbitrariness:任意性,指语言符号的形式和意义之间没有自然的联系。Arbitrariness means that the forms of linguistic signs bear no natural relationship to their meaning.

competence:语言能力,指某个语言使用者有关语言规则系统的潜在知识。Competence is a language user's underlying knowledge about the system of rules.

descriptive:描写性,指描写语言在现实中怎么说、怎么写。To be descriptive means to describe how a language is actually spoken or written.

design feature:结构特征,指人类语言的种种区别性特征。The features that define our human languages can be called design features.

diachronic:历时,指研究语言在一定时间内怎样变化。Diachronic linguistics studies how a language changes over a period of time.

displacement:移位性,指语言使用者可以用语言来表达当前语境中不存在的物体、事件及概念。Displacement means that human languages enable their users to symbolize objects, events and concepts which are not present at the moment of communication.

duality：二重性，指语言是分两个层次来组织的。底层结构的单位没有意义，但如果把这些单位按一定顺序结合起来，它们就构成了上层结构单位，也就有意义了。Duality refers to the fact that languages are organized in terms of two levels. At one level, units of the primary level do not themselves carry meaning. However, when these units are combined in certain sequences, they form units of the secondary level and carry meaning.

langue：语言，指说话人的语言能力。Langue refers to the linguistic competence of a speaker.

macrolinguistics：宏观语言学，指跨学科语言研究。Macrolinguistics is the interdisciplinary study of language.

metalingual function：元语言功能，指语言可用来讨论语言本身的功能。Metalingual function is the function of language that can be used to talk about language itself.

parole：言语，指人们口头和书面上实际说出的话。Parole refers to the actual use of language by people in speech or writing.

phatic communion：寒暄语，指人们之间的交际，不是为了获得或传递什么信息，而是建立或维护社会接触。Phatic communion refers to communication between people which is not intended to seek or convey information but has the social function of establishing or maintaining social contact.

performance：语言功能，指语言在具体语境中的实际运用。Performance refers to the actual use of language in concrete situations.

prescriptive：规定性，指说明或规定语言在现实中该怎么说怎么写。To be prescriptive means to state or prescribe how a language ought to be spoken or written.

synchronic：共时，指研究特定时间的语言体系。Synchronic linguistics is the study of a language at one particular point in time.

重难点解析

1. 语言的客观存在形式和语言研究

语言作为社会现象（口语和书面语两种客观存在形式）与各个领域的社会活动密切相联，可根据不同需要从多角度去研究客观存在的语言的各个方面。

但语言研究和其他现代科学一样要有明确的研究对象。19 世纪下半叶，瑞士语言学家索绪尔首次区分了语言和言语，从而第一次明确了语言学研究的真正对象，揭开了现代语言学发展的序幕。

2. 语言和言语的区分

索绪尔认为：应从言语活动中区分“语言”（Langue）和“言语”（Parole）。

语言是社会成员约定俗成共同使用的部分，包括语法、句法和词汇在内的言语的游戏规则。

言语是不同的人在说话时所具有的个人特色,它不靠社会约定俗成,是游戏者对于游戏规则的特殊运用。

语言和言语是密不可分的,两者相互依存,相辅相成,统一于言语活动中。两者的区别在于:①语言是一个整体,而言语是个人的意志和智能的行为;②语言是社会的,一种社会规约,言语活动的个人部分是言语,社会部分是语言;③语言是同质的,(相同的语言)言语是异质的;④语言是有规律可循的,而在言语中很难找到规律。

3.“能指”和“所指”

索绪尔把语言符号比作一张纸的两面,一面是声音,另一面是声音所代表的意义。把语言符号的语音形式和其所表示的意义分别用“能指”和“所指”来表示:语音形象即“能指”,概念内容即“所指”。这也表明语言是形式和意义相结合的双结构体。

而能指和所指之间的关系的任意性,是索绪尔语言学的第一个原则:符号的任意性决定了符号的意义并不来自于外在事物,也不在其自身,而只能产生于语言系统中符号之间的差异关系。作为语言符号的“桌子”的意义不在其自身,而在于它不是“椅子”,不是“黑板”,不是“门窗”——其实人生也是一样,你之所以是你,取决于你和别人不一样之处。因此,在语言里每项要素都由于它同其他各项要素对立才能有它的价值:在中国象棋中,“马”的意义或所指不再是汉语中“马”这个词所指的意思,它只是“将”“士”“相”等之外的另一个棋子,初始处于“车”和“相”之间,走法是以“日”形移动,这就是它的意义。而作为这个符号的载体,它可以是任何材料,如果这个棋子丢了,我们可以用一个瓶盖来代替它,只要它处在象棋这个系统中,按马的走法,就可以被看作“马”。因此,所指后面有没有明确的对象并不重要,重要的是对应关系的存在。意义只存在于关系之中。

4.什么是语言符号的主要特点?

语言符号的主要特点是任意性和线性。

(1)任意性:①任意性是指语言符号的物质实体和意义内容之间没有必然的理据关系。语言符号是音义结合体。音和义的结合是任意的,它们之间没有什么必然的、本质的联系。也就是说,它们的结合是不可论证的,完全是使用语言符号的社会自然形成的习惯。②语言符号的任意性只是就其单纯的初始符号而言的,是就绝大多数的符号的特性而言的。极少数的符号,如拟声词,可以说不完全是任意的。至于复合符号,那是另外一个问题。复合符号是由单纯的初始符号人为地根据一定规律组合而成的,所以原则上不是任意的,而是有理据的,有道理可讲的。③语言符号的任意性不是说人人都可以任意给事物或现象命名,可以任意使用或创制语言符号,或语言符号都是任意的,都是没有理据的,而应该理解为单纯的初始的语言符号的物质实体和意义内容之间没有必然的理据关系。

(2)线性。指在交际中语言符号只能一个跟着一个依次出现,随着时间的推移而逐渐延伸,决不能在同一时间里说出两个符号。

(3)语言符号的强制性和可变性。①强制性:语言符号在同一社会、同一时代,对使用同一种语言的每一个社会成员来说,是不能任意改变的。②可变性:同一社会在不同时代,语言符号会随着时间的推移和社会的变化而变化。但是,这种变化是在十分缓慢的情况下进行的,一般人不易觉察,甚至根本觉察不到。

强 化 练 习

Ⅰ. 选择题

1. The function of the sentence "Water boils at 100 degrees Centigrade" is __________.

   A. interrogative　B. directive　C. informative　D. performative

2. __________ is a grammatical description of a language specially designed as an aid to teaching that language to native or foreign learners.

   A. Descriptive grammar　B. Prescriptive grammar

   C. Pedagogical grammar　D. Universal grammar

3. Which branch of linguistics studies the similarities and differences among languages? __________.

   A. Diachronic linguistics　B. Synchronic linguistics

   C. Prescriptive linguistics　D. Comparative linguistics

4. __________ refers to the actual realization of the ideal language user's knowledge of the rules of his language in utterances.

   A. Performance　B. Competence　C. Langue　D. Parole

5. __________ deals with language application to other fields, particularly education.

   A. Linguistic geography　B. Sociolinguistics

   C. Applied linguistics　D. Comparative linguistics

Ⅱ. 填空题

1. In any language words can be used in new ways to mean new things and can be combined into innumerable sentences based on limited rules. This feature is usually termed __________.

2. Theory that primitive man made involuntary vocal noises while performing heavy work has been called the __________ theory.

3. The theory that language arose from instinctive emotional cries, expressive of pain or joy has been called the __________ theory.

4. Saussure put forward two important concepts. __________ refers to the abstract

linguistic system shared by all members of a speech community.

Ⅲ. 判断题

1. Duality is one of the characteristics of human language. It refers to the fact that language has two levels of structures: the system of sounds and the system of meanings.
2. Arbitrariness of language makes it potentially creative, and conventionality of language makes a language be passed from generation to generation. As a foreign language learner, the latter is more important for us.
3. In language classrooms nowadays the grammar taught to students is basically descriptive, and more attention is paid to the developing learners' communicative skills.
4. Saussure's exposition of synchronic analysis led to the school of historical linguistics.

Ⅳ. 名词解释

1. design features
2. displacement
3. diachronic linguistics
4. phatic communion

强化练习答案

Ⅰ. 1. C　2. C　3. D　4. A　5. C

Ⅱ. 1. productivity　2. yo-he-ho　3. pooh-pooh　4. Langue

Ⅲ. 1. T　2. T　3. T　4. F(descriptive linguistics)

Ⅳ.

1. Design features refer to the defining properties of human language that tell the difference between human language and any system of animal communication.
2. Displacement means that human languages enable their users to symbolize objects, events and concepts which are not present (in time and space) at the moment of communication.
3. Diachronic linguistics is the study of a language through the course of its history; therefore, it is also called historical linguistics.
4. Phatic communion refers to communication between people which is not intended to seek or convey information but has the social function of establishing or maintaining social contact.

第2章 语 音

Chapter 2 Speech Sounds

本章要点

1. 言语器官
2. 辅音、元音的区别、分类及描写规则
3. 音位变体、音位过程及规则
4. 区别性特征、音节、重音及语调

参考译文

人类能够发出各种各样的声音,但只有一部分成为语言系统的语音单位。我们可以从不同方面分析语音,其中两个主要的研究领域是语音学(phonetics)和音系学(phonology)。语音学是研究语音如何产生、传递和感知的。正如我们能轻易想到的那样,语音由说话者 A 发出,经过传送,被听者 B 接受。语音经历了三个阶段(见图 2-1)。

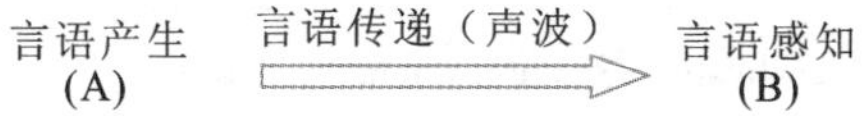

图 2-1 言语产生和言语感知过程

自然而然,语音研究被划分为三个主要领域,每个领域论及语音过程的一个阶段:

· 发音语音学是对语音产生的研究。(Articulatory phonetics is the study of the production of speech sounds.)

· 声学语音学是关于语音物理属性的研究。(Acoustic phonetics is the study of the physical properties of speech sounds.)

· 听觉语音学是关于语音感知的研究。(Perceptual or auditory phonetics is concerned with the perception of speech sounds.)

音系学(phonology)是研究语音形式和语音系统的,旨在"发现支配语音组织或语音的规则,并解释由此产生的变异"(Crystal,1997:162)。研究音系学时,我们通常从分析某门特定语言开始,例如英语,以确定它的音位结构(phonologlcai structure),即该语言运用了哪些语音单位及构成模式。然后再对不同语言系统的属性进行比较,从而对语言的某些特定群体,最终是所有语言中语音运用的潜在规则形成假设。

本章将介绍和讨论有关发音语音学和音位分析的一些基本观点。

2.1 语音生成和音标(Speech Production And Phonetic Transcription)

◀ 2.1.1 (**Speech Production**)语音生成

大部分语音的生成离不开舌(tongue)和唇(lips)的运动,这种运动被称为音姿(gestures)。“舌和唇的音姿因为可听性而被听到和识别。”“The gestures of the tongue and lips are made audible so that they can be heard and recognized.”(Ladefoged & Johnson, 2015: 2)可是,参与发声的人体器官不仅仅只有舌和唇。

言语器官(speech organs)也被称为(vocal organs),指参与发声的人体部位。(They are those parts of the human body involved in the production of speech.)它们包括肺(lungs)、气管(trachea or windpipe)、喉(throat)、鼻(nose)、口(mouth)(见图 2-2)。

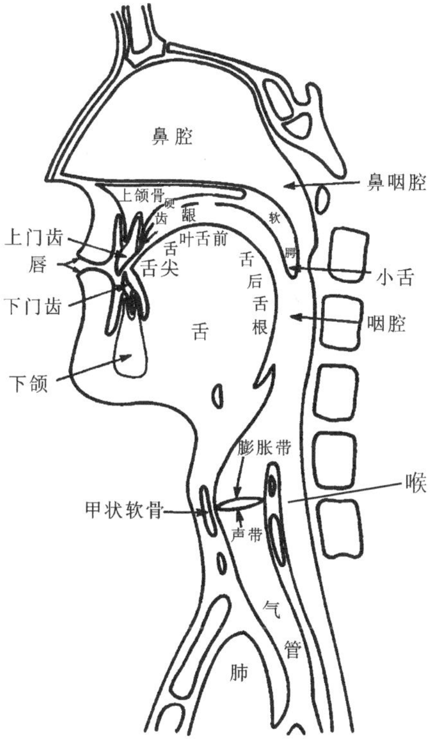

图 2-2　言语器官(**MacMahon**, 1990: 7)

咽、口及鼻构成声道三腔,语音是以气流作为能源生成的。(The pharynx, mouth, and nose form the three cavities of the VOCAL TRACT and speech sounds are produced with an AIRSTREAM as their sources of energy.）在大多数语音的生成中，气流来自肺部。气流从肺中压出，经由细支气管（bronchioles）、支气管（bronchi）这一系列支气管进入气管（trachea）。然后，气流在喉（larynx）、口腔（oral cavity）和鼻腔（nasal cavity）中各个不同的部位、受到不同的方式的改变：口和鼻通常被称作口腔和鼻腔。咽部介于舌根、鼻腔和喉之间。（Pharynx is the chamber between the root of the tongue, the nasal cavity, and the larynx.）

口腔内的器官对于发声非常重要。从前部开始，口腔上部包括上唇（upper lip）、上齿（upper teeth）、齿龈（alveolar ridge）、硬腭（hard palate）、软腭（soft palate or velum）及小舌（uvula）。软腭可以下移，阻塞口腔，让气流通过鼻腔，从而产生鼻音。（The soft palate can be lowered to block the oral cavity and allow air to pass through the nasal cavity so that a NASAL sound is produced.）

口腔下部包括下唇（lower lip）、下齿（lower teeth）、舌（tongue）和下颚（mandible or lower jaw）。在语音学中，舌分为五个部分：舌尖（tip）、舌面（blade）、舌前（front）、舌背（back）和舌根（root）。在音系学中，由舌的这些部位所产生的相应的语音通常被称作舌冠音（coronal）（舌尖和舌面）、舌背音（dorsal）（舌前和舌后）及舌根音（radical）（舌根）。

气管的顶部是喉（larynx），喉的前部在男性身上是突出的，叫作喉结（Adam's Apple）。喉包含声带（vocal folds，也被称作 vocal cords 或者 vocal bands）。声带是一对平行的结构，其前端会合于喉结后部。然而，声带的后端是分离的，可以移至不同位置，可以向内、向外、向前、向后、向上、向下移动（见图 2－3）。

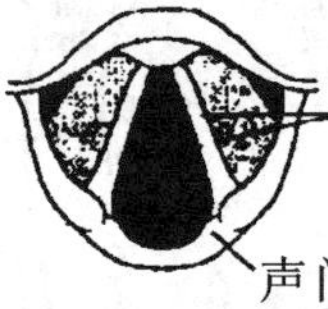

图 2－3　声带位置：（**Roca & Johnson**，1999：15）

然而，在语音学上，大多数情况下，我们说声带要么张开（apart），要么合拢（close together），要么完全关闭（totally closed）。

· 当声带张开时，气流可轻易穿过，所产生的音被称为清音。（When the vocal folds are apart, the air can pass through easily and the sound produced is said to be voiceless.）辅音［p，s，t］就是以这种方式产生的。

· 当声带合拢时，气流使得它们相互振动，所产生的音被称为浊音。（When they are close together, the airstream causes them to vibrate against each other and the resultant sound is said to be voiced.）例如，［b，z，d］是浊辅音。

· 当声带完全关闭时，气流无法通过，由此产生的音被称为喉塞音。（When they are totally closed, no air can pass between them. The result of this gesture is the glottal stop［ʔ］.）其国际音标符号为［ʔ］。

◀ 2.1.2 国际音标(Phonetic Transcription—The IPA)

1886年,法国的一群为数不多的语言教师成立了国际语音协会(International Phonetic Association)。他们发现语音实践在教学中非常有用并希望推广他们的方法。这个协会起初被称为语音教师协会(Phonetic Teachers' Association),1897年改名并沿用至今。

该协会最初的一项活动是出版一本杂志,其内容完全以音标(phonetic transcription)形式印刷。1886年,丹麦语法学家和语音学家奥托·叶斯柏森(Otto Jespersen)(1860—1943)首次提出建立音标的想法,国际音标(IPA)(the IPA chart)第一版也于1888年8月问世。其主要原则是,每个独立的语音应由不同的字母来表示,而且同一符号应适用于其所出现的任一语言中的那个语音。(Its main principles were that there should be a separate letter for each distinctive sound, and that the same symbol should be used for that sound in any language in which it appears.)该表应由尽可能多的罗马字母构成,只在绝对必要时才使用新字母和附加符号。(The alphabet was to consist of as many Roman alphabet letters as possible, using new letters and diacritics only when absolutely necessary.)这些原则至今仍被沿用。

国际音标(IPA)已被多次修订和更正,目前在全世界的词典和教科书中广泛应用。国际音标最新版于2015年重新修订(见表2-1)。

表2.1　国际音标

(2015年修订版)

辅音(肺部气流)

	双唇音	唇齿音	齿音	齿龈音	后龈音	卷舌音	硬腭音	软腭音	小舌音	咽音	声门音
爆破音	p b			t d		ʈ ɖ	c ɟ	k g	q ɢ		ʔ
鼻音	m	ɱ		n		ɳ	ɲ	ŋ	ɴ		
颤音	ʙ			r					ʀ		
触音或闪音		ⱱ		ɾ		ɽ					
擦音	Φ β	f v	θ ð	s z	ʃ ʒ	ʂ ʐ	ç ʝ	x ɣ	χ ʁ	ħ ʕ	h ɦ
边擦音				ɬ ɮ							
通音		ʋ		ɹ		ɻ	j	ɰ			
边通音				l		ɭ	ʎ	ʟ			

注:符号成对出现时,右侧符号代表浊辅音,阴影处表示发音被判断为不可能

辅音(非肺部气流)

吸气音		内爆音		挤喉音	
⊙	双唇	ɓ	双唇音	′	如:
ǀ	齿音	ɗ	齿/龈音	P′	双唇音
!	后龈音	ʄ	硬腭音	t′	齿/龈音
≠	腭龈音	ɠ	软腭音	k′	软腭音
‖	齿龈边音	ʛ	小舌音	s′	齿龈擦音

其他符号

M 清唇—软腭擦音　　ɕʑ 龈—腭擦音
W 浊唇—软腭通音　　ɺ 浊龈边触音
ɥ 浊唇—硬腭通音　　ɧ 同时 ʃ 和 x
H 清会厌擦音
ʢ 浊会厌擦音　　塞擦音和双重发音在必要时可表示
ʡ 会厌爆破音　　为用连接符连接的两个符号k͡p、t͡s

附加符号(低位符号可将附加符号放在上面,如:ŋ̊)

̥	清音化	n̥	d̥	̤	气嗓音	b̤	a̤	̪	齿化	t̪	d̪
̬	浊音化	s̬	t̬	̰	紧喉嗓音	b̰	a̰	̺	舌尖	t̺	d̺
ʰ	送气	tʰ	dʰ	̼	舌唇音	t̼	d̼	̻	舌叶	t̻	d̻
̹	更圆	ɔ̹		ʷ	唇化	tʷ	dʷ	̃	鼻化		ẽ
̜	更展	ɔ̜		ʲ	硬腭化	tʲ	dʲ	ⁿ	鼻腔除阻		dⁿ
̟	较前	u̟		ˠ	软腭化	tˠ	dˠ	ˡ	边除阻		dˡ
̠	较后	e̠		ˤ	咽化	tˤ	dˤ	̚	无可闻除阻		d̚
̈	较央	ë		̴	软腭化或咽化	ɫ					
̽	中较央	e̽		̝	上移	e̝		(ɹ̝ = 浊齿龈擦音)			
̩	成音节	n̩		̞	下移	e̞		(β̞ = 浊双唇通音)			
̯	非音节	e̯		̘	舌根前伸		e̘				
˞	儿化	ɚ	a˞	̙	知根后缩		e̙				

元音

元音符号成对出现时,右侧符号代表圆唇元音。

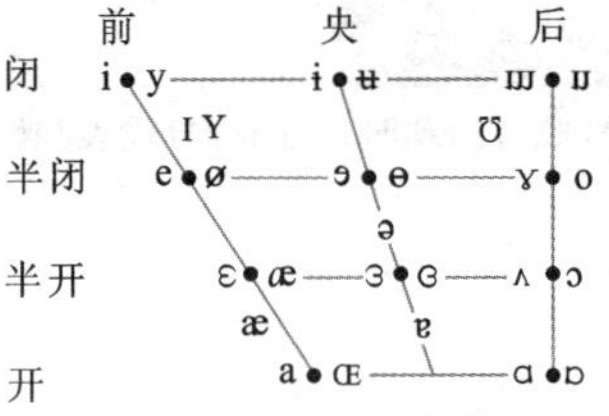

超音段

ˈ	重音	
ˌ	次重音	ˌfoʊnəˈtrɪʃən
ː	长	eː
ˑ	半长	eˑ
˘	超短	ĕ
|	次要(音步)群	
‖	主要(语调)群	
.	音节分割	ɹi.ækt
‿	连号(无分割)	

声调和词重音

平调			曲拱		
e̋或˥		超高	ěи˩˥		升调
é	˦	高	ê	˥˩	降调
ē	˧	中	e᷄	˦˥	高升调
è	˨	低	e᷅	˩˨	低升调
ȅ	˩	超低	ẽ	˧˦˧	升降调
↓		降价	↗		总体升调
↑		升阶	↘		总体降调

在国际音标中,音段(sound segments)分为辅音(consonants)和元音(vowels),我们将在下节详细讨论。辅音分为肺气流辅音(pulmonic)和非肺闭塞音(non-pulmonic):绝大多数肺气流音是由肺部的气流向外呼出而发生。而非肺闭塞音或是由口吸入气流而产生,如吸气音(clicks);或是声门关闭,气流在声门和口腔内位置靠前的发音部位之间产生的,如破裂音(implosives)和爆发音(ejectives)。元音的相关发音位置将在跨章节的口腔示图中标明(见后文图2-4英语元音)。

那些"其余符号"实际上是辅音群,由于涉及了不只一种发音部位或发音方式,所以不能一概放进辅音图的一个语音槽内。

变音符(DIACRITICS)是和元音符号和辅音符号一起使用的附加符号或标记,可以用来表明发音的细微变化。(DIACRITICS are symbols or marks used together with the consonant and vowel symbols to indicate nuances of change in their pronunciation.)超音段符号是用来显示重音和音节特征的,而最后一组符号是表明音调差别和语调类型的。

2.2 辅音与元音(Consonants and Vowels)

在描述音段时,简单区分了辅音和元音。辅音是通过关闭或明显窄化声道迫使气流通过时产生声音摩擦而产生的。(Consonants are produced "by a closure in the vocal tract, or by a narrowing which is so marked that air cannot escape without producing audible friction.")相反,元音的产生则不受这种"责难",因而气流以相对不受阻碍的方式通过口和鼻。(A vowel is produced without such "stricture" so that "air escapes in a relatively unimpeded way through the mouth or nose.")(Cristal, 1997:154)元音和辅音的区别在于气流所遇到的阻碍不同。

◀ 2.2.1 辅音(Consonants)

辅音的产生至少需要两个发音器官的参与。例如,bad的首音([b])涉及双唇,而其最后一个音段([d])则涉及舌面(或舌尖)和齿龈。因此,辅音范畴建立在几个要素的基础上。其中最重要的要素有:①各发音器官之间的实际关系,以及气流穿过声道某些部位的方式。(The actual relationship between the articulators and thus the way in which the air passes through certain parts of the vocal tract .)②声道中产生近似、窄化或气流受阻的位置。(Where in the vocal tract there is approximation, narrowing or the obstruction of air.)前者被称为发音方式,后者被称为发音部位。(The former is known as the Manner of Articulation and the latter as the Place of Articulation.)

1. 发音方式是指发音完成的方式。(The MANNER OF ARTICULATION refers to ways in which articulation can be accomplished.)(a)发音器官可能会关闭声道片刻或相对较长时间(the articulators may close off the oral tract for an instant or a relatively long period);(b)它们还可能会相当程度地缩小声道的空间(they may narrow the space considerably);(c)或者仅仅是通过相互靠近来改变声道形状(or they may simply modify the shape of the tract by approaching each other)。

(1)闭塞音(破裂音)(stop or plosive):所涉及发音器官完全关闭,因此气流无法从口腔逸出。(Complete closure of the articulators is involved so that the airstream cannot escape through the *mouth*.)区分一下闭塞音产生的三个阶段是有必要的:①闭塞期(the *closing phase*),此时发音器官完全合拢;②持音期或压缩期(the *hold* or *compression phase*),此时气流在闭塞后受压;③释放期(the *release phase*),此时形成阻碍的发音器官迅速分离,气流突然释放。术语上,第三阶段称之为"爆破(plosion)",因而得名"破裂音(plosive)"。然而,由于在破裂音产生过程中所涉及的因素,所以替换名"闭塞音(stop)"也常被用于指称此种语音。英语中[p,b,t,d,k,g]是闭塞音。

(2)鼻音(nasal):如果气流在口腔内受阻,而软腭下沉,从而使气流得以穿过鼻腔,所产生的音便是鼻塞音。(If the air is stopped in the oral cavity but the soft palate is down so that it can go out through the nasal cavity, the sound produced is a NASAL STOP)否则就是口阻塞音(ORAL STOP)虽然这两种类型的音都是闭塞音,语音学家们保留术语 *stop*(闭塞音)来指口阻塞音,而用术语 *nasal*(鼻音)来指鼻塞音。在汉语和英语中,[m,n,ŋ]都是鼻音。

(3)摩擦音(fricative):两个发音器官密切接近使得气流部分受阻从而产生振动气流。(A fricative is produced when there is close approximation of two articulators so that the airstream is partially obstructed and turbulent airflow is produced.)可听见的摩擦界定了此类语音,从而解释了其名称为"摩擦音"。[f,v,θ,ð,s,z,ʃ,ʒ,h]是英语中的摩擦音。

(4)近音(approximant):发音过程中发音器官之间的相互靠近,但声道还不致于窄化到产生振动气流的地步。(This is an articulation in which one articulator is close to another, but without the vocal tract being narrowed to such an extent that a turbulent airstream is produced.)因此,各发音器官之间的空隙要比摩擦音大,从而也

就不会产生摩擦。英语中,此类语音包括[w,ɹ,j](虽然[r]在国际音标中是另外一种不同的发音,但为了印刷方便,[ɹ]常写作为[r])。由于[j]和[w]同样可被当作元音,因此需注意此类范畴与元音范畴重叠。

(5)边音(lateral):气流于口腔通道中心的某一点受阻,并在舌的一侧或两侧及口腔顶部之间形成不完全闭塞。(The obstruction of the airstream at a point along the centre of the oral tract, with incomplete closure between one or both sides of the tongue and the roof of the mouth.)由于舌边通道形成对近音的阻塞,所以被称作边音(lateral)。如果产生了摩擦,则被称作边摩擦音(lateral fricative);如果没有摩擦产生,则被称作边近音,[l]是英语中唯一的边音。

(6)颤音(trill):当发音器官受气流影响而振动时,颤音便产生了。(A trill is produced when an articulator is set vibrating by the airstream.)主要的颤音是[r],如苏格兰英语中 red 和 rye 这些单词中的发音[r]。

(7)一次接触音(tap)或闪音(flap):如果只有一次振动,即舌头抵齿龈一次,那么所产生的音为一次接触音。(When the tongue makes a single tap against the alveolar ridge to produce only one vibration,the sound is called a tap.)一次接触音[ɾ]的例子之一便是[t,d,n]在美式发音中的替换,如 city 和 ladder。闪音([ɽ])则是舌尖向上卷,向后呈翻转姿势后回到下前齿处,在后齿龈区触碰上颚而产生的。在一些美式英语中,闪音发生在重音节中带 r 的元音之后,例如 dirty 和 sorting。(Ladefoged & Johnson,2015:99;见 2.2.3 带 r 的元音)

(8)塞擦音(affricate):涉及不只一种发音方式,因为它们包括闭塞音以及紧随其后的发音部位相同的摩擦音。英语中,“church”中的[tʃ]和 jet 中的[dʒ]都属于塞擦音。

2. 发音部位指的是辅音产生的位置。(The PLACE OF ARTICULATION refers to the point where a consonant is made.)辅音实际上产生于双唇和声带之间的任何位置。在国际音标图上标明了 11 处发音部位(place of articulation)。

(1)双唇音(bilabial):产生于双唇之间(made with the two lips)。英语中,双唇音包括[p,b,m],如 pet, bet 和 met。we 中的[w]涉及上下唇的接近,但发音又有细微差异:由于舌体同时抬高至软腭,[w]在国际音标表里被当作是纯软腭近音(a labial-velar approximant)而排除在辅音表之外。

(2)唇齿音(labiodental):产生于下唇和上前齿之间(made with the lower tip and the upper front teeth),如 fire 和 via 中的[f,v],便是通过抬升下唇至几乎贴近上前齿而产生的。

(3)齿音(dental):由舌尖或舌面(视具体口音或语言而定)与上前齿共同作用产生(made by the tongue tip or bladc and thc uppcr front tccth)。只有摩擦音[θ,ð]才被认为是严格意义上的齿音。

(4)齿龈音(alveolar):产生于舌尖或舌面与齿龈之间(made with the tongue tip

or blade and the alveolar ridge)。英语中在此位置产生的语音很多,包括[t,d,n,s,z,ɹ,l]。

(5)后齿龈音(postalveolar or palato-alveolar):产生于舌尖与齿龈后部之间(made with the tongue tip and the back of the alveolar ridge)。这类语音包括[ʃ,ʒ],如在 ship 和 genre 中。

(6)卷舌音(retroflex):产生时舌尖或舌面向后卷曲,这样舌尖或舌面的下端与齿龈或硬腭的后部之间形成空隙(made with the tongue tip or blade curled back so that the underside of the tongue tip or blade forms a stricture with the back of the alveolar ridge or the hard palate)。在普通话中,[ʂ]是典型的卷舌摩擦音,如"书"[ʂu]和"事"[ʂɚ]。

(7)腭音(palatal):产生于前舌与硬腭之间(made with the front of the tongue and the hard palate)。英语中只有一个腭音[j],如 yes 和 yet。

(8)软腭音(velar):产生于舌背和软腭之间(made with the back of the tongue and the soft palate)。英语中的软腭闭塞音有[k,g],如 cat 和 get。还有软腭鼻音[ŋ],如 sing。

(9)小舌音(uvular):产生于舌背与小舌(软腭尾部组织物和肌肉)之间(made with the back of the tongue and the uvular.)。在法语中,字母"r"发小舌摩擦音[ʁ],如 *votre*"your"。

(10)咽头音(pharyngeal):产生于舌根和咽头内壁之间(made with the root of the tongue and the walls of the pharynx)。阿拉伯语包含有咽头摩擦音[ħ,ʕ]。

(11)喉音(glottal):通过两片声带相互挤压产生(made with the two pieces of vocal folds pushed towards each other)。hat 和 hold 中的[h]常被描述为喉摩擦音。喉塞音[ʔ]是通过将声带合拢,像闭塞音那样在声带后形成气压,然后突然释放而成。喉塞音通常出现在 fat[fæʔt]和 pack[pæʔk]这类词中,而且有很多讲英语的人用它来发诸如 button [bʌʔn],beaten [bi:ʔn],fatten[fæʔn]中的"t"音。

◀ 2.2.2 元音(Vowels)

元音是通过不关闭发音器官,气流以相对不受阻碍的方式通过而产生的。(Lade foged & Johnson,2015:20)由于元音的描写方法和辅音的描写规则不同,人们提出了基本元音理论来解决这一问题。如在国际音标图的元音表中所显示的那样,基本元音(CARDINAL VOWELS)是任意界定的一套固定不变的元音特质,旨在为现实存在的语言中实际元音的描写提供一个可供参考的框架。

舌前、舌中、舌背得以区分,并形成了舌高(tongue height)的4个层次。

· 在不发出可听见的摩擦音的条件下所能达到的最高舌位(高或近)[the

highest position the tongue can achieve without producing audible friction (high or close)];

· 所能达到的最低舌位(低或开)[the lowest position the tongue can achieve (low or open)];

· 两个中间层面,将中间平分成两个可听区域(中高或中开,和中低或中近)[two intermediate levels, dividing the intervening space into auditorily equivalent areas (mid-high or open-mid, and mid-low or close-mid)]。(Crystal, 1977:155-6)

该系统定义了8个"主要"(primary)基本元音,又进一步细分了一套"次要"(secondary)基本元音。依照惯例,这8个主要基本元音从1~8依次列为:CV1[i],CV2[e],CV3[ɛ],CV4[a],CV5[ɑ],CV6[ɔ],CV7[o],CV8[u]。其中,前五个为非圆唇元音,而CV6、CV7和CV8是圆唇元音。

通过将嘴唇移转至给定位置可以得到一套次要基本元音:CV9[y],CV10[ø],CV11[œ],CV12[Œ],CV13[ɒ],CV14[ʌ],CV15[ɣ],CV16[ɯ]。还有更多的次要基本元音能够被收到此目录下:舌位处于[i]和[u]之间的元音被描述为[ɨ]和[ʉ]。

国际音标协会还为一些频繁出现的元音设计了更多符号,元音表中元音[ə]通常被称为中性元音[SCHWA]。依照惯例,当符号成对出现时,右边的代表圆唇元音(rounded vowel),而左边的代表非圆唇元音(unrounded vowel)。

语音学家认为,从理论上来讲,任何音段要么是元音要么是辅音。问题是,由于发音强度的不同,hot中的首音有微小的振动幅度,而yet和wet的起始音段则明显是元音。为进行细化,人们通常认为这些音段即非元音也非辅音,而是介于两者之间。(MacMahon,1990:10;Crystal,1997:154-5)为此,通常采用"半元音(SEMI-VOWEL)"这个术语。

语言经常利用发音过程中特质不变和特质变化的元音之间的区别。前者被称为纯元音(PURE VOWELS)或单元音(MONOPHTHONG VOWELS),后者则为元音音渡(VOWEL GLIDES)。舌头稍微移动一次,产生的音渡为双音渡(DIPTHONGS)。双元音音渡在英语单词way[weI],tide[tɑid],how[hɑʊ],toy[tɔI]和toe[təʊ]中可以听到。移动两次则产生三元音(TRIPHTHONGS)。三元音是音渡从一个元音到另一个,然后再到第三个,都是快速并无阻碍地产生的。(Roach,2000:24)跟随中元音[ə]的是真正的三元音,可在英语单词wire[waIə]和tower[tɑʊə]中听到。

◀ 2.2.3 英语语音(The Sounds of English)

英语发音在大多数情况下取决于个体说话者的口音和偏好。尽管英语并未设立一个发音标准，但是在将英语作为一门外语进行教学的过程还是有一种最为常见的示范口音。(Although no standard has been established in the way English should be pronounced, one form of English pronunciation is the most common model accent in the teaching of English as a foreign language.)这便是标准发音(Received Pronunciation,RP)，很多人将它称为BBC英语、牛津英语或国王/女王英语。标准发音起源于英格兰东南部，为全英格兰中上层和上层阶级使用。它广泛应用于公立学校，BBC电台的绝大多数新闻播音员讲的也是这种口音。在美国，大多数受教育的人广泛使用的口音，被称为普通美语(General American,GA)。标准发音和普通美语在元音方面的区别要比辅音显著得多(见表2-1)。

表2-1 英语辅音表

发音方法	发音部位							
	双唇音	唇齿音	齿音	齿龈音	后龈音	硬腭音	软腭音	声门音
塞音	p b			t d			k g	
鼻音	m			n			ŋ	
擦音		f v	θ ð	s z	ʃ ʒ			h
通音	(w)			ɹ		j	w	
边音				l				
塞擦音					tʃ dʒ			

当两个音的发音部位和发音方式都一样时，它们通过是否为浊音(VOICING)来加以区分，左边的是清音，右边的是浊音。

这样英语辅音可以以下列方式来描述：

[p]清双唇闭塞音

[b]浊双唇闭塞音

[s]清齿龈摩擦音

[z]浊齿龈摩擦音

在没有浊音特征时，只需说明两个特征即可。因此，[m]是"双唇鼻塞音"，[j]为"腭无摩擦延续音"，而[h]是"喉摩擦音"，[l]则可能被称为"齿龈音"或仅仅称为"边音"(因为英语中只有一个边音)。所有这些浊音统称为响音(SONORANT)。有清浊之分的闭塞音和摩擦音统称为阻塞者(OBSTRUENT)。

不同的作者用不同的符号来对元音进行表征，本书中，我们将使用主流字典中的标准发音体系来描述标准发音中的元音(见图2-4)。但这绝不是国际音标图的复制，而是在国际音标图的基础上简化后的修订版。

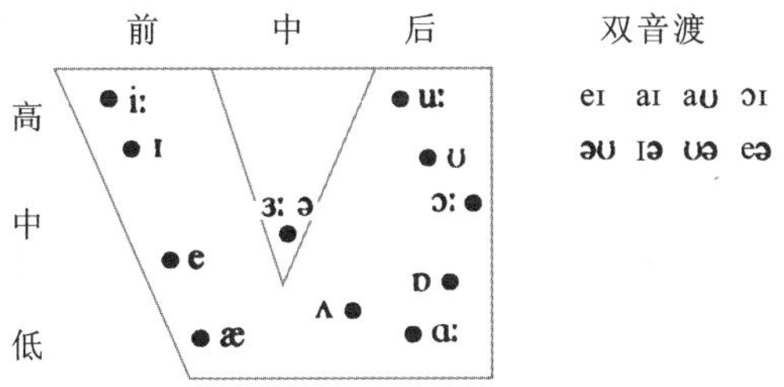

图 2－4　英语元音

元音的音质在标准发音和普通美语中有一定的差别，特别是中元音[ɜ，ə]在普通美语中是带 r 音的或发 r 音的（r-COLORED or RHOTIC），分别转录为[ɝ]（如 bird）和[ɚ]（如 brother）。也就是说，它们在卷舌中包含了舌尖上卷，这种现象就是我们所说的带 r 音的或发 r 音的。另一个主要的不同点是，在普通美语中经常使用[ɑ]，而在标准发音中用[ɒ]（如 box），并且在标准发音中，[æ]经常替代[ɑː]（如 father）。

为了说明属于前高部位的[iː]和[ɪ]，后高部位的[uː]和[ʊ]的不同，提出了紧张度（TENSENESS）的概念，前者发音时紧张度更高。所以，我们描写[iː]和[uː]为紧元音，[ɪ]和[ʊ]为松元音。所以，长度符号[ː]常被忽略。

因此，英语元音的描写需要满足以下 4 个基本条件：

· 舌头抬高的程度（高、中、低）（the height of tongue raising）（high，mid，low）；

· 舌最高部位的位置（前、中、后）（the position of the highest part of the tongue）（front，central，back）；

· 元音长度或紧张度（紧对松或长对短）（the length or the tenseness of the vowel）（tense vs. lax or long vs. short）；

· 唇圆程度（圆唇对非圆唇）（rounded vs. unrounded）。

因此，我们这样来描写元音：

[iː]　高 前 紧 非圆唇 元音（high front tense unrounded vowel）

[ʊ]　高 后 松 圆唇 元音（high back lax rounded vowel）

[ə]　中 松 非 圆唇 元音（mid central lax unrounded vowel）

[ɒ]　低 后 松 圆唇 元音（low back lax rounded vowel）

2.3 音位分析（Phonological Analysis）

目前为止，我们一直在研究单个音段的发音方式，但是说话是一个连续性的过程，所以发音器官在发音时不是从一个音段移向下一个音段，音段之间并未分离（Crystal，1997：158）。由发音器官所发出的音构成了音姿结构，这个音会一直受到它前后音的影响。比如，如果一个鼻辅音（如[m]）出现在一个口元音（如 map 中的[æ]）的前面，元音[æ]将具有鼻音性，也就是说，会带有一点鼻音的特性。这是因为在鼻音的产生过程中,软腭降低,气流从鼻道通过。为了发出元音[æ],软腭必须回到它的正常位置,这种从低位回到高位的过程需要花费时间。所以,这个过程在发出[æ]的同时仍在继续。同样地,当[æ]在[m]的前面,比如pam,在发出[æ]的同时,膜会开始下降,便于发出接下来的鼻音。

map 中元音[æ]具有它前面鼻音的特征,这种现象我们称为鼻音化。为了描写一个语音不同变体之间的细微差别,国际音标表包括了一套变音符号。为了表明一个元音被鼻音化,我们在符号[æ]上加一条曲线,写作[æ̃]。通过这条曲线,我们能够使用这些变音符号标注一个语音的其他变体。比如[p],在 peak 中是送气音,在 speak 中不是送气音。这种送气的清双唇闭塞音用变音符号ʰ表示,即[pʰ],而非送气的清双唇闭塞音用[p]表示。

可是,大部分时候没有必要每次标明这些变体。我们一般使用常见的符号[r]表示比较不常见的符号[ɹ]。由此我们接触到一个新概念,即标音。

◀ 2.3.1 标音(Phonemes)

音系学并不是专门针对语音产生系统的物理属性的。在研究英语中的协同发音(coarticulation)时,我们常常认为单词 tea 和 too 中[t]的发音差别很小。与 too 中的[t]相比,tea 中的[t]舌位移向口腔前端,原因在于 tea 中的元音[iː]比 too 中的元音[uː]更进一步将舌头推至口腔前端。事实上,在 too 中的[t]音之后紧跟着发出清晰、纯粹的[iː]类元音几乎是不可能的。语音学家们关心的是这两个[t]发音方式的不同,而音系学家们感兴趣的是这些变异的潜在规则和语音模式。

如 Crystal 指出的那样,音位分析依据的原则是:有些语音会导致单词或词组意义的变化,而其他语音则不会。(Phonological analysis relies on the principle that certain sounds cause changes in the meaning of a word or a phrase, whereas other sounds do not.)可以用一个简单的方法来证明这一点:抽出一个词,将其中的一个音替换成另一个,看其是否导致了意义的变化。例如,英语单词 tin 由 3 个独立的语音组成,每个音在音标中都有特定符号,[tɪn]。假如我们用[d]代替[t],便产生另一个单词 din。因此,[t]和[d]在英语中都是重要语音,因为它们使我们得以将 tin 和 din,tie 和 die 还有更多词对区别开来。同样,[iː]和[ɪ]也能被证明是重要单位。

这种技巧被称为"最小对立体"测试,它可用来识别哪些语音替代会引起语意变化。(This technique, called the MINIMAL PAIRS test, can be used to find out which sound substitutions cause differences of meaning.)在英语中,它可将 40 多个重要单位辨别开来,这些"重要单位"被称为音位。音位的描写是借助于国际音标图中的符号,但是是在斜线内而不是在方括号内,如/p/,/t/,/u/,等。

单词 PHONEME 仅仅是指"清晰的音位对比单位"(unit of explicit sound contrast),最小对立体的存在自动地赋予具有区别对立功能的语音以音位的地位。

语音学系统就是建立在对立概念之上的,通过挑选这一种语音类型而不是另一种,我们可将一个词与另一个词区分开。(Spencer,1996:3)

语言对立语音的选择中存在着差异。例如,英语中送气音[pʰ]和不送气音[p]就不是音位区别,它们都属于同一个音位/p/,但被看作是受不同位置限制的不同语音。试比较单词 peak 和 speak,peak 中的/p/是送气音,语音上标为[pʰ],而 speak 中的/p/是不送气音,语音上标为[p]。然而,汉语中/p/和/pʰ/的区别是音位性的,因而"宾"和"拼"分别被标为/pɪn/和/pʰɪn/。拼音符号之间的区别不是清音而是送气——在汉语普通话中没有浊音[b]。

依照惯例,音位描写(PHONEMIC TRANSCRIPTION)是置于两斜线(/ /)之间,而语音描写则置于方括号内([ ])。英语单词的音位描写和语音描写可以参见下表(表2-2)。

表2-2 英语单词的音位描写和语音描写

单 词	音位描写	语音描写	语音细节
help	/hɛlp/	[hɛɫp]	软腭化
play	/pleɪ/	[pʰ l̥eɪ]	发送气音,浊音清化
tenth	/tɛnθ/	[tʰ ɛ̃n̪θ]	发送气音,鼻音化,齿音化
buttan	/bʌtn/	[bʌʔ n̩]	喉音化,划分音节

◀ 2.3.2 音位变体(Allophones)

英语词典经常分别将 peak 和 speak 描写为/piːk/和/spiːk/。然而,当实际发这些音时,我们知道英语有一条规则,/p/在/s/后不送气而在其他情况下则送气。为显示"语音"差异,送气音的标记是在语音符号后添加一个抬高的"h",因此 peak 的音标是[pʰiːk],而 speak 的音标是[spiːk]。

在这个例子中,[p,pʰ]是两个不同的音素,是音标/p/的变体。同一音位的不同变体被称为这个音位的音位变体。(In this example,[p,pʰ] are two different PHONES and are variants of the phoneme/p/. Such variants of a phoneme are called ALLOPHONES of the same phoneme.)在这种情况下,这些音位变体被认为呈互补分布(COMPLEMENTARY DISTRIBUTION),因为它们不会在同一语境中出现:[p]总是出现在[s]之后,而[pʰ]总是在其他位置出现。我们可将此规则陈述如下:

(1)/p/→[p]/[s]________

[pʰ]别处

(注意:"________"是/p/音出现的环境)

这种不同位置上音位发音过程中的变异现象被称为音位变体现象或音位变

体。(This phenomenon of variation in the pronunciation of phonemes in different positions is called ALLOPHONY or ALLOPHONIC VARIATION.)英语中音位变体现象的另外一个例子是音位/l/。我们都知道 lead 和 deal 中的/l/发音不同,后者发音时舌微微向后翻至硬腭(腭化 VELARIZATION),我们通常将此称为"模糊舌边音(dark *l*)",并且在语音(或窄式)音标中使用[ɫ]。而 lead 中的/l/被称作"清晰舌边音(clear *l*)"。因此,lead 的音标被写为[liːd],deal 被写为[diːɫ]。此规则看似非常简单:音位/l/在元音前发/l/,而在元音后则为/ɫ/。它们再次构成互补分布,表征如下:

(2)/l/→[l]/__________元音

[ɫ]/元音__________

但是/l/的规则并不是如此简单:例如在单词 telling 中,-ll-前后都有元音,我们如何决定音位/l/的发音是按元音前还是元音后呢?本章后文将对此做出阐述。但是将[p,pʰ]归属于音位/p/,[l,ɫ]归属于音位/l/,这就大大减少了英语音位中的数量——这 4 个音归属于 2 个音位。

但是,并非所有的互补分布的音素都被认为是同一个音位的音位变体。音素要从属于同一音位还有另外一个限制:它们必须在语音上相似。语音相似是指音位变体必须具有某些语音相似性。(PHONETIC SIMILARITY means that the allophones of a phoneme must bear some phonetic resemblance.)比如[l,ɫ]都是边近音,它们仅仅只在发音部位上存在差异;[p,pʰ]都是清双唇闭塞音,仅在送气方面存在差异。在这两种情况下,音位变体既在语音上相似,又呈互补分布。

◀ 2.3.3 音位规则(Phonological Rules)

这一部分,我们将介绍更多有关语音的观点。让我们首先看一下下列词组,注意每种情况中它们的发音。

例 2-1

a. cap [kæp]	can[kæ̃n]
b. tap[tæp]	tan[tæ̃n]

例 2-2

a. tent[tɛnt]	tenth[tɛ n̪θ]
b. ninety[naɪnti]	ninth[naɪ n̪θ]

例 2-3

a. since[sɪns]	sink[sɪŋk]
b. mince[mɪns]	mink[mɪŋk]

在例 2-1a 和 2-1b 中,这些词在两个音上存在差异。因为后续鼻辅音的影响,所以每对词中的第二个词的元音受到了"鼻音化"(nasalized)。在例 2-2 中,

鼻音/n/在齿摩擦音前被“齿音化”(dentalized)。在例2-3中,软腭闭塞音[k]之前的齿龈鼻音/n/变成了软腭鼻音[ŋ]。在这种情况下,鼻音化、齿音化和腭音化都是同化的例子。同化过程是指一个语音呈现出相邻语音的某些或全部特征。(In this situation, NASALIZATION, DENTALIZATION, and VELARIZATION are all instances of ASSIMILATION, a process by which one sound takes on some or all the characteristics of a neighboring sound.)

同化有两种可能性:如果后面的音影响到前面的音,我们称之为逆同化(if a following sound is influencing a preceding sound, we call it REGRESSIVE ASSIMILATION);如是相反过程,即前面的音影响到后面的音,便是顺同化(the converse process, in which a preceding sound is influencing a following sound, is known as PROGRESSIVE ASSIMILATION)(Spencer,1996:47)。上面例2-1到例2-3中的所有例子都是“逆同化”。逆同化是英语中最常见的同化现象。(Ladefoged & Johnson,2015:119)

同化可以超出音节或词的范围(Clark & Yallop,1995:89):

例2-4

a. pan[ŋ]cake

b. sun[ŋ]glasses

例2-5

a. you can[ŋ] keep them

b. he can[ŋ]go now

对英语摩擦音和塞擦音的研究表明,其浊音化受到了后续音浊音化的极大影响。例2-6中的范例显示了在浊音化过程中摩擦音和塞擦音是如何被同化的。

例2-6

a. five past	[faivpaːst]	⟶	[faifpaːst]
b. love to	[lʌvtə]	⟶	[lʌftə]
c. has to	[hæztə]	⟶	[hæstə]
d. as can be shown	[əzkənbɪʃəun]	⟶	[əskənbɪʃəun]
e. lose five-nil	[luːzfaɪvnɪl]	⟶	[luːsfaɪvnɪl]
f. edge to edge	[ɛdʒtəɛdʒ]	⟶	[ɛtʃtəɛdʒ]

第一栏的音标符号表明,这些词组是以缓慢仔细的语气念出的,而第二栏则表明它们是如何以正常、连贯的语气发音的。对其他音的观察结果表明,清音化(DEVOICING)——浊音变为清音的过程(a process by which voiced sounds become voiceless)——在这样的语境中并不会与其他的音(如闭塞音和元音)(stops and vowels)一起出现(Spencer, 1996: 46-49)。

以上讨论的变化展示了音位过程(PHONOLOGICAL PROCESSES),其中一个目标音段或称受影响音段(TARGER or AFFECTED SEGMENT)在某些环境或语境中发生了结构变化。在每一个过程中,该变化受后面一个音的制约或触发,或者在顺同化过程中,受到前一个音的限制或触发。我们可以用箭头来表征该过程:

(3)/v/→[f]

根据我们所掌握的材料,此过程不仅适用于/v/,也适用于其他摩擦音,如/z/和/dʒ/。因此,我们能得出一条更加普遍的规则,即浊摩擦音在清音段前变成清摩擦音。

(4)浊摩擦音→清/__________清

(同上,教材 47 页)

这是一条音位规则(PHONOLOGICAL RULE)。斜线(/)具体说明了变化发生的环境。阶标(称为焦点阶标)标明了目标音段的位置。因此,该规则解读如下:当浊辅音出现在清音之前时便转变为其相对应的清辅音。(A voiced fricative is transformed into the corresponding voiceless sound when it appears before a voiceless sound.)

◀ 2.3.4 规则调整(Rule Ordering)

英语中一个有趣的现象是不定冠词 a/an。思考下面的例子:

例 2-7

a. a hotel, a boy, a use, a wagon, a big man, a yellow rug, a white house

b. an apple, an honor, an orange curtain, an old lady

例 2-7a 中所有单词前都带字母 a,而 2-7b 中则是带字母 an。我们知道当后面的词是以元音开始时便用 an。那么,在音位表征中我们如何把握这一点的呢? 我们应该注意到正是因为缺乏辅音才要求在冠词 a 后添加鼻音[n]。因此,我们将 a 到 an 的转变看作是鼻音的插入。术语上,此插入过程也称为插音。(Technically, this process of insertion is known as EPENTHESIS.)我们能得出下列规则(ø 表示空位,V 表示元音):

(5)ø→[n]/[ə]__________ V

下面我们仔细观察一个更为复杂的现象。我们知道多数情况下英语名词的复数形式是规则的。然而,规则复数形式在很大程度上是依赖于音位环境的。请看以下形式:

例 2-8

a. desk	[dɛsk]	desks	[dɛsks]
b. chair	[tʃɛə]	chairs	[tʃɛəz]
c. box	[bɒks]	boxes	[bɒksəz]

我们看到复数后缀 -(e)s 的书面形式有 3 种不同的发音:[s]、[z]、[əz]。注意第三人称单数的一般现在时的动词形式是完全一样的形式。如果观察更多的词,我们会发现[s]音的使用是当前面是除了/s,ʃ,tʃ/之外的清辅音,/z/是当前

面是元音或除了/z,ʒ,dʒ/之外的浊辅音,而[əz]则是跟在语音/s,z,ʃ,ʒ,tʃ,dʒ/中的任何一个之后。这组摩擦音和塞擦音通常是以相同方式出现,传统上称之为咝擦音(SIBILANTS)。

现在,英语中的复数形式的3种变体应用于以下方式:

(6)a. 语音[s]出现在清音之后;

b. 语音[z]出现在浊音之后;

c. 语音[əz]出现在咝擦音之后。

(注意:所有的元音均是浊音)

为了引出支配此模型的规则,我们要说的是出现于大多数情况下的语音[z]是基本形式,而其他两种形式均是由此派生而来的。基本形式在专业术语中被称为底层形式(UNDERLYING FORM)或底层表达(UNDERLYING REPRESENTATION)。派生形式则是表层形式(SURFACE FORM)或表层表达(SURFACE REPRESENTATION)。因此,/s/音便是清音化的结果,而[əz]音便是插音的例子。这两项规则表征如下:

(7)/z/→/s/[-浊音,辅音]__________(清音化)

(8)ø→[ə]/[+咝擦音]__________[z](插音)

有了这两条规则,我们是否能够从底层表达中派生出表层形式呢?考虑(9)中的派生形式。

(9)a. //siːt + z//	b. //bɛd + z//	c. //keɪs + z//	
s	N/A	s	清音化(第一步)
N/A	N/A	N/A	插音(第二步)
siːts	bɛdz	keɪss	产出

(注意:N/A = 不适用的,规则不适用的地方)

在第一步中,清音化是适用的,如seats,[siːts]中的[s],cases,[keɪss]中的[s],因为它们都以清辅音结尾。到了第二步,[ə]无处添加,因为(a)和(c)都不是以[z]结尾的,cases以[z]结尾,变成了[s]。因此,插音规则不适用于[s]。很明显,某部分出错了。问题在于清音化无例外地适用于在清辅音后的/z/,永远不会出现使用插音的环境。对此问题的一种很明显的解决方法便是将插音一律适用于清音化之前,如(9)所示。

(9)a. //siːt + z//	b. //bɛd + z//	c. //keɪs + z//	
N/A	N/A	ə	插音(第一步)
s	N/A	N/A	清音化(第二步)
siːts	bɛdz	keɪsəz	产出

这就给了我们正确的表层形式。因此,在这种特殊情况下,我们必须遵循特别约定的规则调整(RULE ORDERING)。如果此顺序被搅乱的话,便会派生出错误的语音形式。但是这项规则调整并不总是需要,如果考虑到语言的一个更为普

遍的规则——别处条件(ELSEWHERE CONDITION),简述如(10)所示。

(10)别处条件

首先应用比较特殊的规则。

有了别处条件,就不用讨论每个规则的调整了。

第三人称单数一般现在时的动词形式遵循同样的规则,英语中一般过去时的动词形式也可以用同样的方式解释。

(11)一般过去时规则

英语中,一般过去时的动词以除了[t]的清浊音结尾,/d/音读作[t];以除了[d]的浊音结尾,/d/音读作[d];以[t]和[d]结尾,[d]音读作[id]。

2.4 超音段特征(Suprasegmentals)

超音段特征是指超过话语中一个以上的语音的特征,主要的超音段特征有音节、重音、声调和语调。(SUPRASEGMENTAL FEATURES are those aspects of speech that involve more than single sound segments. The principal suprasegmentals are syllable, stress, tone, and intonation.)

◀ 2.4.1 音节(Syllable)

音节(SYLLABLE)是学习超音段特征的一个重要单位。在英语中,一个词可能是单音节(MONOSYLLABIC)(只有一个音节,像 cat 和 dog)或多音节(POLYSYLLABIC)(不只一个音节,像 transplant 和 festival)。

一个音节必须有一个音节核心(NUCLEUS)或节峰(PEAK)。构成音节核心或节峰的通常是元音。但是,辅音有时也同样可以构成音节核心,如 table,包含了一个音节[tʰeI]和一个音节[bɫ]。在第二个音节中,只有一个音节辅音[ɫ]来充当音节核心。辅音[m,n]在英语中也具有这样的功能,如 bottom[bɒtm]和 cotton[kɒtn]。

当我们说像 bed, dead, fed, head, led, red, said, thread, wed 这些词押韵时,我们所说的是其首个辅音或辅音丛后的元音是相同的。因此,我们能将一个音节分为两个部分——韵脚(RHYME)(or RIME)和节首辅音(ONSET)。韵脚内的元音便是音节核心,其后的辅音被称为结尾音节(CODA)。我们就此可以描写单词 cracked 的音节结构(SYLLABIC STRUCTURE),如(12)所示,希腊字母 σ(“sigma”)用来表征一个音节。

(12)

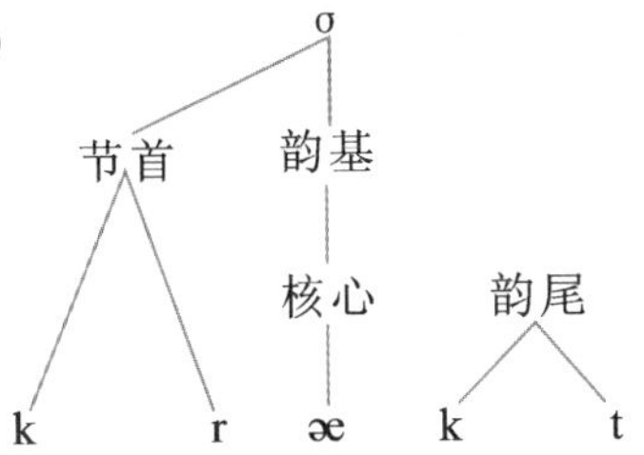

所有音节都必须有一个音节核心,但并非所有音节均包含有节首辅音和结尾音节。没有结尾音节的音节便是开音节(OPEN SYLLABLE),而含有结尾音节的便是闭音节(CLOSED SYLLABE)。(A syllable that has no coda is called an OPEN SYLLABLE while a syllable with coda is a CLOSED SYLLABLE.)

不同的语言使得多种不同种类的音节成为可能。英语中,节首辅音位置可能是空位,也可能由多达 3 个的辅音连缀所填充,而结尾音节位置可能会由多达四个的辅音所填充(如 sixths[siksθs])。因此,该英语音节可表征为(((C)C)C)V((((C)C)C)C)。然而,汉语普通话的音节至多允许节首位置有一个辅音,结尾音节只有鼻音[n,ŋ]。因此,普通话音节可表征为(C)V(C)。

关于音节构成成分目前尚无一致意见。因此,多音节单词音节的划分要根据某些原则,其中之一便是最大节首原则(MAXIMAL ONSET PRINCIPLE)(MOP)。该原则规定:当需要对辅音位置做出选择时,它应该在节首而非结尾。这就解释了在 2.3.3(2)中所讨论的/l/在 telling 中的发音是[l]而不是[ɫ]的问题。虽然在 -ll- 前后都有元音,根据最大节首原则,第二个音节应为节首,它应该位于元音之前,所以发音为[l]。

◀ 2.4.2 响音阶(Sonority Scale)

在英语辅音丛中,很多辅音组合不能出现在节首和节尾位置。比如,我们可以说 help,lump,pray 和 quick,但没有 * hepl, * lupm, * rpay 或者 * wqick 这样的词。这是由于有一个"响音阶"在起作用,各类语音的响度影响到它们在音节中可能的位置。

(13)响度:

响度最大　5 元音

　　　　　4 近音

　　　　　3 鼻音

　　　　　2 擦音

响度最小　1 塞音

(参见 Radford, et al., 1999: 89; Spencer, 1996: 90 和 Roca & Johnson, 1999: 288 的讨论)

以 clasp 为例,音的响度逐步上升,在节核达到顶点,在节尾处下降(The sonority of each sound gradually rises to a peak at the nucleus and then falls at the coda.)。如下所示:

(14)

5			*		
4		*			
3					
2				*	
1	*				*
	k	l	æ	s	p

这也解释了为什么 * lkaps 这样的发音单词是不存在的。如下所示:

(15)

5			*		
4	*				
3					
2					*
1		*		*	
	l	k	æ	p	s

silk 和 sickle 这两个单词由相同的音组成,但是以不同的顺序排列。silk 的发音/sIlk/是正确的响音阶顺序,而 sickle/sIkl/则不是。传统的做法是把 sickle 看作是双音节词,即/l/被视为节核,与/k/一起构成音节/kl/。

在节首位置的/s/的表现比较特殊,它可以和任何节首辅音形成多达 3 个辅音的音丛,如/spl -/,/spr -/,/str -/,/skr -/。此处的问题是,/s/是擦音,比塞音响亮,所以不应该出现在塞音/p, t, k/前。对于这个问题的解释有两种:一种观点是把/s/看作独立音节,如把 stock 之类的词看作是双音节词,/s/自成音节。但是一方面,这种看法与多数母语者的直觉不符,另一方面,类似的组合/sm, sn/比比皆是。第二种观点是把这样的音段视作"附音(appendix)"(Giegerich, 1992: 149 - 50)。这是一个很复杂的跨语言现象,这里不做讨论。

◀ 2.4.3 重音(Stress)

重音是指生成音节的语力强度。(Stress refers to the degree of force used in producing a syllable.)在音标中,一条提高的垂直线[ˈ]被置于相关的音节之前。重读音节和非重读音节做出了基本的区分,前者比后者更为突出,这意味着重音只是一个相对概念。在单词层面,它仅仅适用于至少有两个音节的词语之中。而在句子层面,单音节词与句子中其他词相对而言也可以说是加重的。

虽然很多语言中的重音在单词层面有规律可循,但英语中的重音模型并不简单。(参见 Gimson,2001:224－35 和 Roach,2000:第十章和第十一章详细讨论)从原则上讲,重音可能会落在任何音节之上。

例 2－9

a. beˈgin,ˈpublish

b. ˈbicycle,poˈtato,recomˈmend

c. ˈtelevision,curˈriculum,confiˈdential

因此,为了区别英语中的单词重音和其他语言中更有规律的重音模型,有时将前者称为(ACCENT),而不是(stress)。为了便于描述,我们将在接下来的讨论中使用更为人知的术语(stress)。

同样也已观察到的是,由于一个词所扮演的语法功能不同,其重音有时也会落在不同音节上。例如,conˈvict(动词)－ˈconvict(名词), inˈsult(动词)－ˈinsult(名词), proˈduce(动词)－ˈproduce(名词), reˈbel(动词)－ˈrebel(名词), reˈcord(动词)－ˈrecord(名词)。

有些后缀会改变重音的位置。例如,ˈchaos(名词)－chaˈotic(形容词), comˈmunicate(动词)－communiˈcation(名词),ˈhumid(形容词)－huˈmidity(名词)。但是后缀-ive 不会带来这种变化,所以我们有 comˈmunicative(形容词),而没有 * communiˈcative(形容词)。

它们也会随着历史而发生改变,并且展现出地域的差异。ˈformidable 和ˈcontroversy 常被认为较为保守。讲标准英式英语和标准美式英语的人在这些词的重音模型选择偏好方面同样也存在差异:laˈboratory(英式英语),ˈlaboratory(美式英语);ˈdebris(英式英语), deˈbris(美式英语);ˈgarage(英式英语), gaˈrage(美式英语)。

需要注意的是,重音变化经常也发生于复合词与词组之间。blackboard(黑板)是教室里老师用作板书之物,而 blackˈboard(黑色的板子)则是一块黑色的木板。

长词通常有两个重读音节,其中一个要比另一个更强。更强的音节是主重音(primary stress),前面加[ˈ];而次重读的音节是次重音(secondary stress),其前加符号[ˌ]。例如ˌ*epipheˈnomenal* 一词,重音落于 －*no*－,而次重音位于 *epi*－。

句子重音更有意思。在通常情况下,实义词一般重读,而结构词不重读。不过,句子重音常被用于表达强调、惊讶等,所以从原则上讲,重音可能会落于任何词或音节之上。

例 2－10

a. John bought a red bicycle.

b. **JOHN** bought a red bicycle.

c. John **BOUGHT** a red bicycle.

d. John bought a **RED** bicycle.

e. John bought a red **BICYCLE.**

◀ 2.4.4 语调与声调(Intonation and Tone)

语调(INTONATION)包含反复的升—降模型的出现,每个升降模型使用时都含有一组相对一致的意义,或者在单个的词上,或者在长度不同的词组上。(Intonation involves the occurrence of recurring fall-rise patterns, each of which is used with a set of relatively consistent meanings, either on singular words or on groups of words of varying length.)例如,英语中的升、降调尤其包含了一组明述或者暗示的有限项目之间意义的对比。这种语调适用于下面所有的例子中。

例 2 – 11

a. (Isn't her name Mary?) No/ˇ Jenny

b. The old man didn't come/ whereas the ˇyoung man /did come and actually enjoyed himself

c. ˇI didn't do it

(注意:“/”表明了一个音调组的界限,“ˇ”符号指示了在下个界限前,升降语调遍布所有音节。)

语调的不同会改变一组词的意义,当这样的现象发生时,被称作音调的不同。话语结尾处的升调常用于疑问句和表示礼貌或惊奇,而降调有时则显得粗鲁和唐突。

汉语中,声调变化的方式是不同的,影响的是单个词的意义。在汉语普通话中,一个音节如[pa]至少有四种意思,取决于它所说时的声调(见表 2 – 3)。如果我们考虑到不同的汉字有相同的发音和声调,将会发现更多的意思。像汉语这样的语言被认为是声调语言(TONE LANGUAGES)。

表 2 – 3　普通话的声调

普通话[pA]					
汉字	拼音	声调符号	声调数字	声调描述	英语解释
八	bā	˥	55	高位	‘eight’
拔	bá	˧˥	35	抬高	‘pull out’
靶	bǎ	˨˩˦	214	先低后高	‘target’
坝	bà	˥˩	51	从高往低	‘dam’

在表 2 – 4 中,第三栏(声调符号)表明了该词在国际语音表中的声调符号,在声调的右边加一垂直的横(bar)来表明说话者声音的范围;左边附着的竖线的形状和位置表明了词中声调的变化。第四栏(声调数目)表明了声调周期变化的数目,最低位置是 1,最高是 5。

声调语言中的声调不是固定的,因为连续相同的声调会引起声调变化。比如,汉语普通话中,如果两个音节(两个汉字)连续都是 214 的声调数字,那么第一个音节会改为35的声调数字。这种情况同样存在于“洗澡,你好”等词语中。其中,xǐ zǎo变成xí zǎo,nǐ hǎo变成ní hǎo。这种现象叫变调(TONESANDHI)。

实际上,由变调产生了一条更具有普遍性的规则。它也适用于分节音韵学的插音。

(16)必异规则(Obligatory Contour Principle)

连续相同的元素被禁止。

因此,除了变调,结合分节音韵学的内容(见2.3),可以发现:如果两个元音连续出现,需要插入一个辅音(对于不定冠词而言);如果两个辅音连续出现,需要插入一个元音,比如对于名词复数和一般现在时中第三人称单数的动词来说,需要插入α-,一般过去时的动词需要插入I-。

必异规则和同化相反,适用于很多音位变化的情况。导致这些音位变化的原因是象声调和重音模型等相同音段或超音段的连续出现(如*re'search' paper*→*'research' paper*)。

术语双解

assimilation:同化过程,指一个语音呈现出相邻语音的某些或全部特征。同化经常是作为协同发音的同义词使用的。A process by which one sound takes on some or all the characteristics of a neighboring sound. It is often used synonymously with coarticulation.

allophone:音位变体,指相同音位的变体。The variants of a phoneme are called allophones of the same phoneme.

cardinal vowels:基本元音,这个概念是由琼斯最早提出来的,为英语语音学家所采用,指的是有明确发音特点的一系列元音中的一个。基本元音系统首先确认了8个基本元音,依次是[i],[e],[ε],[a],[ɑ],[ɔ],[o],[u]。For Jones, the cardinal vowels are a set of vowel qualities arbitrarily defined, fixed and unchanging, intended to provide a frame of reference for the description of the actual vowels of existing languages. By convention, the eight primary cardinal vowels are numbered from one to eight as follows: [i],[e], [ε],[a],[ɑ],[ɔ],[o],[u].

complementary distribution:互补分布, 指某一特定语音环境里,用来描写互相排斥的两个变体(variant)在某一特定环境中所处情况的术语。如,英语中音位/p/有两个语音变体:送气的[p^h]和不送气的[p]。这两个变体的分布就叫互补分布,它们从不在同一语境中出现。The relation between two speech sounds that never occur in the same environment. Allophones of the same phoneme are usually in complementary distribution.

consonant:辅音,指由声道的封闭或变窄组合使气流在声道中受到阻碍时所发的音。Sound segments produced by constricting or obstructing the vocal tract at some place to divert, impede, or completely shut off the flow of air in the oral cavity.

minimal pair:最小对立体,音系学研究用语,可用来弄清楚哪种语音替代将会产生不同的意义,是用于描写只有一个语音具有区别特征的两个词,如 beat 和 bit, bead 和 bid。A term of phonology, a technique which is used to find out which sound substitutions cause differences of meaning. For example, [i:] and [i] can be shown to be important units because they distinguish between *beat* and *bit*, *bead* and *bid* and many other pairs.

phoneme:音位,语音系统中具有明确的语音对比的最小语音单位。The smallest phonetic unit of explicit sound contrast.

phonology:音系学,研究语言的语音系统。它与语音学所关注的问题存在着相当程度上的重合,所以有时很难在二者之间划定界限。音系学与人类语言的语音模式相关,其主要目的是去发现语言中支配语言组织的原则,并且解释所产生的变异。音系学与语音学彼此独立又相互关联。The study of the sound systems of languages. There is a fair degree of overlap in what concerns phonetics and phonology. Phonology is concerned with the linguistic patterning of sounds in human languages, with its primary aim being to discover the principles that govern the way sounds are organized in languages, and to explain the variations that occur. Phonology and phonetics are two distinct but related disciplines of the study of speech sounds.

RP:标准发音,也称 BBC 英语或牛津英语。它以受过教育的人说的东南部英国英语的语音为基础,无明显的地区特征,是社会上受过良好教育的人通常采用的口音。由于在学校教育、外语教学及广播中的广泛采用,其影响较大,并且常被推荐给外国人学习英语发音。Received Pronunciation, also called BBC English or Oxford English. RP originates historically in the southeast of England and is spoken by the upper-middle and upper classes throughout England. It is widely used in the private sector of the education system and spoken by most newsreaders of the BBC network.

suprasegmental features:超音段特征,指超过话语中一个以上的语音的特征,主要的超音段特征有音节、重音、声调和语调。Those aspects of speech that involve more than single sound segments. The principal suprasegmental features are syllable, stress, tone and intonation.

sonority scale:响音阶,指不同类语音的响度大小会影响它们在音节中可能出现的位置。The degree of sonority of different classes of sound affects their possible positions in the syllable.

stress:重音,生成音节的语力强度。词语或词句中使音节显得突出的发音。The degree of force used in producing a syllable.

vowel:元音,一种语音,发音时感受不到气流波动或者完全受阻。发这种音时,声带振动,但在声道中声门上方并不造成封闭,也不存在大小间隙,从而不构成声道阻塞的音。Sound segments produced without such obstruction so no turbulence of a total stopping of the air can be perceived.

重难点解析

1. 语音学和音系学的区别

语音学和音系学都是对语音的研究,它们既有联系又有区别。

语音学的研究对象是人类所有语言的语音,它主要是对语音进行描述和分类,如音的发音方式、音的语音特征以及音与音之间的差别;音系学研究的是某一特定语言的语音体系,即音在特定的语言中是如何结合产生有意义的单位来进行交际。音系学家不关注不具备语义区别性价值的语音,而语音学家既研究具有语义区别性价值的语音,也研究不具备语义区别性价值的语音。

2. 音素、音位和音位变体

音素是语音学研究的单位。人类在说语言时所发出的一切音都是音素(phone),有些音素具有语义区别性价值,有些音素没有。如:在单词 feel [fi:l], leaf [li:f], star [sta:]中,一共有 7 个音素,分别是 [f],[i:],[l],[I],[s],[t],[a:]。

音系学研究的基本单位是音位,音位具有区别性价值,音位是抽象的,是一组语音特征的集合,它不是一个具体的音。一个音位会在不同的语音环境中实现为具体的音。如音位/p/在语境中可实现为具体的送气和不送气音等,这种语音的细微差别可在单词 spade 和 pay 中的/p/的发音可以看出。音位在特定的语音环境里的具体体现形成音位变体,同一个音位在不同的语音环境里体现为不同的变体,称之为音位变体。如音位/t/在 star 和 tar 中分别实现为不送气[t]和送气[t],因此不送气[t]和送气[t]为音位/t/的音位变体。

3. 音位对立、互补分布、最小对立对

如果两个音位可以出现在相同的语音环境中,且具有区别语义的功能,那么它们就形成了音位对立。如 tip 和 dip 中的/t/和/d/占据了相同的语音位置,且具有区分语义的价值,因此/t/和/d/形成音位对立。互补分布体现的是同一音位不同音位变体之间的关系。如果在语音上相似的两个音不能出现在相同的位置上,且没有区别意义的功能,那么它们之间的关系就是互补分布关系。如 top 中送气的[t]和 stop 中不送气的[t]的关系是互补关系,如果把 stop 中的[t]发成了送气音,并不影响语义。

最小对立对指的是两个语音群(通常是单词)中的语音除了一个音不同,且不同的音处在相同的位置上,其余的成分完全相同,因此这两个语音群形成最小对立对。如 tip 和 dip 形成最小对立对,其中/ - ip/完全相同,只有第一个音不同。构成最小对立对的还有/pig/和/dig/,/pen/和/ben/,/robe/和/rote/等,但是/tip/和/pit/,/mop/和/opt/不构成最小对立对。

强 化 练 习

Ⅰ. 名词解释

1. Sound assimilation

2. Suprasegmental feature

3. Complementary distribution

Ⅱ. 问答题

1. What is acoustic phonetics?

2. What are the differences between voiced sounds and voiceless sounds in terms of articulation?

Ⅲ. 举例说明

Write the symbol that corresponds to each of the following phonetic descriptions; then give an English word that contains this sound. Example: voiced alveolar stop [d] dog.

1. voiceless bilabial unaspirated stop

2. low front vowel

3. lateral liquid

4. velar nasal

5. voiced interdental fricative

强化练习答案

Ⅰ. 1. Sound assimilation: Speech sounds seldom occur in isolation. In connected speech, under the influence of their neighbors, are replaced by other sounds. Sometimes two neighboring sounds influence each other and are replaced by a third sound which is different from both original sounds. This process is called sound assimilation.

2. Suprasegmental feature: The phonetic features that occur above the level of the segments are called suprasegmental features; these are the phonological properties of such units as the syllable, the word, and the sentence. The main suprasegmental ones include stress, intonation, and tone.

3. Complementary distribution: The different allophones of the same phoneme never occur in the same phonetic context. When two or more allophones of one phoneme never occur in the same linguistic environment they are said to be in complementary distribution.

4. Distinctive features: It refers to the features that can distinguish one phoneme from another. If we can group the phonemes into two categories: one with this feature and the other without, this feature is called a distinctive feature.

Ⅱ. 1. Acoustic phonetics deals with the transmission of speech sounds through the air. When a speech sound is produced it causes minor air disturbances (sound waves). Various instruments are used to measure the characteristics of these sound waves.

2. When the vocal cords are spread apart, the air from the lungs passes between them unimpeded. Sounds produced in this way are described as voiceless; consonants [p, s, t] are produced in this way. But when the vocal cords are drawn together, the air from the lungs repeatedly pushes them apart as it passes through, creating a vibration effect. Sounds produced in this way are described as voiced. [b, z, d] are voiced consonants.

Ⅲ. 1. [p] speak
2. [æ] cat
3. [l] look
4. [ŋ] singer
5. [ð] father

第3章 词与形态学

Chapter 3 Words and Morphology

本章要点

1. 词的性质(词的定义和分类)
2. 词素的分类
3. 词的形成

参考译文

对于大部分人而言,单词可能是学习母语时掌握的第一个语言学要素:小孩在说出整句话之前,首先掌握的是个别单词。据估计,一个以英语为母语的六岁小孩差不多掌握了 13 000 个单词(Fromkin et al, 2014:33)。我们对词的基本认知是:词是语言的基本单位,进而形成短语、句子。要想对句子有深入的了解,必须先了解词。本章内容涉及词的性质,词的内部结构以及词的形成。

3.1 词的性质(The Nature of Words)

3.1.1 什么是词?(What Is a Word?)

要了解什么是词,首先要了解什么是词素(morpheme)。词素是语言的最小意义单位。(A morpheme can be understood as the minimal unit of language that has its own meaning.)有的词素(如 walk)能单独出现,独立成词;有的词素(如-er, dis-等)不能独立成词,必须与其他至少一个语素共现或连接在一起。

词是由一个或多个词素组成,能独立存在。(A word contains one or more morphemes that can stand on its own.)只含有一个词素的称之为简单词,如 boy, teach,而复杂的词则含有多个词素。

具体如何理解独立存在(stand alone)?

首先,在音系上,一个词是一个音系域,其间是没有停顿间隔的。(A word can stand alone in the sense of phonology, as a word represents a phonological domain within which pauses will not fall.)

其次,在结构上,一个词中间不能插入其他的词。(A word can stand on its own

in terms of its structure. A word cannot be divided by inserting an extra word in it.)

最后,在语法上,词可以单独充当动词,形容词等。(A word can stand alone in terms of its grammatical performance: it can serve as a single noun, verb, adjective, etc.)

词位(Lexeme)是词汇的基本单位,是一种具有不同变体的抽象的词汇基本单元,不同变体指的是词尾的语法标记,如单复数、格、时态、分词形式等。(A lexeme can therefore be understood as a family of words that differ only in their grammatical endings, for example the endings for number, case, tense, participle form, etc.)

比如:

词位	词的不同形式			
buy	buy	bought	buying	
eat	eat	ate	eaten	eating
apple	apple	apples		
I	I	me		

◀ 3.1.2 实义词和功能词(Content Words and Function Words)

实义词(Content Words)表达具体实际意义。实义词包括名词、动词、形容词和副词等。例如,名词表示世界上存在的实体(如老虎,熊猫等)或者抽象的概念(如印象、正义等),动词表示动作(如喝、打等)或者心理状态(如喜欢、担心等),形容词主要描述物品的性质(如漂亮的、冷的等),而副词通常用来修饰动词,表动作的方式,时间,地点等。

而功能词(Function Words)又叫结构词或虚词,指没有完整词汇意义,但是有语法意义或语法功能的词,常见的有补语标记词(complementizer),代词(pronoun)、冠词(article)、指示词(demonstrative)、助动词(auxiliary verb)、介词(preposition)和连词(conjunction)等。由于实义词表达具体实际意义,随着新观念、新发明等的出现,新词就会不断地添加到语言词汇系统中来。如英语中的 iphone、blog、e-mail 等,汉语里的给力、微博等,正因为此,实义词也称之为开放词类(Open class words)。

功能词的分类

(1)补语标记词(complementizer)。

补语标记词(complementizer):如引导宾语从句和主语从句的"that"(A complementizer is a lexical category (part of speech) that includes those words that can be used to turn an embedded clause into the subject or object of a sentence.)例如:John knows that Mary is smart. 在这个句子里,that 并没有实际含义,而是用来实现其语法功能,即引导宾语从句。

(2)代词(pronoun)。

代词(pronoun)主要用来指代上文所提到的人、物等,或者在一个语境里面听话人和说话人共知的人、物等。(Pronoun is used to refer to an entity mentioned in the preceding sentence or is known in the context.)比如:

a. That man is famous in his university; everybody knows him.

b. He is my teacher of linguistics! (The speaker is pointing to the man entering the lecture hall.)

c. It is raining outside.

在句子 a. 里面,him 显然指代前句中的 that man。That man 即为 him 的先行词(antecedent)。

在句子 b. 里面,he 没有先行词,但是在听话人和说话人共有的语境里面,he 指代的是说话人指向的那个进入教室的人。

由此可见,人称代词不能在语境里独立指代实体,其所指要么依赖于前句中的先行词,要么依赖于对话双方所共有的语境。(We can thus conclude that a pronoun cannot independently refer to an entity in the context; it either has to corefer with its antecedent, or depends on the entity in the context.)

在英语中,代词还有其他用途,比如句子 c. 中的 it 并不指代任何实体,而是放在句首作形式主语。并不是所有语言的代词都有这种用法,比如汉语中就没有。

(3)指示词(demonstrative)和冠词(article)。

指示词(如 this、that)和冠词(如 a、the)也都属于功能词范畴。它们都是用在名词前面,帮助确定(定位)名词所指的人或事物。(Demonstratives and articles are also categories of function words. Both have to precede a noun in a sentence, playing the role of anchoring the entity denoted by the noun.)比如:

a. This boy is my student, but that lady is my teacher.

b. Finally, he finished writing the paper.

在句子 a. 中,this 和 that 用来具体指示男孩和妇人的位置,this 表示近指,that 表示远指。在句子 b. 中,the 表示所修饰的 paper 在上文提到过,说话人和听话人都知晓。在语言学中,指示词和冠词都称之为限定词(determiners)。(This and that help specify the location of the boy and the lady: this indicates the boy is nearer to the speaker while that signals the information that the lady is farther away. The article the indicates that the paper in this sentence must be mentioned previously, i. e. known to both the speaker and the hearer. In linguistics, both demonstratives and articles are called determiners.)

(4)助动词(auxiliary verb)。

助动词主要协助动词与其一起构成谓语,被协助的动词称作主要动词(Main

Verb)。助动词用来构成时态和语态等。助动词具有语法意义,但没有词汇意义,不可单独作谓语。例如:

a. John is reading a novel.

b. He will choose syntax as the research field of his doctoral study.

c. He can provide very important help to his students in academic research.

d. John has paid full attention to the latest issue in his field.

上面4句中的is, will, can, has均为助动词。当然它们还可以放在句首形成相应的一般疑问句,上面4个句子的一般疑问句为:

a. Is John reading a novel?

b. Will he choose syntax as the research field of his doctoral study?

c. Can he provide very important help to his students in academic research?

d. Has John paid full attention to the latest issue in his field?

(5)介词(preposition)。

介词(preposition)表示名词、代词等与句中其他词的关系,尽管这些关系有时会比较抽象。(A preposition is often used to express the relationship between an object or an event and a location, although sometimes the relationship denoted by a preposition can be very abstract.)。例如:

a. The 2016 Summer Olympics was held in Rio de Janeiro.

b. John does not drink coffee at night.

c. She knows much on Chomskyan linguistics.

d. Linguistics is sometimes considered as a discipline of science.

在上述例子中,in 和 at 表示地点和时间;而 on 和 of 则表示抽象的关系。上例中的 on 表示关于,of 表示部分和整体的关系。

(6)连词 (conjunction)。

连词是用来连接词与词、词组与词组或句子与句子、表示某种逻辑关系的功能词。连词可以表并列、承接、转折、因果、选择、假设、比较、让步等关系。(Conjunctions are used to connect words, phrases or clauses.) 例如:

a. This room is small but elegant.

b. One cannot work in China and in the UK simultaneously.

c. You should concentrate on your research, or you will find it difficult to pass your viva.

通过以上分析,我们可以发现功能词主要实现的是语法功能,而其具体实际意义并不是它们重要的特性。换言之,功能虚词是一门语言的语法中的重要组成部分。(Function words undertake the task of fulfilling grammatical functions, while concrete meaning is not an essential part of their properties. That is , function words constitute an integral part of the grammar of a language.)

由于功能虚词的语法功能基本是不变的,所以不能随便增加或者减少这类词。从这个意义上来说,功能虚词又称之为封闭词类。(Since grammatical functions are more or less invariant, very few new function words will be added into the lexicon of a language. It is in this sense that function words are also called closed class words.)

每天都有新发明新创造问世,但是这丝毫不影响指代这些新事物的代词的数量和种类。在英语中,还是用 3 个不同人称的单复数来指代,即 I, we, you, he, she, 以及 they。若干年前,为了性别平等,人们尝试造出一个新的中性代词 sie 来指代性别不明的情形。遗憾的是,时至今日,sie 还没有正式进入英语词汇。由此可见,与实义词不同的是,功能虚词不会随意增加。

一个完整的句子既需要实义词,也需要功能虚词。实义词用来表示实体、特征、事件等,而功能虚词一方面能将这些意义表达得更加准确,另一方面可以像连接器一样把不同的实义词连接起来构成合乎英语语法的句子。(Both content and function words are required to convey the complete meaning of a sentence. While we always need to resort to content words to denote entities, propertied and events, function words on the one hand help us express such meaning more precisely, and on the other hand combine content words into grammatical sentences. Function words are like glue that binds words and phrases together.)

3. 2 词素的类型(Types of Morphemes)

很多单词可以被分解成更小的意义单位。比如 teacher 可以分为 teach 和 er, popularise 可以分成 popular 和 ise, 这两个部分不能再进一步切分了,这些最小的有意义的单位即为词素(morpheme)。了解词素的种类能帮助我们了解词汇是如何形成的。

自由词素和粘着词素

词素可以分为两大类:自由词素和粘着词素。能单独出现的独立成词的是自由词素(free morphemes)。例如 teach, popular 等。与之相反,不能独立成词,必须跟其他至少一个词素共现,或者说只能附着在其他词素的词素称之为粘着词素(bound morphemes)。比如 popularise 中的 – ise, teacher 中的 – er。

词根(root),词干(stem),词缀(affix)

词根是词的基本形式,不能再作进一步的分析,否则将失去其意义。也就是说,去掉所有的词缀后,词所剩下的部分就是词根。比如单词 enable, astronomy, 和 linguist 的词根是 – able, astro – 以及 lingu – 。像 astro – , lingu – 这样的词根不能单独成词，这样的词根称之为粘着词根(bound roots)。

一个词根和一个粘着词素形成词干(stem)。词干要么可以独立成词，要么是可以额外添加词缀的词素。如：

词根 root ：nature

词干 stem：natural（nature + 词缀 al）

词干 stem：naturalize（natural + 词缀 ise）

要理解词干，简单的方法是将一个词的所有屈折词缀去掉，剩余的部分就是词干。如 natualising，naturalises 和 naturalised 的词干都是 naturalise。换言之，词干是任何一种屈折词缀都可以加在上面的形式。词干可以是一个词根词素构成，比如 nation；也可以是一个词根词素加上一个甚至多个词缀词素，如 national，international。

词缀(Affix)是词素的集合。它们只能附加于另一个词素(词根或词干)上。因而词缀本质上是粘着词素。根据词缀跟词根或词缀的相对位置，在英语中一般将其分为前缀(prefix)和后缀(suffix)。(If an affix，a bound morpheme that cannot serve as a root，precedes other morphemes in a word，it is a prefix，and if it follows other morphemes，it is a suffix.)比如：

前缀

en –　enable　enlighten　encrust　enlarge

pre –　predict　precursor　precede　precaution

un –　unable　unhappy　unlike　unselfish

dis –　dislike　disbelieve　disadvantage　dismantle

re –　rebuild　reconstruct　recollect　recall

后缀

– en　redden　flatten　lighten　deepen

– ise　verbalise　naturalise　fossilise　Americanise

– ing　doing　reading　walking　feeling

– s　books　boys　cups　tables

– er　smaller　greater　bigger　hotter

扫码获取本书资源

如果考察其他语言，词缀还包括中缀(infix)和环缀(circumfix)。中缀不同于前缀或者后缀，它是插入词素之中。比如在 tagalog 这种语言中，一些形容词词干中可以插入中缀 – um，使该形容词变为动词。如：

形容词	动词
ganda（beautiful）	gumanda（become beautiful）
gising（awake）	gumising（awaken）
hirap（difficult）	humirap（become difficult）

英语中的 mothers – in – law, passers – by 中的 s 不能视为中缀,因为中缀是插入词素,这里的 s 是在词素 mother 和 passer 后面。

环缀(circumfix)既有前缀的特点,也有后缀的特点。比如在荷兰语中 fiets(to cycle)的过去分词是 ge – fiets – t,在词根动词前有 ge, 后面有 t。

词素变体 (allomorph)

Illogical, imbalance, irregular 和 inactive 都有一个相同的词素 in –。换言之, im –、ir –、il 都是词素 in – 的变异形式。词素变体现象的产生是因为相同的一个抽象词素因为音系上的原因产生不同的变体。这种音系上的变体称为词素变体。(Allomorphy involves phonologically distinct variants of the same abstract morpheme in terms of meaning or grammatical function. Such phonologically distinct variants are allomorphs.)

3.3 形态变化过程(词的形成 Morphological Processes)

形态学主要解决的就是不同的语素如何构成一个新的词位或者新的单词。(How are morphemes combined to form a new lexeme or word form? This is the central question to be addressed in the field of morphology.)英语主要的构词方式有派生(derivation),复合(compounding)和屈折变化(inflection)。其他的方法还有造新词(coinage),拼缀(blending),逆生(back – formation),截短(clipping)和首字母拼音(acronymy)。

◀ 3.3.1 派生法(Derivation)

派生指的是在现存的词位上增加词缀构成新的词位的形态过程。(Derivation refers to the morphonogical process of forming a lexeme by attaching an affix to an existing lexeme.)比如在动词 construct 后面加上后缀 – ion,就会形成一个新词或者词位 construction。像 – ion 这样的词缀称之为派生词缀(derivational affixes)或者派生词素(derivational morphemes)。派生构词往往改变现存词位的词性。通过派生,名词可以变成动词或者形容词;动词可以变成名词或者形容词;形容词可以变成动词、名词或者副词。当然,派生也可有不改变词性的情况。比如 impossible 是在 possible 的基础上加上前缀 im 构成的,但形容词词性没变。

常见的派生举例:

(1)派生为名词。

动词到名词　decorat – ion　teach – er　appear – ance

形容词到名词　happi – ness　romantic – ism　free – dom

名词到名词　child – hood　friend – ship　king – dom

(2)派生为动词。

形容词到动词　social - ise　en - large　whit - en

名词到动词　en - joy　in - habit　im - prison

动词到动词　re - call　dis - like　un - fold

(3)派生为形容词。

动词到形容词　read - able　defin - able　evaluat - ive

名词到形容词　joy - ful　pictur - esque　astronom - ical

形容词到形容词　im - plausible　in - accurate　ab - normal

(4)派生为副词。

形容词到副词　slow - ly　great - ly　odd - ly

由以上的派生方式可以看出,大部分派生过程涉及原词范畴(词性)的改变,因此派生的过程也称之为范畴化。在这个过程中,添加的词缀称之为 categoriser,它们的主要功能是改变原词的语法功能,即范畴特征。大部分 categoriser 基本没有语义价值,它们的主要功能是改变现存词位的范畴(词性)。(Most of the above derivational processes involve the change of category of the base lexeme, and thus this process is also called categorization. In such a process, the attached affix is called a categoriser, which carries an important piece of grammatical information, i. e. the categorial feature. It should be noted that many categorisers are semantically vacuous, the only function of which is to change the category of the base lexeme.)但并不是所有的 categoriser 没有语义信息。比如 teacher 里面的 - er, 不仅仅把原来的动词变为名词,还能表示做某事的人。再比如构成动词的词缀 - en,如 redden, 有"变得"的意思。

还有一类词通过派生构成后,不改变原来词位的范畴,这一点表明一些派生词缀并没有范畴(语法)信息,只有语义信息。[That in the process of derivation some words can be formed without changing the category of the base lexeme indicates that some derivational (grammatical) information. The information they have is only of semantic kind.]比如 childhood 中的 - hood,没有改变原词 child 的词性,childhood 仍为名词。 - hood 有实际的语义表示"一段时间"。

转类(conversion)是与派生密切相关的一种构词法。上面我们分析过范畴化的过程,即词类转化的过程主要是添加词缀实现的,但范畴化的实现也可以不通过增加词缀,这种范畴化称之为零派生(zero - derivation),或者转类(conversion)。(We have already seen from the above examples that the shifting of a category, i. e. the process of categorization, is often realized by the attachment of an affix, or, categoriser. But sometimes, categorization can take place without affixation, and when this happens, we call this type of categorization zero - derivation, or conversion.)

比如:Send me an e – mail (N) please.

E – mail (V) me please.

The water is very cool (A).

The coffee will cool (V) down very fast.

◀ 3.3.2 复合(Compounding)

像派生法一样,复合法也构成新词位。不同的是,复合(compounding)是指将两个或两个以上的词位结合起来构成新词的方法,用这种方法构成的词称之为复合词(a compound or compound word)。(Like derivation, compounding also yields new lexemes, but these two lexemes formation strategies differ in that the latter involves the combination of lexemes, instead of a lexeme and an affix.)

根据构成复合词的成分词之间的语义和语法关系,Bisstto 和 Scalise (2005) 将复合词分为三类:偏正复合词;并列复合词和从属复合词。(Considering the semantic and grammatical relationship between the subcomponents of compounds, Bisstto and Scalise (2005) classify compounds into three types, attributive compounds, coordinative compounds and subordinative compounds.)

(1)偏正复合词由两个词位构成,一个词位修饰另一个,一个是修饰语,另一个是被修饰的中心词。(An attributive compound is made of two lexemes, with one modifying the other, i. e. one being the modifier and the other being the head.)比如 bookstore 中"book"修饰"store"。

(2)并列复合词中两个词素是并列的关系。如 teacher – student。

(3)从属复合词中一个词素是另一个的论元(argument)。(A compound is called a subordinative compound when one of the subcomponents is understood to be the argument of the other.)通常在一个句子里,主语和宾语(如果有)称之为谓语动词的论元。比如在句子 John drove a truck 中。主语 John 和宾语 truck 都是谓语动词 drive 的论元。在英语的从属复合词中,通常右侧的词位是由动词派生的,而左边的词位是该动词的论元。比如从属复合词"truck – driver"中,driver 是由动词 drive 派生的,而 truck 是动词 drive 的论元,具体来说是其受事者(patient)。(In an English subordinative compound, often the lexeme on the right side is derived from a verbal stem, while the lexeme on the right side is the argument of the verbal stem.)这种复合词也叫合成复合词(synthetic compounds),因为在复合的过程中还涉及到派生。比如 tractor – driver 中的 driver 是从动词 drive 派生的。不涉及派生的复合词称之为词根复合词(root compounds)。

需要强调的是,复合词的构成机制并不都是相同的。一些复合词的意义是显而易见的,其意义似乎就是构成复合词的组成成分的意义的相加,就像短语的意思等于构成短语的成分词的意义相加。上面提到的合成复合词就属于这一类。(The meaning of some components is transparent, which seems to be the composition of the semantic components of the sublexemes, just like the composition of the meaning of words in a phrase. Synthetic compounds are of this type.)但有些复合词的意义不是构成成分的相加,比如 blackmail 不是指“黑色的邮件”。

◀ 3.3.3 屈折变化(Inflection)

屈折变化这一形态学过程(方法)并不产生新的词位,仅仅产生原词位的不同形式。在屈折变化过程中附着的词缀称之为屈折词缀或者屈折语素。只有当一个词在句子中使用时才会有屈折词缀,因为这种词缀是语法要求的。(The morphological process of inflection does not give rise to a new lexeme, but only yields different word forms of the same lexeme. The affixes attached in this process are therefore inflectional affixes or inflectional morphemes. An inflectional affix is attached only when a word is used in a sentence, as this type of affixation is required by grammar.) 例如,如果英语的主语是单数第三人称代词或者名词,且时态为一般现在时,那么谓语动词(像 like 一类的动词)后通常需要加 s,所以屈折变化不改变原词的意义和词性。

英语中常见的屈折词缀有:

单数第三人称 -s; 过去式 -ed; 进行时 -ing; 过去分词 -en; 名词复数 -s; 比较级 -er;最高级 -est.

跟派生法相比,屈折变化有其特殊性。第一,屈折变化纯粹是语法的要求。第二,屈折变化规则的多产性远高于派生规则。屈折变化的规则在大部分情况下适用,只有极少数的不规则现象例外,而派生规则则受到很大限止。比如大部分名词在词尾加 s 构成其名词复数形式,而否定前缀 im 的适用性仅限于部分形容词之前,而且没有明显的理由能解释这一点。第三,屈折变化不会改变基础词位的词类,而派生则往往改变原来词位的范畴。第四,屈折变化不会改变基础词位的意义,而通过派生产生出来的词可以改变原词的意义。

◀ 3.3.4 其他形态变化过程(其他构词法 Minor Morphological Processes)

(1)新造词 (coinage)。

新造词 (coinage)指的是引进全新的单词(Coinage refers to the introduction of a completely new word.)。比如,我们现在使用的 TV, computer, iphone 等这些词,以前是没有的,因为当时这些东西还没有被发明出来。

(2)拼缀(blending)。

拼缀(blending)也是一种构词法,指的是把两个词位的一部分拼在一起,从而组成新词位。一般是把第一个单词的开头部分和第二个单词的最后部分结合起来,两个混合部分本身不是语素。使用这种方法构成的词叫拼缀词。(Blending is another way of forming a new lexeme, which is a process of combining parts of the two lexemes which themselves are not morphemes. The words formed from this process are blends.) 比如 brexit(英国脱欧) 取自 Britain 的词首和 exit 这个词。再比如 motor + hotel→motel; smoke + fog→smog; situation + comedy→sitcom; breakfast + lunch→brunch。

(3)逆生(Backformation)。

逆生是构词法中一种非常特殊的类型,即把一个语言中已经存在的单词删去假想的词缀,由此造出一个较短的新词。之所以说是假定的词缀,这是因为许多被去掉的后缀不是真正的后缀,而是单词不可分割的一部分。比如人们理所当然地去掉 editor 的词尾的 or 变为动词 edit。(Backformation happens when native speakers perceive an originally simple word, i. e. a word that is monomorphemic, as one consisting of more than one morpheme.)

(4)截短法(Clipping)。

截短法(Clipping)是指把现有的一个较长的词截短,从而构成新词的方法。(Clipping is a process of forming a new word, which involves the shortening of an existing longer word.)截短法截去原词的某一部分而将剩余部分作为新词来使用。比如:

refrigerator→fridge

demonstration→demo

mathematics→math

laboratory→lab

professor→prof

information→info

首字母拼音法(Acronyms)

首字母拼音词是由组合一个短语或者一个名称的首字母构成的。(Acronyms are words created by combining the first letters of the words of a phrase or a name.)例如:

World Trade Organization→WTO

North Altantic Treaty Organization→NATO

Test of English as a Foreign Language→TOFEL

International English Language Testing System→IELTS

上面部分首字母拼音词可以发音为一个词,比如 NATO, TOEFL, IELTS,而有些只能一个字母一个字母式的发音,比如 WTO。有些字典将后者视为首字母缩略词(initialism),以示区分。

术语双解

morpheme:语素,是语言的最小意义单位。(A morpheme can be understood as the minimal unit of language that has its own meaning.)有的词素(如 walk)能单独出现,独立成词;有的词素(如 -er, dis- 等)不能独立成词,必须与其他至少一个语素共现或黏着在一起。

lexeme:词位是词汇的基本单位,是一种具有不同变体的抽象的词汇基本单元,不同变体指的是词尾的语法标记,如单复数、格、时态、分词形式等等。(A lexeme can therefore be understood as a family of words that differ only in their grammatical endings, for example the endings for number, case, tense, participle form, etc.)

content word:实义词表达具体实际意义。实义词包括名词、动词、形容词、副词等。(Content words express concrete meaning. Nouns, verbs, adjectives and adverbs are content words)

function word:功能词又称之为结构词或虚词,指没有完整词汇意义,但是有语法意义或语法功能的词,常见的有补语标记词、代词、冠词、指示词、助动词、介词和连词等。(Function words refer to those which express grammatical meanings such as complementizers, pronouns, articles, demonstratives, auxiliary verbs, prepositions and conjunctions)

free morpheme:能单独出现的独立成词的是自由词素。例如 teach, popular 等。(Morphemes like popular and teach, which on their own can stand as words are called free morphemes.)

bound morpheme:不能独立成词,必须跟其他至少一个词素共现,或者说只能附着在其他词素的词素称之为粘着词素。比如 popularise 中的 -ise, teacher 中的 -er。(Morphemes like -ise and -er that cannot function as words by themselves are bound morphemes.)

root:词根是词的基本形式,不能再作进一步的分析,否则将失去其意义。也就是说,去掉所有的词缀后,词所剩下的部分就是词根。比如单词 enable, astronomy, 和 linguist 的词根是 -able, astro- 以及 lingu-。(Root is the base of the word that cannot further be analyzed without destroying its meaning. That is to say, it is that part of word left when the affixes are removed.)

stem:一个词根和一个粘着词素形成词干。词干要么可以独立成词,要么是可以额外添加词缀的词素。(A stem is formed when a root is combined with an extra bound morpheme. The stem can be either an independent word, or a base to which an extra bound morpheme can be added.)

allomorphy:词素变体现象的产生是因为相同的一个抽象词素因为音系上的原因产生不同的变体。这种音系上的变体称为词素变体。(Allomorphy involves phonologically distinct variants of the same abstract morpheme in terms of meaning or grammatical function. Such phonologically distinct variants are allomorphs.)

derivation:派生指的是在现存的词位上增加词缀构成新的词位的形态过程。(Derivation refers to the morphonogical process of forming a lexeme by attaching an affix to an existing lexeme.)

categorization:大部分派生过程涉及原词范畴(词性)的改变,因此派生的过程也称之为范畴化。在这个过程中,添加的词缀称之为 categoriser,其主要功能是改变原词的语法功能,即范畴特征。(Most of the derivational processes involve the change of category of the base lexeme, and thus this process is also called categorization. In such a process, the attached affix is called a categoriser, which carries an important piece of grammatical information, i. e. the categorical feature.)

conversion:转类是与派生密切相关的一种构词法。范畴化的过程,即词类转化的过程主要是添加词缀实现的,但范畴化的实现也可以不通过增加词缀,这种范畴化称之为零派生或者转类。(The shifting of a category, i. e. the process of categorization, is often realized by the attachment of an affix, or, categoriser. But sometimes, categorization can take place without affixation, and when this happens, we call this type of categorization zero - derivation, or conversion.)

compounding:复合是指将两个或两个以上的词位结合起来构成新词的方法,用这种方法构成的词称之为复合词。(Like derivation, compounding also yields new lexemes, but these two lexemes formation stratergies differ in that the latter involves the combination of lexemes, instead of a lexeme and an affix.)

inflection:屈折变化这一形态学过程(方法)并不产生新的词位,仅产生原词位的不同形式。在屈折变化过程中附着的词缀称之为屈折词缀或者屈折语素。(The morphological process of inflection does not give rise to a new lexeme, but only yields different word forms of the same lexeme. The affixes attached in this process are therefore inflectional affixes or inflectional morphemes.)

coinage:新造词指的是引进全新的单词。(Coinage refers to the introduction of a completely new word.)

blending:拼缀也是一种构词法,指的是把两个词位的一部分拼在一起,从而组成新词位。一般是把第一个单词的开头部分和第二个单词的最后部分结合起来,两个混合部分本身不是语素。使用这种方法构成的词叫拼缀词。(Blending is another way of forming a new lexeme, which is a process of combining parts of the two lexemes which themselves are not morphemes. The words formed from this process are blends.)

backformation:逆生是构词法中一种非常特殊的类型,即把一个语言中已经存在的单词删去假想的词缀,由此造出一个较短的新词。之所以说是假定的词缀,这是因为许多被去掉的后缀并不是真正的后缀,而是单词不可分割的一部分。(Backformation happens when native speakers perceive an originally simple word, i. e. a word that is monomorphemic, as one consisting of more than one morpheme.)

clipping:截短法是指把现有的一个较长的词截短,从而构成新词的方法。截短法截去原词的某一部分而将剩余部分作为新词来使用。(Clipping is another process of forming a new word, which invovles the shortening of an existing longer word.)

acronym:首字母拼音词是由组合一个短语或者一个名称的首字母构成的。(Acronyms are words created by combining the first letters of the words of a phrase or a name.)

重难点解析

1. 语素、语素形式和语素变体

语素(morpheme)是语言中最小的携带意义的抽象单位。语素包括若干语素形式。语素形式(morph)是语言中语素的具体实现形式,是意义的最小载体。换言之,语素在语言使用过程中可以分别转化成音素实体(phonetic substance)和文字实体(orthographical substance),形成可感知的语素形式。如语素{x}可以转换成音素实体[x]或文字实体X。有些语素只含有一个语素形式,如bird, dog等。而有些语素在不同的语音环境中有不同的语素形式,如表示复数意义的语素{-s}在cats中为/s/,在bags中为/z/,在matches中为/iz/。/s/,/z/和/iz/是三个不同的语素形式。联系动词be的过去式书写形式分别是was和were,其语音形式为/waz/和/wə/,那么,was和were及各自的语音形式都是语素形式。

如果语素{x}可以转换成一个以上的音素实体[x1]、[x2]……或一个以上的文字实体X1、X2……则[x1]、[x2]……或X1、X2……就分别成为语素{x}的语素变体(allomorph)。语素变体指的是同一语素在不同的语音环境或不同的语言单位组合中所得到的不同语音状态或书写形式,它是同一语素的语素形式的集合。语素变体主要有三个特征:①所有的语素变体都应该有共同的意义;②所有的语素变体的分布应该是互补的;③具有共同意义的语素变体应该出现在平行的队伍中。

音位变体可以在音系学内部探讨,而语素变体要受到音系因素和形态因素的影响,故需要从音系学和形态学两个层面进行考虑。人们通常把语素变体看成是某种“形态音位”(morphophonemic)界面现象。按照这种观点,英语中表示复数的语素{-s}在书写层面上和语音层面上分别有两个和三个语素变体。

书写层面:{-s} →-s -es

语音层面:{-s} → [s][z][iz]

2. **派生语素和屈折语素**

狭义的粘着语素可以分为派生语素和屈折语素。派生语素指添加后能派生出新词语的语素。在英语中,派生词和复合词是通过添加该语素生成的。屈折语素表明词语之间的句法关系,起到语法标记的作用。英语中共有八个屈折语素。派生语素和屈折语素存在如下区别:

(1)屈折语素通常不改变词干的意义或语法范畴;而添加派生语素后,词干的意义或语法范畴会发生改变。如英语中动词 agree 后面加上表示第三人称单数形式的屈折语素{-s}构成 agrees,原词干的词性和词根不会发生改变;在其前面加上派生词缀 dis-构成 disagree,意义发生改变;在其后面加上派生词缀-able 构成 agreeable,虽未改变原词干的意义,但却改变了词性,由动词变为形容词。

(2)屈折语素表明句中词语间的句法或语义关系,如“时”“数”“比较”等;派生语素表示词语内部的语义关系,添加后形成的新词词义与原词干的意义不同。

(3)屈折语素出现在某一大类语素的所有成员中,例如,表示复数的屈折语素{-s}及其语素变体可以出现在所有的名词中;派生语素只出现在某类语素的少数成员中,例如,派生语素{mal-}只能出现在 malfunction, malnutrition, malpractice 等词语中。

(4)从语素在词语中的分布来看,屈折语素一般出现在词语的末尾,派生语素可以出现在词语的前后。这主要是因为,英语中屈折语素主要是后缀,而派生语素则可以是前缀或后缀。若将一个派生语素和一个屈折语素添加到同一个词语上,派生语素应出现在屈折语素的前面。例如我们先将派生语素-er 添加到词干 teach 上构成 teacher,然后再将屈折语素-s 添加到词干 teachers 上得到 teachers。

3. **词根和词干**

词根(root)是词的基本形式,不能再作进一步的分析,否则将失去其意义。也就是说,去掉所有的词缀后,词所剩下的部分就是词根。比如单词 enable, astronomy, 和 linguist 的词根是 – able, astro – 以及 lingu – 。像 astro – , lingu – 这样的词根不能单独成词,这样的词根称之为粘着词根(bound roots)。

一个词根和一个粘着词素形成词干(stem)。词干要么可以独立成词,要么是可以额外添加词缀的词素。如:

词根(root): nature

词干(stem): natural (nature + 词缀 al)

词干(stem):naturalize (natural + 词缀 ise)

要理解词干,简单的方法是将一个词的所有屈折词缀去掉,剩余的部分就是词干。如 natualising, naturalises 和 naturalised 的词干都是 naturalise。换言之,词干是任何一种屈折词缀都可以加在上面的形式。词干可以是一个词根词素构成,比如 nation; 也可以是一个词根词素加上一个甚至多个词缀词素,如 national, international。

强化练习

Ⅰ. 选择题

1. ________ is a branch of grammar which studies the internal structure of words and the rules by which words are formed.

   A. Syntax　　B. Grammar

   C. Morphology　　D. Morpheme

2. The morpheme "vision" in the common word "television" is a(n) ________.

   A. bound morpheme　　B. bound form

   C. inflectional morpheme　　D. free morpheme

3. The meaning carried by the inflectional morpheme is ________.

   A. lexical　　B. morphemic

   C. grammatical　　D. semantic

4. Nearly all the back - formed words are ________.

   A. verbs　　B. adverbs

   C. nouns　　D. adjectives

5. Which of the following word is not formed by blending? ________.

   A. motel　　B. chunnel　　C. brunch　　D. heartbeat

Ⅱ. 填空题

1. A ________ can be understood as the minimal unit of language that has its own meaning.

2. While we always need to resort to content words to denote entities, propertied and events, ________ on the one hand help us express such meaning more precisely, and on the other hand combine content words into grammatical sentences.

3. ________ is a process of forming a new word, which involves the shortening of an existing longer word.

4. In terms of morphemic analysis, d __________ can be viewed as the addition of affixes to stems to form new words.

5. A s __________ is added to the end of stems to modify the meaning of the original word and it may change its part of speech.

Ⅲ. 判断题

1. Morphology studies the internal structure of words and the rules by which words are formed.

2. Generally, prefixes change part of speech while suffixes change the meaning.

3. Inflectional morphemes manifest various grammatical relations or grammatical categories such as number, tense, degree, and case.

4. The smallest meaningful units that can be used freely all by themselves are free morphemes.

Ⅳ. 名词解释

1. allomorphy

2. inflection

3. Back formation

4. Bound morpheme

强化练习答案

Ⅰ. 1. C　2. D　3. C　4. A　5. D

Ⅱ. 1. morpheme　2. function words　3. Clipping　4. derivation　5. suffix

Ⅲ. 1. T　2. F　3. T　4. T

Ⅳ.

1. Allomorphy involves phonologically distinct variants of the same abstract morpheme in terms of meaning or grammatical function.

2. Inflection is a morphological process in which it does not give rise to a new lexeme, but only yields different word forms of the same lexeme.

3. Back-formation refers to a usually abnormal type of word-formation where a shorter word is derived by deleting an imagined affix from a longer form already in the language.

4. Bound morphemes are those that cannot be used independently but have to be combined with other morphemes either free or bound, to form a word.

第4章 句法——词语到篇章

Chapter 4 From Word to Text

本章要点

1. 直接成分分析法
2. 向心结构和离心结构
3. 深层结构和表层结构
4. 管辖和约束
5. 主位和述位

参考译文

使用语言就像玩游戏一样，都有自身的规则。游戏要玩好，就必须清楚规则。词、词组和短语以及分句不可随意出现，需遵循一定的排列规则。句法研究的是语言中不同成分组合成句子的支配规则，或句子结构中各要素间的相互关系。

4.1 句法关系(Syntactic Relations)

句法关系可以分为三种，即位置关系(positional relations)、替换关系(relations of substitutability)和同现关系(relations of co-occurrence)。

◄ 4.1.1 位置关系(Positional Relation)

语言要完成其交际功能，就必须设法标记出分句中各短语的语法作用。例如，在 The man kissed the girl 中，就须用一种方法来标明第一个名词短语做主语(subject)，第二个名词短语做直接宾语(direct object)。人类语言中两种最常用的传达这种信息的方法是位置关系(或词序)和缀合法(affixation)(见 4.4.3)。

位置关系，又称词序(word order)，指的是语言中词汇的顺序排列(sequential arrangement of words)。如果句子中的词语不是按照语言规约的要求以固定词序排列，那么产生的言语就会不合语法或使人无法理解。

例 4 – 1

(a) The new secretary doesn't like me.

(b) * New sacretary the doesn't like me.

(c) * Secretary the new like doesn't me.

在其他情形中,如例 4 - 2 引用的两个句子词数相当,词形相同,且均符合语法规范,但意义却相反。

例 4 - 2

(a) She sent the nurse some flowers.

(b) The nurse sent her some flowers.

位置关系是“组合关系(syntagmatic relations)”一个方面的表现,后者是由弗迪南德 · 索绪尔(F. de Saussure)发现的。在一些语言学初级教科书中,组合关系又被称为水平关系(horizontal relations)或链状关系(chain relations)。而且,词序是将世界上各种语言分类的三种基本方法[词序、起源性(genetic)、区域分类(areal classification)]之一。按照这种分类法,世界上总共有六种可能的语言类型,即 SVO, VOS, SOV, OVS, OSV 和 SVO。英语就属于 SVO 型语言,尽管这并不意味着 SVO 是英语中唯一可能的词序排列。

◀ 4.1.2 替换关系(Relation of Substitutability)

首先,替换关系指的是语法上可以在相同结构句子中相互替换的词类或词语的集合。(Firstly, the RELATION OF SUBSTITUTABILITY refers to classes or sets of words substitutable for each other grammatically in sentences with the same structure.)

例 4 - 3

________ is not allowed in the lecture room.

Smoking

Singing

Sleeping

其次,替代关系指的是在语法上可以共同替代某一集合中一个词语的含有一个以上词语的集合。(Secondly, it refers to groups of more than one word which may be jointly substitutable grammatically for a single word of a particular set.)

例 4 - 4

(a) The {strong man / tallest boy / pretty girl} smiles.

(b) He went there {yesterday. / last week. / the day before.}

在例(a)中,我们可以从名词短语中做出选择。而在例句(b)中,我们可以选择一个副词短语。这就是索绪尔(Saussure)所谓的联想关系(ASSOCIATIVE relations),或者是叶尔姆斯列夫(Hjemslev)的聚合关系(PARADIGMATIC relations)。为了更容易理解,它们被称为垂直关系(VERTICAL relations)或选择关系(CHOICE relations)。

4.1.3 同现关系(Relation of Co-Occurrence)

同现关系的意思是不同组分句中的词语可准许或要求与另一个集合或词类中的词语同现来构成句子或句子的某个部分。例如,名词短语前面可有一个限定词(determiner)和一个或多个形容词,后面跟随一个动词短语。

例 4-5

(preceded by)	NP	(followed by)
A pretty	girl	smiles
The tallest	boy	sings
The African	man	cries
		breathes
…		…

因此,同现关系有可能是组合关系也有可能是聚合关系。

4.2 语法结构体及其成分(Grammatical Construction and Its Constituents)

4.2.1 语法结构体(Grammatical Construction)

语法结构体(grammatical construction)指的是语言中被指派了一个或多个规约功能的句法结构,以及对结构体的意义或用法的贡献。在句法层面,我们区分了语言中所有结构体的外部特征和内部特征。

结构体的外部句法(external syntax)指的是其总体特征,即说话人所掌握的有关该结构体的全部知识,这些知识与更高一层的句法语境相关,并且结构体在该句法语境中是合法的。例如,我们将分句类型、短语类型(见例4-6)等不同术语分别指派给结构体来描述其特征。

结构体的内部句法(internal syntax),实际上指的是用例4-6中使用的"主语、谓语、宾语、限定词、名词"等术语对结构体的"构造"所做的描述。

例 4-6

Subject	+	Verb	+	Object (clausal type)
Smith(subject)		loved(verb)		an apple (object)
Determiner	+	the nurse(object)		
this (determiner)		edition (noun)		

此外,在话语/篇章分析中,结构体表示的是一种结构体类型。Mr Garland teaches skiing 这个句子是“主语 + 谓语”类型(“subject + predicate” type),但它是由一串词语 Mr + Garland + teaches + skiing 组成的。在此意义上,结构体才能划分成不同的成分。

◀ 4.2.2 直接成分(Immediate Constituents)

成分(constituent)是在句子结构分析中针对每个语言单位所采用的术语,它是更大的语言单位的一部分。几个成分一起组成一个结构体:如在例句 The schoolmaster drove the car 中,S (A),The schoolmaster(B),drove the car(C) 分别是一个成分。一些成分还可以与另一些成分组成更大的单位。如果上例中的两个成分 B (the boy) 和 C (ate the apple),组合成层级结构中更高一层的成分 A (“S” 在这里指句子),那么 B 和 C 就被称为 A 的直接成分。

例 4-7

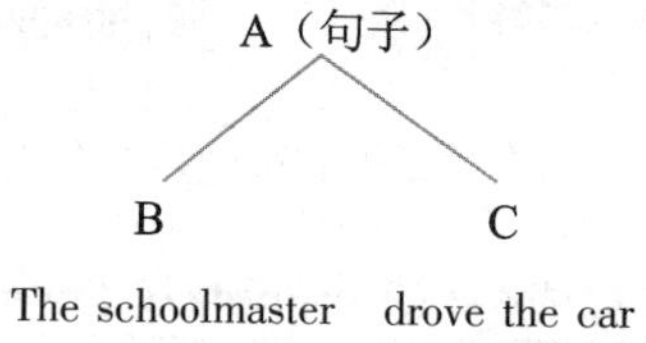

上述树形结构含有三个结点(node),位居顶端的结点 A 好比是底层两个结点 B 和 C 的母亲,而 B 和 C 是同一母亲的两个女儿。因此,我们称结点 B 和 C 为姐妹结(sister node)。这种将语法结构体分解的方法被称为直接成分分析法(IMMEDIATE CONSTIUENT ANALYSIS or IC analysis)。

直接成分本身就可以是某一具体类型的结构体。例如,名词短语“The schoolmaster”可进一步分解为“The (限定词) + schoolmaster(名词)”,故“The schoolmaster”是一个名词短语结构体,而“The”和“schoolmaster”是其直接成分。当我们用树形图来表示一个语法单位(如短语或句子)的成分结构时,会采用句法范畴来标记其结点。最常用的句法范畴如下所列:

词语层面(word-level)	短语(phrasal)
N = noun	NP = noun phrase
A = adjective	AP = adjective phrase
V = verb	VP = verb phrase
P = preposition	PP = prepositional phrase
Det = determiner	S = sentence or clause
Adv = adverb	
Con = conjunction	

再以结构体 The boy ate the apple 为例,可以运用树形图(tree diagram)对它进

行详细分析。

(a)树形图(Tree diagram)

例 4－8

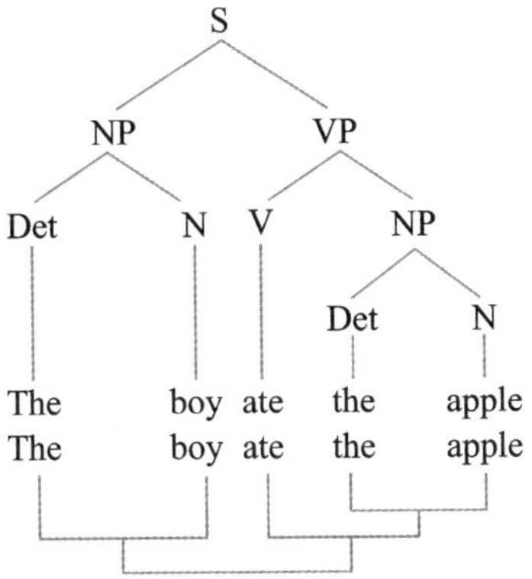

(b)括号法(Bracketing)

与树形图不同,括号法并不常见,但它是表示语法单位的成分结构的比较经济的方法。((The)(boy))　((ate)　((the)　(apple)))

◀ 4.2.3 向心结构与离心结构(**Endocentric and Exocentric Constructions**)

根据句法结构的分布以及句法结构中成分之间的关系,我们所分析的句法结构可以分为两类:向心结构(endocentric construction)和离心结构(exocentric construction)。

4.2.3.1 向心性(Endocentric)

向心结构的分布和它的一个或多个成分的分布在功能上相同,该成分是一个词或一组词,是整个结构的核心或中心。(Endocentric construction is one whose distribution is functionally equivalent to that of one or more of its constituents, i. e. , a word or a group of words, which serves as a definable CENTER or HEAD.)名词短语、动词短语和形容词短语通常属于向心结构,因为各成分从属于短语中心词。

例 4－9

(a)

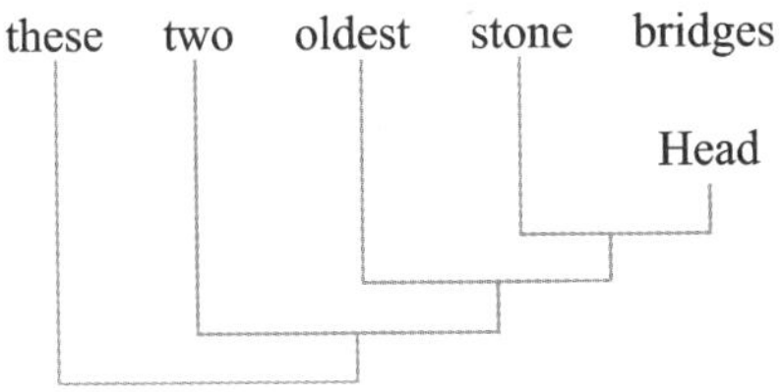

(b)

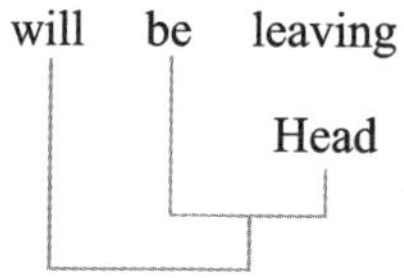

(c)

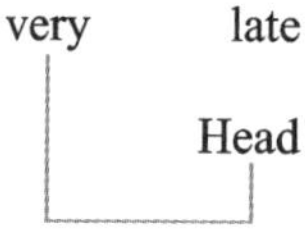

4.2.3.2 离心性（Exocentric）

离心结构恰好与向心结构相反，它指的是一组句法上相关的词中没有一个词在功能上与整个词组相同。也就是说，词组内没有“核心”或“中心词”。（Exocentric construction is just opposite to endocentric construction. It refers to a group of syntactically related words where none of the words is functionally equivalent to the group as a whole, that is, there is no definable “Center” or “Head” inside the group.）离心结构通常包括：基本句（basic sentence），介词短语（prepositional phrase），谓语结构（predicate construction）（动词 + 宾语）和连词结构（be + 补语）。

例 4 – 10

(a) Alik smiled.（两个成分均不能替代整个句子结构）

(b) Tom hid behind the door.（两个成分均不能单独起到状语的功能）

(c) Joseph kicked the ball.（两个成分均不能单独表示动—宾排列）

(d) John seemed angry.（分开后，连词结构不复存在）

◀ 4.2.4 并列与从属（Coordination and Subordination）

根据组成成分之间的关系，向心结构可分为两类：并列与从属。

4.2.4.1 并列（Coordination）

并列是英语和其他语言中的一个普通句型。这些语言是运用 and, but 和 or 等连词将两个或两个以上的同一类范畴合并所形成的。这种现象叫作并列。（Coordination is a common syntactic pattern in English and other languages formed by grouping together two or more categories of the same type with the help of a conjunction such as *and*, *but* and *or*. This phenomenon is known as coordination.）这些词、短语或从句的句法地位相同，每个成分在功能上可以代表原来的结构。（And these two or more words or phrases or clauses have equivalent syntactic status, each of the separate constituents can stand for the original construction functionally.）

例 4 – 11

名词短语的并列：

[NP the lady] or [NP the tiger]

动词短语的并列：

[VP go to the library] and [VP read a book]

介词短语的并列：

[PP down the stairs] and [PP out the door]

形容词短语的并列：

[AP quite expensive] and [AP very beautiful]

句子的并列：

[S John loves Mary] and [S Mary loves John too].

扫码获取本书资源

人们通常认为这种结构有两个中心成分，因为两个连接成分都能作为更大的单位的中心。也就是说，在一个并列句中，两个（或更多）的句子成分是更高一级句子的姊妹和并列的中心成分。(Such a structure is usually considered to be doubly headed, since both of the conjoined elements function as heads of the larger unit. That is, in a coordinate sentence, two (or more) S constituents occur as daughters and co-heads of a higher S.) 并列结构的一个特点是可在连词前出现的并列范畴的数量是无限的。(One property coordination reveals is that no limit on the number of coordinated categories appear prior to the conjunction.) 因而，我们可以构建例 4 - 12 中的结构，做主语的名词短语中加下划线的连词前面有四个小一些的名词短语，后面也还有一个。

例 4 - 12

[NP A man, woman, a boy, a cat and a dog] got into the car.

因此，并列在语言的创造性中占有一席之地，例如递归性（见第 4.6 节）。

4.2.4.2 从属（Subordination）

从属指的是将语言单位连接以使各单位具备不同句法地位的过程或结果，其中一个单位依赖于另一个单位，且通常是该单位的一个成分。因而从属成分是修饰中心成分的词语，正如下面结构中的画线部分所示。(Subordination refers to the process or result of linking linguistic units so that they have different syntactic status, one being dependent upon the other, and usually a constituent of the other. Thus, the subordinate constituents are words which modify the Head, as shown in the underlined parts of the constructions.) 所以，它们是修饰语。

例 4 - 13

(a) two　　dogs

　　　　Head

(b) (My brother) can drink (wine).

　　　　Head

(c) Swimming in the lake (is fun).

Head

(d)(The paper was) hot beyond endurance.

Head

当然,从句可被用作从属成分,三种基本的从属分句分别是:补语分句(complement clauses)、附加语或状语分句(adjunct or adverbial clauses)和关系分句(relative clauses)。

例 4 – 14

(a) John believes [that the airplane was invented by an Irishman]. (补语分句)

(b) Elizabeth opened her presents [before John finished his dinner]. (附加语分句)

(c) The woman [that I love] is moving to the south. (关系分句)

由于所有的分句都含有一个名词短语作主语和一个限定性动词短语作谓语,就可以对该名词短语和动词短语加以扩展,并可以将他们重新进行排列组合。在这层意思上,从属和并列可以通过多种方式参与语言的递归性。(Since all clauses contain a noun phrase subject and a finite verb phrase, predicate, you can expand their noun phrases and verb phrases, and you can rearrange and conjoin them, in this sense, subordination, as well as coordination, can take part in the recursiveness of language in several ways.)其中一种方式请见后文例 4 – 40。

4.3 句法功能(Syntactic Function)

句法功能体现了语言形式和语言模式其他部分之间的关系,语言形式应用于语言模式。(The SYNTACTIC FUNCTION shows the relationship between a linguistic form and other parts of the linguistic pattern in which it is used.)句法功能的名称可以表达为主语(subject)、宾语(object)、谓语(动)词(predicator)、修饰语(modifier)、补语(complement)等。除了上文提到过的"修饰语"的概念以外,以下是句法中一些基本的功能成分。

4.3.1 主语(Subject)

在一些语言里,主语指的是一个主格名词。典型的例子出现在拉丁语中,主语总是主格,如下例中的 pater 和 filius。

例 4 – 15

(a) Pater filium amat. (the father loves the son)

(b) Patrem filius amat. (the son loves the father)

在英语中,句子的主语通常被说成是动作的实施者,而宾语则是动作实施者施加动作的人或物。这种定义对例 4 – 16(a)句和(b)句来说是合适的,但对(c)句和(d)句来说就不适用了。

例 4 - 16

(a) Mary slapped John.

(b) A dog bit John.

(c) John was bitten by a dog.

(d) John underwent major heart surgery.

通常情况下，"动作的实施者"(the doer of the action)或"承受动作的人或物"(person or thing acted upon)与具体的语义角色是一致的，也就是施事者(agent)与受事者(patient)。但正如我们在例 4 - 16 中所见，主语不总是施事者，受事者也并不总是宾语。在这四个句子中，John 都承受了动作，但 John 一词在句(a)和句(b)中是宾语，在句(c)和句(d)中是主语。为了说明主语在被动句，如例 4 - 16(c)句中的格，我们还有另外两个术语："语法主语"(GRAMMATICAL SUBIJECT)和"逻辑主语"(LOGICAL SUBJECT)。由于被动语态中核心宾语名词(在本例中是 John)占据了动词前面的空格，它就被称为语法主语。由于原来作宾语的名词短语处于动词前通常由主语占据的位置，现在作介词宾语(by a dog)的核心主语(A dog)，则被称为逻辑主语。因为在语义上，核心主语仍然承担实施动作这一主语的一般职能。

传统上对主语的另一个定义是"句子所谈论的内容"(what the sentence is about)[即话题(topic)]。同样，这个定义看起来适用于许多句子[如例 4 - 17 中的(a)句]，但不适用于例 4 - 17 中的(b)句和(c)句。三个句子看起来都是关于 Bill 的，因此，我们说三个句子的话题都是 Bill。但是 Bill 是例 4 - 17(a)句的主语，(b)句的宾语，而在(c)句中既不是主语又不是宾语。这些句子表明话题并不总是语法主语。

例 4 - 17

(a) Bill is a very crafty fellow.

(b) (Jack is pretty reliable, but) Bill I don't trust.

(c) As for Bill, I wouldn't take his promises very seriously.

看起来将句子主语与实施者或话题等同起来并不可靠，我们反而要用语法标准去建立一个可行的概念。下面列出了英语主语的一般特点。

(1) 词序(Word order)：主语在陈述句中通常出现在动词前面。

例 4 - 18

(a) Sally collects stamps.

(b) * Collects Sally stamps.

(2) 替代形式(Proforms)：当主语是代词时，英语中的第一人称代词和第三人称代词将以特殊形式出现，如例 4 - 19 所示。当代词出现在其他位置时候，这种形式不被使用。

例 4 - 19

(a) He loves me.

(b) I love him.

(c) We threw stones at them.

(d) They threw stones at us.

(3)与动词的一致关系(Agreement with verb)。在一般现在时中,当第三人称主语是单数时,动词后要加-s。但是,宾语或句中其他成分的数与人称对动词形式没有任何影响。

例 4 - 20

(a) She angers him.

(b) They anger him.

(c) She angers them.

(4)对内容提问(Content questions)。如果主语被疑问词(who 或 what)替换,句子的其余部分仍保持不变,如例 4 - 21(b)。倘若句子的其他成分被疑问词替换,那么主语前面必然要出现情态动词。如果基本句不含情态动词,则应紧靠疑问词后插入 did 或 does。

例 4 - 21

(a) John stole/would steal Mrs. Thatcher's picture from the British Council.

(b) Who stole/would steal Mrs. Thatcher's picture from the British Council?

(c) What would John steal, if he had chance?

(d) What did John steal from the British Council?

(e) Where did John steal Mrs. Thatcher's picture from?

(5)附加疑问句(Tag question)。附加疑问句是用来为一项陈述寻求认证的。它总是含有一个回指主语,而非其他任何成分的代词。

例 4 - 22

(a) John loves Mary, doesn't he?

(b) Mary loves John, doesn't she?

(c) * John loves Mary, doesn't she?

当然,对不同的语言而言,其主语的具体特征则会不同。

◀ 4.3.2 谓语(Predicate)

谓语(predicate)是两分法中句子结构的一个重要成分。两分法认为,主语以外的所有必须具备的成分是一个整体,而这个整体就是谓语。谓语通常表达与主语有关的动作、过程和状态。(PREDICATE refers to a major constituent of sentence structure in a binary analysis which all obligatory constituents other than the subject were considered together. It usually expresses actions, processes, and state that relate to the subject.)

例 4－23

(a) The boy is running.

(b) Peter broke the glass.

(c) Jane must be mad!

由于谓语包括了动词、宾语、补语等成分,人们觉得在以功能为本的语法分析中使用像动词这样的词类名称不符合逻辑。谓语动词(PREDICATOR)指在谓语部分(predicate)的动词。

◀ 4.3.3 宾语(Object)

宾语也是很难加以定义的术语。由于传统上将主语定义为动作的实施者,宾语则是动作的接受者或目标。宾语可进一步细分为直接宾语和间接宾语。(Object is also a term hard to define. Since, traditionally, subject can be defined as the doer of an action, object may refer to the "receiver" or "goal" of an action, and it is further classified into DIRECT OBJECT and INDIRECT OBJECT.)

例 4－24

(a) Mother bought a doll.

(b) Mother gave my sister a doll.

Ind. Obj., Dir. Obj.

在一些屈折语言中,宾语具有格标记:宾格(accusative case)对应直接宾语,与格(dative case)对应间接宾语。在英语中,"宾语"通常是通过追踪其与词序的关系(动词和介词后)以及(代词的)屈折形式来确认的。

例 4－25

(a) Mother gave a doll to my sister.

(b) John kicked me.

现代语言学家(如乔姆斯基、韩礼德)建议宾语应指的是在被动转换中称为主语的成分。

例 4－26

(a) John broke the glass. (The glass was broken by John.)

(b) Peter saw Jane. (Jane was seen by Peter.)

虽然在例 4－27 中有名词性短语,但它们绝不是宾语,因为它们不能被转换为被动式。

例 4 – 27

(a) He died last week.

(b) The match lasted three hours.

(c) He changed trains at Fengtai. (* Trains were changed by him at Fengtai.)

◀ 4.3.4 词类与功能之间的关系(The Relation Between Classes and Functions)

词类和功能是相互决定的,但这并非是任何一对一的方式。一个词类可具备几种功能。例如,名词或名词性短语可以做句子的主语、宾语、修饰语、状语和补语。

例 4 – 28

(a) The boys are playing football. (Subj. and Obj.)

(b) the Summer Palace (Modifier)

(c) He came here last month. (Adv.)

(d) He changed trains at Fengtai. (Comp.)

同样,一种功能可用几种词类来完成。例如句子的主语可由名词、代词、数词、不定式等来充当。

例 4 – 29

(a) The dog is barking. (Nominal)

(b) We will stay here. (Pronoun)

(c) Only two – thirds of the population here are workers. (Numeral)

(d) To run fast can be dangerous. (Verbal)

4.4 范畴(Category)

范畴这一术语在一些学派中指的是狭义的词类和词语的功能,如名词、动词、主语、谓语、名词短语、动词短语等。更具体一些,范畴指的是这些一般性单位的甄别性特点,如名词的范畴包括数、性、格和可数性,而动词的范畴则含有时、体、式等。本节我们将讨论语法范畴的第二种意义。

◀ 4.4.1 数(Number)

数是用于分析词类的语法范畴,表现出单数、双数、复数等差异。在英语中,数主要出现于名词中,并且只有两种形式:单数和复数,如 dog: dogs。数也反映在代词和动词的屈折形式中,如 He laughs: They laugh, this man: these men。在其他语言,如法语,数还会体现在形容词和冠词中。

例 4 – 30

(a) le cheval royal (the royal horse)

(b) les chevaux royaux (the royal horses)

◀ 4.4.2 性(Gender)

性是用于分析词类的语法范畴,表现出"阳性、阴性、中性"和"有生命、无生命"等差异。当词语所指的是现实世界中实体的性别(sex)时,我们讨论的就是自然性别(natural gender)。反之,则是语法性别(grammatical gender)。尽管自然性别与语法性别在数据上相关联,但在许多情况下性别的指派是任意的,比如在拉丁语中,ignis"火"是阳性的,而flamma"火焰"则是阴性的。英语中的性别差异只出现在代词和少量名词中,并且它们主要是中性的。

例4-31

he: she: it

prince: princess

author: authoress

在法语中,性别差异也体现在形容词和冠词中。

例4-32

beau cadeau (fine gift)

belle maison (fine house)

Le cadeau est beau. (The gift is good.)

La maison est belle. (The house is beautiful.)

在一些语言中,使用者在使用时需留意,因为它有时会改变词义,如在法语中。

例4-33

(a) le poele (the stove)

La poele (the frying pan)

(b) le pendule (the pendulum)

la pendule (the clock)

◀ 4.4.3 格(Case)

格范畴在词类分析中用于识别句中词语间的句法关系。在拉丁语语法中,基于词语的形态变化,格被赋予"宾格"(accusative)、"主格"(nominative)、"与格"(dative)等的名称。古希腊语种有五种格,梵文有八种格,而芬兰语仅名词就有十五种形式上截然不同的格,且每种格都有自己的句法功能。在英语中,格是名词的特殊形式,常常与介词和名词的组合相对应,并可通过三种渠道来实现:①屈折(变化)(inflection);②跟在介词后;③词序。如例4-34所示。

例4-34

(a) teacher: teacher's

(b) with/to a man

(c) John kicked Peter; Peter kicked John.

◀ 4.4.4 一致关系(Agreement)

一致关系(AGREEMENT)又称协同关系(CONCORD),是指具体词类中,存在特定句法关系的两个或多个词语的形式也应由同一个(或一些)聚合标记的范畴来描写。这种句法关系可能是照应关系,如代词与其先行词保持一致关系[例4-35(a)];或者它还会涉及中心词与附属成分之间的关系[例4-35(b)],如动词与其主语一致。例4-35中(c)与(d)是名词与动词在数上一致的例子。

例4-35

(a)—Whose is this pen?

—Oh, it's the one I lost.

(b) Each person may have one coin.

(c) The man runs. These men run.

(d) The bird flies. These birds fly.

名词中心词的特征可以反映在与之处于一致关系的附属形式中,这些特征正是我们上面所描述的:性、数和格。

性与数之间的一致关系应在法语的名词与形容词之间的关系中体现出来(比较例4-33中最后两个短语)。

4.5 短语、分句和句子(Phrase, Clause and Sentence)

◀ 4.5.1 短语(Phrase)

短语(PHRASE)是含有一个以上词语的单一结构要素,它没有分句所特有的主谓结构(subject-predicate structure)。从传统上讲,短语被视为层级结构的一部分,位居分句和词语之间。因此,短语首先应是构成一个成分(constituent)的一组词语。其次,短语在语法层级上要低于分句。更精确地说,简单分句可以(通常的确)包含短语,但是简单短语(一般)不包含分句。

例4-36

the three tallest girls (名词短语)

has been doing (动词短语)

extremely difficult (形容词短语)

to the door (介词短语)

very fast (副词短语)

然而,有一种趋势要区分词组(WORD GROUP)和短语(PHRASE)。词组是通过对某词类的词语进行修饰所做的扩展,而该词语所属词类的主要特征没有发生变化。因此我们就有了名词词组、动词词组、副词词组、连接词词组和介词词组(如 right behind, all along)。例 4－36 中的"to the doctor"仍被视为介词短语,由一个介词和一个名词词组构成,故不再是介词。

◀ 4.5.2 分句(Clause)

一个成分具有自己的主语和谓语,若其还被一个更大的句子所囊括,则该成分可称为分句(clause)。分句也可划分为限定性(FINITE)分句和非限定性(NON-FINITE)分句。非限定性分句包括传统的不定式短语(infinitive phrase)、分词式短语(participial phrase)和动名词式短语(gerundial phrase)。

例 4－37

(a) The best thing would be to leave early.

(b) It's great for a man to be free.

(c) Having finished their task, they came to help us.

(d) Xiao Li being away, Xiao Wang had to do the work.

(e) Filled with shame, he left the house.

(f) All our savings gone, we started looking for jobs.

(g) It's no use crying over spilt milk.

(h) Do you mind my opening the window?

◀ 4.5.3 句子(Sentence)

传统上,句子(SENTENCE)是语言中能够表达思想的最小单位。布龙菲尔德(Bloomfield,1935)将句子定义为:"在无论多大的语言形式中,不被任何语法结构所包含的结构。"(One not included by virtue of any grammatical construction in any larger linguistic form.)句子可根据结构和功能两个层面进行分类。以下是句子分类的几种方法。传统分类法是按照句子结构进行分类的两分法,如下所示(见图 4－1):

- 句子
  - 简单句
  - 非简单句
    - 复杂句
    - 复合句

按照句子功能分类则有如下框架:

- 句子
  - 陈述式
    - 疑问句
      - 是非疑问句
      - Wh-疑问句
    - 陈述句
  - 命令式
    - 弱祈使句
    - 祈愿句

图 4－1

现在,一些语言学家开始对言语的交际功能产生兴趣,并将句子标以“陈述”“疑问”“命令”“请求”“认证”等功能的标答。鲍林格(Bolinger,1968/1975/1981)根据词类描述了五种基本句型。

例 4 – 38

(a) Mother fell. (Nominal + intransitive verbal)

(b) Mother is young. (Nominal + copula + complement)

(c) Mother loves Dad. (Nominal + transitive verbal + nominal)

(d) Mother fed Dad breakfast. (Nominal + transitive verbal + nominal + nominal)

(e) There is time. (There + existential + nominal)

夸克(Quirk)等(1972)根据句子各组成成分的语法功能,提出了七种句子类型。

例 4 – 39

(a) Type SVC	Mary is kind.
	a nurse.
(b) Type SVA	Mary is here.
	in the house.
(c) Type SV	The child is laughing.
(d) Type SVO	Somebody caught the ball.
(e) Type SVOC	We have proved him wrong.
	a fool.
(f) Type SVOA	I put the plate on the table.
(g) Type SVOO	She gives me expensive presents.

4.6 递归性(Recursiveness)

虽然递归性主要指的是一个短语成分可被镶嵌(即被支配)于另一个属于同一范畴的成分之中,但它已成为涵盖性术语(umbrella term),其涵盖对象还包括其他几个重要语言现象,如并列关系、从属关系(见 4.2.4 节)、并列和嵌入、形合与意合。所有这些都是扩展句子的手段。一个句子能有多长,理论上讲,只要不阻碍成功交际,可将无数个关系分句嵌入另一个关系分句中。这同样适用于名词性从句和状语从句。这就是我们所说的递归性,如例 4 – 40 是可能存在的。

例 4 – 40

I met a man who had a son whose wife sold cookies that she had baked in her kitchen that was fully equipped with electrical appliances that were new.

递归性和开放性(openness)通常被视为语言创造性的核心。

例 4-41

(a) John's sister
John's sister's husband
John's sister's husband's uncle
John's sister's husband's uncle's daughter, etc.

(b) that house in Beijing
the garden of that house in Beijing
the tree in the garden of that house in Beijing
a bird on the tree in the garden of that house in Beijing

◀ 4.6.1 并列(Conjoining)

并列指的是一个分句与另一个分句结合或连接的过程。按照这种方式构成的句子可认为是并列的例子。这种情况下用到的连词有 and, but 和 or。

例 4-42

(a) John bought a hat <u>and</u> his wife bought a handbag.

(b) Give me liberty <u>or</u> give me death.

◀ 4.6.2 嵌入(Embedding)

分句或者是独立的分句,或者是从属分句。将一个分句作为从属分句进行嵌入时,你会把一个句子与另外一个句子合并。嵌入(embedding)指的是在句法从属中将一个分句包含于一个句子的手段。从属分句的三种基本类型是:补足分句(complement clause)、附加分句(adjunct clause)和关系分句(relative clause)。

例 4-43

(a) I saw the man <u>who had visited you last year</u>. (关系分句)

(b) I don't know <u>whether Professor Li needs this book</u>. (补足分句)

(c) <u>If you listened to me</u>, you wouldn't make mistakes. (状语分句)

4.7 超越句子(Beyond the Sentence)

现代语言科学的发展推动了句法研究,使其研究范围超出了传统的句子范畴。现在,越来越多的语言学家开始探索段落、章节乃至整个篇章内的句子之间的关系,这就导致了语篇语言学(TEXT LINGUISTICS)和话语分析(DISCOURSE ANALYSIS)的出现。在词源学上,话语(discourse)指口头语言,而语篇(text)指书面文本。现代语言学中,两者可以不作区别。

然而什么是语篇?

语篇通常被看成是一个语义单位，即不是形式单位，而是意义单位；语篇不是由句子构成，而是通过句子来实现。(A text is best regarded as a semantic unit: a unit not of form but of meaning, which is not composed of sentences but is realized in sentences.)(Halliday, 1978: 135; Halliday & Matthiessen, 2014: 660)所以，语篇不以长短来判断，在本质上与句子不同。

那么，语篇有哪些特点？(那么，是什么东西让语篇成其为语篇？)语篇不是一些单词的任意集合体，应该有显性的连接和隐形的连贯，即显示联结性。(A text is more than a random set of words, it should be overtly connected and covertly cohered: it shows connectedness.)

◀ 4.7.1 句子的连接(Sentential Connection)

语言学家进行语篇研究时核心目标就是描述句子的联结特征(connectedness)。传统语言学的做法是从显性的语言要素和结构来探讨这个问题。形合关系(hypotactic)和意合关系(paratactic)这两个概念仍然适用于对句子之间句法关系的研究。

例 4-44

—形合关系:(从属分句)(subordinate clauses)

(a) You can phone the doctor if you like. However, I very much doubt whether he is in.

(b) We live near the sea. So we enjoy a healthy climate.

—意合关系:(并列分句)(coordinate clauses)

(a) In Guangzhou it is hot and humid during the summer. In Beijing it is hot and dry.

(b) He dictated the letter. She wrote it.

(c) The door was open. He walked in.

可是，语篇的联结性一般会超出句法范畴。

语篇的联结性体现为两个重要方面:衔接(cohesion)和连贯(coherence)。

◀ 4.7.2 衔接(Cohesion)

衔接概念是话语或语篇概念，而不是句法概念，指的是语篇内存在的意义关系，帮助语篇成为篇章。(COHESION is a concept to do with discourse or text rather than with syntax, it refers to relations of meaning that exist within the text, and defines it as a text.)话语或篇章的衔接性(discoursal/ textual cohesiveness)可通过使用各种衔接手段得以实现。

例 4－45

(a) Smith lives near *the park*. He often goes *there*.

(指涉：两种语言成分因为所指相同联系在一起。) (Reference: two linguistic elements are related in what they refer to.)

(b) All the children had an ice－cream today. Eva chose strawberry. Arthur had orange and William too.

(替代：不重复，使用替代成分。) (Substitution: a linguistic element is not repeated but is replaced by a substitution item.)

(c) "Did she get there at six?"

"No, (she got there) earlier (than six)."

(省略：省略相同成分。) (Ellipsis: one of the identical linguistic elements is omitted.)

(d) Professor Goffman walked into town, because he wanted to buy a bookcase.

(连接：明示语义关系。) (Conjunction: a semantic relation is explicitly marked.)

(e) "Shall we invite Lev?"

"No, I can't stand the man."

(词汇搭配：两种成分具有相同的语义场。) (Lexical collocation: two elements share a lexical field.)

◀ 4.7.3 连贯(Coherence)

语篇的联结性不仅取决于语篇的衔接(cohesion)，还在于语言使用者积极主动地将语篇的不同信息单元连接起来，从而建立语篇的连贯性(coherence)。语篇的联结性是语篇的心理表征(mental representation)，而不是语篇本身的特点。所以，这种被感知的联结性通常被称为连贯。连贯现象也许本质上属于认知范畴(cognitive nature)，但是要把它们重新建构起来则往往要依赖语篇本身的语言信号(linguistic signals)。

例 4－46

(a) Mr. Smith was killed the other night. The steering on the car was faulty.

(b) Henry took the picnic things from the trunk. The beer was warm.

(c) It was hot. Darwin was lining up for an ice-cream.

(d) The winter of 1960 was very cold. Many homeless died.

在(a)中，虽然两个句子没有明显的连接，但是读者可以推断出第二个句子是第一个句子所描述事件的起因，这样便使语篇有了连贯性，而语篇本身没有任何提示。在(b)中，为了理解啤酒与野餐的食物相关，读者必须做出以下推断：啤酒是野餐食物中的一种。而在(c)和(d)中，第一个句子均为第二个句子提供了原因。

连贯性研究有助于语篇语言学(text linguistics)、话语心理学(discourse psychology)和认知科学(cognitive science)等领域之间的交叉互动,但是体现语篇衔接的语言细节也不容忽视。

术语双解

syntax:句法,研究的是语言中不同成分组合成句子的支配规则,或句子结构中各要素间的相互关系。Syntax is the study of the rules governing the ways different constituents are combined to form sentences in a language, or the study of the interrelationships between elements in sentence structures.

Positional relation:位置关系,又称词序,指的是语言中词汇的顺序排列。Positional relation, or word order, refers to the sequential arrangement of words in a language.

Relation of substitutability:替换关系。首先,替换关系指的是语法上可以在相同结构句子中相互替换的词类或词语的集合。其次,替换关系指的是在语法上可以共同替代某一集合中一个词语的含有一个以上词语的集合。Firstly, the relation of substitutability refers to classes or sets of words substitutable for each other grammatically in sentences with the same structure. Secondly, it refers to groups of more than one word which may be jointly substitutable grammatically for a single word of a particular set.

Relation of cooccurrence:同现关系,意思是不同组分句中的词语可准许或要求与另一个集合或词类中的词语同现来构成句子或句子的某个部分。Relation of cooccurrence means that words of different sets of clauses may permit, or require, the occurrence of a word of another set or class to form a sentence or a particular part of a sentence.

Grammatical construction:语法结构体,指的是语言中被指派了一个或多个规约功能的句法结构,以及对结构体的意义或用法的贡献。Grammatical construction or construct can be used to mean any syntactic construct which is assigned one or more conventional functions in a language, together with whatever is linguistically conventionalized about its contribution to the meaning or use the construct contains.

Constituent:成分,是在句子结构分析中针对每个语言单位所采用的术语,它是更大的语言单位的一部分。几个成分一起组成一个结构体,一些成分还可以与另一些成分组成更大的单位。Constituent is a term used in structural sentence analysis for every linguistic unit, which is a part of a larger linguistic unit. Several constituents together form a construction. Constituents can be joined together with other constituents to form larger units.

Endocentric Construction:向心结构,它的分布和它的一个或多个成分的分布在功能上相同,该成分是一个词或一组词,是整个结构的核心或中心。Endocentric construction is one whose distribution is functionally equivalent to that of one or more of its constituents, i. e. , a word or a group of words, which serves as a definable center or head.

Exocentric Construction:离心结构,其恰好与向心结构相反。它指的是一组句法上相关的词中没有一个词在功能上与整个词组相同,也就是说,词组内没有"核心"或"中心词"。Exocentric construction is just opposite to endocentric construction. It refers to a group of syntactically related words where none of the words is functionally equivalent to the group as a whole, that is, there is no definable "Center" or "Head" inside the group.

Coordination:并列,是英语和其他语言中的一个普通句型。这些语言是运用 and, but 和 or 等连词将两个或两个以上的同一类范畴合并所形成的。这种现象叫作并列。Coordination is a common syntactic pattern in English and other languages formed by grouping together two or more categories of the same type with the help of a conjunction such as and, but and or. This phenomenon is known as coordination.

Subordination:从属,从属指的是将语言单位连接以使各单位具备不同句法地位的过程或结果,其中一个单位依赖于另一个单位,且通常是该单位的一个成分。因而从属成分是修饰中心成分的词语。Subordination refers to the process or result of linking linguistic units so that they have different syntactic status, one being dependent upon the other, and usually a constituent of the other. Thus, the subordinate constituents are words which modify the Head.

Syntactic Function:句法功能,它体现了语言形式和语言模式其他部分之间的关系,语言形式是在语言模式中运用的。The syntactic function shows the relation ship between a linguistic form and other parts of the linguistic pattern in which it is used.

Category:范畴,这一术语在一些学派中指的是狭义的词类和词语的功能,如名词、动词、主语、谓语、名词短语、动词短语等。更具体一些,范畴指的是这些一般性单位的甄别性特点,如名词的范畴包括数、性、格和可数性,而动词范畴则含有时、体、式等。Category in some approaches refers to classes and functions in its narrow sense, e. g. , noun, verb, subject, predicate, noun phrase, verb phrase, etc. More specifically, it refers to the defining properties of these general units: the categories of the noun, for example, include number, gender, case and countability; and of the verb, for example, tense, aspect, voice, etc.

Number:数,是用于分析词类的语法范畴,表现出单数、双数、复数等差异。Number is a grammatical category used for the analysis of word classes displaying such contrasts as singular, dual, plural, etc.

Gender:性,是用于分析词类的语法范畴,表现出"阳性、阴性、中性""有生命、无生命"等差异。Gender displays such contrasts as "masculine: feminine: neuter", "animate: inanimate", etc. for the analysis of word classes.

Case:格,格范畴在词类分析中用于识别句中词语间的句法关系。The case category is used in the analysis of word classes to identify the syntactic relationship between words in a sentence.

Agreement:一致关系,又称协同关系,是指具体词类中存在特定句法关系的两个或多个词语的形式也应由同一个(或一些)聚合标记的范畴来描写。Agreement or concord may be defined as the requirement that the forms of two or more words of specific word classes that stand in specific syntactic relationship with one another, shall also be characterized by the same paradigmatically marked category (or categories).

Recursiveness:递归性,主要指的是一个短语成分可被镶嵌(即被支配)于另一个属于同一范畴的成分之中,但它已成为涵盖性术语,其涵盖对象还包括其他几个重要语言现象,如并列关系、从属关系、并列和嵌入、形合与意合。所有这些都是扩展句子的手段。Though it mainly means that a phrasal constituent can be embedded within (i. e., be dominated by) another constituent having the same category, recursiveness has become an umbrella term, under which may be brought together several important linguistic phenomena such as coordination and subordination, conjoining and embedding, hypotactic and paratactic.

Conjoining:并列,指的是一个分句与另一个分句结合或连接的过程。Conjoining refers to the process where one clause is coordinated or conjoined with another.

Embedding:嵌入,指的是在句法从属中将一个分句包含于一个句子的手段。Embedding refers to the means by which one clause is included in the sentence in syntactic subordination.

Cohesion:衔接,这一概念与话语或语篇有关,与句法并无直接关联。它指的是语篇之间存在的意义关系,并将其定义为篇章。Cohesion is a concept to do with discourse or text rather than with syntax, it refers to relations of meaning that exist within the text, and defines it as a text.

Coherence: 连贯,指的是语篇的联结性。这种被感知的联结性是语篇的心理表征,而不是语篇本身的特点。Coherence refers to the connectedness of discourse. The connectedness conceived is a characteristic of the mental representation of the text rather than of the text itself.

重难点解析

1. 向心结构和离心结构

结构是由一个以上的成分所构成的,因此结构可以被细分成更小的成分。根据语言单位分布的状况和性质,Bloomfield 把结构分成向心结构(endocentric construction)和离心结构(exocentric construction)两种。向心结构的性质与结构内的中心成分相同,否则就是离心结构。也就是说,离心结构的定义是消极地以向心结构的定义为依据的，如果一种结构不是向心结构，就是离心结构，两者呈互补关系。比如，delicious food 是向心结构，因为整个结构的分布性质和结构内的中心成分 food 一样，或者说在任何句子内凡是 delicious food 能出现的位置 food 也能出现。这里 food 是名词，delicious food 是名词短语，两者都是名词性质的语言单位。相比之下，by air 就是离心结构，因为该结构的分布与其中的中心成分不同。by air 是一个作方式状语的介词短语，其结构性质是状语，而其内部的中心成分 air 是名词性的成分。或者说从信息贡献方面考虑，该结构的中心成分应是名词 air 而不是介词 in。此外，该中心成分名词和该介词短语本身的分布性质不同：air 不能出现在 by air 也可以出现的位置上。如我们可以说 She went to America by air，但不能说 She went to America air。

向心结构还可以进一步分成从属（subordinating）向心结构和并列（coordinating）向心结构。前者只有一个成分且中心成分处于支配地位，另一个成分处于依附地位，如 delicious food；后者不只一个中心成分且每个成分都能作中心成分，如 food and water。对结构的划分可表述为下图（见图 4－2）。

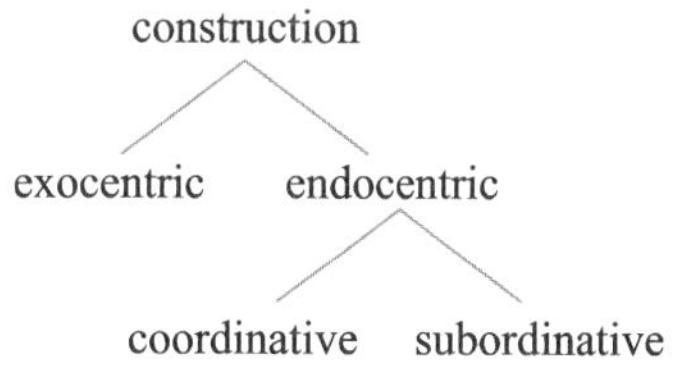

图 4－2

向心结构还可以进一步被抽象归纳成 XP→X 过程，即短语范畴与其内部相应的中心词汇范畴的性质相同；离心结构可抽象归纳成 XP→Y 过程，即短语范畴与其内部相应的中心词汇范畴的性质不同。在英语中，名词短语 NP 和动词短语 VP 是向心结构，介词短语 PP 是离心结构。S 表示的是句子单位，无论 S 中的中心成分或主要短语范畴是 NP 还是 VP，S 永远是离心结构。

2. 句子结构表达式

句子的结构表达式有双切分法（binary cutting）、括号加标法（labeled bracketing）、短语结构规则（phrase structure rules）和树形图（tree diagram）等。下面以 The boy shattered the rock 一句为例。

（1）双切分法。

双切分法采纳的是演绎法（deduction）和“顶向下”（top-bottom）的理论，即由大单位（句子）向小单位（词语）开始分析，直到最底层的句法成分。如分析 The boy shattered the rock 一句，双切分法首先将该句一分为二，得到 The boy / shattered the rock；第二次切分将谓语分开，得到 shattered / the rock；第三次切分再把名词短语分别分开，分别得到 the / boy 和 the / rock。假如用斜线的数量来表示切分的顺序，规定斜线的数量和切分次序的先后成反比，即斜线数量少的是先切分的结果，数量多的是后切分的结果，便可以得到下面这种整句的分析状态。

The / / boy / shattered / / the / / / rock.

(2)括号加标法。

括号加标法采用的是数字下标或语类下标,前者表示的是归类的先后顺序,操作顺序和双切分法相反,即由小单位向大单位进行,数字小的先切分,数字大的后切分。与双切分法不同的是,括号加标法自小结构向大结构归纳,而双切分法则由大到小,分析到最后一个成分为止。后者则把每个词和短语放在括号中,并作上语类标记。

[3[1 the boy][2 shattered [1 the rock]]]

[S[NP[D the][N boy]][VP[V shattered][NP [D the][N rock]]]]

(3)短语结构规则。

The boy shattered the rock 一句可以转化为:

a. S → NP + VP

　NP1 → D1 + N1

　VP → V + NP2

b. D1 → the

　D2→ the

　N1 → boy

　N2 → rock

　V → shattered

上例中的箭头读作"改写为",如 S → NP1 + VP 表示"句子 S 改写为名词短语 NP1 和动词短语 VP",NP1 → D1 + N1 表示"名词短语 NP1 改写为限定词 D1 和动词 V"。这种表达法称为改写规则(rewrite rule),也叫短语结构规则(phrase structural rule; PS rule)。改写规则清楚地表现了句法结构的生成性,即句子是如何从开端符号 S 开始,经过语类演绎(a)和词项插入(b)逐步推导出来的。

(4)树形图。

The boy shattered the rock 用树形图可表示如下(见图 4 - 3)。

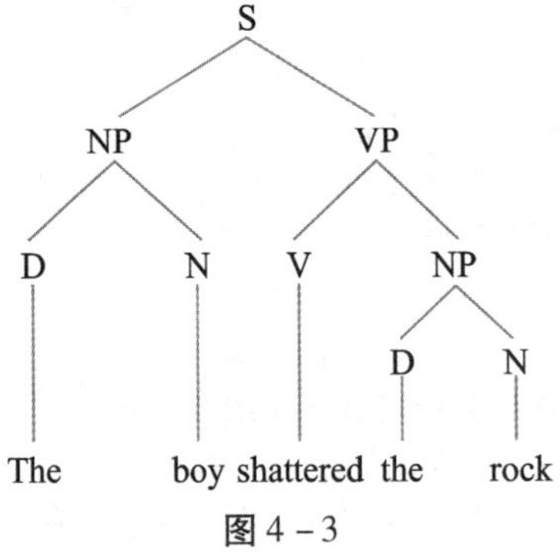

图 4 - 3

这样的图形类似于一棵倒立的树,故称为树形图(tree diagram),文献中简称为树

(tree),也叫短语标记(phrase marker)。树形图上语类标记所在的点称为节点(node),连接节点的直线叫树枝(branch)。一个节点向下分成两条或更多条直线叫分叉,该节点叫分叉节点(branching node);只向下延伸出一条直线的节点叫"非分叉节点"。它其实是直接成分分析法的再现,只是术语不同。

3. **直接成分分析法**

直接成分分析法是美国结构主义语言学家提出的句子分析模式,其目的是将语言表达式分析成一系列处于不同层次的语言成分。直接成分分析法的适用标准是替代关系,即一个词语序列是否可由单个词语替代,而且其结构仍保持不变。例如,在 Poor John ran away 一句中,poor John 可由 John 来替代,ran away可由 ran 来替代而句子结构并未发生变化。但是,poor John ran 不能被 John 或者其他任何单个的词替换而结构保持不变。用该法分析句子结构,第一阶段(步)所得到的成分就称为直接成分(immediate constituent),如 NP 和 VP 是 S 的直接成分、Det 和 N 是 NP 的直接成分。直接成分分析法可以通过树形图、短语结构规则等方式表示。

在传统分析中,一般把句子看作若干个前后相接的单词的序列,似乎句子只有一个线性结构。可是直接成分分析法强调句子的层级结构,认为句子里的词首先组成词组,这样句子的内在结构可以清楚地显示出来。用直接成分分析法可以把某些歧义的结构体揭示出来。然而,该法也存在一定的弊端。虽然二分法(binary)和不连续直接成分造成一些技术上的困难,但主要的问题是有些结构的歧义不能用直接成分分析法揭示出来,必须考虑语义或世界知识,即词语在使用中的搭配习惯。纯结构分析只能解决一部分问题,对可能涉及的语义和世界知识对结构搭配的限制无能为力。例如,the love of God,用树形图和加标签法,都只有一种分析,但是 God 这个词跟 love 有两种不同的关系,即或者是主语,或者是宾语。

4. **结构体、成分和结构**

结构体(construction)指的是语法单位的有序排列,从而形成更大的单位。例如,(subject + verb + object)构成一个句子或从句,(determiner + object)构成名词短语。因此,结构体是可以反复出现的句法模式(句式),是一种抽象形式。

成分(constituent)指的是任何层次的结构体内部所含有的语法单位,是具体的句法序列,表现为词语形式和语素。成分又可分为直接成分(immediate constituent)和最终成分(ultimate constituent)。直接成分是指直接位于结构体层面之下的最大语法单位,可以继续对之进行分析。最终成分是指结构体内部无法从语法上再继续分析的单位。例如, He likes bananas 一句的直接成分是 he + likes bananas;最终成分是 he + like + s + banana + s。

结构(structure)既可以指结构体,又可以指成分。语言中的句法结构主要是以句子的形式呈现出来的。通过树形图或括号加标法,我们可以对句子和短语的结构进行分析,因为二者不是词语的线性排列,其内部词语是呈层级结构的。

强 化 练 习

Ⅰ. 选择题

1. In the phrase structure rule "S → NP VP", the arrow can be read as __________.

   A. is equal to　B. consists of　C. has　D. generates

2. Phrase structure rules allow us to better understand __________.

   A. how words and phrases form sentences

   B. what constitutes the grammaticality of strings of words

   C. how people produce and recognize possible sentences

   D. All of the above

3. A __________ in the embedded clause refers to the introductory word that introduces the embedded clause.

   A. coordinator　B. particle

   C. preposition　D. subordinator

4. Transformational rules do not change the basic __________ of sentences.

   A. form　B. structure

   C. meaning　D. sound pattern

Ⅱ. 填空题

1. E __________ construction usually includes basic sentence, propositional phrase, predicate (verb + object) construction, and connective (be + complement) construction.

2. The sentence *It was John who wore his best suit to the dance last night* is called c __________ by traditional grammarians. It is so called because it divides a single clause into two separate sections, each with its own verb.

3. The category of c __________ is prominent in the grammar of Latin, with six distinctions of nominative, vocative, accusative, genitive, dative and ablative.

4. The difference between tense and aspect is that the former is d __________, i.e. indicating time relative to the time of utterance; while the later is not, the time indicated is not relative to the time of utterance, but relative to the time of another event described, or implied, in the narrative.

5. C __________ is a common syntactic pattern in English and other languages formed by grouping together two or more categories of the same type with the help of a conjunction such as and, but, and or.

Ⅲ. 判断题

1. Traditionally, sentence is the minimum part of language that expresses meaning.

2. Coordination refers top the process or result of linking linguistic units so that they

have different syntactic status, one being dependent upon the other, and usually a constituent of the other.

3. Sentences are not formed by randomly combining lexical items, but by following a set of syntactic rules that arrange linguistic elements in a particular order.
4. "The student" in the sentence "The student liked the linguistic lecturer" and "The linguistic lecturer" in the sentence "The linguistic lecturer liked the student" belong to the same syntactic category.

Ⅳ. 名词解释

1. Immediate constituent analysis
2. Constituent
3. Grammatical relations
4. Syntactic categories

强化练习答案

Ⅰ. 1. B　2. D　3. D　4. C

Ⅱ. 1. exocentric　2. cleft　3. case　4. deictic　5. coordination

Ⅲ. 1. F　2. F　3. T　4. T

Ⅳ. 1. 详见重难点解析部分

2. 详见术语双解部分
3. The structural and logical functional relations of constituents are called grammatical relations. The grammatical relations of a sentence concern the way each noun phrase in the sentence relates to the verb. In many cases, grammatical relations in fact refer to who does what to whom.
4. Apart from sentences and clauses, a syntactic category usually refers to a word (called a lexical category) or a phrase (called a phrasal category) that performs a particular grammatical function.

第5章 意 义

Chapter 5 Meaning

本章要点

1. 意义类型
2. 涵义关系
3. 成分分析
4. 语义整体理论
5. 逻辑语义学

参考译文

有关意义研究的学科称为语义学(semantics)。具体说来,语义学专门以语言单位、词和句子的意义为研究的对象。① (The subject concerning the study of meaning is called semantics. More specifically, semantics is the study of the meaning of linguistic units, words and sentences in particular.)

虽然"语义学"这一术语仅有一百多年的历史,但意义一直是人类学术研究的一个主要话题;早在公元前5世纪,古希腊哲学家柏拉图的著作中就有关于意义的讨论。在中国,老子甚至在更早的时候就讨论过类似问题。多年以来,大量的词典问世也为意义研究具有悠久历史提供了证据。尽管如此,与语音学、音系学、形态学和句法学相比,语义学仍然是语言学里被研究得最少的领域。

5.1 "意义"的意义(Meanings of "Meaning")

研究意义时的一个困难就是"意义"一词本身有不同的意义。奥格登(C. K. Ogden)和理查兹(C. A. Richards)在他们1923年出版的《意义的意义》(*The Meaning of Meaning*)一书中罗列了"一些著名的研究意义学者提出的有代表性的主要定义"。(One difficulty in the study of meaning is that the word "meaning" itself has different meanings. In their book The Meaning of Meaning written in 1923, C. K.

① 为了把这种意义研究与从逻辑或哲学角度进行的意义研究区分开来,把它称为 linguistic semantics 意义更明确。

Ogden and I. A. Richards presented a "representative list of the main definitions which reputable students of meaning have favored".)(P. 186)分类共计22类。

利奇(G. Leech)在1974年首次出版的《语义学》(*Semantics*)(P. 23)一书中以更温和的口吻归纳了七种意义(见表5-1)。

表　5-1

1. 概念意义(Conceptual meaning)	逻辑、认知或外延的内容(Logical, cognitive or denotative content)
联想意义(Associative meaning) 2. 内涵意义(Connotative meaning)	通过语言所指所表达的意义(What is communicated by virtue of what language refers to.)
3. 社会意义(Social meaning)	所表达的关于语言使用的社会环境的意义(What is communicated of the social circumstances of language use.)
4. 感情意义(Affective meaning)	所表达的关于说话人或作者感情、态度方面的意义(What is communicated of the feelings and attitudes of the speaker/writer.)
5. 反映意义(Reflective meaning)	通过联想同一词语的其他意思所表达的意义(What is communicated through association with another sense of the same expression.)
6. 搭配意义(Collocative meaning)	通过联想词语的常用搭配所表达的意义(What is communicated through association with words which tend to occur in the environment of other word.)
7. 主题意义(Thematic meaning)	按照句中词序和各个单词在句中所受强调的不同程度来组织信息的方式所表达的意义(What is communicated by the way in which the message is organized in terms of order and emphasis.)

利奇认为,第一种意义是概念意义,它是词义的核心。这种意义是指"外延"意义,因为它表示词和它所指事物之间的关系。(Leech says that the first type of meaning—conceptual meaning—makes up the central meaning. It is "denotative" in that it is concerned with the relationship between a word and the thing it denotes, or refers to.)从这种意义上说,概念意义在很大程度上与指称(reference)相交叉。第二种意义的"内涵"与哲学意义上的"内涵"不同。哲学家们用内涵(connotation)与外延(denotation)相对,表示词所指实体的性质。(The term "connotative" used in the name of the second type of meaning is used in a sense different from that in philosophical discussion. Philosophers use connotation, opposite to denotation, to mean the properties of the entity a word denotes.)例如,"人"的外延是任何人,如约翰和玛丽,内涵是"两足动物""没有羽毛""有理性"等。而在利奇的系统中,正如日常谈话

中的情形那样,“内涵”指的是一些附加的尤其是感情的意义。(In Leech's system, however, as is the case in daily conversation, “connotative” refers to some additional, especially emotive meaning.)举例来说,“政客”(politician)和“政治家”(statesman)内涵不同:前者是贬义的,而后者是褒义的。(The difference between politician and statesman, for example, is connotative in that the former is derogatory while the latter is favorable.)人们把这种意义以及接下来的四种意义统称为联想意义(associative meaning)。最后一种意义是主题意义,它仅由句中词序和各个单词在句中所受强调的不同程度来决定。(The last type, thematic meaning, is more peripheral since it is only determined by the order of the words in a sentence and the different prominence they each receive.)

然而,即使按照上述第一种意义来理解“意义”,词义仍然有几种不同的解释方式,在日常会话中至少有四种。(But even when “meaning” is understood in the first sense above, there are still different ways to explain the meaning of a word. In everyday conversation, there are at least the following four ways.)假设你不认识“desk”这个词,向他人请教它是什么意思。他可能会指着它所代表的实物回答说“这是 desk”;他也可能把 desk 描述成“有一个平面和四条腿,用来读写的家具”;他还可以解释说,“desk 是一种有抽屉的 table”。如果那个人是英语教师,他经常会告诉你这个词的汉语意思是“书桌”。成年人向儿童解释词义常用第一种方式,因为儿童掌握的词汇量少,用词语向他们解释意义很困难。单语词典通常采用第二、三种方式释义,有时也用第一种方式借助插图解释词义;双语词典、外语教科书则使用第四种方式。(The first method is usually used by adults to children, since their vocabulary is small and it is difficult to explain to them in words. The second and the third are the usual methods adopted in monolingual dictionaries, which sometimes may also resort to the first by illustrating with pictures. And the fourth is the kind of explanation provided by bilingual dictionaries and textbooks for teaching foreign languages.)

5.2 指称论(The Referential Theory)

把词义同它所指或所代表的事物联系起来的意义理论称为指称论。(The theory of meaning which relates the meaning of a word to the thing it refers to, or stands for, is known as the referential theory.)这种理论运用很普遍。正如上节所述,通过指向词语所指事物来解释词义一般来说是可能的。在解释专有名词和有定性名词短语(definite noun phrases)时,这种释义方式特别有效。当我们说“最有影响的语言学家诺姆·乔姆斯基在麻省理工学院任教”时,我们是用“影响最大的语言学家”和“诺姆·乔姆斯基”来指一个特定的人,用“麻省理工学院”来指一所特定的高等教育机构。

然而,这个理论也产生了一定的问题。例如,当我们通过指着实物书桌来解释“书桌”时，并不意味着书桌必须具有此时此地这张书桌特有的尺寸、形状、颜色和质料，而只是用它作一个实例，当作某种更普遍的东西的一个例子。也就是说，在肉眼所见具体事物之外有某种东西。这种东西是抽象的，它在物质世界中并不存在，只能通过我们的思维来感知。这种抽象之物一般称为概念①。(There is something behind the concrete thing we can see with our eyes. And that something is abstract, which has no existence in the material world and can be sensed in our minds. This abstract thing is usually called concept.)

明确使用“概念”这一术语的理论是奥格登和理查兹在其《意义的意义》(*The Meaning of Meaning*)一书中提出的“语义三角说”(semantic triangle)。他们认为词和所指事物之间没有直接关系，而是以概念作为中介。(A theory which explicitly employs the notion “concept” is the semantic triangle proposed by Ogden and Richards in their *The Meaning of Meaning*. They argue that the relation between a word and a thing it refers to is not direct. It is mediated by concept.)这种关系可用下图表示②(见图 5－1)。

图　5－1

把这种观点与上一节提到的四种释义方式相联系，我们会发现第一种即指着事物来释义的方式符合词和所指事物间关系的直接理论；而第二种方式则符合间接理论。(Now if we relate this discussion with the four ways of explaining the meaning of a word mentioned in the last section, we may say that the first method of pointing to an object corresponds to the direct theory of the relation between words and things, while the second corresponds to the indirect ways.)当我们说 desk 是“有一个平面和四条腿，用来读写的家具”时，事实上借助了书桌的概念，或者说概括了书桌的主要特征。而三、四两种方式则更为间接，引入了另外一个词(table 或者“书桌”)的概念。

利奇也用“涵义”(sense)作为他所说的概念意义的简称，它指实体具有的性质。从这种意义上说，“涵义”等同于“概念”(concept)。(Leech also uses sense as a briefer term for his conceptual meaning. It may refer to the properties an entity has. In this sense, “sense” is equivalent to “concept”.)像“有一个平面和四条腿，用来读写的家具”这样的对“书桌”的定义也可称为书桌的涵义。因而，“涵义”与“指称”

① 也正是在这个意义上，利奇把他的第一种意义称为概念意义。

② Ogden Richards 用来指“word”的术语是“symbol”，指“concept”的术语是“thought or reference”，指“thing”的术语是“reference”。

的区别类似于“内涵”(connotation)与“外延”(denotation)的区别:前者指一个实体的抽象属性,后者指拥有这些属性的具体实体。换句话说,利奇的概念意义包括两个方面:涵义和指称。(So the distinction between“sense” and“reference” is comparable to that between“connotation” and“denotation”. The former refers to the abstract properties of an entity, while the latter refers to the concrete entities having these properties. In other words, Leech's conceptual meaning has two sides: sense and reference.)

不仅如此,涵义和指称还有其他差别。从某种程度上说,每个词都有涵义,即概念内容(conceptual content),不然我们就无法使用或理解它,但是并非每个词都有指称。(To some extent, we can say every word has a sense, i.e. some conceptual content, otherwise we will not be able to use it or understand it. But not each word has a reference.)语法词如 but,if,and,不指称任何事物;像 God(上帝),ghost(幽灵)和 dragon(龙)这样的词是指想象的事物(imaginary things),现实中并不存在。而且,用词的所指事物来解释词义也很不方便。说话时,词所代表的事物并不总是在身边;就算它在附近,也需要闻者花时间弄清其主要特征。(What's more, it is not convenient to explain the meaning of a word in terms of the thing it refers to. The thing a word stands for may not always be at hand at the time of speaking. Even when it is nearby, it may take the listener some time to work out its main features.)例如,当一个人第一次见到电脑时,可能会把显示器误认为其主要部件,认为电脑就像电视机一样。鉴于此,有人建议研究意义(meaning)应该根据涵义(sense)而不是根据指称。

5.3 涵义关系(Sense Relations)

词与词之间的涵义关系各不相同。同其他词相比,有些词涵义更相似。(Words are in different sense relations with each other. Some words have more similar sense than others.)如,与 chair(椅子)相比,desk(书桌)跟 table(桌子)的涵义联系更紧;反之,我们说 desk 跟 chair 之间的涵义差别比它跟 table 之间的要大,而且 desk 的涵义被涵盖在 furniture(家具)之下,或者说 furniture 涵义下面涵盖了 desk 的涵义。因此,词的涵义可看作是它和其他词之间的涵义关系网络。也就是说,我们可以把涵义界定为词语之间的语义关系。广义而言,它是语言单位之间的语义关系,它体现的是言内关系。相比之下,涵义关系指称体现的则是词和所指事物之间的关系,即语言单位和它所指非语言实体之间的关系。(As a result, the sense of a word may be seen as the network of its sense relation with others. In other words, sense may be defined as the semantic relations between one word and another, or more generally between one linguistic unit and another. It is concerned with the intra-linguistic relation. In contrast, reference is concerned with the relation between a word and the thing it refers to, or more generally between a linguistic unit and a non-linguistic entity it refers to.)一般来说,涵义关系有三种:同义关系(synonymy)、反义关系

(antonymy)和上下义关系(hyponymy)。

◀ 5.3.1 同义关系(Synonymy)

同义关系的术语是SYNONYMY。一般认为,英语的同义词很丰富,英语词汇有两个主要来源:盎格鲁—萨克逊语(Anglo-Saxon)和拉丁语(Latin)。有很多成对的同义词来自这两种语言。(There are many pairs of words of these two sources which mean the same.)如buy和purchase(购买),world和universe(世界),brotherly和fraternal(兄弟般的)。

然而,完全的同义关系很少见。所谓的同义词都是依赖语境的,它们总是在这方面或那方面不同。(But total synonymy is rare. The so-called synonyms are all context dependent. They all differ one way or another.)如在语境"Little Tom ________ a toy bear(小汤姆买了一只玩具熊)"中,"buy"比"purchase"更合适。其次,它们也可能内涵不同。(They may also differ in connotation.)这就是为什么人们会开玩笑说:"I'm thrifty. You are economical. And he is stingy.(我很节约,你很经济,他很吝啬)。"其三,还有方言的差异。(There are dialectal differences.)"autumn(秋天)"是英式,而"fall"是美式;英国人住"flats(公寓)",乘"underground"或"tube(地铁)"去上班,而美国人住"apartment(公寓)"乘"subway(地铁)"。

◀ 5.3.2 反义关系(Antonymy)

反义关系的术语是ANTONYMY,它可细分为三个小类:等级反义关系、互补反义关系和反向反义关系。(There are three main sub-types: gradable antonymy, complementary antonymy, and converse antonymy.)

(1)等级反义关系(gradable antonymy)。

这是反义关系中最普通的一种。当我们说两个词是反义词时,通常指成对的词,如good: bad(好:坏),long: short(长:短), big: small(大:小)。正如例子所示,它们主要是形容词,并且有三个特征。

第一,顾名思义,这类反义词是分等级的。也就是说,每对成员在程度上有区别。对一方的否定并非是对另一方的肯定,如:不"good(好)"的事物并非"bad(坏)",它可能只是"so-so(马马虎虎)"或"average(一般)"。它们可以用"very(很)"修饰:某物可能very good(很好)或very bad(很坏)。而且它们可能有比较级和最高级:某物可能比另一物better(更好)或worse(更坏);某物在很多东西中可能是the best(最好的)或the worse(最坏的)。有时居中的一些程度可以用具体词汇来表达(lexicalized),而不是在原级上添加修饰语。(First, as the name suggests, thcy arc gradable. That is, the members of a pair differ in terms of degree. The denial of one is not necessarily the assertion of the other. As such, they can be modified by "very". And they have comparative and superlative degrees. Sometimes the intermediate degrees may be lexicalized. They may be expressed by separate words rather than by adding modifiers.)例如:用来表示尺寸既不大又不小的词是 medium(中间的);在温度的两个极端 hot(热)和 cold(冷)之间,有 warm(温暖)和 cool(凉爽)。它们也形成一对反义词,而且仍有居中的词 lukewarm(微温的)。

第二,这种类型的反义词以不同的规范分等级。判断事物的好坏、长短、大小,没有绝对的标准,标准随对象而改变。(Second, antonyms of this kind are graded against different norms. There is no absolute criterion by which we may say something is good or bad, long or short, big or small. The criterion varies with the object described.)如:a big car(一辆大轿车)实际上比 a small plane(一架小飞机)还小得多;用 microorganism(微生物)的标准来看,microcomputer(微机)像个巨人。

第三,一对反义词中,通常是那个表示较高程度的词用作覆盖整个量级的术语。(Third, one member of a pair, usually the term for the higher degree, serves as the cover term.)我们问某人"How old are you?"(您多大了?),被问者或许年纪很小,一点都不大:他可能二十岁,也许只有三岁那么小。这里用"大"覆盖了大(old)和小(young),这个句子和"What is your age?"(请问您的年龄?)意思相同。

覆盖性词语称为"无标记词"(unmarked),即一般词汇;被覆盖的词语称为"标记词"(marked),即特殊词汇。这说明覆盖性词语更常用。如果用了被覆盖的词语,也就表示情况特殊、非同一般。说话者可能已经知道某人年轻或某物体积小、距离近,他想了解更具体的程度。相应的名词也反映了这一特点,如 length(长度),height(高度),width(宽度),breadth(广度)以及 depth(深度),它们都是相应范畴覆盖性词语的同源词。(Technically, the cover term is called"unmarked", i. e. usual; and the covered"marked", unusual. That means, in general, it is the cover term that is more often used. If the covered is used, then it suggests that there is something odd, unusual here. The speaker may already know that somebody/something is young, small, near and he wants to know the extent in grater detail. This characteristic is also reflected in the corresponding nouns, which are cognates of the cover terms.)

(2)互补反义关系(complementary antonymy)。

反义词如 alive: dead(活: 死),male: female(雄: 雌),present: absent(出席: 缺席),innocent: guilty(无辜的: 有罪的),odd: even(奇数的: 偶数的),pass: fail (a test)(及格: 不及格),hit: miss(a target)(击中: 未击中),boy: girl(男孩: 女孩)等,都属于这一类型。与第一种相比,这种反义词每对之间彼此互补。也就是说,它们把一个语义场一分为二:对一方的肯定意味着对另一方的否定;反过来说,对一方的否定也意味着对另一方的肯定。(In contrast to the first type, the members of a pair in this type are complementary to each other. That is, they divide up the whole of a semantic field completely. Not only the assertion of one means the denial of the other, the denial of one also means the assertion of the other.)例如,He is alive(他活着)指"He is not dead(他没有死)",同时 He is not alive(他不在人世了)也意味着"He is dead(他死了)",两者没有中间地带,人不能既不死又不活。这和汉语有类似的地方,汉语中的"半死不活"只能用来指仍然活着的人;如果他已确定"不活",那么他就彻底死了,不可能只是"半死"。换句话说,这是一个两者择一的选择:要么是要么不是,没有多项选择。所以这种类型的形容词不能用"very(很)"修饰:不能说某人 very alive(很活着)或 very dead(很死了)。它们也没有比较级或最高级。俗语 He is more dead than alive(与其说他活着,不如说他死了)不是真正的比较级,它实际的意思是"说他死了比说他活着更正确"。毕竟我们不能说 John is more dead than Peter(约翰比彼得更活着)。(In other words, it is a question of two term choice: yes or no; not a multiple choice, a choice between more or less. So the adjectives in this type cannot be modified by "very". And they do not have comparative or superlative degrees either.)还有一个例子证明此观点正确:John is more mad than stupid.(与其说约翰愚蠢,不如说他疯狂。)意思是"说约翰疯狂比说他愚蠢更正确",其中单词 mad 用的不是比较级,因为其比较级形式是 madder。

如何区分互补反义词和等级反义词呢?

第一,在某种程度上,等级和互补两种反义关系之间的区别类似于普通逻辑中反对命题和矛盾命题的区别。在逻辑上,如果两个命题不能同真,但是可以同假,则一个是另一个的反对命题,如 The coffee is hot(咖啡是热的)和 The coffee is cold(咖啡是凉的)。如果两个命题既不能同真,也不能同假,则一个是另一个的矛盾命题。如:This is a male cat(这是一只公猫)和 This is a female cat(这是一只母猫)。(To some extent, this difference between the gradable and the complementary can be compared to the traditional logical distinction between the contrary and the contradictory. In logic, a proposition is the contradictory of another if both cannot be true, though they may both be false; and a proposition is the contradictory of another if it is impossible for both to be true, or false.)(见图 5-2)。

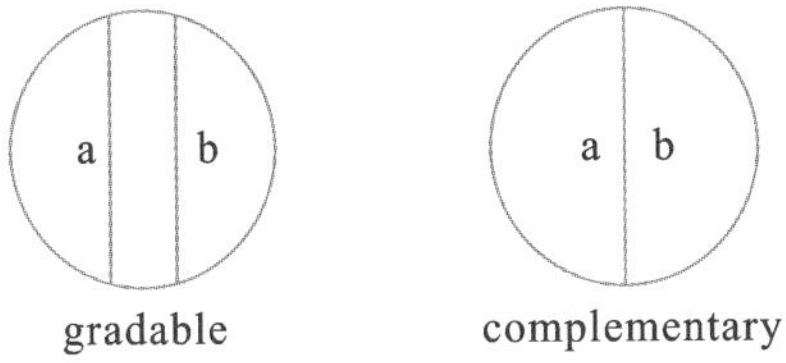

图　5-2

第二，划分互补反义词所依据的规范是绝对的，它所适用的万事万物都遵循同一规范，不会随着词所指事物的不同而改变。(Secondly, the norm in this type is absolute. It does not vary with the thing a word is applied to. The same norm is used for all the things it is applicable to.)例如，区分雄雌的标准对人类和动物来说是一样的。一个生物根据人类的标准是雄性，而根据动物的标准是雌性，这种情况不可能存在。人的死亡和大象、甚至树木的死亡是一样的，都是实体不再具有生命。如果有什么不同的话，人死和树死的不同也只是种类不同而非程度差异。

第三，一对互补反义词没有一个覆盖性词语。如果不知道婴儿的性别，我们会问"Is it a boy or girl?（男孩还是女孩?）"而不是"How male is it?"male 只能用来指 boy，不能覆盖 girl 的词义。事实上，这类形容词不能受 how 修饰的原因，与它们不能用"very"之类的词修饰有关。(Third, there is no cover term for the two members of a pair. As a matter of fact, no adjective in this type can be modified by how. This is related to the fact that they are not modifiable by words like very.)

从某种意义上来说，true：false（对：错）这对反义词是一个例外。通常人们认为它们属于互补反义关系：true 等于 not false，同时 not true 也等于 false。但是它们有覆盖性词语：我们可以说"How true is the story?"而且它还有相关的名词形式：truth。我们可以用"very"修饰 true。它甚至有比较级和最高级：一段描写可能比另一段描写 truer（更对），或是一组描写中 the truest（最正确）的一个；但 false 不能这样用。

(3)反向反义关系(converse antonymy)。

英语里有许多成对的反义词，如 buy：sell（买：卖），lend：borrow（借出：借入），give：receive（给：拿），parent：child（父母：孩子），husband：wife（丈夫：妻子），host：guest（主人：客人），employer：employee（雇主：雇员），teacher：student（老师：学生），above：below（在……上面：在……下面），before：after（以前：以后），它们都属于反向反义关系。这是一种特殊类型的反义关系，因为每对反义词当中的成员并不构成肯定—否定的对立，而是表现两个实体之间的一种反向关系。(Converse antonymy is a special type of antonymy in that the members of a pair do not constitute positive negative opposition. They show the reversal of a relationship between two entities.) X buys something from Y（X 从 Y 处买了某物）意味着 Y sells something to X（Y 卖了某物给 X）；X is the parent of Y（X 是 Y 的家长）意味着 Y is the child of X（Y 是 X 的孩子）。从两个不同角度来看，它们属于同一种关系。不仅如此，在社会角色、亲属关系、时间和空间等相互关系方面，这种反义关系表现得很明显。从这种意义上说，这些词也称为关系对立词，因为它们总是涉及两个实体，一个预设另一个。这是这种反义关系和前面两种的主要区别。(This type of antonymy is typically seen in reciprocal social roles, kinship relations, temporal and spatial relations. It is in this sense that they are also known as relational opposites. There are always two entities involved. One presupposes the other. This is the major difference between this type and the previous two.)

就等级反义词或者互补反义词而言,我们说"X is good(X很好)",或"X is male(X是男性)",在这里并未预设Y。这个形容词这只是X自己的事情,跟Y无关。但是对于反向反义词来说,总是有两方存在。(With gradable, or complementary antonyms, one can say"X is good", or"X is male", without presupposing Y. It is, as it were, a matter of X only, which has nothing to do with Y. But with converse antonyms, there are always two sides.)如果有买主,肯定就有卖主;家长必须有孩子,没有孩子就谈不上是家长。如果X在Y之上,就得既有X又有Y;没有Y,就根本谈不上X的上位性。不能只说"He is a husband(他是一个丈夫)",而必须说他是谁的丈夫。同样,不提父母就不能只说"He is a son(他是一个儿子)"。也许有人会反驳说:可以说"He is a child(他是一个孩子)",但这是child一词的另一不同意义:指"18岁以下的人"。就此而言,它是adult(成年人)的反义词。只要过了18岁,某个人就不可能再是孩子。与此相反,child作为parent的反义词,没有年龄限制,对于自己的父母来说,孩子总是孩子,即使他80岁了,也仍然是他父母的孩子。另一例子是teacher,它可以表示一种职业,如"He is a teacher(他是老师)"。然而,"老师"作student(学生)的反义词时,我们说一个人就其学生而言他是老师,就其他人而言他又不是老师;而且相对于他自己的老师,他又是一个学生。

比较级形式也属于这种类型,如bigger:smaller(较大:较小),longer:shorter(较长:较短),better:worse(较好:较坏),older:younger(较老:较年轻),因为它们涉及两实体间的一种关系。(The comparative degrees also belong to this type since they involve a relation between two entities.)

◀ 5.3.3 上下义关系(Hyponymy)

"上下义关系"这个术语只是最近几年才出现的,小字典还难以查到。但是"意义内包关系"这个概念并不新鲜,例如,desk(书桌)之意包含在furniture(家具)之中,rose(玫瑰)之意包含在flower(花)之中。换句话说,上下义关系是一种类和成员之间的关系。(In other words, hyponymy is a matter of class membership.)在这种意义关系中处于上位的词语,即类名,称为上义词;居于下位的是成员,称为下义词。一个上义词通常有很多下义词,例如,flower(花)下面除了rose(玫瑰),还有pcony(牡丹),jasmine(茉莉),chrysanthemum(菊花),tulip(郁金香),violet(紫罗兰),carnation(康乃馨),等等。同类中的成员称为同下义词。(The upper term in this sense relation, i. e. the class name, is called superordinate, and the lower terms, the members, hyponyms. A superordinate usually has several hyponyms. These members of the same class are co-hyponyms.)

有时一个上义词同时是它自己的上义词。(Sometimes a superordinate may be a superordinate to itself.)例如,animal(兽类)可以只包括像老虎、狮子、大象、奶牛、马等动物,是“人”的同下义词;但当它作为 mammal(哺乳动物)使用时,就与 bird(鸟),fish(鱼),insect(昆虫)等动物相对,是包括了 human(人)和 animal(兽)的上义词。它还可以更进一步成为 bird, fish, insect 和 mammal 等词的上义词,与 plant(植物)相对(见图 5 – 3)。

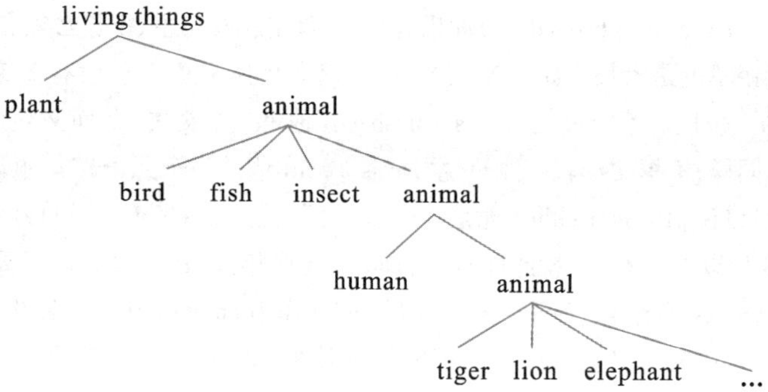

图 5 – 3

从下义词的这个角度来看,animal 是自己的下义词,可以称为自我下义词。(From the other point of view, the hyponym's point of view, animal is a hyponym of itself, and may be called auto-hyponym.)

有时上义词会缺损。(A superordinate may be missing sometimes.)英语里像 red(红)、green(绿)、yellow(黄)、blue(蓝)、white(白)等表示颜色的词没有上义词。colour(颜色)是名词,但和那些成员词的词性不同。单词 coloured(彩色的)通常不包括 white 和 black(黑),当它用来指人种时,只表示白种之外的有色人种。英语单词 beard(颏须),moustache(唇须)和 whiskers(腮须)等词也缺乏一个上义词,最有可能的替补是“脸上的毛发”。

下义词也会缺损。(Hyponyms may also be missing.) 跟汉语相比,英语只用一个词 uncle 表示各种年长一辈的男性亲属:伯伯、叔叔、舅舅、姑父、姨父。单词 rice 也用于稻、谷、米、饭等不同的含义。(In contrast to Chinese, there is only one word in English for the different kinds of uncles: 伯伯、叔叔、舅舅、姑父、姨父. The word rice is also used in the different senses of 稻、谷、米、饭.)

5.4 成分分析(Componential Analysis)

以上讨论是按照传统方法把意义作为词的特征来处理的。下面介绍的是意义研究的一些现代方法。本节讨论比词更小单位的意义。

根据音系学中的典型特征,语言学家提议设立语义特征(semantic features),即语义成分(semantic components)。也就是说,词义并非不可分析的整体,它可看作是一个不同语义特征的复合体,因为有比词义更小的语义单位。(On the analogy of distinctive features in phonology, some linguists suggest that there are semantic features, or semantic components. That is, the meaning of a word is not an unanalysable whole. It may be seen as a complex of different semantic features.)例如,单词boy(男孩)的意义可分析为三部分:HUMAN(人),YOUNG(年轻),MALE(男性)。同样,girl(女孩)可分析为HUMAN,YOUNC,FEMALIE(女性);man(男人)可分析为HUMAN,ADULT(成年),MALE;women(女人)可分析为HUMAN,ADULT,FEMALE。

为了简洁,我们可以把一些语义成分合并起来。(To be economical, we can combine together some semantic components.)语义成分YOUNG和ADULT可以合并为ADULT,把YOUNG表示成~ADULT;MALE和FEMALE可以合并成MALE,把FEMALIE表示成~MALE。像father(父亲),mother(母亲),son(儿子)和daughter(女儿)这种涉及两个实体之间关系的词,可分别表示如下:(Words like father, mother, son and daughter, which involve a relation between two entities, may be shown as follows.)

father = PARENT (x,y) & MALE(x)[1]
(父亲 = 父母(x,y) & 男性(x))
mother = PARENT(x, y) & ~MALE(x)
(母亲 = 父母(x,y) & ~男性(x))
son = CHILD(x,y) & MALE(x)
(儿子 = 孩子(x,y) & 男性(x))
daughter = CHILD(x,y) & ~MALE(x)
(女儿 = 孩子(x,y) & ~男性(x))

动词也可以用这种方式来分析。(Verbs can also be analyzed in this way.)如:

take = CAUSE$(x$,(HAVE(x,y)))[2]
(取 = 致使$(x$,(拥有(x,y))))
give = CAUSE$(x$,(~HAVE(x,y)))
(给 = 致使$(x$,(~拥有(x,y))))
die = BECOME$(x$,(~ALIVE(x)))

① 这是个常见的逻辑表达式。用普通英语说,其意义为"x is a parent of y, and x is male"(x是y的父母,并且x是男性)。关于逻辑语义学的详细介绍,参见5.5.2节。

② 这个表达式意义为"x causes x to have y"(x使x拥有y)。

(死 = 变得(*x*,(~活着的(*x*))))

kill = CAUSE(*x*,(BECOME(*y*,(~ALIVE(*y*)))))

(杀死 = 致使(*x*,(变得(*y*,(~活着的(*y*)))))

murder = INTEND(*x*,(CAUSE(*x*,(BECOME(*y*,(~ALIVE(*y*)))))))

(谋杀 =故意(*x*,(致使(*x*,(变得(*y*,(~活着的(*y*))))))))

用这种方式展示词的语义成分,据称可以更好地说明含义关系。两个有相同语义成分的词或表达式意义相同。(It is claimed that by showing the semantic components of a word in this way, we may better account for sense relations. Two words, or two expressions, which have the same semantic components will be synonymous with each other.)如:bachelor(单身汉)和 unmarried man(未婚男士)这两个词都有语义成分 HUMAN,ADULT,MALE 和 UNMARRIED,因此,它们意义相同。另一方面,有相反语义成分的词是反义词。(Words which have a contrasting component, on the other hand, are antonyms.) 如:man(男人)和 woman(女人),boy(男孩)和 girl(女孩),give(给)和 take(拿)。有另一个词的所有语义成分的词是该词的下义词。(Words which have all the semantic components of another are hyponyms of the latter.)如 boy 和 girl 是 child 的下义词,因为它们有 child 的所有语义组成成分,即 HUMAN 和 ~ADULT。

语义成分也可以解释句子之间的意义关系。(These semantic components will also explain sense relations between sentences.)例 5-1(a),(b)和(c)都是自相矛盾的,因为句中单词或表达式含有互相矛盾的语义成分。

例 5-1

(a)John killed Bill but Bill didn't die.(约翰杀死了比尔,但是比尔没有死。)

(b)John killed Bill but he was not the cause of Bill's death.(约翰杀死了比尔,但他不是导致比尔死的原因。)

(c)John murdered Bill without intending to.(约翰谋杀了比尔,他不是故意的。)

但是,句子之间一个更重要的意义关系是蕴涵关系(entailment)。(But a more important sense relation between sentences is entailment.)我们用下面例 5-2、例 5-3 和例 5-4 中的句子来说明。

例 5-2

(a)John killed Bill.(约翰杀死了比尔。)

(b)Bill died.(比尔死了。)

例 5-3

(a)I saw a boy.(我看见一个男孩。)

(b)I saw a child.(我看见一个小孩。)

例 5-4

(a)John is a bachelor.(约翰是个单身汉。)

(b)John is unmarried.(约翰没有结婚。)

每对的两句之间有如下关系:(a)真则(b)必真,(b)假则(a)也假。用语义成分理论,我们可以说句(a)中的词含有句(b)词语的所有语义成分。① (The member sentences of each pair are in such a relationship that the truth of the second sentence necessarily follows from the truth of the first sentence, while the falsity of the first follows from the falsity of the second. In terms of semantic components, we can say it is because (a) sentences contain words which have all the semantic components of a word used in (b) sentences.)

用语义成分来分析词语意义的方法也有不少困难。其一,很多词是多义词,它们不只一个意义,因而有几套不同的语义成分。(Now there are also difficulties in the approach to analyze the meaning of a word in terms of semantic components. One difficulty is that many words are polysemous. They have more than one meaning, consequently they will have different sets of semantic components.)单词"man"就是这样,通常认为它有 MALE 这一语义成分,但它也可用于类属意义(generic sense),如 Man is mortal(人终有一死)就适用于两性。

其二,人们用二分法来看待一些语义成分(Secondly, some semantic components are seen as binary taxonomies),如 MALE(男性)和 FEMALE(女性),ADULT(成年)和 YOUNG(未成年)。但是,如上所述,MALE,FEMALE 对立不同于 ADULT和 YOUNG,前者是绝对的而后者是相对的。在英语里,虽然 boy 和 girl 都标记为 YOUNG 或 ~ ADULT,但 boy 和 man 之间的区别远不同于 girl 和 woman。前一对词之间的区别通常相对明显,而后两词的区别则相当模糊。girl 和 woman 之间有相当大的交集,一个女人经常可以同时用这两个词来指称。(The distinction between boy and man is very different from that between girl and women. Very often, the former distinction is a relatively clear-cut while the latter is rather vague. There is a considerable overlap between girl and woman. A female person may often be referred to by both.)

其三,我们上面看到的那些词结构是有规律的,然而它们只是浩瀚词海中的一小部分而已。可能有一些单词语义成分难以确定,于是就会出现这样的问题:

---

① 这里似乎有例外,如下(i)所示。a 蕴涵 b,但是"boys"含有"children"的所有语义成分,不符合我们所讨论的情况。然而,这一"例外"只是表面现象,它的蕴涵关系来自单词"all"的使用,而非"boys"和"children"之间的意义联系。如果 a 中用的是"some children"或"children",它就不再蕴涵 b。(ii)中表现的是同一情形。

(i)a:All children are a nuisance.

b:Boys are a nuisance.

(ii)a:He likes all fruit.

b:He likes apple.

它们是否常用？每种语言的词汇是否都可以用这种方法来分析？即使这些问题的答案是肯定的，仍然存在语义成分本身如何解释的问题。就目前而言，HUMAN，ADULT，MALE 之类的语义成分不再是英语中的普通词汇，而属于元语言（meta-language）——一种用来分析其他语言的工具语言。用语义成分试图解释 man 的词义只是从英语到元语言的一种翻译。对于那些不懂元语言的人来说，这种翻译就一无是处了。（Thirdly, the examples we have seen are only concerned with the neatly organized parts of the vocabulary. There may be words whose semantic components are difficult to ascertain. Then there is the question of whether they are really universal, whether the vocabulary of every language may be analyzed in this way. And even if the answers to these questions are all positive, there is still the question of how to explain the semantic components themselves. As it stands, semantic components like HUMAN, ADULT, MALE are not ordinary words of English, they belong to a meta-language, a language used for talking about another language. The attempt to explain the meaning of man in terms of these components is simply a translation from English to the meta-language. To someone who does not know the meta-language, this translation explains nothing.）

5.5 句子意义（Sentence Meaning）

很明显，句子意义与句中所用的词的意义相关。但是，前者并非后者的简单相加，句子词语相同但词序不同，意义可能大相径庭。（The meaning of a sentence is obviously related to the meanings of the words used in it. But it is also obvious that the former is not simply the sum total of the latter. Sentences using the same words may mean quite differently if they are arranged in different orders.）例如：

例 5－5

The man chased the dog.（人追狗。）

The dog chased the man.（狗追人。）

即使两个句子意义相似，如例 5－6，它们之间在主题意义上仍然有差异。（Even when two sentences mean similarly as ex. 5－6, there is still the difference in what Leech calls thematic meaning.）

例 5－6

I've already seen that film.（我看过那场电影。）

That film I've already seen.（那场电影我看过。）

对于例 5－7 这样的句子，我们不仅需要知道其线性词序，还要辨认其层次结构。（With sentences like ex. 5－7, we need not only know the linear order of a sentence, but also the hierarchical structure.）

例5-7

The son of Pharaoh's daughter is the daughter of Pharaoh's son.

这表明要理解一个句子,我们还需要了解它的句法结构。换言之,句子意义是词语意义和句子结构共同作用的结果。(This shows that to understand a sentence, we need also knowledge about its syntactic structure. In other words, this is an area where word meaning and sentence structure come together.)

◀ 5.5.1 认知语义学(Cognitive Semantics)

句子意义由组成句子的词语的意义及其组合方式所决定,这一观点通常称为组合原则(COMPOSITIONALITY)。一个基于此原则思路而兴起的很有前景的语义理论叫做认知语义学,不过这一理论与其说是一个定义清晰的理论,倒不如说是由许多部分重合的语义学研究方法组成的混合理论体系。

起源于生成语义学的这一派认知语义学家坚持"语言就是关于意义"这一基本论点(Geeraerts 等,2006:3)。他们有四个具体原则:"语言意义取决于视角";"语义是动态可变的";"语义是百科全书式的,非自治的""语义建立在使用和体验之上"。

2004 年 Lakoff 在北京航空航天大学的系列讲学中回顾了 1975 年夏天 188 位语言学工作者齐聚伯克利六周所产生的巨大效果。他提到的第一个重要讲座是 Paul Kay 做的。Paul Kay 和 Brent Berlin 在 1969 年合著了一部关于颜色词汇的专著。他们发现:尽管不同语言有不同的颜色词汇,不同个体对可能的颜色也有不同的意象,但是某一颜色的典型实例是相同的。在 1975 年的讲座中,Kay 进一步发展了他的观点,提出颜色具有普遍性是因为生理学上的原因,因此可以用神经生理学对语言、语言的普遍性做一些解释(高远、李福印,2007:61)。

在真值-功能语义学中有个经典例子,当雪是白的时候,"雪是白的"这句话为真。换句话说,世界上很多事物都是白色的。现在,Kay 的研究指出,世界上就没有颜色一说。颜色是互动产物,而不仅仅是光波。光波射入眼睛中的视网膜锥形体和神经回路,从而使人感知颜色,给人一种内在经验的感觉。草本身并非绿色,绿色产生于你和草的关系。同理,血本身并非红色,天空本身并非蓝色。由此,Lakoff 得出结论:颜色产生于人和世界的互动。(ibid:62)

在《我们赖以生存的隐喻》(1980)一书中,Lakoff 和 Johnson 明确地批评了"意义是客观的"这个论点,指出无论是主观主义还是客观主义都无法解释人类语言理解。他们提出另外一种解释途径——经验主义或经验综合观。也就是说,意义是主观与客观互动的结果。在《女人,火与危险事物:范畴显示的心智》(1987)和《体验哲学:基于身体的心智及其对西方哲学思想的挑战》(与 Johnson 合著 1999)中,Lakoff 进一步阐述了这个论点。

Lakoff 在 2004 年北航的系列讲学中还介绍了 Charles Fillmore 在 1975 年的暑

假班上所做的有关框架语义学的讲座。Fillmore 一直关注意义的研究,1968 发表成名作"格辨",他的框架语义学理论是对其格式语法的发展,后来发展形成构式语法理论,这一理论导致 Adele Goldberg1995 年出版《构式:论元结构的构式语法研究》一书。

构式语法理论中最重要的论点是句子意义不仅取决于所使用的词语,更取决于作为整体的构式。比如,"sneeze"通常被认为是不及物动词,但是在下面的例 5 - 8中它带了宾语。

例 5 - 8

Sam sneezed the napkin off the table.

为了解释这个现象,Goldberg(1995:9 - 16)指出需要使用构式的概念。正是由于 sneeze 所在的这个构式使得它具有及物用法。换言之,我们要把组合原则贯彻得更彻底。词在句中的组合方式,既构式,具有实质内容,能够赋予动词论元结构。

例 5 - 8 涉及的构式是英语使动构式。Goldberg(ibid:152)对其做如下结构描写(V 是非状态动词,OBL(oblique)是方向短语):

[SUBJ [V OBJ OBL]]]

典型的例子:

例 5 - 9

a. John pushed Mary into a room.

b. Joe hit the ball across the field.

c. Sam loaded the hay onto the wagon.

这个构式的基本语义是,致事论元直接使主事论元沿着方向性短语指出的路径移动(the causer argument directly causes the theme argument),即"X 使 Y 移动 Z"。

Goldberg (ibid. 153 - 160)指出"路径 - 目标"的论断不是动词的固有意义,而是源自构式。比如,push、hit 这样的动词在没有方向性短语时可以有如下用法:

例 5 - 10

a. John pushed Mary.

b. Joe hit the ball.

但是,像 sneeze 这样的动词甚至不能独立带宾语,这表明主事论元结构是构式意义的一部分。

除了英语使动构式,在这本书中 Goldberg 还详细讨论了英语的双宾构式,结果构式和方式构式。

近年来,语言类型学家也关注用构式语法分析论元结构。(参考 Martin Haspelmath,2005; 2016)。我们相信这些研究会使语言单位的语义研究越来越清晰。

◀ 5.5.2 逻辑语义学(Logical Semantics)

本章开头曾提到,哲学家、逻辑学家是最早研究意义的人之一。传统语法学家大多研究词义,而哲学家一直关注的却是句子意义。(Philosophers and logicians are among the first people to study meaning, as we mentioned at the beginning of this chapter. While traditional grammarians were more concerned with word meaning, philosophers have been more concerned with sentences meaning.) 在这一小节,我们将介绍他们的一些基本观点,尤其是命题逻辑(propositional logic)和谓词逻辑(predicate logic)中的一些基本概念。

命题逻辑(propositional logic),也称为命题演算(propositional calculus)或句子演算(sentential calculus),它研究命题的真值条件:复合命题(composite proposition)真值(truth)是如何由成分命题(constituent propositions)真值和成分命题之间的关系决定的。(Propositional logic, also known as prepositional calculus or semantic calculus, is the study of the truth conditions for propositions: how the truth of a composite proposition① is determined by the truth of its constituent propositions and the connections between them.)根据 J. Lyons(1977:141-142):"命题是陈述句被用于叙述事件时所表达的意义。"("A proposition is what is expressed by a declarative sentence when that sentence is uttered to make a statement.")。从这种意义上说,我们可以把句子的命题和它的意义等同起来。

命题的一个极为重要的性质是有真值(truth value),它要么是真要么是假。复合命题的真值据称是成分命题真值和所用逻辑连词(logical connectives)的函数(function)。或者说,其真值由成分命题真值和所用逻辑连词决定。例如,如果命题 p 真,那么其否定命题 $\sim p$ 假;如果 p 假,则 $\sim p$ 真。这里字母 p 代表一个简单命题;符号 $\sim p$ 也写作$\neg$,代表逻辑连词否定(logical connective negation); $\sim p$ 表示一个命题的否定,是复合命题。其他还有四个逻辑连词:合取连词(conjunction) &,析取连词(disjunction) $\vee$,蕴涵连词(implication) $\rightarrow$,等值连词(equivalence) $\equiv$。它们和否定的不同在于都包含两个命题,因而名为二元连词(two-place connective)。相反,否定 ~ 称为一元连词(one-place connective)。(A very important property of the proposition is that it has a truth value. It is either true or false. And the truth of a composite proposition is said to be the function of, or is determined by, the truth values of its component propositions and the logical connectives used in it. For example, if a proposition p is true, then the negation $\sim p$ is false. And if p is false, then $\sim p$ is true. The letter p stands for a simple proposition; the sign ~, also written as $\neg$, is the logical connective negation; the $\sim p$, signalling the negation of a proposition, is a composite

① J. Lyons(1995)引入该术语以涵盖复合命题与复杂命题。

proposition. There are four other logical connectives: connection &, disjunction υ, implication →and equivalence≡. They differ from negation in that two propositions are involved, hence the name two-place connective. In contrast, negation ~ is known as one-place connective.)二元连词真值表如下(见表5-2)。

表 5-2

p	q	p & q	p υ q	p→q	p≡q
T	T	T	T	T	T
T	F	F	T	F	F
F	T	F	T	T	F
F	F	F	F	T	T

合取连词也用"Λ"来表示,相当于英语中的"and(和)"。从真值表(truth table)可以看到,当 p 和 q 皆为真时,公式 $p\&q$ 取值为真。这是一个充分必要条件,即当且仅当两个合取项(conjuncts)都为真时,复合命题才为真。(The logical connective conjunction, also symbolized as Λ, corresponds to the English"and". The truth table for it shows that when both p and q are true, the formula p & q will be true. This is both necessary and a sufficient condition. That is, only when and as long as both conjuncts are true, the composite proposition will be true.)

析取连词(connective disjunction)相当于英语中的"or(或)"。真值表显示,只要其中一个成分命题为真,复合命题就为真。(The connective disjunction corresponds to the English"or". Its truth table shows that only when and as long as one of the constituents is true, the composite proposition will be true.)

蕴涵连词(connective implication),也叫条件连词(conditional),相当于英语中的"if...then(如果……那么)"。其真值表表明,除非前件成分命题(antecedent)为真,后件成分命题(consequent)为假,否则复合命题皆为真。(The connective implication, also known as conditional, corresponds to the English"if then". Its truth table shows that unless the antecedent is true and the consequent is false the composite proposition will be true.)

等值连词(logical connective equivalence),也叫双条件连词(biconditional),用"↔"来表示,是两个蕴涵关系的合取(conjunction of two implications),即 $p\equiv q$ 等于$(p\to q)\&(q\to p)$。它相当于英语表达式"if and only if...then"(当且仅当……则),有时写作"if...then"。该复合命题取值为真的条件是当且仅当两个成分命题真值相同,命题都假或都真。(And the last logical connective equivalence, also called *biconditional* and symbolized as↔, is a conjunction of two implications. That is, $p\equiv q$ equals $(p\to q)\&(q\to p)$. It corresponds to the English expression"if and only of ···then", which is sometimes written as"if...then". The condition for the composite proposition to be true is that if and only if both constituent propositions are of the same truth value, whether true or false.)

人们会马上注意到,逻辑连词的真值函数(truth functions)与它们各自在英语中的对应表达法(counterpart)"not""and""or""if...then""if and only if...then"并不完全相同。(Now one may notice immediately that the truth functions of the logical connectives are not exactly the same as their counterparts in English ——"not""and""or""if...then","if and only if...then" respectively.)

我们在5.3.2节中提到,反义词有不同类型:对互补反义词来说,否定一个确实等于肯定另一个;然而对于等级反义词来说,情况并非如此。(Antonyms are of different types. With complementary antonyms, it is true that the denial of one is the assertion of the other. With gradable antonyms, however, that is not necessarily the case.)当John isn't old(约翰不老)为假时,其否定命题John is old不一定为真。

合取连词的真值表显示,如果两个命题 q 和 p 都是真,那么它们组成的复合命题 $p \& q$ 肯定是真。这里成分命题的顺序并不重要。但英语中and的用法与此不同。(And the truth table for conjunction shows that if two propositions q and p are both true, then the composite proposition made up of them, $p \& q$ will definitely be true. The order of the constituent propositions is not important. But and in English is used in a different way.)例如,尽管其中两个成分命题都真,但是可能出现He arrivedlate and missed the train(他来晚了,没赶上火车)为真,而He missed the train and arrived late(他没赶上火车,来晚了)为假的情况。

蕴涵连词与"if...then"的区别甚至更显著。逻辑连词不考虑前件成分命题和后件成分命题之间关系的性质。真值表表明,只要两个命题都真,它们组成的复合命题 $p \rightarrow q$ 即为真。也就是说,任一真命题蕴涵其他任一真命题。(The difference between the implication connective →and "if...then" is even greater. The logical connective takes no account of the nature of the relation between the antecedent and the consequent. The truth table shows that as long as two propositions are both true, the composite proposition made up of them, $p \rightarrow q$, is true. That is, any true proposition would imply any other true proposition.)在逻辑上,不但复合命题If he is an Englishman, he speaks English(如果他是英国人,那么他说英语)的推理是有效的,而且If snow is white, grass is green(如果雪是白的,那么草是绿的)这一推理也是有效的。不仅如此,根据真值表,只要后件成分命题为真,复合命题即为真。这意味着即使前件成分命题为假,也可以蕴涵后件成分命题为真。(What's more, according to the truth table a composite proposition will be true, as long as its consequent is true. In other words, even a false antecedent proposition may imply a true consequent proposition.)如If snow is black, grass is green(如果雪是黑的,那么草是绿的)。但在自然语言中,前件成分命题和后件成分命题之间必须有某种因果的或类似的关系。(In a natural language, however, there must be some casual or similar relationship between the two.）复合命题 If snow is white, grass is green 听起来很古怪，并且日常谈话中也没有人会认可 If snow is black, grass is green 这样的句子。如果要表达一个与事实相反的命题，必须使用虚拟语气，如 If snow were black, grass would be red。

显而易见，命题逻辑（propositional logic）涉及命题之间的语义联系，它把简单命题当作一个不可分析的整体来对待。这不足以分析如下所示三段论之类的有效推理。（As is shown, propostional logic is concerned with the semantic relation between propositions, and treats a simple proposition as an unanalyzed whole. This is inadequate for the analysis of valid inferences like the syllogism below.）

例 5－11

All men are rational.（人都是有理性的。）

Socrates is a man.（苏格拉底是人。）

Therefore, Socrates is rational.（所以，苏格拉底是有理性的。）

要解释这些推理有效的原因，我们需要求助于谓词逻辑（PREDICATE LOGIC），它也称为谓词演算（PREDICATE CALCULUS），它研究简单命题的内部结构。（To explain why these inferences are valid, we need to turn to predicate logic, also called predicate calculus, which studies the internal structure of simple propositions.）在这一逻辑体系里，Socrates is a man 之类命题分成两部分：主目（argument）①和谓词（predicate）。主目是表示某种被陈述实体的项；谓词是把某种性质或关系给予所指实体的项。（An argument is a term which refers to some entity about which a statement is being made. And a predicate is a term which ascribes some property, or relation, to the entity, or entities, referred to.）因而，命题 Socrates is a man 中 Socrates 是主目，man 是谓词。用逻辑学术语可以表示为 M(s)，其中字母 M 代表谓词 man，s 代表主目 Socrates。也就是说，简单命题可以看作是其主目的函数，命题真值随主目的改变而改变。（In other words, a simple proposition is seen as a function of its argument. The truth value of a proposition varies with the argument.）当 Socrates 确实是人时，M(s) 为真；另一方面，因为丘比特是天使，逻辑式（logical formula）M(c)（即 Cupid is a man）表达的命题就是假的。如果用数字 1 代表"真"，0 代表"假"，那么我们可以把这两个命题用公式表示为：（If we use the number 1 to stand for "true" and 0 for "false", then we can represent these two examples as the formula）$M(s)=1$，$M(c)=0$。

句子 John loves Mary（约翰爱玛丽）可以表示为 L(j, m)，其中有两个主目 John 和 Mary。如果根据所带主目的数量对谓词进行分类，那么 man 是一元谓词（one-place predicate），love 是二元谓词（two-place predicate）。give 在 John gave Mary a

① 主目也称为"名称（name）"或"个体（individual）"。

book(约翰给了玛丽一本书)中是三元谓词(three-place predicate),句子逻辑结构(logical structure)是 G(j,m,b)。但是有两个或更多主目的句子也可以按照只有一个主目的句子的方法来分析。(But propositions with two or more arguments may also be analyzed in the same way as those with one argument.) 例如,John loves Mary 也可以表示为(Lm)(j)①,其中有一个复杂谓词(Lm)(由一个简单谓词 love 和一个主目 Mary 组成)和一个单独的主目 John。甚至有人提出谓词还可以带命题②作为主目。(And there are even suggestions that a predicate may take propositions as arguments.)我们可以拿 take,kill 之类单词的成分分析来做例子。回想一下,kill 的成分分析是 CAUSE(*x*,(BECOME(*y*,(~ ALIVE(*y*))))),现在它可以简化为 C(*x*,(B,(*y*,(~ A(*y*)))))。也就是说,谓词 cause 带了一个简单主目(simple argument) *x* 和一个命题主目(propositional argument) *y becomes non-alive*,后者本身可分析为由一个谓词 *become* 和一个命题主目 *y is no-alive* 组成,而命题主目 *y is non-alive* 又由一个谓词 *non-alive* 和一个简单主目 *y* 组成。

命题 All men are rational 情况不同。首先,命题里有量词(quantifier) all,这种量词称为全称量词(universal quantifier),在逻辑中用一个倒写的字母 ∀ 来表示;其次,主目 men 并不指称任何特定实体,而是一个变项(variable)③,用字母表中最后几个字母如 *x*,*y* 来表示。因而,All men are rational 可以分析为具有逻辑结构(∀*x* (M(*x*)→ R(*x*))。(Now propositions like All men are rational are different. First there is a quantifier all, known as the universal quantifier and symbolized by an upturned A —∀ in logic. Second, the argument men does not refer to any particular entity, which is known as a variable and symbolized by the last letters of the alphabet such as *x*,*y*. So All men are rational will be said to have a logical structure of ∀ *x* (M(*x*)→R(*x*)).)用普通英语表示,它的意义就是:"For all *x*, it is the case that, if *x* is a man, then *x* is rational."(对所有 *x*,如果 *x* 是人,那么 *x* 是有理性的)。

另外,还有一种量词是存在量词(existential quantifier),等于英语中的 some,用一个反写的字母 E—∃ 来表示。它对于命题 Some men are clever 的逻辑分析很有用。例如,该命题可以表示为∃ *x* (M(*x*) & C(*x*)),意思是"存在这么一些 *x*,既是人又聪明";或者更确切地说,"至少存在一个 *x*,*x* 是人并且 *x* 聪明"。(There is another quantifier —the existential quantifier, equivalent to some in English and symbolized by a reversed E —∃. This is very useful in the logical analysis of propositions like Some men are clever, which, for example, is represented as ∃ *x* (M(*x*) & C(*x*)). That is, "There is some *x*'s that are both men and clever", or more exactly,

① 这个特殊的表达式是 J. Lyons 提出的,不是逻辑学家通用的表达式。

② 正如下页注释将要指出的,这些并非真正的命题,因为相应的主目并不像代名词那样指称特定实体。

③ 相比之下,由诸如 Socrates 之类的具体名词所表示的主目称为常项(constant)。

"There exists at least one x, such that x is a man and x is clever".)①

注意这两种量化命题的逻辑结构不仅量词不同,而且逻辑连词也不同:一个是蕴涵连词→,另一个却是合取连词 &。也就是说,全称量词是有条件的,并不预设一个以主目命名的实体的存在;它肯定的是,如果有一个这样的命名实体存在,那么它一定具有所述性质。这一规则概无例外。但是存在量词蕴涵着这样的意义:必须至少存在一个这样的实体,而且它具有相关的性质,否则该命题就是假命题。(Notice that the logical structures of these two types of quantified propositions not only differ in the quantifier but also in the logical connective: one uses the implication connective → and the other the conjunction connective &. That is, the universal quantifier is conditional and does not presuppose the existence of an entity named by the argument. What it asserts is that there is an entity as named then it will definitely have the property as specified. There is no exception to this rule. But the existential quantifier carried the implication that there must exist at least one such entity and it has the relevant property specified, otherwise that proposition is false.)实际上,从否定的角度来看,全称量词和存在量词是彼此相关的,它们一个是另一个的逻辑否定。(In fact the universal and existential quantifiers are related to each other in terms of negation. One is the logical negation of the other.) All men are rational 也就是 There is no man who is not rational(没有一个人不理性),用逻辑术语可表示为: $\forall x\ (M(x) \rightarrow R(x)) \equiv \sim \exists x\ (M(x)\ \&\ \sim R(x))$。仔细分析起来,我们可以列出下列等式:

(1) $\forall x\ (P(x)) \equiv \sim \exists x(\sim P(x))$

$\sim \forall x\ (P(x)) \equiv \exists x\ (\sim P(x))$

$\exists x\ (P(x)) \equiv \sim \forall x\ (\sim P(x))$

$\sim \exists x\ (\sim P(x)) \equiv \forall x\ (\sim P(x))$

也就是说,"对于所有 x,x 有性质 P"等于"不存在这样一个 x,x 不具有性质 P";"不是所有 x 都有性质 P"等于"至少有一个 x,x 不具有性质 P";"至少有一个 x,x 具有性质 P"等于"不是所有 x 都不具备性质 P";"没有这样一个 x,x 有性质 P"等于"对于所有 x,x 不具备性质 P"。(That is, "It is the case that all x's have the property P" is equivalent to "There is no x, such that x does not have the property P"; "It is not the case that all x's have the property P" is equivalent to "There is at least an x, such that x does not have the property P"; "There is at least an x, such that x has

① 在带有变项的表达式中,量词是不可缺少的。从逻辑上看,Men are rational 这样的表达式是不能接受的,因为主目 men 并不像 Socrates 那样指一个特定实体,所以它没有真值,不是一个严格的命题。人们把这样的表达式称为开放性句子(open sentences),或者句子函数(sentential functions)、命题函数。因而,正如前面 5.4 节注释里所提到的那样,在逻辑学中没有像 Children are a nuisance 这样的歧义表达式。从这个意义上说,语义成分分析中用的 PARENT(x,y) & MALE(x)这样的逻辑式并不表示命题,而是表示命题函数。

the property P" is equivalent to "It is not the case that all x's do not have the property P" and "There is no x, such that x has the property P" is equivalent to "It is the case that all x's do not have the property P".)

用这种方法来分析时，例 5－11 这类推理的有效性(validity)就很容易显现出来了。其中所含三个命题的逻辑结构分别为：

(2) $\forall x\ (M(x) \rightarrow R(x))$

$M(s)$

$\therefore$ (R(s)

另一方面，下面的推理是无效的：(3)的前件成分命题和后件成分命题颠倒了，有理性的实体并非一定是人；(4)中大前提(major premise)是存在的(existential)，它并不保证任何是人的实体就一定聪明。

(3) $\forall x\ (M(x) \rightarrow R(x))$

$R(s)$

$\therefore$ (M(s)

(4) $\exists x\ (M(x)\ \&\ C(x))$

$M(s)$

$\therefore$ (C(s)

含有全称量词和存在量词的推理的有效性也可以用集合论(set theory)来证明。如 5－5 图(a)所示，大圆代表具有"有理性的"这一性质实体的集合，里面的小圆代表"人"这一实体的集合。显而易见，任一实体只要是集合 M 中的成员，同时也是集合 R 中的一员；反之则不然。也就是说，集合 M 是集合 R 的子集。这就说明了为什么(2)有效而(3)无效。图(b)中用 E 表示存在量词的辖域(scope)。

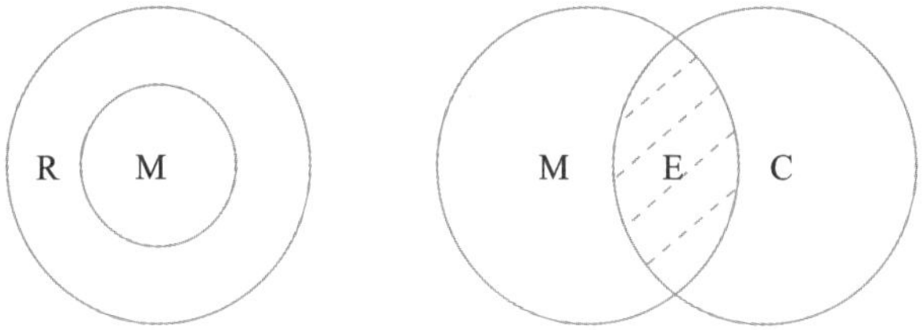

(a)　　(b)

图 5－5

它是两个集合 M 和 C 的交集(intersect)。换句话说，在集合 M 中，并非所有成员都是集合 C 的成员，这就是例(4)无效的原因。(The validity of inferences involving the universal and existential quantifiers may also be shown in terms of set theory. In the left figure below, the large circle represents the set of entities which are rational and the inner small circle represents the set of entities which are men. It is obvious that any entity which is a member of the set M is also a member of the set R, but not vice versa. That is, the set M is a subset of R. And this explains why (2) is valid, but (3) is not. The figure on the right represents the scope of the existential quantifier as E, which is the intersect of the two sets M and C. In other words, not all the members of the set M are members of the set C. And this is why (4) is invalid.)

我们看到谓词逻辑的分析跟自然语言(natural language)也是有分歧的。其一是,它把句子 *Socrates is a man* 中的 *man* 之类的普通名词和 *Socrates is rational* 中的形容词 *rational*、句子 *Socrates ran* 中的动词 *run* 一视同仁,认为三个都是一元谓词;然而在英语中它们属于三个不同的词类。其二是,自然语言中的量词不只有 all 和 some,还有更多,如英语中的 many, most, dozens of, several, a few;但谓词逻辑却没有给它们应有的注意。(Now the analysis in terms of predicate logic is also divergent from that in natural languages. For one thing, common nouns like man in *Socrates is a man* are treated in the same way as adjectives like rational in Socrates is rational and verbs like run in Socrates ran. All three are one-place predicates, while in English they belong to three different word classes. For another, there are more quantifiers in natural languages than all and some, such as, many, most, dozens of, several, a few in English. But there is no adequate provision for them in predicate logic.)逻辑语义学在过去30年里取得了长足发展。美国逻辑学家理查德·蒙塔古(Richard Montague)把逻辑语言和自然语言结合起来进行研究,取得了较大成功。然而,他的理论蒙塔古语义学(Montague semantics)亦称为蒙塔古语法(Montague grammar),非常复杂。如果要了解其复杂理论,就需要对逻辑语义学作更加深入的研究,而这些内容已经超出了本书的范围。

术语双解

semantics:语义学,指有关意义研究的学科。具体来说,它是专门以语言单位、词和句子的意义为研究的对象。Semantics refers to the subject concerning the study of meaning. More specifically, it is the study of the meaning of linguistic units, words and sentences in particular.

conceptual meaning:概念意义,是词义的核心,指逻辑、认知或外延的内容。Conceptual meaning, which makes up the central meaning, refers to logical, cognitive or denotative content.

denotation:外延,表示词和它所指事物之间的联系。Denotation is concerned with the relationship between a word and the thing it denotes, or refers to.

connotation:内涵,表示词所指实体的性质。Connotation means the properties of the entity a word denotes.

referential theory:指称论,是指把词义同它所指或所代表的事物联系起来的意义理论。The referential theory refers to the theory of meaning which relates the meaning of a word to the thing it refers to, or stands for.

concept:概念,指在肉眼所见具体事物之外的、在物质世界中并不存在,只能通过我们的思维来感知的这种抽象之物。Concept refers to the abstract thing which is behind the concrete thing we can see with our eyes, and has no existence in the material world and can be sensed in our minds.

sense:涵义,可以界定为词语之间的语义关系。广义而言,它是语言单位之间的语义关系,它体现的是言内关系。Sense may be defined as the semantic relations between one word and another, or more generally between one linguistic unit and another, which is concerned with the intralinguistic relation.

reference:指称,它所体现的是词和所指事物之间的关系,即语言单位和它所指非语言实体之间的关系。Reference is concerned with the relation between a word and the thing it refers to, or more generally between a linguistic unit and a non-linguistic entity it refers to.

gradable antonymy:等级反义关系,是反义关系中最普通的一种。顾名思义,这类反义词是分等级的。也就是说,每对成员在程度上有区别,对一方的否定并非是对另一方的肯定。Gradable antonymy is the commonest type of antonymy. As the name suggests, they are gradable. That is, the members of a pair differ in terms of degree. The denial of one is not necessarily the assertion of the other.

complementary antonymy:互补反义关系,这种反义词每对之间彼此互补。也就是说,它们把一个语义场一分为二:对一方的肯定意味着对另一方的否定;反过来说,对一方的否定也意味着对另一方的肯定。Complementary antonymy means that the members of a pair in this type are complementary to each other. That is, they divide up the whole of a semantic field completely. Not only the assertion of one means the denial of the other,the denial of one means the assertion of the other.

converse antonymy:反向反义关系,它是一种特殊类型的反义关系,因为每对反义词当中的成员并不构成肯定将是否定的对立,而是表现两个实体之间的一种反向关系。Converse antonymy is a special type of antonymy in that the members of a pair do not constitute positive-negative opposition. They show the reversal of a relationship between two entities.

relational opposites:关系对立词,在社会角色、亲属关系、时间和空间等相互关系方面,这种反义关系表现得很明显。从这种意义上说,这些词也称为关系对立词,因为它们总是涉及两个实体,以一个预设另一个。This type of converse antonymy is typically seen in reciprocal social roles, kinship relations, temporal and spatial relations. It is in this sense that these antonyms are also known as relational opposites. There are always two entities involved. One presupposes the other.

hyponymy:上下义关系,是一种类和成员之间的关系。Hyponymy is a matter of class membership.

superordinate:上义词,在这种上下义关系中处于上位的词语,即类名,称为上义词。The upper term in this sense relation—hyponymy, i. e. the class name, is called superordinate.

semantic components:语义成分,根据音系学中的典型特征,语言学家提议设立语义特征即语义成分。也就是说,词义并非不可分析的整体,它可看作是一个不同语义特征的复合体,因为有比词义更小的语义单位。On the analogy of distinctive features in phonology, some linguists suggest that there are semantic features, or semantic components. That is, the meaning of a word is not an unanalysable whole. It may be seen as a complex of different semantic features.

compositionality:组合原则,句子意义由成分词的意义及其组合方式所决定,这一观点通常称为组合原则。The idea that the meaning of a sentence depends on the meaning of the constituent words and the way they are combined is usually known as the principle of compositionality.

selection restrictions:选择限制,为防止生成 Colorless green ideas sleep furiously 这样怪异的句子,语言学家提出了一些选择限制以制约意义组合过程。In order to block the generation of odd sentences like Colorful green ideas sleep furiously, some linguists introduce some selection restrictions as constraints on the combination process.

propositional logic:命题逻辑,也称为命题演算或句子演算,它研究命题的真值条件:复合命题真值是如何由成分命题真值和成分命题之间的关系决定的。Propositional logic, also known as prepositional calculus or semantic calculus, is the study of the truth conditions for propositions: how the truth of a composite proposition is determined by the truth of its constituent propositions and the connections between them.

proposition:命题,是指陈述句被用于叙述事件时所表达的意义。A proposition is what is expressed by a declarative sentence when that sentence is uttered to make a statement.

predicate logic:谓词逻辑,要解释这些推理有效的原因,我们需要求助于谓词逻辑,它也称为谓词演算,它研究简单命题的内部结构。To explain why these inferences are valid, we need to turn to predicate logic, also called predicate calculus, which studies the internal structure of simple propositions.

argument:主目,在逻辑体系里,表示某种被陈述实体的项。In logic, an argument is a term which refers to some entity about which a statement is being made.

predicate:谓词,是把某种性质或关系给予所指实体的项。A predicate is a term which ascribes some property, or relation, to the entity, or entities, referred to.

重难点解析

1. sense vs. meaning

任何一个句子(a sentence),可以说它有一种意思。而作为运用中的语段, 或一个言语行为 (an utterance),它又有另一种意思。两者不是一回事。为了区别,我们这里姑且把前者叫作意思(meaning),后者叫作意义(sense 或 significance)。(注:就术语而言,人们并不常常严格区分 meaning 和 sense 这两个词,更多的情况是用 meaning 兼指 sense 的意思)meaning 是语言形式本身原有的意思。也就是不在运用中的、静止、孤立、抽象的单词、句子或语言片段(text)作为符号所代表的比较固定的意思。譬如词典中单词的意思,语法书中举例或句型练习中句子的意思。但是人在交际中用语言时,用的并不是语言的这个意思,而是它的意义(sense)。意义才是语言在运用中的价值。语言形式(单词、句子、text)每次被运用,它原有的本身意思就要变为本次运用特有的意义。交际运用的过程,是选用要用的语言单位,同时把它的 meaning 加工为 sense 的过程。

2. 意义和所指

意义和所指是词汇意义的两个侧面,彼此既有联系,又有差异。意义(sense)是词汇抽象的、内在的、独立于语境之外而存在的意义。这种意义通常是词典编撰人员所关心的。例如,“boy”在字典中被定义为:“a male child, till puberty or young manhood.”这里,“男孩”并不指任何现实世界中具体的男孩,任何一种具有定义特征的人都可称为“男孩”。

所指是词汇在特定的语境中所指称的具体事物,它是关于语言与非语言的客观世界之间的关系。例如:“The boy is crying.”在这个例子中,“boy”一定是有所指的,特指一个交际活动中交际者都知道的那个“男孩”。这就是在这个特定的交际情景中“男孩”的所指。

意义(sense)相同的词在不同语境中所指可能会不同。例如:

I saw a boy at the gate yesterday.

I saw a man beating a boy in front of the house.

另一种情况是词的所指意义可能相同,但是意义却不同,例如:morning star 和 evening star 意义是不同的,但是所指是相同的,都指“金星”。

3. 成分分析法

成分分析法是把词汇分析为一个个具有区别作用的语义特征,并根据语义是否包含这些特征来研究、区分词汇意义。加减符号(+,-)用来表示一个词中是否存在某一语义特征。例如:

Man: +HUMAN, +ADULT, +ANIMATE, +MALE

Woman: +HUMAN, +ADULT, +ANIMATE, -MALE

Boy: +HUMAN, -ADULT, +ANIMATE, +MALE

Girl: +HUMAN, -ADULT, +ANIMATE, -MALE

成分分析法有助于揭示单词间的语义联系。例如:man 和 girl 两个词都有[HUMAN],[ANIMATE]的语义特征,但是在[MALE]和[ADULT]这两个语义特征上不同。

强化练习

Ⅰ. 名词解释

1. Reference
2. hyponymy
3. linguistic context

Ⅱ. 问答题

1. What is sense and what is reference? How are they related?
2. In what way is componential analysis similar to the analysis of phonemes into distinctive features?
3. How are sentence meaning and utterance meaning related, and how do they differ?

Ⅲ. 举例说明

Explain with examples "homonymy", "polysemy", and "hyponymy".

强化练习答案

Ⅰ. 1. Reference is what a linguistic form refers to in the real world; it is a matter of the relationship between the form and the reality. For example, if we say, "The dog is barking," we must be talking about a certain dog known to both the speaker and the hearer in the situation. The actual dog the word "dog" refers to in this particular situation is the reference of the word "dog".

2. Hyponymy refers to the sense relation between a more general, more inclusive word and a more specific word. The word which is more general in meaning is called the superordinate, and the more specific words are called its hyponyms. Hyponyms of the same superordinate are co-hyponyms to each other.

3. Linguistic context is concerned only with the probability of one word's co-occurrence or collocation with another, which forms part of the "meaning", and an important factor in communication.

Ⅱ. 1. Sense refers to the inherent meaning of a linguistic form, which is a collection of semantic meanings, abstract and decontextualized. Reference is what a linguistic form refers to in the real world; it is a matter of the relationship between the form and the reality.

2. In the light of componential analysis, the meaning of a word consists of a number of distinctive meaning features; the analysis breaks down the meaning of the word into these features; it is these different features that distinguish word mean-

ing. Similarly, a phoneme is considered as a collection of distinctive sound features; a phoneme can be broken down into these distinctive sound features and it is these sound features that distinguish different sounds.

3. Utterance-meaning is based on sentence-meaning; the former is concrete and context-dependent and the latter is abstract and decontextualized.

Ⅲ. Homonymy—identical in form (either in sound or in spelling, or in both) but different in meaning, e. g. night-knight, lead v. —lead n. , bank (a financial institution)—bank (side of a river).

Polysemy—one form having more than one meaning, e. g. earth our planet, the soil on its surface

Hyponymy—relation of semantic inclusion between a word which is more general and a word which is more specific, e. g. furniture—table.

第6章 语言与认知

Chapter 6 Language and Cognition

本章要点

1. 语言和认知的关系
2. 心理语言学
3. 语言的理解过程、解释过程和输出过程
4. 认知语言学
5. 隐喻研究
6. 意向图式
7. 整合理论

参考译文

20世纪50年代,乔姆斯基的《句法结构》(1957)的出版掀起了关于认知的革命热潮。从那以后,很多的研究都着眼于语言和认知的关系。20世纪60年代,让·皮亚杰强调了语言和认知之间的共同特征,同时提出语言来自认知的巨大变化,这种变化是将儿童通过感觉的运动行为转化为成人的形式与逻辑思维。至20世纪七八十年代,语言学家倾向于将语言和认知归于一个特殊的领域——认知语言学,而心理学家则强调了语言和认知的共性,称之为心理语言学或语言心理学。

6.1 什么是认知?(What Is Cognition?)

"认知"这个概念用于很多不同的方面。在心理学领域,它指个体的心理过程,即思想将心理状态内在化(诸如信仰、欲望和目的)。[In psychology it is used to refer to the mental processes of an individual, with particular relation to a view that argues that the mind has internal mental states (such as beliefs, desires and intentions.)]尤其是当碰到许多抽象或具体的实物时,或是涉及知识、技能或学习时能够从信息处理中了解到其心理过程。(It can be understood in terms of information processing, especially when a lot of abstraction or concretization is involved, or processes such as involving knowledge, expertise or learning for example are at work.)另一个关于认知的概念则是指心理过程或是认识事物的能力,包括意识、知觉、推理和判断等。(Another definition of "cognition" is the mental process or faculty of knowing, including aspects such as awareness, perception, reasoning, and judgment.)

6.2 三种语言与认知的研究方法(Three Approaches to Language and Cognition)

目前,有三种语言与认知的研究方法,即形式方法(the formal approach)、心理学方法(the psychological approach)和认知方法(the conceptual approach)。

形式法主要研究语言显性形式所表现出的结构方式,这些结构大都从意义中抽象出来或被认为是自主的系统。这种方法包括对形态、句法和词汇结构的研究。(The formal approach addresses the structural patterns exhibited by the overt aspect of linguistic forms, largely abstracted away from or regarded as autonomous from any associated meaning. This approach includes the study of morphological, syntactic, and lexical structure.)

心理法从相对一般的认知系统诸如感知、记忆、注意和推理的角度来研究语言。(The psychological approach looks at language from the perspective of relatively general cognitive systems ranging from perception, memory, attention to reasoning.)同时,它从语言的形式特征和概念特征两个角度来考察语言。后者包括对语义记忆、概念联想、范畴结构、推理生成和语境知识的分析。(the latter kind of investigation has included analyses of semantic memory, the association of concepts, the structure of categories, inference generation, and contextual knowledge.)但是,这些研究被极大地限制在某些领域。

认知法关注语言中组织概念内容的方式和过程。因为,"构建"术语既指形态又指过程,所以,认知法被认为是研究语言如何构建概念内容的方法。(The conceptual approach is concerned with the patterns in which and the processes by which conceptual content is organized in language. Since the term STRUCTURE will be used to refer both to patterns and to processes, the conceptual approach can more simply be said to address how language structures conceptual content.)认知语言学研究语言中一些基本的范畴,如空间和时间、场景和事件、物体和过程、运动与处所,以及力量与作用的结果。它的研究还包括基本概念和情感范畴(注意力与看法、意志力与意图、期望值与影响力)所产生认知因子的语言结构,也涉及形态、词汇和句法的语义结构。它还研究概念结构间的相互关系,如隐喻映射概念结构、语义框架概念结构、上下文和语境间的概念结构,以及组成更大结构系统的概念结构。(COGNITIVE LINGUISTICS has addressed the structuring with language of such basic conceptual categories as those of space and time, scenes and events, entities and processes, motion and location, and force and causation. It has also addressed the linguistic structure of basic ideational and affective categories attributed to cognitive agents, such as attention and perspective, volition and intention, and expectation and affect. It addresses the semantic structure of morphological and lexical forms, as well as of syntactic patterns. And it addresses the interrelationships of conceptual structures, such as those in metaphoric mapping, those within a semantic frame, those between text and context, and those in the grouping of conceptual categories into large structuring systems.)总之,认知语言学是试图确定语言概念结构中的整体结构系统。(Talmy, 2000:1-3)

心理学方法和认知方法是语言与认知中主要讨论的问题。也就是说,本章的研究重点就是心理语言学和认知语言学。

6.3 什么是心理语言学?(What Is Psycholinguistics?)

心理语言学是对语言心理方面的研究,它通常研究的是与语言使用相关的心理状态和心理活动。(PSYCHOLINGUISTICS is the study of psychological aspects of language; it usually studies the psychological states and mental activity associated with the use of language.)心理语言学中的大多数问题都比较具体,包括对语言习得特别是儿童的语言习得的研究、成人的语言使用(如产生和理解话语或句子的过程)的研究。心理语言学的一个研究重点是人们在理解和产出可理解的句子时所产生的大量的句法规则的无意识运用。心理语言学家研究语言与思维的关系,到底是语言决定思维还是思维决定语言的使用一直是争论的焦点。心理语言学同时也还关注语言是如何习得的,以及语言在思维活动中所扮演的角色。

心理语言学作为语言学和心理学的交叉学科,起源于结构主义语言学和认知心理学。同时,其也和其他一系列学科有着紧密的联系,如人类学和神经科学等。乔姆斯基及其转换生成语法的支持者的有关研究对这一领域产生了显著的影响。在20世纪60年代和70年代初期,大量心理学家和语言学家运用乔姆斯基的转换生成语法模式去分析儿童如何从听到的话语中认识语法的加工过程,以及成人加工和理解口头语和书面语的心理过程。目前,心理语言学的研究纷纷转向其他与语言结构功能有关的问题或社会方面的问题。心理语言学家通过实验研究诸如短时记忆、长时记忆、知觉策略、基于语言学模型的言语听辨、语言使用时的大脑活动、脑伤导致的语言缺失以及认知和语言等课题。

我们通常把心理语言学领域的研究分为六个方向:①习得。儿童是如何获得语言技能的(母语习得)以及如何将这些语言技能扩展到其他语言学习上去的(第二语言/外语习得)?(Acquisition: how does a child acquire the language skills (first language acquisition) and how are they extended to other language (second/foreign language acquisition?) ②理解。视觉语言信号或听觉语言信号是如何被读者和听者解释的?(Comprehension: how is the acoustic or visual signal linguistically interpreted by the hearer or reader?)③产生。人们想表达的信息是如何转化成声波或书面字符的?(Production: how is the information that somebody wants to convey transformed into acoustic waves, or written characters?)④障碍。是什么导致言语和语言处理系统出现暂时或永久的混乱?(Disorders: what causes the occurrence of transient or more permanent disturbances of the speech and languages processing system?)⑤语言和思维。人类语言在思维中起什么作用?不同的语言对于我们的思维造成怎样不同的影响?(Language and thought: what role does human language play in thinking? And what differences do different language make to how we think?)⑥神经认知。语言的认知结构是怎样的以及语言处理过程是如何在大脑中得以实现的?(Neurocognition: how is the cognitive architecture of language and language processing implemented in the human brain, i. e., what is the cerebral-functional architecture of our language faculty?)

也就是说,人类语言能力的大脑功能结构是什么样的?这里我们将集中讨论前三项研究主题:即习得、理解和产生。

6.4 语言习得(Language Acquisition)

语言习得是心理语言学的中心研究课题之一。处理和运用语言是人的最为典型的特性:所有正常的人都会说话,而动物则不会。即使是没有任何正式的学习,每个儿童也都可在短短的几年内成功地掌握母语。基于语言几乎被看作定义人类的关键,儿童的语言习得受到如此多的关注也就不足为奇了。任何对于人类思维抱有坚定信念的人都会认为儿童的最初几步就意味着朝着正确的方向前进的步伐。

在语言习得领域,学者们将儿童的言语写成日记作为研究资料。例如,进化论的创始人查尔斯·达尔文就是第一个对其儿子的言语发展做日记记录的人。到 20 世纪 50 年代晚期,便携式录音机用于系统地分析儿童的自然言语过程。如今对儿童自然言语的研究更加便利,因为人们可以把它们录入电脑文档进行自动切分和分析。

6.4.1 单词句阶段(Holophrastic Stage)

语言习得始于人类生命的早期,并从语言声音类型的习得开始。一岁以前,人们能够控制言语的肌肉组织,并对父母话语语音的差别有一定的敏感度。

大约一岁时,婴儿开始理解单词,继而开始学习发音。这个时候他们还只能蹦出孤立的一个词,这种独词阶段将持续两个月到一年。全世界婴儿习得初期的词语都大同小异。约半数的单词是具体名词,像食物(juice, cookie)、身体部分(eye, nose)、衣服(diaper, sock)、交通工具(car, boat)、玩具(doll, block)、家庭用具(bottle, light)、动物(dog, kitty)和人(dada, baby)等;还有一些说明动作、行为的词以及日常用语,如 up, off, opcn, cat 和 go 等;修饰词如 hot, all gonc, morc, dirty 和 cold 等。还有一些社交常用词,如 yes, no, want, bye-bye 和 hi。其中有一些像 look at that 和 what is that 的词，对成人来说不是独词，但在某种意义上可以被看作是孩子的记忆模块。尽管所有的儿童都会使用记住的常用词说出物体名称或进行社会交流，但在数量上是有区别的。(Children differ in how much they name objects or engage in social interaction using memorized routines, though all children do both.)

◀ 6.4.2 双词句阶段(Two-Word Stage)

18 个月左右，儿童语言习得在两个方面发生变化：一是词汇量增加了，儿童开始以平均每两个小时学一个单词的速度学习单词，此速度或更快地学习速度将维持到整个青春期结束；二是简单的句法出现，产生两个词的搭配，如例 6 - 1 所示。

例 6 - 1

All dry	*All messy*	*All wet*
I sit	*I shut*	*No bed*
No pee	*See baby*	*See pretty*
More cereal	*More hot*	*Hi Calico*
Other pocket	*Boot off*	*Siren by*
Mail come	*Airplane allgone*	*Byebye car*
Our car	*Papa away*	*Dry pants*

不同文化中的儿童的双词组合大同小异。不管在哪里，东西出现了或是消失了，儿童都会叫，表现更好的还会指出这些物体的样子以及谁拥有这些物体；评论正在做事或看东西的人，拒绝或要求某个物品或做某件事，提出诸如是谁、是什么、在哪里等问题。这些顺序反映出语言已经习得，而且其中 95% 的单词的词序是恰当的。(Children's two-word combinations are highly similar across cultures. Everywhere, children announce when objects appear, disappear, and more about, point out their properties and owners, comment on people doing things and seeing things, reject and request objects and activities, and ask about who, what, and where. These sequences already reflect the language being acquired: in 95% of them, the words are properly ordered.)

婴儿在学会组合单词之前就已经可以通过句法理解句子。曾有这样一个试验：在只会说独词句的婴儿面前摆放两台电视机，每台电视机中都有两个成年人打扮成“芝麻街”中饼干怪物和大鸟的样子。一台电视机播放的是饼干怪物抓挠大鸟的画面，另一台播放的是大鸟抓挠饼干怪物的画面并且配了画外音。画外音说：“看呀！大鸟正在给饼干怪物挠痒痒！快找出那个挠饼干怪物痒痒的大鸟！”那个婴儿一定能明白主—动—宾排列顺序的意义，因为他们更关注着有画外音描述的画面。

◀ 6.4.3 三词句阶段（Stage of Three-Word Utterances）

儿童的双词句和三词句像是从表达完整而复杂意义的潜在长句中抽出的样品。研究语言发展的专家罗杰·布朗(Roger Brown)指出,虽然他研究的三个儿童没有说出像 Mother gave John lunch in the kitchen 这样复杂的句子,但是却按照正确的顺序说出了包括了所有组句成分的词条(Brown,1973:205)。

例 6－2

施动	动作	接受者	人物	位置
Mother	*gave*	*John*	*lunch*	*in the kitchen*
	Give	*doggie*	*paper*	
	Put		*truck*	*window*
Tractor	*go*		*floor*	
Adam	*put*		*it*	*box*

◀ 6.4.4 流畅的合乎语法的会话阶段(Fluent Grammatical Conversation Stage)

从双词句后期到三词句中期阶段,儿童的语言急速发展成流畅的合乎句法的会话,句子长度也稳步增加。语法作为一个组合系统,根据句法类型造句的数量是呈指数上升的。每个月的数量成倍增长,在三岁之前可达到上千之多。正常的儿童在语言发展的进度方面会出现一年左右的差异,然而他们历经的阶段是基本相同的,无论是大踏步前进还是缓慢前进,大部分儿童在两岁前都可以表达复杂句子。

在语法激增期,儿童说的句子不仅变长而且变得更为复杂,并且可以将一个句子成分嵌入另一个句子之中。比如,以前他们会说 Give doggie paper(三词动词短语句)和 Big doggie(双词名词短语句),现在他们会说出嵌入了双词名词短语句的三词动词短语句 Give big doggie paper。他们早期说的句子像发电报一样,省略了 of, the, on 和 does 等非重读功能词和变位形式,如-ed, -ing 和-s 等。满三周岁时,儿童会在大多数必要的情况下(约 90%)使用这些功能词,而之前在他们的句子中没有使用。在这个阶段,各类句子形式大量产生——如使用包含有 who, what 和 where 的问句、关系从句、比较级、否定句、补语、连接词和被动语态等。这些结构展示了绝大部分、甚至是所有用于解释成人语法所需的语法规则体系。

但是,大部分三岁儿童所说的句子还不合语法规则,因为造成任何一个句子错误的原因有很多。但当研究者专注于某个单项语法规则并统计孩子遵守或违背它的频率时,结果就会很惊人:三岁儿童在大多数情况下都遵守了每一项被调查的语法规则。三岁时,儿童很少搞乱词语顺序,并给出了句子所要求的大部分的变形和功能词。尽管,当我们听到 mens, wents Can you broke those? what he can ride in? That's a furniture Button me the rest 和 Going to see kitten 这样的错误时,会比较敏感。但是整体来看,这样的错误发生率为0.1%~8%。而以儿童为研究对象时,90%是合乎要求的。

儿童似乎不会特别钟情任何一种语言。对于母语所要求的任何一种规则,如位置不固定的词的顺序、SOV 和 VSO 结构、格和主谓一致结构、粘着词缀、主格标记,以及母语给予他们的其他语法规则等,他们都可以迅速掌握。甚至许多成人在学习第二外语时感到十分困惑的性这样的语法项目,他们也不存在丝毫困难:正在习得语言的儿童对性标记掌握得很快,并极少犯错。可以肯定地说,除了罕用、主要出现于书面语中的句式结构或者成人也要费力掌握的句式结构(如 The horse that the elephant tickled kissed the pig),语言的其他方面都可在四岁前掌握。

6.5 语言理解(Language Comprehension)

人类对于语言结构极为敏感,尤其是理解那些包含新颖信息的句子时。(Humans can understand sentences that carry novel messages in a way that is exquisitely sensitive to the structure of language.)例如,我们可以理解和区分句子 The umpire helped the child to third base 和 The umpire helped the child on third base 所传达的不同信息,我们明白 He showed her baby the pictures 和 He showed her the baby pictures 描述的是完全不同的事情。

从心理语言学的角度讲,我们在自己的心理词库中储存了大量关于词语特性的信息,并在理解语言时获取这些信息。(From a psycholinguistic point of view, we store a great deal of information about the properties of words in our *mental lexicon*, and retrieve this information when we understand language.)例如,当我们最初遇到一个复杂单词(如 rewritable)时,我们会用形态学的规则将其进行分解,而当接触几次之后,我们可能把它作为一个整体或一个单词来存取。这意味着接触的频率影响着我们回顾已存储例证的能力。心理语言学中的连结主义(Rumelhart *et al* land, 1986)研究证明,读者利用拼写单元和语音单元之间同一连结系统来产生书写词如 love 的发音,并且提取形似单词 stove 的发音,或一些例外形式如 love 的发音。就此看来,相似性和频率在加工处理和理解语言中都起着重要的作用,而对新颖的言语的加工是根据它们与已知词汇的形似性而进行的。

◀ 6.5.1 单词辨识(Word Recognition)

词汇在传达意义过程中极端重要,因而在语言理解中也居于中心地位。单词辨识是指对口头语单词和书面语单词的辨识。(Word lays in the central position in language comprehension because of its extremely important role in transmitting the meaning. Word recognition can be viewed in terms of recognition of spoken words and printed ones.)

对口头语单词的识别感知是语言使用者的一项重要任务。人类似乎是在口头语的听辨上占有优势。口语传递是即时性的,转瞬即逝的信号不能给声段和词语的界限提供什么可靠的提示。声学信号本身是连续的,但听者是如何将之理解为一连串可分割的言语单位,这是心理语言学中的一个学科分支的核心问题。(Speech is distributed in time, a fleeting signal that has few reliable cues to the boundaries between sound segments and words. How listeners hear a sequence of discrete units even though the acoustic signal itself is continuous is the core question in this subfield of psycholinguistics.)口语的特征可能会给听者造成困难,如一些音位在会话中可能会被省略,一些音位可能受到周围音位的影响而改变发音(如/n/在 lean, bacon 中可能会被发成/m/的音),另外许多词有"日常"发音(如 going to 经常发成 gonna)。几乎在语言信号到达的同时,听者就试图将声学信号当作一个表征映现到心理词库中。(Listeners attempt to map the acoustic signal onto a representation in the mental lexicon almost as the signal starts to arrive.)根据 Marslen – Wilson 和 Welsh 在 1990 年提出的"集群模型",口语词的头几个音位激活一组与输入信息一致的待选词。这些待选词之间彼此竞争以便激活,当更多声学信号被分析时,与输入信息不符的待选词就会被淘汰出局。这个过程一直持续到选出与输入信息相符的唯一待选词为止,若没有符合条件的唯一待选词,则最合适的词会被选中。例如,对于"pick up the candle"的指令,听者有时候会首先扫视一幅 candy 的图画,这表示一组以/kæn/开头的词被暂时激活了;听者也有可能扫视一幅 handle 的图画,因为待选词的列队也包括与目标词押韵的词。(As more acoustic input is analyzed, candidates that are no longer consistent with the input drop out of the set. This process continues until only one word candidate matches the input; the best fitting word may be chosen if no single candidate is a clear winner.)"交互模型"认为高级的加工层面对低级的加工层面会产生直接的、"自上而下"的影响。词汇知识可以影响对音位的听辨,而交互性则体现在词汇层面对词以下层面感知的影响上。在某些情况下,听者的词汇只是可以抑制一些音位的听辨;在另一些情况下,听者继续"听到"一些已经从口语信号中移除并且被噪音所替代的音素。(The *interactive model* holds that higher processing levels have a direct, "top-down" influence on lower levels. Lexical knowledge can affect the perception of phonemes. There is interactivity in the form of lexical effects on the perception of sublexical units. In certain cases, listeners' knowledge of words can lead to the inhibition of certain phonemes; in other cases, listeners continue to "hear" phonemes that have been removed from the speech signal and replaced by noise.)"竞争模型"则不认同"自上而下"效应,它包含了两条相互竞争的路径:一是前词路径,即从声学听觉信号中计算语音信息;二是词汇路

径，即当词自身被提取时，与其相关的音位信息也同时被提取。该模型认为，当词这一层次的信息影响单词中的较低层次元素的加工时，词汇路径会在竞争中获胜。（The *race model* does not agree "top-down" effects, it has two routes that race each other—a pre-lexical route, which computes phonological information from the acoustic signal, and a lexical route, in which the phonological information associated with a word becomes available when the word itself is accessed. When word-level information appears to affect a lower-level process, it is assumed that the lexical route won the race.）

听者的语言知识及其形式在一定程度上促进了词的辨识。例如，听者利用诸如英语中不存在以/tl/开头的词之类的语音策略信息进行判断，从而来帮助识别音素和词语的界限。听者也会利用他们关于英语单词经常在第一个音节重读这一知识来帮助把口语信号流切分成一个一个的词。这类知识帮助我们解决所知语言中的切分问题。（Listeners also use their knowledge that English words are often stressed on the first syllabus to help parse the speech signal into words. These types of knowledge help us solve the segmentation problem in a language that we know.）

书面语提供了语言结构的映射关系，读者可利用包含于正词法内的形态结构线索来阅读书面语词。例如，他们明白前缀 re-可以出现在自由词素如 print 和 do 之前，组成双语素词 reprint 和 redo。当遇到 vive 这个词时，由于它与单词 revive 的相似性，读者有可能错误地认为是一个单词。音位学和语言结构的其他方面在阅读中得到提取。对于印刷体单词的识别，有一个从书面词语中是如何分析得出语言结构的问题。一种看法是认为从正字法表征到音位表征的转换过程中，存在两种不同的路径：第一种是词汇路径，在心理词库中查找已知词汇的音位形式，这一过程为不符合常规或读音规则的词语产生正确的发音，如 love；第二种是非词汇路径，可以解释阅读的创造性：对于新字符串（如 tove）像规则词语的（如 stove）一样发音，但必须以较小的单位为基础。第二种路径对于不规则词给出错误发音，以致在快速单词命名发音任务中，对这些词的发音可能较慢或发错音（例如 love 发成/læv/）。连结主义理论认为，一组从正字法到音位学的连结可以说明规则词和不规则词的使用。（In printed word recognition, there is a question about how linguistic structure is derived from print. One idea is that two different processes are available for converting orthographic representations to phonological representations. A lexical route is used to look up the phonological forms of known words in the mental lexicon; this procedure yields correct pronunciations for exception words such as *love*. A non-lexical route accounts for the productivity of reading: It generates pronunciations for novel letter strings (e. g. *tove*) as well as for regular words (e. g. *stove*) on the basis of smaller units. This latter route gives incorrect pronunciations for exception words, so that these words may be pronounced slowly or erroneously (e. g. love said as /læv/) in speeded word naming tasks. Connectionist theories claim that a single set of connections from orthography to phonology can account for performance on both regular words and exception words.)

正字法到音位学的转化的另一个问题关注的是它的排列组合程度。作为许多研究单词辨识的对象,英语有着相当不规则的书写系统。例如,ea 在 bead 中发/i:/音,但在 dead 中却发/ε/音;c 在 cat 中发/k/音,但在 city 却发/s/音。这些不规则情况在元音中更为普遍。然而定量分析却显示,如果对位于元音之后的辅音进行分析就可以帮助确定这个元音的读音。例如,ea 在 d 之前比在 m 之前更有可能发音为/ε/。这些考虑引导出这样一个观点,那就是英语读者在将拼写转化成语音时常常使用字母聚合,这种聚合相当于音节"结晶体",是以元音为核心并加上任意的辅音结尾组成的。

因为口语表达的词语是随着时间的推进而展开的,口语词的辨识通常被认为是一个以顺序为特征的加工过程。但是,对于多个书面词,人们看一眼就能够收入它们的所有字母。阅读研究领域的联结主义模型认为,一个词的所有的音位被同时平行地激活。相反,双路模型则认为转换加工过程是以序列方式运行的,也就是处于最左边的音位形式先被加工,最右边的最后被加工。(The connectionist models of reading maintain that all phonemes of a word are activated in parallel. Dual-route models, in contrast, claim that the assembly process operates in a serial fashion such that the phonological forms of the leftmost elements are delivered before those for the succeeding elements.)尽管还有很多问题需要解决,但是很明显,印刷的书面语词所提供的视觉表征能够迅速地和存储的心理词汇的表征相匹配。一旦这种匹配成功,原先的输入是视觉的还是听觉的都无关紧要了,因为它们的原理和加工程序是基本一样的。

◀ 6.5.2 句子的理解(Comprehension of Sentences)

尽管词语的辨识很重要,但对语言的理解仅仅靠单个的词义简单相加来实现是远远不够的。我们还必须尊重语法规则并对语言的隐喻和非字面用法相当敏感,以此来组合词的意义。心理语言学通过多种不同的方式来研究句子理解现象。串行模型(SERIAL MODELS)认为句子理解系统以极高速度持续而有序地理解语言的语法约束条件。串行模型描述了处理器如何根据有限且贴切的信息理解句子——主要是语法信息——构建一个句子的单个或多个表征,然后运用相关的信息对这些表征进行解析和评估。平行模型(PARALLEL MODELS)强调理解系统对范围广泛的信息都很敏感,包括语法、词汇、语境信息,对说话者和写作者的知识,以及对整个世界的一般性知识等。平行模型描述了处理器如何运用所有相关的信息快速地评估一个句子所有可能的理解。人们通常认为听者和读者在理解句子的过程中会整合运用语法知识和情境知识。

理解中的结构因素:对书面语和口头语的理解是有难度的,因为人们通常不大容易确定句子的组成成分(词组)以及这些成分相互之间的联系方式。心理语言学家提出了一些参考语法制约条件理解句子的原则。最熟知的原则就是"最小配属"原则,这一原则界定的是"结构简化",它声称结构的简约性指导着句子理解过程中的所有最初的分析。也就是说,句子处理器先建构对句子的单一分析并试图理解这个句子。(The most popular principle is *Minimal attachment* which defines "structurally simpler", and it claims that structural simplicity guides all initial analyses in sentence comprehension. In this view, the sentence processor constructs a single analysis of a sentence and attempts to interpret it.)这个初次分析以使用最少的语法规则把每一个输入的单词配对到正在建构的句子的结构中,这是为尝试尽快完成句子分析而发生的自动结果。例如,下面这个句子:The second wife will claim the inheritance belongs to her, 当 inheritance 初次出现时,它既可以被理解成是 claim 的直接宾语,也可以被理解成是 belongs 的主语。研究发现读者的眼睛在 belongs 这个单词上注视的时间比平常要长,而这个单词却消解了这个句子的歧义。心理语言学家解释说这一发现表明读者先把 the inheritance 理解为直接宾语,当他们不得不把这个最初的理解修正为 the inheritance 是 belongs 的主语时,他们的第一个理解就中断,读者被引入了花园小径(garden path),因为直接宾语的分析比其他可能的分析在结构上来说更简单。

理解中的词汇因素:心理语言学家提出人类的句子处理器主要是由心理词库中储存的关于特定词汇的信息引导的。在下面这个句子 The salesman glanced at a/the customer with suspicion/ripped jeans 中,介词短语 with suspicion 或 with ripped jeans 可以修饰动词 glance 或名词 customer 中的任何一个,但这仅仅针对行为动词时是正确的,而对于感知动词 glance at 则是错的。研究者指出对名词词组修饰语的倾向性只有当被修饰的名词前有不定冠词 a 时才会发生。

◀ 6.5.3 语篇理解(Comprehension of Text)

句子出现于文本和语篇中,整个文本或语篇都与要传达的信息有关。文本是命题的网络,这些命题构成单个句子的语义解释。读者提炼出语篇的主要线索并且推理出未出现在语篇中的背景或关系,这样的提炼和推理过程受读者的短时记忆的时效的限制,也受论据在命题间的互证方式和文本所表明的语言组织形式的指示。

文本或语篇与读者的长时记忆中的知识以及在语篇的前面部分出现的材料相联系。从长时记忆中提取信息可能是一个贯穿于理解始末的无意识的被动过程。共振模型(resonance model)认为,当带有与长时记忆中的信息语义相关的材料出现时,长时记忆中的信息便自动地被激活。诸如否定等能够彻底改变命题真值的语义信息并不影响共振的过程。(In *resonance model*, information in long-term memory is automatically activated by the presence of material that apparently bears a rough semantic relation to it. Semantic details, including factors such as negation that drastically change the truth of prepositions, do not seem to affect the resonance process.)共振模型强调积极而睿智的意义搜索是读者发现语篇中的概念结构的基础。在阅读一篇记叙性文本时,读者通过分析事件的目的、行动、反应以试图建立对于文本中所表达的因果结构的表征。共振过程是对语篇进行加工处理的第一个阶段,阅读目的和文本的结构细节则决定着读者是否继续处理文本并搜索构成该文本的连贯结构。

6.6 语言的生成(Language Production)

心理语言学家对说话者如何用言语、在对话的背景中或其他的情况下阐明意图和表达观点很感兴趣。语言产生过程的方方面面都成为这一领域的研究对象,如概念形成过程、语言素材的序列化或线性过程,语法编码和音位编码,自我监控,自我纠错以及说话时的手势等。

第一个关注点是简单话语的生成。我们所产出的最简单的话语是单个的语词。然而产出词语的能力是生成更复杂话语的能力的核心组成部分。因此,单个语词的检索曾经是而且仍然是一个研究的中心课题。多词汇的话语要求说话者重复进行单词的检索过程。问题在于这些多个词语检索程序是否在时间上有重叠以及它们之间是否是互相作用的。在前面讨论过的语言理解过程中,理解者必须把口头或书面的输入和心理词库中的条目对照,而且必须生成在不同层次上句法的、语义的、概念的结构。而在语言产生过程中人们却面临着相反的问题,我们必须把概念结构映射到词汇以及构成词汇的成分上去进行配对。(In language comprehension, as we have discussed, comprehenders must map the spoken or written input onto entries in the mental lexicon and must generate various levels of syntactic, semantic, and conceptual structure. In language production, people are faced with the converse problem. They must map from a conceptual structure to words and their elements.)

在这一部分,我们将首先讨论人们是如何生成单个语词转而生成更长的话语。讨论将集中围绕口头语言的生成展开,口语的生成一直是大多数语言生成研究的焦点。然后本部分要探讨口语与写作中表征和处理过程的不同。

◀ 6.6.1 词汇提取(**Access to Words**)

说话者是如何生成单个词语的呢?词汇是经过几个处理步骤有计划地生成的。每个步骤产生一种特定类型的表征,而且信息在各个表征之间通过激活扩散的方式而相互传递。第一个处理步骤叫作概念化,它决定着要表达何种概念。(The first processing step, called conceptualization, is deciding what notion to express.)例如,一个说话者说“the baby”“Her Majesty's grandson”,或者仅仅一个字“he”来指坐在高脚椅上的小孩。在做这种选择时,说话者要考虑很多因素,包括要考虑所要指的人前面是否提到过以及听者是否愿意知道他的特定的名字等。

下一个步骤是选择能够和已确定的打算表达的概念相符合的词语。(The next step is to select a word that corresponds to the chosen concept.)说话者首先选择一个句法词汇单位,这个句法词汇单位规定其他单词的句法类别和其他附加的语法信息,例如动词是不及物的(如 sleep)还是及物的(如 eat),如果是及物的,它将携带什么样的谓项成分等。选择一个句法词汇单位是一个竞争性的处理过程。多个语法单位可能被同时激活,因为有多个概念都适合于要表达的信息,且和那些语义相似的概念相对等的语法单位也会相互激活(这是由于它们拥有共同的上位概念或概念特征)。一旦某个单位的激活水平超过了其他所有竞争者的激活水平的总和,这个单位将会被选择。检验机制会确保被选择的单位的确和要表达的意义相吻合。

接下来的处理步骤是形态—音位编码,这个步骤开始于提取与被选择单词相对应的语素。(The following process step, morpho-phonological encoding, begins with the retrieval of the morphemes corresponding to the selected word.)对于 baby 这个单词来说仅需检索一个词素,但是 grandson 和 walked 这两个词必须要检索两个词素。人们有时会犯下面这样的言语错误:“imagine getting your model reposed”,在这个错误中词干交换了位置而词缀却保留在原来的位置。有时候,与形态有关的语言成分对目标词的产生会有不同的影响,与语义或音位有关的语言成分,相比之下,则对目标词的产生影响较小。通常情况下,词素是按照它们在话语中出现的先后顺序以序列方式得到提取的。

◀ 6.6.2 句子的生成(Generation of Sentences)

要描述场景或事件,说话者需要生成更长的话语。在句子的生成过程中,第一步也是概念准备,也就是要确定想说出的内容。很明显长话语的概念准备要比短话语的概念准备更为复杂。要进行一个复杂的理论论证或者要描述一系列的事件,说话者需要全局的计划。计划的每一个部分都必须精心准备以使表征层面和词汇概念相一致,也许这需要通过一些中间阶段。这种表征形成输入而进入到语言计划。在语言计划开始以后,才能产生出含有多个句子的话语。语言生成理论假定说话者的话语计划是呈递增状态的。也就是说,说话者只要一做出了对最初的几个词汇概念的选择,他们就会启动语言计划,稍后在说的时候或者在话语成分轮换时再准备其余的话语。说话者可能会选择各种大小不同的概念准备单位,但是很多种情况下的典型单位似乎主要和分句相对应。

计划句子时,说话者需要检索词汇,但是句子不仅仅是简单的词汇集合,而是有句法结构的,说话者必须应用句法知识来生成句子。有两种不同的过程参与句法结构的生成。第一种过程称为功能计划过程，负责指派语法功能，如主语，动词，或者是直接宾语等。这个过程主要依赖于言语层面的信息和所检索到的词汇—语法单位的语法特征。第二种过程为定位编码过程，这个过程使用被检索到的词汇—语法单位以及它们所承担的功能生成句法结构，所生成的句法结构安排各个成分之间的依存关系和顺序关系。从功能层面到位置层面的对应往往是很直接的，主语常常在动词之前，接着是直接宾语和间接宾语。然而有时倒装会颠倒这样的顺序，例如"I don't mind bikes; cars I hate."

能证明功能过程和位置过程之间存在区别的证据可以在一些话语错误中找到（如不同短语的单词的互换，如"put the tables on the plate"，在这个例子中不同词组的词语相互被调换），这个错误可以被解释为是功能编码的错误。而有其他特点的错误最好是被解释为位置编码的错误，例如"the come homing of the queen"，在这个例子中一个词组内的词素被错误调换了。

◀ 6.6.3 书面语的生成（Written Language Production）

书面语的生成步骤和口头语的生成步骤很相似，主要的区别在于一旦句法词汇单位和它的形态表征得到提取，必须要被检索和产出的形式是正字法拼写形式而不是音位形式。音位在这一过程中起着很重要的作用，就像在阅读时从印刷字体获取意义中它起的作用一样。例如，向法语的使用者展示海狮（phoque）和烟斗（pipe）的图画，并要求他们尽快写出这两个事物的名称，结果显示准备开始书写 phoque 花费的时间比 pipe 更长，因为 phoque 这个单词的首音位的拼写是不规则的，在法语中/f/常被拼写为 f，然而 pipe 这个单词的首音位的拼写方式是典型的。因此，即使要拼写的单词不是以口头形式表达出来，在选择拼写形式时单词的音位形式也还是参与其中。

关于拼写时从音位到表音的派生这一问题来源于对书面语生成过程的探讨。例如，拼写一个英语字串时，当把邻近的字串考虑进去时拼写会更加具有预测性。（Issues with respect to the derivation of orthography from phonology in spelling arise in considering the generation of writing. For instance, the spelling of an English segment becomes more predictable when neighboring segments are taken into account.）其中最具有影响力的是元音音丛和尾音，这表明韵律在英语拼写中具有特殊的作用。生成和理解之间的互相反馈是从拼写也是从阅读中出现的另一个问题，因为人们可以回头去阅读已经写出的拼写以检测它是否正确。

写作和说话的差别在于写作者有更多的时间用于准备和计划，而且写作者更加有必要这样做，因为书面文本的阅读者在时空上是远离作者的。监控和修改尤其在写作中比在说话中发挥的作用更大。由于这些原因，对书面语写作的生成研究常常关注的是计划和修改过程，而口头语生成的研究则以句子生成和词汇提取为研究焦点。（Writing differs from speaking in that writers often have more time available for conceptual preparation and planning. They may have more need to do so as well, as the intended reader of a written text is often distant in time and space from the writer. Monitoring and revising, too, typically play a greater role in writing than in speaking. For these reasons, much of the research on writing has concentrated on the preparation and revision processes rather than on the sentence generation and lexical access processes that have been the focus of spoken language production.)

6.7 什么是认知语言学?(What Is Cognitive Linguistics?)

认知语言学是在20世纪70年代语言研究中出现的一个新的分支。它以一种独立的视角与占主导地位的生成语法相抗衡。(COGNITIVE LINGUISTICS is a newly established approach to the study of language that emerged in the 1970s as a reaction against the dominant generative paradigm which pursues an autonomous view of language.)(Ruiz de Mendoza,1997)1989年,雷内·得文在德国的杜伊斯堡召开了第一个关于认知语言学的会议。在那次会议上,国际认知语言学协会成立,并规定两年召开一次会议。20世纪80年代中期,研究者构思创办专门的《认知语言学》杂志,其第一期于1990年由Mouton de Gruyter正式出版。到了21世纪,《认知语言学年度评论》作为一本回顾研究动态的杂志正式出版了。认知语言学是建立在人们对世界的经历和他们对世界的感知以及概念化的方式上的。(Cognitive linguistics is based on human experiences of the world and the way they perceive and conceptualize the world.)

认知语言学的基本原理是语言具有符号性,而不是自动生成;语言的形成取决于人们对语言的运用和人类的一般认知能力;语言的发展是通过学习来实现,而不是基于"普遍语法"。

6.8 识解与识解操作(Construal and Construal Operations)

识解是一种在特异性,心理扫描,定向性,优势地位以及图形与背景的分离等多种不同的方式下理解和描绘相同的情境的能力。(Langacker 2000:25)识解操作(construal operations)是人在语言处理过程中的一种概念化,即人在语言表达过程中潜在的心理过程和资源。(CONSTRUAL is the ability to conceive and portray the same situation in alternate ways through specificity, different mental scanning, directionality, vantage point, figure-ground segregation etc. (Langacker 2000:25) Construal operations are conceptualizing processes used in language process by human beings. That is, construal operations are the underlying psychological processes and resources employed in the interpretation of linguistic expressions.)

◀ 6.8.1 注意力/显著度(Attention/Salience)

与显著度有关的识解操作与我们关注显著事物的注意力有关。从感知的角度说,我们可以让我们的注意力放在部分被感知的情景上。从认知的角度来说,我们的注意力应该放在被激发的概念结构上。也就是说我们应该激发与我们所想有关的概念。(The operations grouped under "salience" have to do with our direction of attention towards something that is salient to us. In perception, we can direct our attention towards parts of the perceived scenery. In cognition, it has to do with the activation of conceptual structures. That is, we activate the most relevant concepts more than concepts that are irrelevant to what we're "thinking about".)所以在这样的情况下我们将更多的注意力放在相关的概念上。因为我们是用特定的语言表达方式促使特定形式的激活。例如:

例 6-3

a. We drove along the *road*.

b. She ran across the *road*.

c. The building workers dug through the *road*.

在上述例子中"路"被分别定义为一条直线(一面),一个表层(两面)和一个立体(三面)。

例 6-4

a. He *cleaned* the window.

b. He *opened* the window.

例子6-4a将注意力放在窗户的玻璃上,而窗子的框架会在例6-4b上更显著一些。

例 6-5

a. *I've broken* the window.

b. *A stone has broken* the window.

例子6-5a突显了"我"在事件中的角色,而6-5b突显的是石头的角色。

◀ 6.8.2 判断/对比(Judgment/Comparison)

判断/对比识解操作与把一物比作另一物的判断相关。它是人类基本的认知能力,也是人类经验的基础。

图形—背景关系运用于空间研究。背景充当了介词宾语和表现空间关系的介词(Talmy, 2000)。它同样也适用于我们感知运动的物体。因为运动的物体是最具突显性的。因为它是在动的,就构成了图形,而剩余的刺激构成了背景。为了区分静态和动态的图形—背景关系,Langacker(1987)用射体(TRAJECTOR)表

示运动的图形,用路标(LANDMARK)表示在运动图形的背景。例如:

例 6 – 6

a. *There's a cat*[图形]*on the mat*[背景]

b. *Batman*[图形] *was standing on the roof*[背景]

c. *We* [射体]*went across the field*[路标]

d. *He*[射体] *'s going to London* [路标]

◀ 6.8.3 视角/方位(Perspective/Situatedness)

另一个认知语言学的识解操作就是视角。我们通过所处的位置来观察一个情景。视点取决于两个方面;一方面,它取决于观察者的位置与观察情境。另一方面,它取决于情景的安排与观察者的位置。(Perspective generally depends on two things. Firstly, it depends on where we are situated in relation to the scene we're viewing. Secondly, it depends on how the scene is arranged in relation to our situatedness.)例如:

例 6 – 7

a. My bike is *in front of* the car. (我的自行车在汽车的前面)

b. My bike is *behind the car*. (我的自行车在汽车的后面)

当然,这些识解以我们实际上站在不同的角度去观察自行车和汽车为前提。

指示词(DEIXIS)是一种从说话的环境出发指向某物的语言形式。从认知的角度说,指示词是用主语所在的位置指示情境中的某物。比较典型的例子就是关于英语中"这个"和"那个"的运用。

例 6 – 8

a. *Look at that* [识解为距离远]

b. *Look at this* [识解为距离近]

其他的指示词还包含:①人称指示词识解话语环境中参与者之间的关系。②社会指示词识解话语参与者之间的社会关系。③篇章/推论指示词识解之前篇章中提到的关系。

6.9 范畴化(Categorization)

范畴化是基于人类经验的异同将我们的经验划分成不同的类别,它是人类知识产生不可或缺的成分,并使我们将过去的经验与现在的经验有机地结合起来。(Categorization is the process of classifying our experiences into different categories based on commonalities and differences.)范畴分 3 个层次:基本层次、上位层次和附属层次。

6.9.1 基本层次范畴（Basic level）

处于基本层次的范畴即为那些最能突显文化和最能满足我们认知需要的范畴。这也是我们能感知“事物”间最大不同的一个层次。“狗”的范畴都不相同，但他们还是可以与猫，鸟，蛇和一些灵长目动物区分开。所以，在这个层次上，我们可以发现范畴特性最理想化的结构。同时基本层次范畴也是最经济的范畴，因为在这个层次上你可以找到最相关的信息。我们与世界万物相互作用所产生的信息就存储于这个层次。这表明我们在这层次可以形成范畴的完形。克劳福特和克鲁兹将这些特征概括为以下四个方面(2004:83)：

(1)由行为相互作用产生典型范式的最具包容性的层次。

(2)构成清晰图像的最具包容性的层次。

(3)代表部分—整体信息的最具包容性的层次。

(4)为日常参考所提供的层次。

(Consequently, basic level categories are also the most economical ones in that it is at this level that you can find the most relevant information. The information on our interactions with objects in the real world are stored at this level, which means that it is at this level that we conjure up the general gestalt of the category. All these characteristics can be summed up under Croft and Cruse's four points(2004:83):

(i) The most inclusive level at which there are characteristic patterns of behavioral interaction;

(ii) The most inclusive level for which a clear visual image can be formed;

(iii) The most inclusive level at which part-whole information is represented;

(iv) The level used for everyday reference.)

6.9.2 上位层次范畴（Superordinate level）

上位范畴是最具概括性的范畴。上位范畴中的成员没有足够的共性构成一个共同的完形。但是如果有人让你想象一个交通工具，你可能会想到一辆轿车或是公共汽车；而当别人让你想象一种植物的时候，你就会想到树或是花。这种就是寄生范畴。实际上就是从基本层次提取一些特征并用于上位范畴。当然，你选择了对你最重要的基本层次范畴。对你来说你借用的特征或许是整个上位范畴的代表，但事实上它们只是上位范畴成员中很小的一个部分。克劳福特和克鲁兹(2004:84－85)提出了以下 4 个特征：

(1)上位范畴没有基本层次范畴好，尽管它的成员可以区别于邻近的范畴，但是范畴内的相似性相对较低。

(2)上位范畴比基本层次范畴的定义特征少。

(3)基本层次范畴的中间层次上位范畴与高级上位范畴之间有单一的修饰关

系。

(4)从语言学的角度来说,上位范畴的名称大多是物质名词,而基本层次范畴的名称是可数名词。

(The idea is that you actually borrow some features from a basic level category and apply them to the superordinate category. Of course, you pick a basic level category that is important to you somehow. To you the features that you've borrowed might seem representative of the entire superordinate category, but in fact they are very small proportion of its members. Croft and Cruse have pointed out four characteristics (2004:84 – 85):

(i) Superordinate categories are less good categories than basic level categories, because although members are relatively distinct from members of neighboring categories, within-category resemblance is relatively low;

(ii) Superordinate categories have fewer defining features than basic level categories;

(iii) Immediate superordinates of basic level categories often have a single-attribute relation to a higher superordinate category;

(iv) Linguistically, names for superordinate categories are often mass nouns when basic level terms are count nouns.)

◀ 6.9.3 附属层次范畴 (Subordinate level)

它们具有清晰可辨的完形和许多个性特征。在这个层次上,我们可以感知基本层次范畴成员之间的区别。附属层次范畴的名称通常形态复杂,并且是典型的复合形式。一个比较典型的例子就是合成名词。一个复合的形式通常由两个或更多层次范畴的词汇构成。比如说: rain coat(雨衣), apple juice(苹果汁)和 wheel chair(轮椅)。但是复合形式的意思不是简单的组成成分的组合,因为呈复合形式的附属层次比组成成分具有更多的特征。如果想要解释所有复合形式意义的特征,必须观察其语义框架。克劳福特和克鲁兹(2004:85 – 86)总结了三点:

(1)附属范畴比基本范畴层次弱,尽管它们的成员之间有很高的相似性,但与邻近的范畴成员的区别性却很低。

(2)它们的信息性相对比它们的中间层次上位范畴少。

(3)他们是多词素性的,而最普遍的格式是修饰—中心语结构。

(The meaning of the composite form cannot be said to be just a combination of units it is composed of, since the subordinate level category behind the composite form typically has many more features than can be ascribed to the combined units. If we want to account for all the features of the meaning of the composite form, we'll have to look at its semantic frames. All of this can be summed up in Croft and Cruse's three points.

(2004:85 - 86)

(i) Subordinate categories are less good categories than basic categories, because although their members have high mutual resemblance, they have low distinctiveness from members of neighboring categories.

(ii) They are much less informative relative to their immediate superior category.

(iii) They are frequently polymorphemic, the most common pattern being modifier-head.)

6.10 意象图式(Image Schemas)

约翰逊(Johnson,1987)提出意象图式,并把意象图式定义为通过感知的相互作用和运动程序获得的对事物经验给以连贯和结构的循环出现的动态模式。意象图式结构有两个特点:它们是来自身体经验形成的前概念图式结构,同时它们不停操控人们的感觉互动,通过空间和把握物体的身体运动。意象图式存在于抽象的层次,在命题结构和具体图示心理组织层操作。意象图式"充当无数经验,知觉以及在相关方面构成物体和事件图式形成的识别模式"。(Johnson,1987:28)

(Johnson(1987) proposes image schemas. He defines an image schema as a recurring, dynamic pattern of our perceptual interactions and motor programs that gives coherence and structure to our experience (1987:xiv). Image schematic structures have two characteristics: they are pre-conceptual schematic structures emerging from our bodily experience and they are constantly operating in our perceptual interaction, bodily movement through space, and physical manipulation of objects. Image schemas exist at a level of abstraction, operate at a level of mental organization between prepositional structures and concrete images, and "serve repeatedly as identifying patterns in an indefinitely large number of experiences, perceptions, and image formation for objects or events that are similarly structured in the relevant ways". (Johnson,1987:28)

(1)中心—边缘图式(A center-periphery schema)。

该图式涉及物质(本体)和隐喻的中心和边缘以及从中心到边缘的距离。例如:苹果的结构,个人的知觉范围,个人的社会范围(家庭成员和朋友在中心,其他人在边缘)。

(2)容器图式(A containment schema)。

该图式涉及本体和喻体的界限,封闭的区域或容器;或者是开放的区域或容器。容器图式有额外的选择属性,如封闭的及物性,界限内或界限外的物体,封闭事物的保护,封闭内力的限制以及封闭物体的相对固定的位置。

(3)循环图式(A cycle schema)。

它涉及不断发生的事件或系列事件。它的结构包括:起点,不受阻碍的事件的进程，回到起始点。该图式是一个从高峰到低谷的结构。例如：天、周、年、睡觉与苏醒、呼吸、循环、聚集情感和放松。

(4)力道图式(A force schema)。

它涉及生理或隐喻的互动关系，包括力的来源和目标，力的方向和密度，起点和终点的轨迹，以及随之产生的结果。下面是几种类型的力道图式：引力图式，平衡图式，阻碍图式，强制图式，反作用力图式，转向图式，提供条件图式，抑制移动图式。

(5)连接图式(A link schema)。

它包含两个或两个以上由物质本体或隐喻连接起来的实体和它们之间的结点。例如：孩子牵着妈妈的手，某人将灯的插头插进墙上的插座上，一个不经意的"连接"或是亲戚"关系"。

(6)部分—整体图式(A part-whole schema)。

它涉及物质与隐喻整体和部分的关系以及各部分之间的构造。例如：身体和其各个部分，家庭成员以及印度种姓等级。

(7)路径图式(A path schema)。

它涉及本体或喻体从一个地方到另一个地方的移动，包含起点、目标以及中间一系列的点。这个可以以路径和射体为例。

(8)标量图式(A scale schema)。

它涉及物质和隐喻的数量的增加和减少，并包含以下的一些内容：封闭或开放的进展数量，数量级数的位置，一个或多个平均数，数量的刻度。例如：物理数量，数量系统的属性。

(9)垂直图式(A verticality schema)。

它涉及"上"和"下"之间的关系。例如：立正，爬楼梯，看旗杆，观察试管里的水位上升情况。约翰逊认为，有些意向图式可以代表说明空间的方向和关系：上—下，前—后，部分—整体，中心—边缘，等等。

6.11 隐喻(Metaphor)

隐喻涉及两个概念之间的对比，用一个概念识解另一个概念。隐喻总是被描述为目标域和源域。目标域是被隐喻所描述的经验，源域是用于描述经验的方式。(The target domain is the experience being described by the metaphor and the source domain is the means that we use in order to describe the experience.)例如：

例 6－9

We're *wasting* our *time* here.(我们在此浪费时间。)

这句话基于"时间就是金钱"的隐喻。其目标域"时间"就是由源域"金钱"来定义的。通常来说,抽象的概念由具体的经验来描述。在认知语言学中,隐喻遵循的模式为“X 是 Y”。其中,X 是目标域,Y 是源域。

莱科夫和约翰逊(Lakoff & Johnson,1980)把隐喻分为 3 类:结构隐喻,方位隐喻和实体隐喻。但是这种分类后来得到修正(莱科夫和约翰逊 2003)。

◀ 6.11.1 结构隐喻(Structural Metaphors)

结构隐喻起着很重要的作用,它使我们超越指向性和所指,同时使我们通过一个概念构建另一个概念成为可能,这表示结构隐喻已经植根于我们的经验中。结构隐喻意味着一个概念是以另一个概念隐喻地构建起来。例如:“争论就是战争”就可以表达为“他攻击我论点中的每一个薄弱点”。

争论就是战争

例 6 - 10

a. Your claims are *indefensible*. (你的言辞不容辩解。)

b. He *attacked every weak point* in my argument. (他攻击我论点中的每一个薄弱点。)

c. His criticisms were *right on target*. (他的批评一针见血。)

d. I *demolished* his argument. (我推翻了他的论点。)

e. I' ve never *won* an argument with him. (我从来就没有争赢过他。)

f. You disagree? Okay, *shoot*! (你不同意? 好吧,说吧!)

g. If you use that strategy, he' ll *wipe you out*. (如果你用计谋,他就会推翻你。)

h. He *shot down* all of *my* arguments. (他把我所有的观点都推翻了。)

显然我们不只是从战争的角度谈论争论,实际上是我们可以在辩论中获胜或是败北。我们把我们的辩论者视为对手,我们攻击他的阵营,并保卫自己的阵地。我们赢得或失去阵地,我们计划并使用战略。如果我们发现我们的阵营守不住了,我们就放弃它,然后重新组织一条新的阵线进攻。我们所做的很多争论由战争的概念构成。

◀ 6.11.2 方位隐喻(Orientional Metaphors)

方位隐喻是指给概念一个空间方位。它们不完全是由一个概念构建另一个概念为特点,而是以我们自身的经历为出发点。方位隐喻以连接隐喻两部分的经验为基础,连接动词“is”作为隐喻的一部分应该被看作是将两段不同经历连接起来的媒介。例如“MORE IS UP”。这句隐喻基于同时发生的两种不同的经验:物质数量的增加和保持物质数量的增长水平。

方位隐喻基于人类自身和文化的经验。例如,在一些文化中,未来在我们的前面。在另一些文化中,未来在我们的后面。下面我们来研究一些方位隐喻,并且给出每个隐喻概念来自人类身体和文化经验的暗示(Lakoff & Johnson, 2003: 15):

高兴为上;悲伤为下

例 6-11

a. I'm feeling *up*. (我感到高兴。)

b. That *boosted* my spirits. (那激起了我的情绪。)

c. My spirits *rose*. (我的情绪高涨。)

d. You're in *high* spirits. (你情绪很高。)

e. Thinking about her always gives me a *lift*. (想起她总是让我高兴。)

f. I'm feeling *down*. (我感到情绪低落。)

g. I'm *depressed*. (我感到沮丧。)

h. He's really *low* these days. (几天来,他真的情绪不高。)

i. I *fell* into a depression. (我陷入了悲伤之中。)

j. My spirits *sank*. (我心情沉重。)

从上述句子不难看出,低垂的姿势与悲伤和沮丧相联系,直立的姿势与积极向上的状态有关。

◀ 6.11.3 实体/本体隐喻(Ontological Metaphors)

人类对客观物体的体验为我们将事件、活动、情感、观点等看成实体提供了基础,这样就有了实体隐喻。(ONTOLOGICAL METAPHORS mean that human experiences with physical objects provide the basis for ways of viewing events, activities, emotions, ideas, etc., as entities and substances.)实体隐喻有很多不同的作用。借助实体隐喻,我们可以赋予一些不太清晰的实体(例如山川、树篱、街角)以有形有界的貌相,可以将事件、行为和状态等等看作实体。在实体隐喻中,人们对客观有形物体的交互体验,为我们对事件、活动、观念等按照实体或者实物进行分类提供了基础。以物价上涨的体验为例,通过名词"通货膨胀"(inflation),我们隐喻地将物价上涨看作实体。这样,实体隐喻就为我们谈及体验提供了一种方式(Lakoff & Johnson, 2003: 27):

通货膨胀是实体(INFLATION IS AN ENTITY)

例 6-12

a. *Inflation is lowering* our standard of living.

b. If there's much *more inflation*, we'll never survive.

c. We need to *combat inflation*.

例 6－13

a. *Inflation is hacking us* into a corner.

b. *Inflation is taking its toll* at the checkout counter and the gas pump.

c. Buying land is the best way of *dealing with inflation*.

d. *Inflation makes me sick*.

在这些例子中，“通货膨胀”被看成实体。如此一来，我们可以谈论它，量化它，识别它，将它作为一种案例，依据它来实施行为，甚至相信自己可以理解它。实体隐喻对于我们处理人的体验非常必要。

需要指出的是，莱柯夫与约翰逊在 2003 年对隐喻有了更深入的认识和新的想法，所以他们对隐喻的种类和划分（Lakoff & Johnson, 1980）作了一些修正和说明。（Lakoff & Johnson, 2003：265）他们指出，之前对隐喻的三种分类是人为的。也就是说，所有隐喻都具有结构，它们将一些结构映射到另外一些结构上；所有隐喻都是实体的，因为它们创造目标域实体（target domain entities），而很多隐喻属于方位隐喻，因为它们映射了表示方位的意像图式（image－schemas）。对于隐喻“辩论是战争”（AUGUMENT IS WAR），莱柯夫与约翰逊也进行了修正。他们认为，“辩论是战争”不是一个基本隐喻。（Lakoff & Johnson, 2003：265）人们在日常生活中首先接触到“辩论”（“ARGUMENT”）这个概念，然后才有了“战争”（“WAR”）这个观点。用“战争”（WAR）来隐喻地表示“辩论”（ARGUMENT）的结构并不合适，所以，隐喻“辩论是战争”（AUGUMENT IS IS WAR）改成了“辩论是斗争”（AUGUMENT IS STRUGGLE）。

6. 12 转喻（Metonymy）

转喻被莱克夫（Lakoff）视为理想化认知模式（ICMs），被兰登（Radden）和库瓦克赛思（Kovecses）理解为概念映射（conceptual mapping），被克劳福特（Croft）认为是域的突显，被曼都泽（Mendoza）认为是映射和突显的结合，被潘瑟和桑伯格（Panther & Thornburg）视为事件情景，被兰盖克（Langacker）和巴纱罗那（Barcelona）认为是参照点的激活。

在本体域的基础上，转喻可以分为三类：“概念”世界，“形式”世界和“事件”世界，这些域与奥格登和理查德（Ogden and Richards，1923）提出的著名“语义三角”中的实体（思想、符号和所指）相对应。同域实体与非域实体的相关性导致各种理想化认知模式和转喻的可能性。因此，我们有三种不同本体域的理想化认知模式：符号理论化认知模式（Sign ICMS），所指理想化认知模式（Reference ICMS）和概念埋想化认知模式（Concept ICMS）。

兰登和库瓦克赛思（Radden & Kovecses 1999：30－43）提出两种概念表征形

式：整体与部分间的转喻；部分与部分间的转喻。

◀ 6.12.1 整体与部分之间的转喻（Whole ICM and Its Part(s)）

（1）事物和部分的转喻（*Thing – and – Part ICM*）。这种转喻可以分为两个转喻变体：

例 6 – 14

a. WHOLE THING FOR A PART OR THE THING：*America* for "United States"（事物的整体替代事物的部分：美国替代"美利坚合众国"）

b. PART OF A THING FOR THE WHOLE THING：*England* for "Great Britain"（事物的部分代替事物的整体：英格兰替代"大英帝国"）

（2）标量转喻（*Scale ICM*）。标量是事物一种特殊的类别，标量单位也是其中的一部分。通常情况下，整体标量替代标量上限，同时标量上限也可以替代整体标量。

例 6 – 15

a. WHOLE SCALE FOR UPPER END OF THE SCALE：Henry *is speeding* again for "Henry is *going too fast*."（整体标量替代标量上限：亨利又在加速了替代"亨利的速度更快了"。）

b. UPPER END OF A SCALE FOR WHOLE SCALE：*How old are* you? for "what is your *age*?"（标量上限替代整体标量：你多大了？替代"你的年龄是多少？"）

（3）构成转喻（*Constitution ICM*）。它涉及构成事物的物质或材料。

例 6 – 16

a. OBJECT FOR MATERIAL CONSTITUTING THE OBJECT：I *smell skunk*.（物体本身替代构成物体的材料：我闻到一股臭鼬味。）

b. MATERIAL CONSTITUTING AN OBJECT FOR THE OBJECT：wood for "*forest*"（材料成分替代物体；木头替代"森林"）

（4）事件转喻（*Event ICM*）。事件可以隐喻地被视为事件的各个部分。

例 6 – 17

a. WHOLE EVENT FOR SUBEVENT：*Bill smoked marijuana*.（总体事件代替子事件：比尔抽大麻。）

b. SUBEVENT FOR WHOLE EVENT：Mary *speaks Spanish*.（子事件代替总体事件：玛丽说西班牙语。）

（5）范畴及范畴成员转喻（*Category – and – Member ICM*）。范畴及范畴成员构成一种关系。

例 6－18

a. CATEGORY FOR A MEMBER OF THE CATEGORY：*the pill* for "*birth control pill*"（范畴替代范畴成员：药片替代"避孕药片"）

b. MEMBER OF A CATEGORY FOR THE CATEGORY：*aspirin* for "*any pain－relieving tablet*"（范畴成员替代范畴：阿司匹林替代"镇痛药"）

（6）范畴及属性转喻（*Category－and－Property ICM*）。属性既可以被隐喻视为拥有的物质（属性是拥有）或转喻地被视为物体的部分。

例 6－19

a. CATEGORY FOR DEFINING PROPERTY：*jerk* for "stupidity"（范畴替代属性：傻瓜替代"愚蠢"）

b. DEFINING PROPERTY FOR CATEGORY：*blacks* for "black people"（属性替代范畴：黑色替代"黑人"）

（7）压缩转喻（*Reduction ICM*）。部分替代整体的最后一种转喻是符号形式的压缩。

例 6－20

PART OF A FORM FOR THE WHOLE FORM：*crude* for "crude oil"（形式的部分代替整个形式：crude 替代"原油"）

◀ 6.12.2 部分与部分的转喻（Parts of an ICM）

（1）行为转喻（*Action ICM*）。这种转喻涉及各种行为者，它们与表达行为的谓语相关或彼此相关.

例 6－21

a. AGENT FOR ACTION：to *author* a new book；to *butcher* the cow（参与做事的人代替所做的事情：写一本新书；杀死这头牛）

b. ACTION FOR AGENT：*writer*，*driver*（动作代替施事者：作者，司机）

例 6－22

a. INSTRUMENT FOR ACTION：*to ski*，*to hammer*（工具替代行为：滑雪，锤子锤）

b. ACTION FOR INSTRUMENT：*pencil sharpener*；*screwdriver*（行为替代工具：铅笔刀；螺丝刀）

例 6－23

a. OBJECT FOR ACTION：to *blanket* the bed；to *dust* the room（物体替代动作：铺床；清理室内灰尘）

b. ACTION FOR OBJECT：the best *bites*; the flight is *waiting to depart*（动作替代物体：最可口的食物；飞机等待起飞）

例 6－24

a. RESULT FOR ACTION：to *landscape the garden*（结果代替行为：装扮花园）

b. ACTION FOR RESULT：the *production*; the *product*（动作代替结果：产量；产品）

例 6－25

MANNER FOR ACTION：to *tiptoe* into the room（方式代替动作：踮着脚走进房间）

例 6－26

MEANS FOR ACTION：He *sneezed the tissue off* the table.（方法代替动作：他打喷嚏把纸巾吹到地上了。）

例 6－27

TIME FOR ACTION：to *summer* in Paris（时间代替动作：在巴黎过夏天）

例 6－28

DESTINATION FOR MOTION：to *porch* the newspaper（目的地代替行为：把报纸放在门口）

例 6－29

INSTRUMENT FOR AGENT：the *pen* for "writer"（工具代替执行者：笔代替作家）

（2）感知转喻（*Perception ICM*）。感知在我们的认知世界里扮演着极其重要的角色，尤其在隐喻中。因为感知可能是有意为之，感知隐喻和行为隐喻的区分有交叉区域。

例 6－30

a. THING PERCEIVED FOR PERCEPTION：There goes *my knee* for "There goes *the pain in my knee.*"（知觉到的事物替代知觉：我的膝盖又来了替代"我的膝盖又痛了。"）

b. PERCEPTION FOR THING PERCEIVED：sight for "thing seen"（知觉替代感知到的事：视觉替代"看到的事物"）

（3）因果转喻（*Causation ICM*）。原因和结果相互紧密依存，一个隐含另一个。另外，它们解释了人们因果混淆的事实。理论上，因果转喻会产生相互转换的转喻：

例 6－31

a. CAUSE FOR EFFECT：*healthy complexion* for "the good state of health *bringing about the effect of healthy complexion*"(原因替代结果:健康的肤色替代"良好的身体状况产生健康肤色的结果")

b. EFFECT FOR CAUSE: *slow road* for "slow traffic resulting from the *poor state of the road*"(结果替代原因:车辆行驶缓慢的道路替代"行驶缓慢的交通由道路状况不良造成")

(4)生产转喻(*Production ICM*)。它涉及生产行为,在行为中,每个参与者使生产行为产生产品。产品的生产是因果行为中突出的一种类别。

例 6-32

PRODUCTION FOR PRODUCT: I' ve got a Ford for "*car*"(生产代替产品:我有一辆福特,福特代替"车")

例 6-33

a. INSTRUMENT FOR PRODUCT: Did you hear the *whistle*? For"its *sound*"(工具代替品:你听见哨子了吗? 哨子代替"哨子的声音")

b. PRODUCT FOR INSTRUMENT:to turn up *the heat* for "the *radiator*"(产品代替工具:把热量调大,热量代替"暖气片")

例 6-34

PLACE FOR PRODUCT MADE THERE:*china*,*mocha*, *camembert*(产品产地代替产品:瓷器,摩卡咖啡,卡门贝尔奶酪)

(5)控制转喻(*Control ICM*)。它包括控制者和被控制者,能产生相互转换的隐喻关系:

例 6-35

a. CONTROLLER FOR CONTROLLED: Nixon *bombed* Hanoi.(控制者替代被控制者:尼克松轰炸了河内。)

b. CONTROLLED FOR CONTROLLER: The *Mercedes* has arrived.(被控制者替代控制者:奔驰到了。)

(6)领属转喻(*Possession ICM*)。领属转喻会产生相互转换的转喻:

例 6-36

a. POSSESSOR FOR POSSESSED: That' s *me* for "my bus"; I *am parked* there for "*My car.*"(领属者替代被领属:那是我的替代"我乘坐的公共汽车"; 我停在这里替代"我的车"。)

b. POSSESSED FOR POSSESSOR:He married money for "person with money"(被领属替代领属者:他娶了金钱替代"有钱的人"。)

(7)容器转喻(*Containment ICM*)。容器的意象图式情景非常基础和固化,它应在地点关系上被认为是一种转喻。

例 6 – 37

a. CONTAINER FOR CONTENTS: *The bottle is sour* for "*milk.*"(容器代表其内容:这瓶是酸的替代瓶里的"奶"。)

b. CONTENTS FOR CONTAINER: *The milk tipped over* for "the milk container tipped over."(内容代表容器:牛奶翻倒了替代"牛奶瓶翻倒了"。)

(8)地点转喻(*Location ICM*)。地点常与生活于该地点的人、位于该地点的著名机构、发生在该地点的事件以及该地点生产的产品和从该地点运输的产品有联系。

例 6 – 38

a. PLACE FOR INHABITANTS: The whole *town* showed up for "the people."(地点替代居民:全城出动"城里的居民"。)

b. INHABITANTS FOR PLACE: The *French* hosted the World Cup Soccer Games for "France."(居民替代地点:法国人当了世界杯足球赛的东道主替代"法国"。)

例 6 – 39

a. PLACE FOR INSTITUTION: *Cambridge* won't publish the book for "*Cambridge University Press.*"(地点代替机构:剑桥不出版此书替代"剑桥大学出版社"。)

b. INSTITUTION FOR PLACE: I live close to the *University*.(机构替代地点:我住在大学附近。)

例 6 – 40

a. PLACE FOR EVENT: *Waterloo* for "battle fought at Waterloo"(地点替代事件:滑铁卢替代"滑铁卢战役")

b. EVENT FOR PLACE: *Battle*, name of the village in East Sussex where the Battle of Hastings was fought.(事件替代地点:Battle, 东萨塞克斯郡一个村落的名字,黑斯廷斯战役遗址。)

(9)符号和指代转喻(*Sign and Reference ICMs*)。他们产生转喻交叉切分实体域。在符号转喻里,(词)形替代一个相关的概念;在指代转喻中,符号、概念和(词)形替代外部真实事物。

例 6 – 41

WORDS FOR THE CONCEPTS THEY EXPRESS: *a self-contradictory utterance*(单词替代单词表达的概念:自相矛盾的话语)

(10)修饰转喻(*Modification ICM*)。它主要用于符号的各种变形的省略。

例 6 – 42

SUBSTITUTE FORM FOR ORIGINAL FORM: —*Do you still love me*? —*Yes, I do*.(替代形式替代原始形式:你还爱我吗? ——爱。)

6.13 整合理论(Blending Theory)

整合(BLENDING)是一种认知操作,我们借助它把两个或多个心理空间通过投射或者映射进行整合,从而成为一个拥有新结构的心理空间。(BLENDING is one cognitive operation by which the elements of two or more mental spaces can be blended or integrated via projection or mapping into a new space having a unique structure.)整合理论最早是由 Fauconnier & Turner(1994,1996)两人提出来的。1997 年,Fauconnier 在《思维和语言中的映现》一书中予以详细说明,并最终确立了该理论。根据整合理论,两个输入心理空间(input mental spaces)通过整合形成第三个空间,即合成空间(the blend)。这个合成空间可以继承输入心理空间的部分结构,也可以有它自己的新的层创结构(emergent structure)。整合输入空间 1(input space 1)和输入空间 2(input space 2)需要四个空间(或者条件)。

(1)跨空间映射(Cross – Space Mapping):跨空间映射是整合的第一步,输入空间 1 和输入空间 2 通过映射,形成第三个空间,即拥有层创结构的合成空间。(This is the first step of blending in which input space 1 and 2 are projected or mapped optionally to the third space, the blended space of emergent structure.)这种投射或者映射通过跨空间映射来实现。在映射过程中,输入空间 1 和输入空间 2 中相对应的成分可能产生部分映射如图 6 – 1 所示。

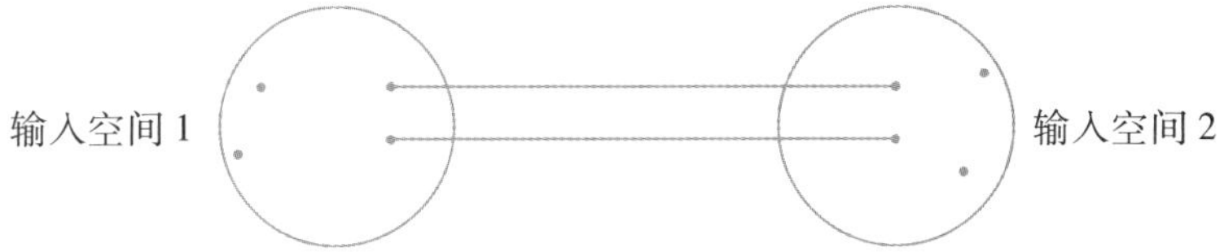

图 6 – 1

(2)类属空间(Generic Space):类属空间是建立在两个输入空间的基础之上的,它能够为即将生成的合成空间提供输入。(Generic Space is a kind of space established on the basis of the two input spaces, and it can supply and provide the input for the blend space which is going to be generated and produced.)类属空间是一个通过类比过程形成的可供选择的心理空间,能够互相映射到输入空间 1 和输入空间 2。因此,类属空间能够反映输入空间 1 和输入空间 2 共享的相同又抽象的结构和组织。通常,类属空间确定输入空间 1 和输入空间 2 两者跨空间映射的核心如图 6 – 2 所示。

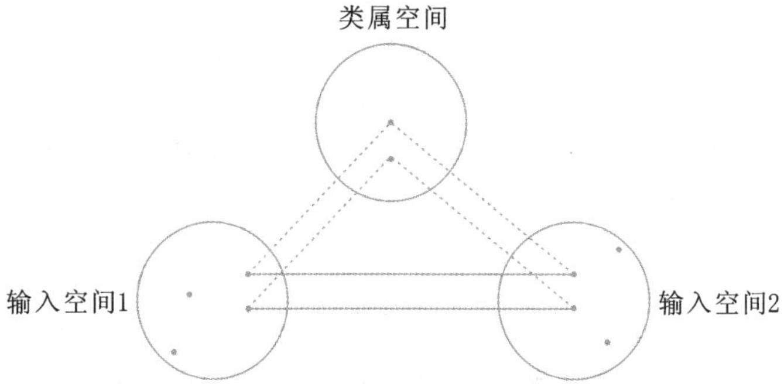

图 6 – 2

(3)合成空间(Blend Space):合成空间接收来自输入空间 1、输入空间 2 和类属空间的所有背景知识(background knowledge)、结构模式(structural patterns)和认知模式(cognitive models)。(Blend Space receives and accepts all the background knowledge, structural patterns and cognitive models that have been transmitted from the relevant domains of the input I1 and input I2 and Generic Space as well.)最终,输入空间 1 和输入空间 2 部分投射到第四个空间,即合成空间,这样就产生并完成一个新的认知如图 6 – 3 所示。

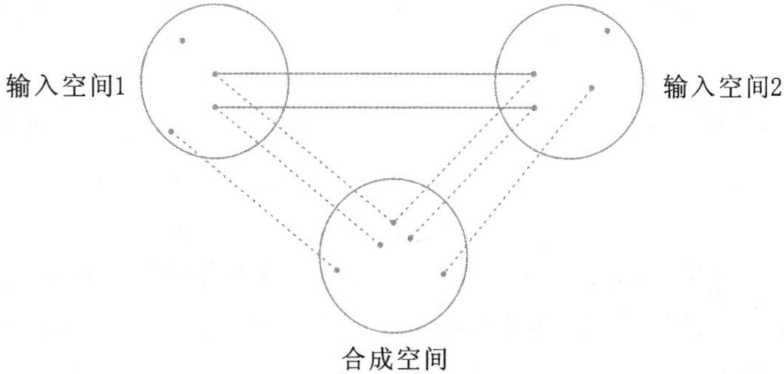

图 6 – 3

(4)层创结构(Emergent Structure):层创结构位于合成空间,较为简单。它是整个整合网络的动态结构,而不是整合空间本身。它帮助建立一个简单的却是最佳的合成空间。这个空间可以利用现存的和可以利用的结构。层创结构能连接整合网络中所有的心理空间,它通过以下 3 种相互联系的认知操作实现。

1)组合(Composition):将来自输入空间的各种投射组合到一起,从而产生原来输入空间中所没有的新的关系的整合过程。(A process that helps the projections from the inputs make new relations available that did not exist in the separate inputs.)

2)完善(Completion):它指运用背景框架(background frames)、认知和文化模

式(cognitive and cultural models)里的知识,把来自输入空间的组合结构视为合成空间中更大的独立结构的构成部分。

3)细化(Elaboration):它是将合成空间的各种结构细化的过程。(A process of elaborating the structures in the blend.)人们对合成空间进行管理(running),具体地说,就是根据符合合成空间层级逻辑,在合成空间里进行认知操作(cognitive operations)。

完整的四个空间整合如图6-4所示。正方形表示整合的层创结构。当相对应的成分投射到合成空间时,它们可能合并(fuse)为一个成分,也可能单独投射。另一种可能是相对应成分之一被投射,而另一方却没有。

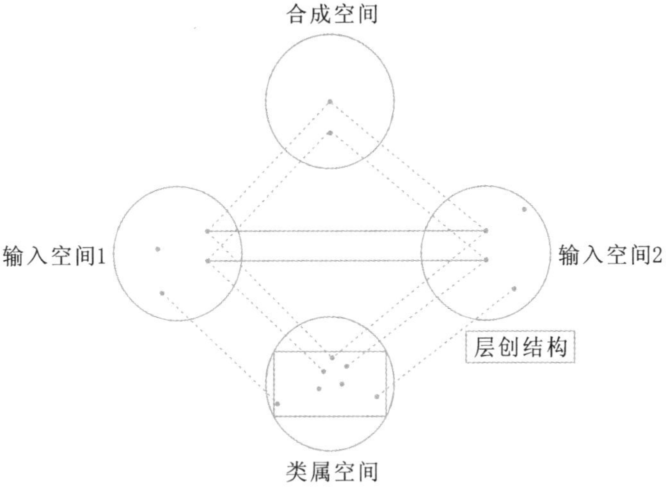

图6-4

整合理论为解释一种新的推理(inference)的组成要素提供了方法。因为映射操作涉及整合的框架(integrated frames)而不是孤立的成分,对框架的不同选择必定会导致形成不同的相关推理结果。除了能够了解未知事实这一作用之外,一个新的推理方式可能帮助对一个大家熟知现象做新的解读,或者改变一个特定成分显著性(prominence),也有可能帮助获得相关的框架。

术语双解

Blending Theory:整合理论,它是一种认知操作即两个或更多的心理空间通过投射整合为一个新的合成空间,这个空间有其独特的结构。合成空间部分地继承了两个输入空间的结构,形成自己的层创结构。It is a cognitive operation whereby elements of two or more "mental spaces" are integrated via projection into a new, blended space which has its unique structure. The blend inherits partial structure from the input spaces and has emergent structure of its own.

Categorization:范畴化是基于人类经验的异同将我们的经验划分成不同的类别,它是人类知识产生不可或缺的成分,并使我们将过去的经验与现在的经验有机地结合起来。Categorization is the process of classifying our experiences into different categories based on commonalities and differences, it is a major ingredient in the creation of human knowledge, and it allows us to relate present experiences to past ones.

The Conceptual Approach: 认知法,认知法关注语言中组织概念内容的方式和过程,它被认为是研究语言如何构建概念内容的方法。It is concerned with the patterns in which and the processes by with conceptual content is organized in language. It addresses how language structures conceptual content.

Cognition: 认知,这个概念用于很多不同的方面。它是与情感、意志相对应的心理过程的一部分。在心理学领域,它指一个通过信息处理了解个体中心理功能的过程。The term cognition is used in different ways by different disciplines. In psychology, it refers to an information processing view of an individual's psychological functions.

Cognitive Linguistics: 认知语言学,认知语言学研究人对世界的感知、经验、观察事物方式如何影响人们对语言的使用,特别是在同样符合语言规范的条件下如何选择不同的词与词语来表达非客观的意义。Cognitive linguistics is an approach to language that is based on our experience of the world and the way we perceive and conceptualize it.

Construal: 识解,一种在特异性、心理扫描、定向性、优势地位以及图形与背景的分离等多种不同的方式下理解和描绘相同的情境的能力。Construal is the ability to conceive and portray the same situation in alternate ways through specificity, different mental scanning, directionality, vantage point, figure - ground segregation, etc.

Construal Operation: 识解操作,识解操作是人在语言处理过程中的一种概念化,即为人在语言表达过程中潜在的心理过程和心理资源。Construal operations are conceptualizing processes used in language process by human beings. That is, construal operations are the underlying psychological processes and resources employed in the interpretation of linguistic expressions.

Cycle Schema: 循环图式,它涉及不断发生的事件或系列事件。它的结构包括:起点,不受阻碍的事件的进程,回到起始点。It involves repetitious events and event series. Its structure includes the following: a starting point, a progression through successive events without backtracking, a return to the initial state.

Deixis: 指示词是一种从说话的环境出发指向某物的语言形式。从认知的角度说, 指示词是用主语所在的位置指示情境中的某物。Deixis involves linguistic forms that point at something from the speech situation. In cognitive terms, deixis is the use of elements of subject's situatedness to designate something in the scene.

The Formal Approach:形式法,主要研究语言显性形式所表现出的结构方式,这些结构大都从意义中抽象出来或被认为是自主的系统。这种方法包括对形态、句法和词汇结构的研究。It basically addresses the structural patterns exhibited by the overt aspect of linguistic forms, largely abstracted away from or regarded as autonomous from any associated meaning. This approach includes the study of morphological, syntactic, and lexical structure.

Force Schema: 力道图式,它涉及生理或隐喻的互动关系,包括力的来源和目标、力的方向和密度、起点和终点的轨迹以及随之产生的结果。It involves physical or metaphorical causal interaction. It includes the following elements: a source and target of the force, a direction and intensity of the force, a path of motion of the source and target, a sequence of causation.

Image Schema: 意向图式,通过感知的相互作用和运动程序获得的对事物经验给以连贯和结构的循环出现的动态模式。Image schema is a recurring, dynamic pattern of our perceptual interactions and motor programs that gives coherence and structure to our experience.

Metaphor: 隐喻涉及两个看似没有联系的概念之间的对比。一般来说,隐喻是通过一种修辞中的比喻手法或多或少地使一样事物与另一样事物等同。隐喻总是被描述为目标域和源域。目标域是被隐喻所描述的经验,源域是用于描述经验的方式。Metaphor is language that directly compares seemingly unrelated subjects. Generally, a metaphor is a rhetorical trope that describes a first subject as being or equal to a second subject in some way. The subjects are described as a target domain and a source domain. The target domain is the experience being described by the metaphor and the source domain is the means that we use in order to describe the experience.

Metonymy: 转喻,转喻被定义为一种认知过程。在这个认知过程中,源域为同一域中的目标域提供了心理途径。转喻在认知过程中被视为理想化认知模式(ICMs)。Metonymy is defined as a cognitive process in which the vehicle provides mental access to the target within the same domain. Metonymy in the cognitive literature is modeled as Idealized Cognitive Models (ICMs).

Neurocognition: 神经认知,研究语言的认知结构是怎样的以及语言处理过程是如何在大脑中得以实现的。Neurocognition refers to how is the cognitive architecture of language and language processing implemented in the human brain.

Parallel Model: 并行模型,描述了处理器如何运用所有相关的信息快速地评估一个句子所有可能的理解。Parallel models describe how the processor uses all relevant information to quickly evaluate the full range of possible interpretations of a sentence.

Psycholinguistics: 心理语言学,对语言的心理方面的研究,它通常研究的是与语言使用相关的心理状态和心理活动。Psycholinguistics is the study of psychological aspects of language; it usually studies the psychological states and mental activity associated with the use of language.

Salience：显著度，与显著度有关的识解操作与我们关注显著事物的注意力有关。从感知的角度说，我们可以让我们的注意力放在部分被感知的情景上。从认知的角度，我们的注意力应该放在被激发的概念结构上。Salience has to do with our direction of attention towards something that is salient to us. In perception, we can direct our attention towards parts of the perceived scenery. In cognition, it has to do with the activation of the most relevant conceptual structures.

Scale ICM：标量转喻(Scale ICM)，标量是事物一种特殊的类别，标量单位也是其中的一部分。通常情况下，整体标量替代标量上限，同时标量上限也可以替代整体标量。Scales are a special class of things and the scalar units are parts of them. Typically, a scale as a whole is used for its upper end and the upper end of a scale is used to stand for the scale as a whole.

Serial Model：串行模型，句子理解系统以极高速度持续而有序地理解语言的语法约束条件。Serial model propose that the sentence comprehension system continually and sequentially follows the constraints of a language's grammar with remarkable speed.

重 难 点 解 析

1. 语言习得的四个阶段

语言习得始于人类生命的早期，并从语言声音类型的习得开始。一岁以前，人们能够控制言语的肌肉组织，并对父母话语语音的差别有一定的敏感度。大约一岁时，婴儿开始理解单词，继而开始学习发音。这个时候还只能蹦出孤立的一个词，这种独词阶段(one-word stage)将持续两个月到一年。

十八个月左右，儿童语言习得在两个方面发生变化：一是词汇量增加了，儿童开始以平均每两个小时学一个单词的速度学习单词，此速度或更快的学习速度将维持到整个青春期结束；二是简单的句法出现，产生两个词的搭配，即为双词句阶段(Two-word stage)

儿童在三词句阶段(Stage of three-word utterances)时说的三词句像是从表达完整而复杂意义的潜在长句中抽出的样品。从双词句后期到三词句中期阶段，儿童的语言急速发展成为流畅的合乎句法的会话，句子长度也稳步增加。语法作为一个组合系统，根据句法类型造句的数量是呈指数上升的。每个月的数量成倍增长，在三岁之前可达到上千之多。

正常的儿童在语言发展的进度方面会出现一年左右的差异，然而他们历经的阶段是基本相同的，无论是大踏步前进还是缓慢前进，大部分儿童在两岁前都可以表达复杂句子。而这个时候儿童已经进入了流畅的合乎语法的会话阶段(fluent grammatical conversation stage)。

2. **语言理解中的口语词汇辨识**

词汇在传达意义过程中极为重要,因而在语言理解中也处于中心地位。单词辨识是指对口头语单词和书面语单词的辨识。人类似乎是在口头语的听辨上占有优势,不需费什么力气。

根据“集群模型”,口语词的头几个音位激活一组与输入信息一致的待选词。这些待选词之间彼此竞争以便激活,当更多声学信号被分析时,与输入信息不符的待选词就会被淘汰出局。这个过程一直持续到选出与输入信息相符的唯一待选词为止,若没有符合条件的唯一待选词,则最合适的词会被选中。

“交互模型”认为高级的加工层面对低级的加工层面会产生直接的、“自上而下”的影响。词汇知识可以影响对音位的听辨,而交互性则体现在词汇层面对词以下层面感知的影响上。在某些情况下,听者的词汇只是可以抑制一些音位的听辨;在另一些情况下,听者继续“听到”一些已经从口语信号中移除并且被噪音所替代的音素。

“竞争模型”则不认同“自上而下”效应,它包含了两条相互竞争的路径:一是前词路径从声学听觉信号中计算语音信息;二是词汇路径即当词自身被提取时,与其相关的音位信息也同时被提取。该模型认为当词这一层次的信息影响单词中的较低层次元素的加工时,词汇路径会在竞争中获胜。

3. **范畴的 3 个层次**

范畴化是基于人类经验的异同将我们的经验划分成不同的类别,它是人类知识产生不可或缺的成分,并使我们将过去的经验与现在的经验有机地结合起来。范畴分 3 个层次:基本层次,上位层次和附属层次。

处于基本层次的范畴即为那些最能突显文化和最能满足我们认知需要的范畴。这也是我们能感知“事物”间最大不同的一个层次。在这个层次上,我们可以发现范畴特性最理想化的结构。上位范畴是最具概括性的范畴,上位范畴中的成员没有足够的共性构成一个共同的完形。附属层次范畴具有清晰可辨的完形和许多个性特征。在这个层次上,我们可以感知基本层次范畴成员之间的区别。附属层次范畴的名称通常形态复杂,并且是典型的复合形式。

强 化 练 习

Ⅰ. **选择题**

1. Which one of the following items is probably not a subject in the research areas of psycholinguistics?

A. Language Awareness　　B. Language Disorders

C. Language Production　　D. Language Bias

2. Which one of the following items can probably be produced by a baby of 15 months?

A. Dry pants　　B. Look at that

C. More hot　　D. Other pocket

3. Which one of the following items is not an example of cycle schema?

A. Sleeping and waking　　B. Breathing

C. Climbing stairs　　D. Years

4. Which one of the following items is not an example of orientational metaphor?

A. If you use the strategy, he'll wipe you out.

B. Thinking about her always gives me a lift.

C. You're in high spirits.

D. He's really low these days.

5. Which one of the following items is not an example of action ICM?

A. He butchers the cow.

B. He dusts the room.

C. He marries money.

D. He sneezes the tissue off the table.

Ⅱ. 填空题

1. From a psycholinguistic point of view, we store a great deal of information about the properties of words in our ________.

2. In resonance model, information in ________ memory is automatically activated by the presence of material that apparently bears a rough semantic relation to it.

3. The research on written language production has concentrated on the ________ processes rather on the sentence generation and lexical processes that have been the focus of spoken language production.

4. The interrelations between entities of the same or form different ________ lead to various ICMs and possibilities for metonymy.

5. Construal operations are the underlying ________ processes and resources employed in the interpretation of linguistic expressions.

Ⅲ. 判断题

1. Connectionist theories claim that a single set of connections from orthography to phonology cannot account for performance on both regular words and exception words.

2. Parallel models propose that the sentence comprehension system continually and sequentially follows the constraints of a language's grammar with remarkable speed.
3. Both structural metaphor and orientational metaphor are grounded in an experiential basis.
4. Blending operates on two input mental spaces to produce a third space, the blend. The blend inherits complete structure from the input spaces and has emergent structure of its own.

Ⅳ. 名词解释

1. Psycholinguistics
2. Image Schemas
3. Salience
4. Metonymy

强化练习答案

Ⅰ. 1. D　2. B　3. C　4. A　5. C

Ⅱ. 1. mental lexicon　2. long-term　3. preparation and revision　4. ontological realms　5. psychological

Ⅲ. 1. F　2. F　3. T　4. F

Ⅳ. 详见术语双解部分

第7章 语言、文化和社会

Chapter 7 Language, Culture, and Society

本章要点

1. 语言和文化的关系
2. 萨丕尔－沃尔夫假说
3. 文化在语言研究中的地位
4. 语言教学中的文化导入
5. 语言与社会的联系
6. 社会语言学的研究视角

参考译文

长久以来一直有这样的观点,语言是文化重要的组成部分之一,文化对于语言的影响是内在和不可分割的。正如我们下面将要谈到的,尽管对这一内在关系的探索在语言学科学的发展中,没有占据主导地位,但从 20 世纪 60 年代起,这一语言固有的特性在社会和文化中受到关注并从此一直成为人们所研究的对象(Apte,1994:2000)。为了更清楚地了解这一情况,这一章将讨论三者的关系。为了强调语言科学的应用性和反映这一学科的交差特性,这一章还设置了特殊的一点,这是和跨国文化交际(CROSS－CULTURAL COMMUNICATION)相关的。很明显这是为了提供一个新的视角来研究语言科学,我们从社会语言学的角度出发来看新的发展趋势,这在过去的社会文化学背景下语言使用的研究方面已经被证实是一种不可缺少的趋势。将这一点牢记在心,我们来看以下几种内在联系:语言与文化;语言与社会;语言与跨文化交际。

7.1 语言和文化(Language and Culture)

语言是文化的载体,通过语言的使用,文化能得到更好地反映,对这两个学科的综合研究能够扩宽人们的知识面,特别是丰富各自学科的研究。这种相互关系反映了对于两者关系一致性的追求,并且使研究更加具有挑战性。

7.1.1 语言和文化的关系(How Does Language Relate to Culture?)

语言和文化密切相关,这是不言自明的道理。简要回顾 20 世纪语言学领域的研究成果,不难找到有力的证据。自 18 世纪初以来,语言研究从本质上说,要么研究语言历史发展,对语言进行比较;要么研究语言的结构和形式。但到20世纪初,情形就不一样了。无论在英国,还是在北美,语言研究出现了人类学转向。其典型特征是将语言研究置于社会文化大环境中。这种研究在英国以 Bronislaw Malinowski 和 John. P. Firth 为其先导,在北美以 Franz Boas , Edward Sapir 和 Benjamin Lee Whorf 为其代表。他们对语言和文化的内在关系进行了长期的创造性研究。更重要的是建立了一套全新的研究范式,从而引发了对这一问题的各种研究。(Admittedly, ever since the beginning of the eighteenth century, the linguistic inquiry of language has been either comparative and historical or structural and formalized in nature, some change, however, was observed at the start of the 20 th century; AN ANTHROPOLOGICAL ORIENTATION in the study of language was developed both in England and in North America. What characterized this new tradition was its study of language in a sociocultural context. While Bronislaw Malinowski and John P. Firth can be regarded as the pioneers of this movement in England. Franz Boas, Edward Sapir, and Benjamin Lee Whorf are naturally seen as the representatives of a parallel but independent tradition from North America.)

早在20世纪20年代,英国就有一批学者,开始从人类学角度研究语言学,如人类学家 Malinowski 在新几内亚东岸的 Trobriand 岛进行过实地调查。他发现,一个词的意义在很大程度上依赖于它的语境,即生活中的真实语言环境。(As early as in the 1920s, a school of ANTHROPOLOGICAL STUDY OF LINGUISTICS came into being in England. For instance, when Malinowski, an anthropologist, did his field work on the Trobriand Islands off eastern New Guinea, he observed that in this primitive culture the meaning of a word greatly depended upon its occurrence in a given context, or rather, upon a real language situation in life.) 以单词"wood"为例,它既可指树的实体,也可更具体地指独木舟。独木舟是岛上居民重要的交通工具,在他们的日常生活中发挥重要作用。所以这个单词的第二种释义,具有极强的环境色彩和文化意味,对于来自不同文化背景的人来说,大概可能不易理解。根据这种现象,Malinowski 认为,在初始阶段,语言是协调人类活动的纽带,它是一种行为方式,而不是思维工具(1923:312)。无疑,Malinowski 的研究,为英国的语言文化或语境研究铺平了道路。(Based on phenomena like this, Malinowski claimed that "In its primitive uses, language functions as a link in concerted human activity…It is a mode of action and not an instrument of reflection." (1923:312) Needless to say, the work by Malinowski paved the way for a cultural, rather, a contextual study of language use in Britain.)Firth 是稍后出现的伦敦学派的先驱,深受 Malinowski 人类语言学观的影响,也深知语境在语言研究中的重要作用。他试图建立一个模式,来说明语言使用与其他相关因素的密切关系。并提出一套情景语境(Context of situation)理论。其观点归纳如下:(Firth, 1950:43-44;Palmer,1981:53-54)

(1)参与者的相关特征:人物、性格。①参与者的言语行为;②参与者的非言语行为。

(2)相关事物。

(3)言语活动所产生的影响。

(Firth, a leading figure in a linguistic tradition later known as the London School, tried to set up a model for illustrating the close relationship between language use and its co-occurrent factors. In the end, he developed his own theory of CONTEXT OF SITUATION, which can be summarized as follows:(Firth, 1950: 43-44;Palmer,1981: 53-54)

A. The relevant features of the participants: persons, personalities:

(ⅰ) The verbal action of the participants.

(ⅱ) The non-verbal action of the participants.

B. The relevant objects.

C. The effects of the verbal action.

为了说明这一理论强烈的文化取向,需要指出两点:一是 Firth 指出了语言在使用过程中的创造性和多样性(Darnell,1994:3655);二是他所强调的内容近似于一种更流行的社会学观点:即"Who speaks(or writes) what language (or what language variety) to whom and when and to what end?"(谁在什么时候对谁讲了什么话,产生什么结果?)(Fisherman,1972:46)。Firth 这些研究后来得到系统功能语言学(Systemic-functional linguistics)创始人 M. A. K Halliday(韩礼德)的进一步发展。韩礼德从社会符号或交互作用的角度研究语言,从语言功能的角度把语法解释为一种"潜在意义系统",并在自己的文献研究中提出一套模式。这些观点都是他对社会语言学研究所作的贡献。(And the Firthian tradition in this respect was further developed by the founder of systemic-functional linguistics, M. A. K. Halliday, whose contributions to sociolinguistics could be better seen from his understanding of language from a socially semiotic or interactional perspective, his funcitonal interpretation of grammar as a resource for meaning potential, and his linguistic model in the study of literature(Downes,1998).)

20 世纪 20 年代,北美的语言学家们也对语言和文化的关系进行了大量研究。美国印第安文化为他们的研究提供了丰富的语料。从 20 年代到 40 年代,Baos, Sapir, Whorf 等美国人类学家开展了一项艰难而又重要的工作——重构美洲印第安语。这项工作使他们逐渐认识到,文化对于语言研究有着重要意义。在实地考察中,他们采集了许多语言素材。这些材料证明了美洲印第安人在日常交际里用到的语言形式,同他们的人际关系有一定的联系。(From the 1920s to the 1940s, when engaged in a demanding but significant task—the reconstruction of American Native languages, those anthropologists such as Boas, Sapir, and Whorf came to know the significance of culture in the study of language use. For instance, from their field

work, a lot of language data had been documented, providing much first-hand evidence to show how the interpersonal relationship is related to linguistic forms chosen by these American Indians in their daily communication.）如果这些联系得不到描述和理解，就很难对语言结构中的某些形式做出解释。这些对语言和文化的人类学研究方法，为语言学发展奠定了坚实的基础，甚至对当今社会与文化的语言学研究领域的重要学科——交际民族学也产生了潜在的影响（Hymes, 1972）。该学科的必要组成部分包括：①言语社团（SPEECH COMMUNITY）；②情景、事件和行为；③记忆言语成分（MNEMONIC SPEAKING COMPONENTS）。Fasold 对于这些因素的简单解释，可以让大家更好地了解这种机制。言语社会是指一群人"不仅分享言语的说话规则，并且还分享至少一种语言的类别"（Hymes, 1972）。情景、事件和行为是交际的成分，这些成分形成一个体系来研究特定言语社区成员是如何进行交际的。"言语行为是言语事件的一部分，而言语事件又是言语情景的一部分。"（Fasold, 1999）说话是一种记忆行为，其总结描述分析人们交流行为各种言语组成部分：S 代表场景，P 代表参与者，E 代表目的，A 代表相关形式与内容，K 代表语气，I 代表语式，N 代表准则，G 代表体裁。（杨，2000: 23 - 24）

讨论了这么多关于语言与文化关系研究的历史，下面我们对语言与文化关系研究中既有影响又有争议的一种理论作一下介绍。说到这里就不能不谈到美国人类语言学家本杰明·沃尔夫以及他关于语言、思维和文化的著名假说。20 世纪 20 年代初，沃尔夫还是个业余语言学家，但对语言学、考古学和人类学产生了浓厚兴趣，后来在耶鲁大学旁听了萨丕尔的语言学课程，并"发现自己的观点与萨丕尔的观点有特殊的契合点"。正是这段经历和他对美国印第安 Hopi 语的研究，使他对语言相对性有独到理解，最终形成了广为人知的"萨丕尔—沃尔夫假说（Sapir-Whorf Hypotheses）"。这个假说的大意是：语言塑造思维模式。不同语言表达了说话者认识世界的不同方式。根据这个观点，沃尔夫假说包含两个重要方面：一方面，语言决定思维方式；另一方面，不同语言间的相似性是相对的，对于两个不同的语言群体来说，语言结构差异越大，他们对世界的认识概念就越不同。所以，这个假说既可称为"语言决定论"（linguistic determinism），也可称为"语言相对论"（linguistic relativity）。实际上，这种观点最先是由德国民族学家洪堡特提出来的。（This experience and his study of Hopi, an American Indian language, helped him develop his unique understanding of linguistic relativity, which is widely known as the SAPIR-WHORF HYPOTHESES. What this hypothesis suggests is like this: our language helps mould our way of thinking and, consequently, different languages may probably express our unique ways of understanding the world. Following this argument, two important points could be captured in this theory. On the one hand, language may determine our thinking patterns; on the other, similarity between languages is relative, the greater their structural differentiation is, the more diverse their conceptualization of the world will be.

For this reason, this hypothesis has alternatively been referred to as LINGUISTIC DETERMINISM and LINGUISTIC RELATIVITY—a view which "was first expounded by the German ethnologist, Wilhelm von Humboldt"(Crystal,1985: 262).)

在我们结束历史评论,对"萨丕尔 - 沃尔夫假说"作详细阐述之前,还有必要提及一下著名语言学家和翻译家尤金·奈达(Eugene Nida)有关语言和文化关系的观点。因为多年担任将圣经翻译成几种不同语言的工作,奈达对语言与文化关系的看法很值得我们思考。根据自己的翻译经验,他认为,要做好跨文化交际,需要充分认识五种次文化形态:生态文化、语言文化、宗教文化、物质文化、社会文化(奈达 1964)。(His rich experience in this respect leads him to claim that, as translators, if we want to do a good job in CROSSCULTRAL COMMUNICATION, there are five types of sub-culture we should be fully aware of: 1) ecological culture;2) linguistic culture;3) religious culture;4) material culture, and 5) social culture (Nida,1964).)这就是肯定并强调了跨文化交际的多样性和难度。

◀ 7.1.2 萨丕尔 - 沃尔夫假说(More about the Sapir-Whorf hypothesis)

如前所述,这一假说的主要观点是语言塑造世界观。但至今还没有多少人愿意完全接受这一观点。所以这一假设有两种说法:强式说与弱式说。强式说指的是初始假说,强调语言对塑造思维方式的决定作用;弱式说指的是初始假说的修正形式,认为语言、文化和思维相互联系,但由此产生的思维方式所反映出的跨文化差异却是相对的,而不是绝对的。(Two versions of the Sapir-Whorf hypothesis have been developed: a strong version and a weak version. The strong version of the theory refers to the claim the original hypothesis makes, emphasizing the decisive role of language as the shaper of our thinking patterns. The weak version of this hypothesis, however, is a modified type of its original theory, suggesting that there is a correlation between languages, culture, and thought, but the cross-cultural differences thus produced in our ways of thinking are relative, rather than categorical.)

这一假说引发了激烈的争论。一部分研究者声称已经找到了证明其正确性的证据;另一部分研究者则声称他们拥有反驳其可能性的证据。所以,我们在没有足够的支持或反对这一假说的证据前,不要急于下结论。这里举两个例子,证明该假说的复杂性和争议性:一个例子来自美国印第安 Hopi 语;另一个例子来自 lrian Jaya 的 Danni 语。前者表明语言之间存在差异,从而为假说提供了正面支持,但另一方面,从进化论的角度看 Danni 语的基本颜色词,就能从中找到反驳语言相对论的证据,向假说提出挑战。Hopi 语有些特殊的语法现象,其表达时间概念的语法手段与其他语言不一样。所以,人们喻其为"没有时间的语言"。正如 Sampson(1980:86)所进一步阐述的:

该语言(Hopi 语)不是从线性方向上认识时间,即时间不能像空间那样切分和度量……,而且 Hopi 语的动词不是像欧洲语言那样有时态变化。既然没有时间概念,也没有速度概念(距离与时间之比),Hopi 语就没有词来表示“快”(fast)的概念,所以“He runs fast”,这类句子的最切近表达式,也只能按字面译为“He very runs”。

根据 Hopi 语这种现象,我们就会提出这样一个问题:假如一位来自 Hopi 文化圈的物理学家,也像爱因斯坦那样富有创新精神,在讨论相对论时,他讲的内容也会同爱因斯坦讲的一样吗? 如果这一假设成立,可以肯定,这位物理学家必定有自己的方式来表达相对论的基本原则。这就涉及一个更重要的问题:这位物理学家的语言表达方式与我们的语言表达方式如何比较? 这些问题说明,在处理跨文化问题时,不要老是用自己的母语标准去评判另一个语言系统。事实上,对萨丕尔—沃尔夫假说的批评之一,就是认为该理论是以欧洲语言为基础的,所有的比较都是在此基础上进行的。这一批评意味着,当从共性的角度来思考语言问题时,应该做的是用异同的标准来考察语言特性。这是一个范畴重构的过程,因此不能用现在的语言模式作为参照标准。为便于观察和比较,在考察语言共性(linguistic universality)时,最好先研究大多数语言的相似点。而不是考察想象中的差异(Greenberg 等 1978)。(In fact, one of the criticisms to the Sapir-Whorf hypothesis is that the theory is based on establishing European languages as a model against which all comparisons are made. The undertone behind this criticism is that when we examine linguistic issues from a universal perspective, what we should do is to look at linguistic properties by a criterion of similarity and difference, but not by a criterion of an already established model language. Furthermore, due to the convenience of observation and comparison, it is suggested that when we search for LINGUISTIC UNIVERSALITY, we'd better begin with the similarities possessed by most languages, instead of their assumed differences (Greenberg et al. 1978).)

下面再看看来自 Dani 语的例子。20 世纪 60 年代后期,两位美国学者 Brent Berlin 和 Paul Kay 对基本颜色词进行了一次大规模的跨语言调查,涉及世界上 98 种语言。调查发现,不同语言的颜色系统并不是萨丕尔 - 沃尔夫假说所想象那样,不同语言的颜色系统由各自的文化所决定,因而各不相同。与此相反,Berlin 和 Kay 发现,不同语言很有可能都经历了一个共同的进化过程(universal evolutionary process)。这一进化过程使得一种语言的颜色词系统与另一种语言的颜色词系统呈现出不同的发展阶段,具体过程如图 7 - 1 所示。

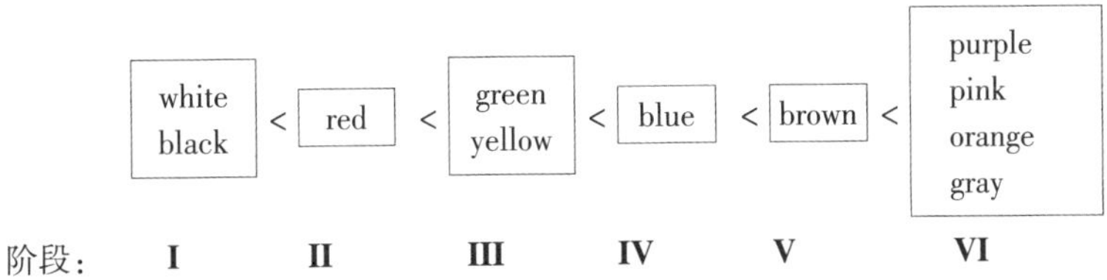

图 7 - 1

图 7 - 1 说明:如果一种语言只有两个基本颜色词(black, white),它就处于进化的第一阶段;如果一种语言有三个基本颜色词(black, white, red),它就处于进

化的第二阶段。根据这一理论,英语已进入最后阶段,因为它有十一个基本颜色词。这一理论的优点在于,它从跨文化的角度,正确地揭示了颜色词的共性。在所调查的98种语言中,基本颜色词仅有大约30种组合形式,数目从2个到11个不等。假如在不同语言的基本颜色词系统中不存在共性的话,由11个基本颜色词的自由组合就会高达2000多种。

这种进化理论能对Dani语的颜色词系统做出很好解释。Dani只有两个基本颜色词:"modla"表示"光线""明亮",意为"白";"mili"表示"黑暗""阴暗",意为"黑"。那么我们要提出一个有趣的问题:如果讲Dani语的人想要描述黑和白之外的颜色该怎么办?换句话说,从跨文化角度看,modla和mili总是表示"黑"和"白"吗?对Dani语的基本颜色词系统的进一步调查告诉我们,讲Dani语的人,是通过"黑"和"白"的对比来传递更多的颜色感知信息的。他们用modla作为概括词,涵盖"红""黄"等暖色;而用mili作为另一概括词,涵盖"蓝""绿"等冷色。这样,modla与mili之间的对比,实际上是"白暖色系列"与"黑冷色系列"之间的对比,而不仅仅是"白"与"黑"之间的颜色对比。这些调查结果表明,Dani语的颜色词系统,依然处于颜色词进化的第一阶段。通过使用"冷"与"暖"的对比,和其他类型的色彩词,如物体、动物、植物等名称,讲Dani语的人都能准确地描述不同颜色。如果我们考虑到语言使用问题,那么语言相对论的说服力就大大降低了。

最近的语言学发展显示在未来如果考虑认知、交叉学科等因素,语言学的研究成果将会更加丰硕(Hauser, Chomsky, Fitch, 2002)。同时,我们也收集到其他证据来说明Sapir-Whorf假设在解释不同文化区别时具有适用性和动态性。这些新的变化不仅给语言学的研究带来活力,同时也要求理论化的过程中有更多的折中主义。从这个视角来看,彻底否定Sapir-Whorf假设还是不成熟的。

◀ 7.1.3 个案研究(Case Studies)

从语言分析的不同层面,从语篇结构到音位变体,都可以找到大量例证来解释语言和文化的相互作用。例如Kaplan(1966)认为,语篇结构往往富有文化特征。有些研究者进行了一些实验,以证明跨语言语境中说话人对条件句的敏感性,但研究结果却不尽相同。同时,丰富的数据显示语音差别或方言区别比说话者的祖籍更具有揭示力(Labov, 1966)。比如,英语中英国英语使用者和美国英语使用者使用很多不同的社会搭配用法,这在听众看来,有很大的差异。如果你是一个英国英语使用者,人们会认为你是受过良好教育的,而如果你是美国英语使用者,人们会认为你不仅教育良好而且性格外向。如果你的英语有地方和异国口音,你会给人不同的印象,如高雅或粗俗,聪明或愚钝。

对特定文化背景下习语、隐喻意义的跨文化研究,无疑有助于我们对这一问题的探讨。这一切入点,在一定程度上可以帮助我们理解奈达的观点。奈达在总结词语与语义、翻译、文化相关的内在特征时曾指出,词语有时是"约定俗成的,富有一定的文化特征的”(1998:32－45);这一切入点也显示,在语言和文化研究领域里已出现了一股重要的新兴力量——隐喻研究。下面是作者本人在美国文化中经历的一些例子,虽然只是很小的一部分,但足以达到用来讨论的目的。

(1)在美国文化中,“get your hands dirty”并不一定意味着你做了体力活,需要去洗手。

交际情景:美国语言学家 Tulai 教授和来自中国的访问学者杨教授在办公室讨论教学与研究的关系。

Tulai 教授:所谓研究,就是“to get your hands dirty”。

杨教授:你是说教学比研究有意义吗?“to get your hands dirty”这个短语是不是带有一点贬义?

Tulai 教授:不! 不! 我不是那个意思,我是说“所谓研究,就是干实际工作”。(“you are practising something”或者“you are engaged in doing something”。)

(2)在美国文化中“to have enough dumbbells”并不一定意味着你有一对锻炼身体的哑铃。

交际情景:杨先生和他的房东 Goodell 先生一起打扫房间,杨先生指着地上的哑铃问 Goodell 先生,他是否可以暂时使用这个哑铃。

Goodell 先生:我觉得最好把它放到仓库里去,我办公室里“有哑铃”(to have enough dumbbells)。

杨先生:是吗? 你在办公室里玩哑铃?

Goodell 先生:当然不行! 我是开玩笑的。我是说我们办公室里有许多蠢才。

◀ 7.1.4 文化对语言研究有多大帮助?(To What Extent Do We Need Culture in Our Linguistic Study?)

Hopi 语、Dani 语以及美语的例子已经很好地回答了这个问题。下面讨论一些英语和汉语的例子,以此说明在文化背景下研究语言有利于加深我们对语言变化动因(MOTIVATION)和方向性(DIRECTIONALITY)的理解。同时,通过介绍这种研究方法,大家也有机会了解如何在文化环境中开展语言学研究。

(1)词和词的由来。

自20世纪70年代初以来,诸如水门事件(Watergate)这样的政治丑闻不断出现,由此衍生的许多新词也涌进英语,如“Billy gate”、“Debate gate”、“Cattle gate”和“Rice gate”。对“－gate”以及它的衍生词进行社会语言学研究,对于我们考察这些临时造词的语义、结构和功能变化,更多地了解构词研究中相关因素的内在联系,都是非常必要的。

经过对这一构词现象的仔细研究,我们发现:①这个后缀在美国英语中具有很强的能产性;②由此派生的词语不可避免地带有文化贬义,意指“高层丑闻曝光”(Barnhart,1981: 2364),成为各种不同类型丑闻的同义语;③研究这一后缀的能产性有助于解释各种不同的派生过程（如“antonomasia 换称法、conversion 转化法、affixation 加缀法”）。

基于这些发现，我们能够尝试做出如下结论：

a.“Watergate”作为一个指称“高层丑闻”的贬义词，将在英语中存在相当长的时间；

b.“gate”作为一个构词成分在语言中的结构地位变得相当稳固，因为它经历了丰富的派生过程；

c.“Watergate”的隐含意义将随着这个词长时间存在下去。

事实上，“-gate”这个构词形式如此受欢迎，以至于一些由-gate 构成的词已经传出美国社会，进入其他文化，用于表达任何政治丑闻。这些例子包括：英国水门（British Water gate），法国水门（French Water gate），南非（水）门（Mulder gate），韩国（水）门（Korea gate）。更有趣的是，这类词的用法经过翻译或者类比很快融入汉语（杨永林，2008）。以下是近年出现的一些例子，意指国内外高层官员或者社会名流的丑闻曝光，如“代言门”“××门”“小三门”“偷窥门”“字库门”“棱镜门”“邮件门”“排放门”“××门”“××门”和“××门”。它们反映了“门”这个后缀在汉语中的流行度，多产性和生命力。

（2）语法和语法的演变。

和词汇的显著变化相比，语法的变化通常比较缓慢，也不活跃。但是，如果后者发生显著变化，它能更多地反映语言变化动因和方向性。这一点对于社会语言学研究尤其如此，因为可以收集更多的资料数据来解释语言、文化和社会的关系。

英语中就存在以上提及的语法变化。以“be + like”结构为例，在当代英语中，它是一种全新的引述表达（a *brand new type* of quotatives）。传统上，我们引述一个观点或者话语时会使用 *say*，*go* 或者 *think*：

1) He *said*, "I need some help."

2) She *goes*, "Mom wants to talk to you."

3) I *thought*, "It is a great idea."

自 20 世纪 80 年代以后，“be + like”结构相继在美国、加拿大、英国及其他英语国家突然流行起来。下面的例子就说明这一结构在不同语境里的用法：

1) And I'm *like*, "That's so good." (Romaine & Lange, 1991: 250)

2) And she's *like*, she's *like*, "Now I'm not even sure if I like him." (ibid)

3) We were *like*, "Tyrone, are you selling drudge?"

4) You're *like*, "Okay."

5) He's *like*, "Why, what's wrong?"

6) It's *like*, "Hey man, the police came up."

7) My Mom's *like*, you know, "I trust your driving."

8) And they *were like*, "Well that's too bad." (Ferrara & Bell 1995: 266-267)

进一步的调查则揭示了一些重要的现象。首先,从词项到语法成分的迅速转变使"be + like"结构成为一种语法化(grammaticalization)的独特现象。其次,性别和年龄是导致这种变化的两个主要因素,因为它在女性和年轻者中间备受欢迎。

(3)新称谓语(address forms)的流行。

对称谓语和代词进行考察是社会语言学研究的传统,也是具有魅力的做法,因为它们比其他语言成分对文化和社会因素更敏感。汉语和英语中均存在称谓语或者代词的变化,这些变化可以为中国大学生的英语学习提供实用性的指导。

汉语中,"亲"(qin)广泛应用于虚拟的电子商务交流,而不是现实的人际交流。它最早出现在中国最大的网上购物平台——淘宝。从社会语言学的角度来说,"亲"(qin)的流行出乎意料。形态上,它出自"亲爱的"(qinaide),作为称谓语相当于英语中的"dear",是一个无法继续分割的语言实体(linguistic entity)。语义上,"亲爱的"(qinaide)用于表明社会语言学中的亲密程度。例如,它只适用于夫妻、情侣、家庭成员和亲密朋友之间,而不适用于陌生人之间。"亲"(qin)有三个特点:首先,它出自一个不能继续分割的语言实体(linguistic entity),语法上有误,但不影响使用;其次,它可以被用来指称存在任何亲疏关系的对象;第三,它的复数形式"亲们"(qinmen)"众亲"(zhongqin)和"众亲们"(zhongqinmen)也开始出现。

除了"亲"(qin)和"亲们"(qinmen)"美女"(meinü)和"帅哥"(shuaige)这一对新的称谓语也出现在我们的日常交际中,并且它们的变化体现在意义和使用(或者类型)两个方面。例如,"美女"(meinü)和"帅哥"(shuaige)以往在汉语中一般被用作名词而不是称谓语。而且,"美女"(meinü)通常指漂亮的女孩;"帅哥"(shuaige)往往指帅气的男孩。但伴随着它们功能类别和语义所指发生的变化,这一对称谓语现在被广泛用于指称任何人,年长的或者年轻的,相貌好看的或者平平的。如果从语义的角度进行分析,我们可以更多地揭示它们最初的社会意义,并给予全新的解释:

1)"美女"(meinü)和"帅哥"(shuaige)被用作名词有五个语义特征。这五个语义特征限制了这一对名词的适用范围。换言之,它们只适用于亲密的对象之间:"美女"(meinü)[+有生命; +人; -非男性; +年轻; +相貌好看];"帅哥"(shuaige)[+有生命; +人; +男性; +年轻; +相貌好看]。

2)"美女"(meinü)和"帅哥"(shuaige)被用作称谓语只有三个语义特征。如此一来,它们的适用范围就比较广泛,可以用于任何说话者之间。具体而言,"美女"(meinü)[+有生命; +人; -非男性];"帅哥"(shuaige)[+有生命; +人; +男性]。

其实,从社会或者文化的角度来说,语言在任何时候,任何情况下都在发生变化。英语中代词的使用也是如此,比如 he 的泛指用法的减少和 Ms 的出现。这些变化具有社会和文化意义,同时也反映女权主义在反对语言性别歧视斗争中所取得的胜利。这种里程碑式的胜利给英语带来深远的文化影响。如今,如果你继续使用人称代词 he 指代任何人,或者继续使用 Mrs.,你就会被认为是大男子主义者(male chauvinist)。遗憾的是,这些变化在我们的英语教学和教材编写中还没有引起充分重视,例如:

1) Everyone should hand in his homework on time.

2) As a student, he has to take a good care of his study.

为了避免这种问题,语言学家给出四种可供选择的解决办法:①he or she,②he/she,③复数形式(we, you or they),④在不影响句子理解的情况下,去掉人们忌讳的代词。

和以上情况类似的是,中国学生在学习英语时,对于称谓语的使用也会出现口头和书面错误。例如:

1) Teacher Yang, may I ask you a question?

2) I'll meet Teacher Li in her office this afternoon.

心理学家用语言学习的负迁移(negative transfer)来解释这些问题。他们认为,语言学习者只是遵循自己母语的表达习惯,所以把"老师"(Teacher)作为称谓语,但事实上它在英语中不属于称谓语。又比如,"头衔 + 姓氏"("Title + Last Name")在英语中属于常见的正式称谓语。所以,我们还可以使用一些类似的表达,如杨教授(Professor Yang)、杨博士(Dr. Yang)、李先生(Mr. Li)或者李女士(Ms. Li)。

◀ 7.1.5 语言教学中的文化导入(Culture in Language Teaching Classroom)

了解异质文化并非易事,而在异质文化中做到行为得体则难度更大。有人说,实现这一目标,大约需要 20 年的时间(Nida & JFL 通讯,1998)。意识到这一任务的艰巨性,同时也认识到文化知识在语言教学中的有益作用后,有必要讨论一下文化与语言教学的关系。

语言教学中传播文化知识至少有三个主要目的:

1)使学生熟悉不同文化之间的差异;

2)帮助学生超越本土文化,从异质文化的角度去观察事物;

3)通过各种课堂活动,突出强调理解语言和理解文化的不可分离性。

(Principally, there are at least three objectives for us to teach culture in our language class:

1) To get the students familiar with cultural differences;

2) To help the students transcend their own culture and see things as the members of the target culture will;

3) To emphasize the inseparability of understanding language and understanding

culture through various classroom practices.)

对于语言学习者来说,正确理解语言结构与有意识地了解目标语的文化背景有很大关系。换言之,掌握一门语言与熟悉其所属文化有密切的关系。这是因为语言和文化在语言结构的不同层面上都存在着相互的联系。

7.2 语言和社会(Language and Society)

从比喻的角度语言被看作是社会的镜子,通过语言我们可以更好地了解一个特定社会的各种活动。从功能上来讲,社会给语言提供了适当的情景让我们能够生动真实地享受语言的各个方面。由于社会语言学的出现,语言跟社会的关系得到重视,其重要性也得到广泛地承认。(Chomsky, 1977)在这种学术背景下展开社会语言学研究将会对我们了解语言、社会和说话人的行为机制提供崭新的窗口。

7.2.1 语言与社会是怎样联系的?(**How Does Language Relate to Society?**)

人们早已对语言和社会的关系有所认识,并进行了一些考察。从希腊、罗马和印度的哲学家、语法家的文献中可以找到许多这方面的证据,尽管这些证据还很零散。(Harris & Taylor, 1977[1989];Apte, 1994)整个 20 世纪,人们将语言学视为一门独立学科,追求其一元性和自治性,并为此做了大量研究。在这种主流思想的影响下,语言研究脱离语言使用的社会环境,只注重研究语言结构。乔姆斯基语言学理论曾大行其道。到 20 世纪 60 年代,社会语言学的兴起,对乔姆斯基语言学理论提出了挑战,语言学的二元观才得以复苏。(During the whole 20th century, a great deal of efforts has been taken to treat the inquiry of linguistics as a MONISTIC or AUTONOMOUS PURSUIT of an independent science. Strongly influenced by this dominant view of linguistic science, a separation of the structural study of language from its social context of usage was claimed, justified, and reinforced. The resurrection of a DUALISTIC VIEW of linguistic inquiry, therefore, came into being in the 1960s, along with the development of sociolinguistics as an opposition to the dominant theory of Chomskyan linguistics.)

7.2.2 语言使用的社会情景变异观(**A Situationally and Socially Variationist Perspective**)

关于语言运用中的情景变异,Geertz(1960)举了一个很好的例子来证明语言风格变体的多样性和丰富性。讲爪哇语(Javanese)的人,在不同的交际事件中,可以选用许多不同的风格变体(参见 Hymes,1972;Fasold,1999[1990]:39 – 46)。如"Are you going to eat rice and cassava now?"这样的简单疑问句,跟下面的例子一样,在不同的情景中,能译成好几种爪哇语句子,体现出语言风格由低到高的层次变化。

Are　　apa/ napa/menapa

you	kowé/ sampéjan/ pandjenengan
going	arep/ adjeng/ dadé
to eat	mangan/neda / daharé
rice	sega/ sekul
and	lan/ kalijan
cassava	laspé
now	saiki/ saniki/ samenika

在爪哇语言社区里,语言表达具有丰富的选择性。这一事实表明,在社会交往中,恰当地运用语言,不仅与语言结构规则有关,还与社会约定俗成的语言使用习惯有关。从这个意义上讲,语言形式的选择既受风格因素的制约,又受社会因素的制约。(An appropriate language use in any social interaction not only has something to do with structural rules, but also involves some socially institutionalized norms in usage. In this sense, the choice of one form over another is both stylistically and socially governed.)对语言变体的这种认识,以及下面所要讨论的内容,都可能有助于更深刻、更全面地理解语言和社会的关系。

在社会语言学中有句名言"You are what you say"(Lakoff, 1991)。根据这一说法,可以把一些社会因素引入语言研究中,以此扩展我们的观察视野。因为这些因素都影响我们在社会环境中的语言行为,它们包括阶层、性别、年龄、种族、教育背景、职业、宗教信仰。(There has been a maxim in sociolinguistics which claims that "You are what you say" (Lakoff 1991). Following this claim, we may expand the scope of our observation by introducing some social factors that are believed to influence our language behavior in a social context. Among these factors, some major ones include a) class; b) gender; c) age; d) ethnic identity; e) education background; f) occupation, and g) religious belief.)下面我们重点讨论前两种因素,阐述这两种因素对语言使用的影响。

20 世纪 60 年代中期,著名社会语言学家 William Labov 在纽约一些商场作过一次细致的调查。其目的是考察谈话人的社会地位和他们的语音变体之间的关系。调查结果写成报告《纽约英语的社会差异》(*The Social Stratification of English in New York City*)。这个报告已成为当今社会语言学研究的经典著作。调查显示,社会阶层和谈话风格是影响说话人语言选择的两大主要因素。基于这些发现,Labov 清楚地描述了社会阶层和谈话风格引起的种种差异。更重要的是,他把"社会阶层"确立为社会语言学研究中一个不可或缺的变量。自 20 世纪 60 年代调查报告发表以来,这一研究模式成为社会语言学研究的主流。这种模式有时称为"量化研究",有时直接称为"社会语言学",有时称为"语言变体研究""城市方言"和"世俗语言学"等(Mesthrie, 1994:4900; Bolton, 1992:14; Milroy 1994:4859; Fasold 1999[1990])。

在过去数十年里，除了研究社会阶层的语言变异外，研究者们还对影响语言行为的性别因素进行过调查。这些调查也能为研究语言和社会关系提供丰富的材料。其实，对影响语言行为的性别因素认识已久，可以追溯到2000多年以前（杨，2004a：113－200）。例如，在古希腊戏剧中，就有许多反映语言中性别差异的例子。不过，人们普遍认为，真正从社会语言学角度研究这一问题，还是从Robin Lakoff开始的。早在70年代早期，她就对美国英语中存在的性别差异进行过追根溯源的研究（cf. Jesperson，1922）。在Robin Lakoff的研究论文的引导下，在随后的年月里，人们发表了许多文章，对Robin Lakoff提出的美国社会女性语言行为的假设，要么予以支持，要么提出异议。这些假设认为，语言中存在着女性语域（women register）。它具有如下特征：

1）女性喜欢使用更“花哨”的颜色词，如mauve和beige；

2）女性喜欢使用不太强烈的诅咒词语；

3）女性喜欢使用强化词，如terrible和awful；

4）女性喜欢使用附加疑问句；

5）女性喜欢使用陈述句提出疑问（句末用升调）；

6）女性的语言较男性更间接，所以显得更礼貌。

（There exists a WOMEN REGISTER in the language that takes on the following features：

1）women use more “fancy” color terms such as mauve and beige；

2）women use less powerful curse words；

3）women use more intensifiers such as terrible and awful；

4）women use more tag questions；

5）women use more statement questions like “Dinner will be ready at seven o'clock?”（with a rising intonation at the end）；

6）women's linguistic behavior is more indirect and, hence, more polite than men's.）

更重要的是，研究者们坚持认为语言使用的性别差异是由女性的社会地位造成的。更令人信服的是，男女语言使用的差异是文化和社会决定的。有些社会学家和语言学家甚至宣称女性语域不仅是女性使用，也供社会上的无权者使用。这一观点的含义是有价值的。假如，我们对语言使用的某些现象，如语言性别歧视（Linguistic sexism）不满意，并想要改变这种现象。那么，我们要做的第 件事，就是改造社会。正如Lakoff所指出的，不是语言本身，而是女性的社会地位，才导致了这样的言语行为。所以要阐明语言和社会的关系，我们不妨研究这样的问题：一种语言形式是否更多地被女性使用？如果是这样，何以如此？这种自然联系可以说明，为什么自70年代以来，性别差异研究成为社会语言学领域一个持久的热点。

◀ 7.2.3 我们还应了解社会语言学哪些方面的知识？（What Should We Know More about Sociolinguistics?）

社会语言学是研究语言使用的交叉学科，它力图揭示语言和社会的关系。具体说，这一学科重点研究两个方面：语言结构和它们在社会环境中的使用。同样，在对语言使用进行社会语言学研究时，我们要解决两个问题：第一，两个方面是如何联系的？第二，为什么会有这种联系？换句话说，一方面我们通过考察社会环境中的语言使用来研究语言结构，另一方面我们通过观察语言社区的语言现象来了解社会的社会结构。（Sociolinguistics, as an interdisciplinary study of language use, attempts to show the relationship between language and society. More specifically, in this discipline we have two important things to think about: structural things and their uses in a sociocultural context. Similarly, when we are conducting a sociolinguistic study of language use, we have two big issues to deal with. First, we want to show how these two factors are related to each other, and second, we attempt to know why it should be so. Put it another way, we want to look at structural things by paying attention to language use in a social context; on the other hand, we try to understand sociological things of society by examining linguistic phenomena of a speaking community.）

这一双重目标使得这一新型的语言学研究成为一门交叉学科，从本质上讲，已成为一门多元学科（Bolton & Kwok, 1992），另一方面，这一领域的多元性和多样性又使其研究范围难以界定。在社会语言学研究中所观察到的另一显著特征，是社会语言学研究与其他学科研究互相重叠。认识到这一点，在考察社会语言学的学科结构时，既可以按研究层次，也可以按研究方向给社会语言学的研究进行分类。从种类上来讲，社会语言学又可具体分为两个既有联系又相互区别的观察视角：一是社会的社会语言学研究（sociolinguistic study of society），二是语言的社会语言学研究（sociolinguistic study of language）。为了便于讨论，采取按方向分类的方法对语言和社会关系作进一步考察。

如果要通过考察社会成员的语言行为来更多地了解社会，那么就对社会进行社会语言学研究。在这一层面上，所关注的内容包括双语现象（bilingualism）或多语现象（multilingualism）、语言态度（language attitude）、语言选择（language choice）、语言维护和转换（language maintenance and shift）、语言规划和规范化（language planning and standardization）、地方语言教育（vernacular language education）等等。

如果要通过分析潜在的社会文化因素来描写解释语言现象，进而更多地了解语言使用中的一些语言变体，那么就对语言进行社会语言学研究。更注重考察微观语言现象（micro linguistic phenomena），诸如语言结构变体（structural variants）、称呼形式（address forms）、性别差异（gender differences）、语篇分析（discourse analysis）、洋泾浜语（pidgin）和克力奥尔语（creole languages），以及其他与语言相关的问题。有兴趣的读者可以在我们相关的讨论中找到有关这些社会语言学热点的详细资料。(杨,1988,1990,1991,1996,2000,2002a,2002b,2004a,2004b)

(If we want to know more about a given society or community by examining the linguistic behavior of its members, we are doing a sociolinguistic study of a society. That is ,we are doing sociolinguistics at a macro level of investigation. If we turn to Fasold (1984) again, we may say that at this level of discussion things that we are interested in includes bilingualism or multilingualism, language attitudes, language choice, language maintenance and shift, language planning and standardization, vernacular language education, to name some important ones.

On the other hand, if we want to know more about some linguistic variations in language use by turning to potential sociocultural factors for a description and explanation, we are doing a sociolinguistic study of language. Consequently, we are more interested in examining micro linguistic phenomena such as structural variants, address forms, gender differences, discourse analysis, Pidgin and Creole languages, and other more language related issues in our relevant discussion.) (Yang, 1988,1990,1991,1996, 2000, 2002a, 2002b, 2004a & 2004b)

◀ 7.2.4 我们能从社会语言学中得到什么启示? (What Implications Can We Get from Sociolinguistics?)

过去的几十年见证了社会语言学的快速发展,在这一领域所获得的发现很大程度地丰富了我们对语言与社会之间关系的理解。随着这一语言学流派的逐渐成熟和被认同,由此衍生出一门名为"应用语言学"(applied linguistics)的新的学科的可能性也越来越大 (Trudgill, 1984) 。这一新的语言学分支的成功在语言课堂、法庭和临床医学领域已经分别得到了印证。我们将分别进行简要讨论。

(1)社会语言学与语言教学。

我们的调查可以从这个问题开始:传统的语言教学观(traditional perspective in language teaching)有什么问题? 通过这样的提问,我们在讨论的其实是语言教学的目的这一问题。因此,首先必须做出一个至关紧要的选择:应该把语言习得者培养成语法学家还是积极的语言使用者? 这一选择反映了两种对立的语言教学哲学观(two contrasting views of philosophy in language teaching)。

如果你选择前一种方法,你就是传统学派的一员。对于这一学派而言,"语言学习被视为是一种知识获得的过程,如同历史学习或数学学习。其最终结果是学习者采用与语言学家相同的方式去学习语言,但是对他人使用的语言却知之甚少"(Berns, 1990: 342)。另一方面,如果你选择后一种角度,那么你就是交际能力(communicative competence)理论的追随者,该理论是由 Hymes 于 20 世纪 70 年代,针对传统的语言教学哲学观所提出的。正如这一新理论的名称所揭示的那样，语言教师们的注意力已经开始越来越多地投入到如何把他们的学生培养成真实语境中积极而成功的语言使用者这一问题上来。就语言教学而言，社会语言学做出了如下重要的贡献（Berns, 1990：339）：

1）社会语言学使语言教学内容的重点发生了变化。

2）它同时还促进了课堂教材和课堂活动的革新。

3）另外，它促使人们用一种全新的眼光来审视语言发展和使用的本质。

4）最终在这一领域结出了丰硕的成果。

（2）社会语言学与法律。

探寻语言与社会的关系，为我们开辟出了一个新的天地，使我们能把社会语言学的成果应用到更为实际的社会问题上去，比如解决法律案件。

这种尝试所获得的成果不胜枚举。比如，在对收集到的作为法庭证据的语料进行分析时，语言学家发挥着重要作用，这一点已经为越来越多的人所承认与接受。同时，社会语言学家与立法工作者合作起草法律文件，已经被证实有助于提高文本的可读性，因此为大家所认可与赞同（Fasold, 1999［1990］）。而且，法庭语言使用的探究也揭示出一些有趣的结论，这些结论反过来很大程度地丰富了我们对权力和语言的理解，这些理解进一步解释了人们为什么在法庭这种独特的社会场合（social setting）中使用不同的说话方式的原因。比如，法庭上，有些人提问更多，而有些人回答得更多。有些人的说话风格更加强势，而有些人使用相对弱势的法庭语体（register）。事实上，选择一种话语模式（discourse pattern）而不是另一个，这种选择由社会机构所决定（institutionally decided），并为社会所维护（socially maintained）。

（3）社会语言学与医患对话。

临床医学领域的医患对话分析同样吸引了社会语言学家们的兴趣。与法庭的情形相类似，这一新的语境下的研究旨在表明权利的概念在等级社会里是如何通过语言使用来编码及解码的，以及在这样的言语事件（speech event）中涉及了哪些语用模式（pragmatic pattern）及效力（forces）。

为此，很多的努力都放在了从社会语言学的角度来分析临床医学领域的会话模式上。因为大家相信，在这样一个高度层次化的（highly hierarchically）、有序（ordered）的交际情境（communicative situation）中，通过研究医生和患者的语言使用，可以获得更多的关于社会因素对言语社区（speech community）成员语言行为影响的启示。还有人声称，这一研究可以进一步促进医患交流，并最终改善医疗诊治的效果。

7.3 跨文化交际（Cross-Cultural Communication）

当全球化已经成为一个事实时，跨文化交际的重要性受到重视。而另一方面,我们观察到在跨文化交际中产生越来越多的误解。著名心理学家 Carl Rogers (1996)说:"真正的交际是在理解基础上聆听时才能发生"。所以如果误解对方,交际就会中断,更具体地说当没有任何理解的时候就会出现文化冲突和对于文化现象当然的理解。在交际时语言起着决定性的作用,但文化和语言的差异使跨文化交际成为风险很大的一项任务,为了完成这种几乎不可能完成的任务,我们首先介绍一些与交际相关的基本因素,然后进行个案调查。我们希望这些基本因素和生动故事能丰富大家的跨文化知识,提升全球意识和增进作为合格语言使用者的实际交际能力。

◀ 7.3.1 关于跨文化交际,应该了解什么?(What Should We Know All about Cross - Cultural Communication?)

除非我们遵守一些基本的准则,否则文化内交际(intra - cultural communication)绝非易事。如果不使用恰当的交际技能,跨文化交际(cross - cultural communication)就会变成一场噩梦。在通往全球化的道路上,意识到这些问题,我们需要了解一些基本的交际原则,这样才能使用一种更为健康的话语模式。为了给大家提供一种切实可行的框架,我们参考了 Rogers (1961) 的理论,建立起了成功交际的三方模型(tripartite model for successful communication):

1)试图从他人的角度来看待问题。

2)试图体会他们对某一事件的感觉。

3)试图理解他们认识世界的方式。

这个模型的优点在于它在交际的心理角度(psychological perspective of communication)与语用学中对意向性(intentionality)的哲学诠释间建立起了更为紧密的联系。后者强调"严格意义上的交际(communication proper)具有意向性的特点,或者如 Grice 所描述的那样,带有'非自然(non - natural)的意义'"(Berge, 1994: 614)。遵循这一思路,结合跨文化交际中的不确定性,我们希望提出一些启发性的原则,作为这一艰巨任务的指导方针。下面的图片生动地表现了成功交际的一些准则。

1)真正的交际发生于听话人可以从说话人的角度看到、感觉到并理解问题之时。"认真倾听"(listen out)是这一规则的关键词。

2)有效率的交际发生于双方使用动态的对话模式之时。"畅所欲言"(have your say)是这一准则的另一种表达方式。

3)成功的交际发生于说话人和听话人了解彼此的意图之时。"心照不宣"(you know what I mean)是这一原则的另一种说法。

◀ 7.3.2 个案分析(Case Studies)

成功交际在当代社会扮演重要角色。它可以带来财富、和平和机会,而失败则会带来歧视偏见和冲突对抗。在信息化,数字化和全球化的时代,我们享受着前所未有的多彩生活。同时,我们也发现在跨文化交流中发生并累积了一系列的事件。有些是好的、成功的、令人愉快的;而有些则是不好的、不成功的、令人不快的。为了在跨文化交际中丰富大家的知识和提高交际策略,我们收集了其中的一些个案在这里进行分析。

(1)入乡随俗。

语言形式各不相同。不同的语言系统中的语意选择也不一样。你在一种语言中可以方便地表达的一个概念,在另一种语言中却未必能做到,这个特点使跨文化交际变得很难。当我们采用跨文化交际的视角,看在不同语言中的不同称谓和打招呼的不同形式时可以发现大量的例子。下表(表 7 – 1)列出了不同语言中的六种人称体系(Ingram, 1978:219)。

表 7 – 1 六种人称体系

单 数	复 数
I	we
Thou	you
He	they

这种跨文化调查表明当代英语的第二人称非常特殊。例如在亚洲和欧洲的大多数语言中不允许说话人区分纯粹的语言形式(即第二人称单复的区别),但是却给它们以一种社会语言学的视角提供了明确表达意义的可能性,例如在选择礼貌和熟悉的第二人称不同语言的形式(如第二人称形式中礼貌和熟悉之间的选择)(杨,1998:159)。第二种对比和中文中"你"和"您"的区别相似。虽然这种用法在现代英语中已经不存在,但在莎士比亚时代使用却相当广泛。比如《十二夜》中 Toby 爵士告诉 Andrew 爵士如何以熟悉的称呼"thou"来激怒对方:"If thou thou'st him some thrice, it shall not be amiss"(第三节第二幕)。但在现代汉语中人们依旧需要根据交际场合的不同来选择"你"和"您"。现在的问题是来自这两种不同文化背景的说话者如何交际。《简 · 爱》当中的一句话能够帮助我们理解这个问题。

"你想要什么?"我不自信地说道。

答复是:"说吧,你想要什么,Master Read?"

第二句表明,现代英语要依靠称谓语和人称共同传递微妙的人际关系,因而形成了传达权力和亲疏关系的语义场。如,一个美国人可能会选择以下句子中的某句来表明他/她想要与听话者保持的距离(Hook, 1984:187)。

1) I'm Mr. Jones(称谓+姓,表示礼貌和正式)

2) I'm Jones(只用姓,表示礼貌和正式)

3) John(只用名,表示熟悉和亲密)。

不仅如此,跨文化交际中问候方式的选择也不容易。两个英国人见面时,他们会谈论天气来向彼此表示问候。

A: It's a nice day, isn't it?

B: Yes, it's such a warm day!

而中国人呢?他们可能会这样问候彼此:"你去哪儿?"或者"你吃了吗?"对于很多西方人来说,这样的话题就算不是多管闲事,也显得过于私人化。这种情况发生在跨文化交际的时候,不理解文化差异就会产生误解和不愉快。以下是一则引述于英国很有影响力的报刊《卫报》中的一篇有趣的专栏故事,说的是同样的事情。通过这个故事我们可以知道更多的文化区别,避免打招呼时的误解。我们引用了其中的一部分,如下:

食物作为打招呼的方式

当你和英国人进行交谈的时候,食物作为打招呼的方式会是一个展开话题安全的方式,特别是当你没有其他事情可以说的时候,但中国人会怎么开场的呢?他们会讨论食物和健康的话题。

"你吃了吗"是中文里使用最平常也是最重要的交谈方式。不管何时何地,即使你是在深夜的大街上遇到一个人,你也可以使用。没有必要精确的回答你是否吃了或者你吃了什么,简单的回答"吃了"就可以了。这个回答是说你现在不饿,生活过得不错,也意味着你没有其他的谈话内容或者你很忙。但是如果回答"没呢"或者"你呢",这意味着你希望和他继续交谈,取得说话者的注意。如果你希望告诉他们一些有关食物以外的事情,你接着就可以问"为什么还没有吃呢"。

西方人不理解为什么食物和健康在中国人的日常生活中成为如此普遍的话题。这和中国5000多年的历史有关。我想,你得翻阅一下大约是公元前1300年的记录,那时候的统治者已经开始告诉人们你能说什么和不能说什么。

但是,我要说的是,我还是不明白为什么有着先进文化的英国人,仍然选择天气这一安全稳妥的方式来作为交际的开始呢。

(2)设身处地为他人着想。

成功交际取决于对他人所思所想以及在关键时刻的表现的合理解释和预测。拥有这一能力是一个很大的挑战。困难的原因有多种。有语言和文化的因素,还有对于特定国家民族特色的了解,以及有可能出现的对目标文化草率和危险的推断。下面将介绍一个在跨文化交际方面的珍贵经验,讲述一个这样的不愉快的故事,是要说明建立在对目标语言、文化和社会全面理解的基础上,才能进行真正的跨文化交际。以下这个例子,虽然在具体史实及其原因探究方面有偏颇之处,但也充分说明了跨文化交际与不同背景之间的关系。

在二战临近尾声的时候,签署了一个具有历史性意义的文件《波茨坦公告》(Postdam Proclamation),该文件要求日本接受无条件投降(杨,2003b:59-60)。在接下来的新闻发布会中,日本首相宣布,他们将实行 mokusatsu 政策。在日语当中 mokusatsu 有"不做任何评论"和"忽视"两种意思。选择哪个意思,很大程度上基于人们对当时特定情形的理解。当把此单词翻译成英语的时候,新闻发布会中的西方译员选择了第二个意思即"忽略"。日本的这一政策引起了美国政府的强烈反应,使之做出了一个可怕的决定:在日本领土上投下两颗原子弹,伤害了无数无辜的平民百姓。重新反思这一痛苦事件,一些评论家认为这一灾难是由跨文化交际中的误解导致的。由于不同文化的深刻影响,美国人和日本人行为方式大相径庭。当遇到复杂事物时,美国人会立即采取行动而日本人会三思而后行。由于不同的思维方式,日本首相在使用 mokusatsu 的时候,他的意思是延迟自己的决定。而美国的译员,由于他来自于另外一个文化背景,所以他选择了"忽略"这一解释(Stewart,1983)。

(3)文化之间的冲突。

谚语浓缩了文化和社会价值体系的精华,对于成语表达的跨文化调查吸引了人们的注意力,比如不同的文化如何看待人与动物的关系。中英表达中都有"爱屋及乌",但不同的成语表达显示出两个国家人民对于不同宠物的热爱,如果这种区别不能很好地予以处理就会带来交际的不愉快。狗在英语是一个可爱的宠物,但在中国却有着不同的社会内涵。下面是说明文化冲突的例子。

在 2003 年的早春,中国的中电通信科技有限责任公司(下文简称 CECT 公司)手机用户注意到,当他们打开移动电话时,他们的屏幕的问候语是"Hello, Chow"。这使手机用户感觉不舒服,因为 chow 被理解为长毛有黑绿舌头的狗。因而他们向报刊写信,希望知道这是不是个污辱性的称谓。这则消息迅速传播开来。CECT 公司不得不召开新闻发布会来消除误解,他们说这则问候语就像"Hello Kitty"一样,只是一个用来吸引年轻的女性消费者的设计,并没有任何负面意思。这个解释是合理的,但对于这个问题的合适的处理方式要考虑到社会语言学中语言禁忌的使用。我们需要意识到的跨文化交际之路是充满荆棘的,里面充满了语言陷阱和文化圈套。下面这些中国学生在纽约游玩时的不快经历为我们提供了另外一个可信服的例子。他们这则悲惨的故事说明,英语中最常用的问候语"Hello",如果使用不当,会使无辜的跨文化交际者们陷如无比尴尬的境地。

他们的"Hello"怎么了?

有一群刚到美国上大学的中国女孩打算一起去纽约游玩。由于她们的学校和纽约市不远,她们决定周末乘公交车去。周六的早晨她们起得很早,搭了 2 小时公交后来到纽约市中心。她们在那待了几小时，购物和参观都很愉快，一切看起来都很好。可是到了该回家的时候，她们突然意识到自己不知道如何回 greyhound 公交站。更糟糕的是天开始黑了，几个女孩非常绝望，她们在一个街角决定向人救助，这时她们看见一对年轻的夫妇走过，她们对这对夫妇说"你好"。令她们十分惊讶，这对夫妇冷冰冰地看着她们然后匆忙离去。这群女孩无计可施，她们又走到另外一群过路人身边，这次她们更大声地说"你好"。结果却是这里的人好像都漠然无视她们的存在。

细心的读者可能意识到这几个中国女性使用的语言形式有问题。在这样的公众场合，英语母语者使用 Excuse me 而不是 Hello 来吸引他人的注意。关键是如果不能意识到这种区别，在具体的交际场合不恰当地向过路人使用 Hello，可能会被别人认为是妓女。

以上的个案调查显示这些表达具有社会意义，好还是坏、友好还是敌对，取决于交际的社会学规则：谁在何时何地为何目的对什么人说了什么（Fishman，1972：46）。同样，正确的解释和合适的交流取决于一系列的相关因素，其中之一是说话者的意图，还有对话者之间的社会关系，以及特定的交际场合。如果这些先决条件得不到满足，盲目使用一些不符合文化规则的新奇表达，将会产生文化语境中的抱怨，不愉快和误解。

（4）双方交际重要在于相互理解。

中西文化如何交融？这是双方需要共同解答的问题。我们的个案调查显示在得到满意答案之前我们还有很长一段路要走。作为一名语言学的学生，你也许会问：出路何在？答案是我们需要具有丰富的交际知识、良好的文化意识和语言能力才能成为出色的交际者。同时我们要注意到态度和手势语也很重要。我们相信，诚实、真诚和相互理解能成为沟通不同文化的桥梁。

7.4 小结（Summary）

当我们研究语言、文化和社会的联系时，我们深信创新性的方式将会为研究者提供最佳的视角，我们应该鼓励创新。21 世纪我们目睹了认知语言学和理论语言学的进步，乔姆斯基和哈佛大学的两位心理学家联合发表了一篇重要文章，标题是《语言机能：是什么，谁拥有，是如何进化的》（Hauser，Chomsky & Fitch，2002）。这篇文章的核心是对于语言学的创新应该采用交叉学科的视角，以此进行语言学理论的革新。同样重要的一个创新是我们应该区别更为广义的语言机制和狭义的语言机制。"狭义的语言机制仅仅包括递归，它是语言机制的唯一组成部分。"（Hauser，Chomsky & Fitch，2002）。这些概念都具有创新性，极大地丰富语言学科学的发展，并且鼓励我们进行更多的语言理论和语言问题的交叉学科研究。

至此，已介绍了从社会文化角度研究语言问题的一些理论和实践活动。如前所述,这类研究直到20世纪60年代才趋于系统,社会语言学作为一门语言研究的新兴学科已初具雏形。经过近40年的发展,这场革新运动吸收其他相关科学的研究成果,从中获得强大的推动力和生命力,并逐渐在语言学研究领域确立了合法地位(cf. Chomsky,1995)。然而,研究语言文化和社会间的关系是一个极富挑战性的课题。其困难之一是研究范围的多样性。它具有学科交叉的特点,要求研究者具有相关领域的知识,如人类学、社会心理学、社会学、人种学和认知科学等(cf. Rosch,1975 & 1977)。上文只是这座研究大厦的一小部分,这座大厦的更多魅力有待睿智勇敢的探索者去探寻,去发掘。

术 语 双 解

bilingualism: 双语现象，指在同一语言社区通行两种语言的现象。Bilingualism refers to the phenomenon that in a speech community two languages are spoken.

creole: 克里奥耳语，指已取得本族语地位的混合语言。Creole is a Pidgin that has become the primary language of a speech community and is acquired by the children of that community as their native language.

dialectology: 方言学，研究语言的地域变体。Dialectology is the study of regional varieties of language.

dualistic view: 二分观点，强调语言研究不仅要研究语言形式,还要研究语言使用的相关社会因素。The Dualistic View claims that structual study of language can't be separated from the social context of usage.

gender difference: 性别差异，指因性别的不同而导致的语言运用的差异。Gender difference refers to the difference in language use which was brought about by gender.

language choice: 语言选择，指社会成员在交际过程中依据语境选择不同语言的行为。Language choice refers to choice of linguistic behaviour in different contexts.

language maintenance: 语言维护，指保障语言生存与发展的措施。Language maintenance refers to the efforts made to keep a language from dying out.

linguistic sexism: 语言性别歧视，指反映在语言使用中的性别歧视,尤其是对女性的歧视。Linguistic sexism refers to ways in which a language devalues members of one sex, invariably women(linguistic discrimination on the grounds of sex, based on assumptions that women are both different and inferior to men)。

linguistic universality: 语言普遍性，指不同语言所共有的语言特征。Linguistic universality refers to some common features shared by all the languages.

linguistic determinism: 语言决定论，是萨丕尔－沃尔夫假设的强式说法,认为语言决定思维方式。Linguistics Determinism is the strong version of the Sapir-Whorf Hypothesis。It emphasizes the decisive role of language as the shape of our thinking patterns. It holds that language may determine our thinking patterns.

linguistic relativity：语言相对论，是萨丕尔—沃尔夫假设的弱式说法，认为语言、文化、思维之间存在一定的联系，语言间的相似性是相对的，语言结构差异越大，人们对世界的认识就越不同。Linguistic relativity is the weak version of the Sapir-Whorf Hypothesis. It suggests that there is a correlation between language, culture and thought. The similarity between languages is relative, the greater their structural differentiation is, the more diverse their conceptualisation of the world will be.

linguistic variation：语言变异，指语言的多种不同变体。Linguistic variation refers to all the varieties of a language.

multilingualism：多语现象，指同一语言社区通行多种语言或方言的现象。Multilingualism refers to the linguistic phenomenon that in some speech communities many languages or varieties are spoken.

pidgin：洋泾浜语，是由不同语言混合而成的一种特殊的语言变体。A Pidgin is a special language variety that mixes or blends languages and it is used by people who speak different languages for restricted purposes such as trading.

Sapir-Whorf hypothesis：萨丕尔—沃尔夫假设，是美国人类学家沃尔夫提出的语言决定思维的观点。The Sapir-Whorf Hypothesis is a series of ideas about the language-culture relationship, formulated by Edward Sapir and Benjamin Lee Whorf, who believed that our language helps mould our way of thinking and, consequently, different languages may probably express our unique ways of understanding the world.

situational variation：情景变异，指不同语境下的语言变体。Situational variation is the linguistic varieties used in different contexts.

sociolinguistic study of language：语言的社会语言学，是通过分析潜在的社会文化因素，从宏观上来描写解释语言现象，进而更多地了解语言使用中的一些语言变体的科学。Sociolinguistics of language is the study of linguistic variations in language use by turning to potential sociocultural factors for a discription and explanation at a macro level of investigation, covering bilingualism or culturalingualism, language attitudes, language choice, language maintenance and shift, language planning and standardization.

sociolinguistics of society：社会的社会语言学，是通过考察社会成员的语言行为来更多地了解社会，注重考察微观语言现象的科学。Sociolinguistics of society is the study of a given society or community by examining the linguistic behavior of its members, examining micro linguistic phenomena such as structural variants, address forms, gender differences, discourse analysis, pidgin and creole language and other more language related issues.

sociolinguistics:社会语言学，研究语言和社会的关系。Sociolinguistics is the linguistic study of society or the social study of language.

speech community:语言社区，指使用相同语言的人。Speech community is a group of people that speak the same language or language variety.

women register:女性语域，指女性使用的一种语言变体。Women register is the language variety spoken by women.

Applied linguistics::应用语言学,指语言学领域的一门交叉学科,该学科发现,调查及回答与语言相关的现实问题。教育学、心理学、传播学研究、人类学及社会学都是与应用语言学相关的学科。Applied linguistics is an interdisciplinary field of linguistics which identifies, investigates, and offers solutions to language - related real - life problems. Some of the academic fields related to applied linguistics are education, psychology, communication research, anthropology, and sociology.

Communicative competence:交际能力，语言学术语,指语言使用者所拥有的句法、词法、语音体系等方面的语法知识以及使说话人能够恰如其分、恰逢其时地使用话语的社会知识。Communicative competence is a term in linguistics which refers to a language user's grammatical knowledge of syntax, morphology, phonology and the like, as well as social knowledge about how and when to use utterances appropriately.

Intra-cultural communication:文化内交际 communication within one culture.

Cross-cultural communication:跨文化交际,为一个研究领域,研究不同文化背景的人如何以相似和不同的方式交流,以及他们如何努力跨文化交流。Cross-cultural communication is a field of study that looks at how people from differing cultural backrounds communicate, in similar and different ways among themselves, and how they endeavor to communicate across cultures.

重难点解析

1. 言语社区

言语社区是通过使用言语进行交际的一群人,言语社区的基础是说话人之间的频繁的交际活动。随着语言学家们对言语社区理论的研究兴趣越来越浓,不同的学者也相继提出了对言语社区的不同解释。言语社区可指任一人类聚集体,该聚集体通过共同的语词符号,达成系列规则并相互频繁影响,由此通过语言应用上的区别和其他类聚体分别开来。言语社区理论强调言语社区内人与人之间交际的重要性,同时指出,每个言语社区都有一套如何使用社区语库中的语词符号的规范。言语社区理论指出,言语社区的同一性体现在社区成员言语行为的规范性,以及他们有着对语言变异的共同的评价机制上面。每一位社区成员都拥有强烈的归属意识,希望被社区内的其他成员所认同。

由以上的定义中,我们可以总结出一个言语社区所应具备的特征:有聚居的一群人;生活在一定的地域;社区成员具有特定的文化背景和生活方式而且成员之间发生频繁的社交活动;社区成员使用特定的、不同于其他社区的语言或方言进行交流,共同遵守语言使用方面的规范。言语社区是以语言变体的范围、交际的密度和个人识别区分的单位。言语社区的范围可大可小,可以小到一家咖啡馆、一个村庄、一个城市,也可以大到一个国家、一个地区、甚至整个网络群体(internet)。

2. 语域

按照功能语法理论, 语域是由多种情境特征——特别是指语篇语场、语篇方式和语篇基调——相联系的语言特征构成的。语域是语篇针对特定的交际场合,为达到某一交际目的而产生的一种功能变体,它是多种参数——语篇语场、语式和基调——的综合体现, 不只是一种单纯的语篇方式变体。语域理论研究是揭示语言随情景变化而变化的现象及规则, 以便帮助语言使用者了解和掌握语境对语言的制约规律。它提出了决定语言特征的三个语境因素, 即语场、语旨和语式。这三种因素分别影响语言的概念功能、语篇功能和人际功能。这三种纯理功能又分别影响讲话人对语言的及物系统、主位系统和语气系统的选择。语场, 即"话语范围", 指话题以及与话题有关的活动, 它可以和神经心理学或理论语言学有关。语旨, 即"话语基调", 指讲话人和听话人之间的社会关系以及讲话人的交际目的, 语旨可分为个人语旨和功能语旨。语境中的角色关系便是个人语旨,它影响交际双方使用语言时的正式程度。语式, 即"话语方式", 指语篇的语言载体形式。它主要分为两大类:口语形式和笔头形式。语境三因素决定和影响意义系统的三个组成部分, 即概念意义、人际意义和语篇意义。由于意义的三种方式同时体现在词汇语法层上, 语境成分中任何一项的改变都会引起语义的变化, 导致语言的变异, 并进而产生不同的语域。可见语域就是语境在一定语言中的体现,是社会成员把某个语境联系起来的语义结构, 即某个社会语境下的意义潜势, 是人们在某个社会语境条件下做出的语义选择。这些语义选择通过语法和词汇体现出来, 各个语域会有各自的词汇和结构。反映在语言模式中的语场、语旨和语式分别决定了语言的三种纯理功能。

3. 意向性

John. R. Searle 关注语言和心智的关系,认为意义必须联系存在于言语行为中的意向性来解释。言语行为理论注重说话人发出言语行为的意向以及他/她希望该言语行为对听话人所产生的影响。听话人理解说话人说话的意向并随之产生行动,通过这种方式,意义与意向就联系到了一起。

强化练习

I. 选择题

1. ________ variety refers to speech variation according to the particular area where a speaker comes from.

   A. Regional B. Social C. Stylistic D. Idiolectal

2. ________ in a person's speech, or writing ,usually ranges on a continuum from casual to formal according to the type of communicative context.

   A. Regional variation B. Social variation
   C. Stylistic variation D. Idiolectal variation

3. ________ is defined as any regionally or socially definable human group identified by shared linguistic system.

   A. A speech community B. A race
   C. A society D. A country

4. Variation in language use is also associated with the sex of individual speakers. Which of the following term does this definition fit for?

   A. Education Variation. B. Age Variation.
   C. Gender Variation. D. Register Variation.

5. Which sociolinguistic concept does this following saying belong to? If we don't begin studying for the final, a whole semester's work is going down the tubes.

   A. Ethnic dialect. B. Taboo. C. Slang. D. Euphemism.

II. 填空题

1. A ________ language is originally a pidgin that has become established as a native language in some speech community.
2. In terms of sociolinguistics, ________ is sometimes used to refer to the whole of a person's language.
3. While most speakers are limited to a single regional dialect, a socially-conscious speaker must employ a variety of styles of speech known as ________.
4. A ________ is a mild, indirect or less offensive word or expression substituted when the speaker or writer fears more direct wording might be harsh or offensive.
5. ________ moves on a scale of the national language, dialects, and individual ways of communication.

III. 问答题

1. 社会语言学家对语言学研究做出了哪些重要贡献?

2. 在课堂教学中如何教授跨文化交际内容？

3. 作为语言学的学习者我们如何理解功能学派和形式学派的关系？

4. 在过去的二十年当中，很多词进入了汉语语言，请收集相关词汇，研究它们使用的情景语境，并解释这些新词出现的原因。

强化练习答案

Ⅰ. 1. A　2. C　3. A　4. C　5. C

Ⅱ. 1. creole　2. idiolect　3. register　4. Euphemism　5. variation

Ⅲ. 1. 他们使我们更加了解语言，文化和社会之间的紧密联系，让教师改变教学的内容和更新教学材料，给我们全新的视角看语言的发展，并从这一崭新视角出发做出了卓有成效的研究，为跨文化交际提供了更多的建议。

2. ①由于成功的交际是当听话人从对方的视角设法进行了解，是使双方都知道对方的意图，所以我们应该设身处地地为对方着想。②要加强对话。

3. 见 11 章对功能学派的解释和 12 章对形式学派的解释。

4. 例如“门”这个单词已经走出美国社会，被广泛地用于其他文化中来描述政治丑闻，这种例子包括：英国水门、法国水门、南非水门，韩国水门等。

第8章 语言的使用

Chapter 8 Language in Use

本章要点

1. 言语行为理论
2. 会话含义理论
3. 关联理论
4. 数量原则和相关原则

参考译文

在“语义学”一章中，讨论了几种不同的意义，但还有一种非常重要的意义尚未涉及。假如某人对你说“You are a fool.”（你是一个大傻瓜），你通常会反问“What do you mean?” 这不是因为你不知道句子中每个词的意义，也不是因为句子结构复杂得你理解不了。你完全知道“you”的所指，“fool”的意思，以及句子的结构，你不知道的是说话人的真正意图，即他说出这句话要表达的意义。或者说，你明白说话人的意图，只是用“What do you mean?”来回应对方。你用的是这句话的意义而非概念。

这种意义称为“言者意义”（speaker's meaning），“话语意义”（utterance meaning）或“语境意义”（contextual meaning）。它不同于语义学研究的意义，因为对这种意义的理解要依赖说话人、听话人以及谈话的时间和地点等因素。简言之，它依赖语境。研究这种意义的学科称为“语用学”（pragmatics），由于这种意义来自语言环境中实际运用的语言，所以语用学也被解释为“研究语言使用的科学”。(This kind of meaning is sometimes referred to as SPEAKER'S MEANING, UTTERANCE MEANING①, or CONTEXTUAL MEANING. It differs from the kinds of meaning we studied in semantics in that its interpretation depends more on who the speaker of the sentence is , who the hearer is, when and where it is used. In a word, it depends more on the context. The discipline which concentrates on this kind of meaning is called

① “utterance”（话语）可以定义为实际使用的语段。从这个意义上讲，我们可以将意义研究分成两类，第一类涉及使用单词和句子的意义，另一类涉及言语意义。词和句子是语言系统的抽象单位。话语则是使用中的语句单位，但两者在研究文献中并不总是分得清楚的。

PRAGMATICS. Since this kind of meaning comes partly from the use of language in a context, pragmatics may also be defined as the study of language in use.)意义分为两方面,一方面与词语本身有关。这方面的意义比较稳定,它是词语的本质意义(属于语义学研究的意义);另一方面与语境相关。这方面的意义不够稳定,它是词语的附加意义(属于语用学研究的意义)。所以我们说语用学意义 = 意义 - 语义学意义。(Now if we divide meaning into two major sides:the side more closely related to the words used, the more constant, inherent side of meaning (which is studied under the heading of semantics) and the side more closely related to the context, the more indeterminate side, or something extra (which is studied under the heading of pragmatics), then we can say pragmatics = meaning - semantics.)

8.1　言语行为理论(Speech Act Theory)

言语行为理论是牛津哲学家奥斯汀(John Langshaw Austin)创立的,是研究语言使用的第一个重要理论。奥斯汀从 1952 年开始讲授他的理论,1955 年在美国作威廉·詹姆斯(William James)讲座时,对他原来的讲义作了进一步修改,并将原来的题目"Words and Deeds"(《言与行》)改为"How to Do Things with Words"(《怎样用词语做事》),这份讲稿直到他去世后的 1962 年才出版。

◀ 8.1.1　施为句和表述句(Performatives and Constatives)

奥斯汀理论的第一个观点是认为句子分为两类:施为句(performatives)和表述句(constatives)。在《怎样用词语做事》中,他说下面列举的句子都不是描述事物的,没有真假可言。说出这些句子实际上是实施某种行为,所以这些句子称为施为句。句子的谓语动词称为施为动词(performative verbs)。(Austin's first shot at the theory is the claim that there are two types of sentences: performatives and constatives. In his "How to Do Things with Words", Austin argues that sentences like the following do not describe things. They can not be said to be true or false. The uttering of these sentences is, or is a part of, the doing of an action. So they are called PERFORMATIVES.)

例 8-1

a. I *name* this ship the Queen Elizabeth.

b. I *bequeath* my watch to my brother.

c. I *bet* you six pence it will rain tomorrow.

d. I *promise* to finish it in time.

e. I *apologize*.

f. I *declare* the meeting open.

g. I *warn* you that the bull will charge.

相比较而言，化学老师在演示实验时说的一句话（例 8－2：I pour some liquid into the tube.）并不是施为句，它只是对说话时所做的事情进行描述。因为将液体倒入试管这一动作，不是通过说出这些词语就能完成的，而是要实施倒液体的行为，否则别人可以指责他说了谎话。这样的句子称为表述句。（In contrast, ex. 8－2 said by a chemistry teacher in a demonstration of an experiment is not a performative. It is a description of what the speaker is doing at the time of speaking. The speaker can not pour any liquid into a tube by simply uttering these words. He must accompany his words with the actual pouring. Otherwise one can accuse him of making a false statement. Sentences of this type are known as CONSTATIVES.）

例 8－2

I pour some liquid into the tube.

虽然施为句不具有真假性，但仍需要满足一定的条件才是合适或是可能的，奥斯汀提出的合适条件（felicity conditions）可以简化为：

1）必须有相关的规约程序；相关的人员和环境必须是合适的。

2）程序必须被正确地、全面地执行。

3）相关人员必须具有相关的思想、情感和意图；必须按要求付诸行动。

（A simplified version of the FELICITY CONDITIONS suggested by Austin is as follows：

A (i) There must be a relevant conventional procedure.

(ii) and the relevant participants and circumstances must be appropriate.

B The procedure must be executed (i) correctly and (ii) completely.

C Very often, (i) the relevant people must have the requisite thoughts, feelings and intentions, and (ii) must follow it up with actions as specified.）

所以，在新船下水仪式上，只有被指定的人才有权利给新船命名，这个人必须按照相关程序讲话。又如，赠送手表的人必须有手表；为下雨打赌的人，如果第二天不下雨，必须给参与打赌的人付 6 便士。

不过，奥斯汀很快意识到这些条件只适用于部分情况。有时候，不需要规约程序也能使用施为句，如“承诺”，既可以说“I promise”也可以说“I give my word for it”，对实施的行为没有相应的严格程序。另一方面，所谓的表述句也必须满足一些条件，一个没有手表的人说“I bequeath my watch to my brother”（我把我的手表送给我弟弟）是不合适的。“The present king of France is bald”（法国当今国王是个秃头）这句话也是不合适的。两句话都是以不存在的事实作为说话前提的。表述的人必须有相应的思想、情感和意图。我们不能说“The cat is on the mat, but I don't believe it”。

后来奥斯汀试图以语法和词汇为标准来探讨区分施为句和表述句的可能性，他注意到典型的施为句一般是以第一人称单数作主语，动词为施为动词，其时态为一般现在时，其语气为陈述语气，其语态为主动语态。不过也有相反的例子，如“Pedestrians are warned to keep off the grass”，这样的被动句也很常见。在非正式场合，其他的语气和时态也有可能用到。我们不说“I order you to turn right”，而只说“turn right”；法官不说“I find you guilty”，而说“You did it”。最明显的例子是“Thank you”，它像个祈使句，没有主语，但它却是施为句，通过这句话，你已表达了对听话人的谢意，不必再做其他的事了。尽管有时候人们会开玩笑地说“你不能只是口头谢我”。(Then Austin explored the possibility of separating performatives from constatives on grammatical and lexical criteria. He noticed that typical performatives use first person singular subject, simple present tense, indicative mood, active voice, and performative verbs. But there are also counterexamples. Passive performatives like “Pedestrians are warned to keep off the grass” are common. In informal situations, other moods and tenses are also possible. Instead of “I order you to turn right”, one can simply say “Turn right”. In place of “I find you guilty” the jury may say “You did it”. The clearest example is, perhaps, “Thank you.” It apparently looks like an imperative, without a subject. Yet it is a performative. By uttering these words, you have expressed your gratitude to the hearer. There is no need to do any other things, though people sometimes jokingly say “You can't just thank me with words.”)

另一方面，最典型的表述性动词“state”一般用来描述事物，但也可以用来做事。例如“I state that I'm alone responsible”，说话人实际上既作了陈述，也承担了责任。由此，我们可以看出，在施为句和表述句之间似乎没有区别，因为所有的句子都可以用来实施一种行为。(On the other hand, even the most typical constative verb *state*, which is used to describe things, may be used to do things. In uttering “*I state that I'm alone responsible*”, the speaker has made a statement and undertaken the responsibility. In other words, it seems that the distinction between performatives and constatives can not be maintained. All sentences can be used to do things.)

◀ 8.1.2 行事行为理论(A Theory of the Illocutionary Act)

在“How to Do Things with Words”接下来的部分，奥斯汀又从新的角度探讨这一问题：从什么意义上讲，说话即是做事？在奥斯汀看来，说话即是做事具有三层意义。第一，我们讲话时，会移动发音器官，发出一连串的声音，这些声音按照一定的方式组合并表达出一定的意义。当有人说“Morning!”时，我们提出这样的问题“What did he do?”(他做了什么)而不是“What did he say”(他说了什么)，得到的回答可能是他发出了一串声音，说出了一个单词或句子，这个意义上的行为称为发话行为(Locutionary act)。(When we speak we move our vocal organs and produce a number of sounds, organized in a certain way and with a certain meaning. In this sense, when somebody says "Morning!", we can ask a question like " What did he do?" instead of "What did he say?" And the answer could be that he produced a sound, word or sentence—"Morning!". The act performed in this sense is called a LOCUTIONARY ACT.)奥斯汀认为在这种行为过程中,还伴随着另一种行为。他说:"在实施发话行为时,我们还同时实施另一行为:提出或回答问题,提供信息,保证或警告,宣布,判决或任命,提出申诉或批评,确认事实或做出描述等等。"(1962:98-99)例如,有人说:"Morning!"我们提出这样的问题:"What did he do",得到的回答很可能是"He offered a greeting"(他向人表示问候)。

换言之,我们讲话时,不仅输出具有意义的语言单位,而且表明我们说话的意图,即话语得以理解的方式,亦即奥斯汀所说的"语力"(force),如上面的例子中,"Morning"具有问候的语力,或者说它可以用来表示问候,这就是"说话即做事"的第二层意义。这个意义上的行为称为"行事行为"(illocutionary act)。(When we speak, we not only produce some units of language with certain meanings, but also make clear our purpose in producing them, the way we intend them to be understood, or they also have certain forces as Austin prefers to say. In the example of "Morning!" we can say it has the force of a greeting, or it ought to have been taken as a greeting. This is the second sense in which to say something is to do something, and the act performed is known as an ILLOCUTIONARY ACT.)奥斯汀承认,从意义的广义角度看,"语力"是意义的一部分,所以就上文所举的例句而言,我们可以说"他的意思是问候",在本章开头,我们提到的问句"what do you mean?"中,单词"mean"也是广义的。不过奥斯汀觉得最好还是将"语力"和"意义"区别开来。后者用其狭义,即我们所说较稳定的内在本质意义。这样我们可以说"语力"(force)或者"行事语力"(illocutionary force)相当于言者意义,语境意义或者附加意义,可以译为"言外之意",但"illocutionary act"却不能译为"言外行为",这是因为前缀"il-"意为"in, within"而不是"not"。

"说话即做事"的第三层意思涉及发话行为对听话人产生的效果。说话人通过告诉某人做某事来改变听话人对某事的看法,或误导他,或令他吃惊或引诱他干某事等等。不管这些效果是不是出自说话人的本意,都可看作是说话人行为的一部分。这种由发话行为所引发的行为称为"取效行为"(perlocutionary act)。(By telling somebody something the speaker may change the opinion of the hearer on something, or mislead him, or surprise him, or induce him to do something, etc. Whether or not these effects are intended by the speaker, they can be regarded as part of the act that the speaker has performed. This act, which is performed through, by means of, a locutionary act, is called a PERLOCUTIONARY ACT.)

例如,对某人说"Morning"时,说话人很清楚地表明他想同听话人保持友好的关系,说话人的友好态度肯定会对听话人产生影响。如果双方关系正常,不会关注说话的效果。假如双方关系紧张,一方一句简短的“Morning”,就会给双方的关系带来很大变化,另一方就会接受他的友好表示,使双方言归于好。在这种情况下,如果某人说一声“Morning!”,我们提出这样的问题“他做了什么事?”得到的回答可能是“He's made peace with his friend.”(他和他的朋友重修旧好了。)。另一方面,听话人可能对说话人怀有偏见,把说话人的友好表示看作是虚伪的表现。结果,说话人的问候反而会使双方的关系更趋紧张,尽管这种效果不是说话人的初衷,但他仍然实施了取效行为。这反映出“行事行为”和“取效行为”的又一差异,即“行事行为”与说话人意图相关,而“取效行为”则与说话人意图不相关。

根据这些解释,我们认为发话行为是语言学家一直研究的内容,即怎样发言,怎样组词,怎样造句,表达什么本质意义。取效行为涉及许多我们尚未明确的心理和社会因素。所以奥斯汀真正关注的是行事行为。从这个意义上讲,言语行为理论实际上就是行事行为理论。

根据这一适合所有语句的基本理论,原先所区分的施为句只不过是一种特殊句子罢了,其行事语力是通过施为性动词来体现的。

8.2 会话含义理论(The Theory of Conversational Implicature)

语用学的第二个重要理论是由另一位牛津哲学家格莱斯(Herbert Paul Grice)提出来的。有证据表明,格莱斯早在20世纪50年代就开始构建这一理论,直到1967年在美国哈佛大学做威廉·詹姆斯讲座时,他才将这一理论公布于世,并在1975年将部分讲义编辑出版,题为《逻辑与会话》,我们介绍的内容主要以此为基础。(The second major theory in pragmatics is the theory of conversational implicature, proposed by another Oxford philosopher Herbert Paul Grice. There is evidence that Grice began to formulate his ideas of this theory in the fifties, but it was through the William James lectures he delivered at Harvard in 1967 that this theory first became known to the public. Part of the lectures was published in 1975 under the title of *Logic and Conversation*, on which we base our present introduction.)

◀ 8.2.1 合作原则(The Cooperative Principle)

格莱斯注意到,在日常交谈中,人们往往不直接表达意思,而是隐约其辞。例如,A和B共同的朋友C在银行工作,A向B了解C的情况,B回答说:“Oh quite well, I think; he likes his colleagues and he hasn't been to prison yet.”B一定暗示了什么,尽管他没有直说。格莱斯认为我们能明确区分出B说了什么和暗示了什么。为了更清楚地说明这一点,让我们看看一部电影里的汉语例句。男孩对女孩说:“你不戴眼镜的时候很漂亮”,女孩马上回应“我戴眼镜的时候一定很丑”。男孩有理由申辩,女孩误解的那种意思不是他的本意,但他却不能完全否定他至少部分地暗示了那种意思。在逻辑语义一节里我们讨论过"蕴涵"(implication),为了避免混淆,格莱斯新造了一个术语"implicature"(含义),格莱斯试图探讨人们怎样传递那些没有直接表达出来的"含义"。(Grice noticed that in daily conversations people do not usually say things directly but tend to imply them. For example, when A and B are talking about their mutual friend C, who is now working in a bank, and A asks B how C is getting on, B might answer "Oh quite well, I think; he likes his colleagues, and he hasn't been to prison yet." Here B certainly implied something, though he did not say it explicitly. Grice argues that we can make a distinction between what B said in this case and what he implied, suggested or meant. To make the point clearer, we can have a look at a Chinese example from a film. A boy says to a girl "你不戴眼镜的时候很漂亮", and the girl immediately responds "我戴眼镜的时候一定很丑了". Now the boy may have reason to deny that the girl's interpretation is what he said. But he may not be able to deny in all fairness that this is, at least partly, what he implied. In order to avoid the logical use of "implication", which we touched on in the section on logical semantics, Grice coined the term "implicature". And he explored the question how people manage to convey implicature, which is not explicitly expressed.)

格莱斯找到了日常会话中存在的一些规律,"我们的口头交流通常是由一系列相互关联的话语组成的,不然就不合情理。在某种程度上说,交流都是相互合作的过程。所有的人在合作过程中认同一种或多种共同目的,或双方接受同一方向。"(1975:45)也就是说,似乎在遵循着某种原则,即"在交谈时,使你的话语符合双方认同的谈话目的或方向"(同上)。这个原则称为"合作原则"(Cooperative Principle),简写为"CP"。

为了进一步说明合作原则,格莱斯提出以下四条准则:

(1)数量准则(Quantity)。①使自己说的话达到所要求的详尽程度(符合交谈的现时目的);②所提供的信息不要超出现时要求。

(2)质量准则(Quality):所说的话力求真实。①不要讲明知是虚假的话;②不要说没证据的话。

(3)关系准则(Relation):所谈内容要密切相关。①

(4)方式准则(Manner):讲话要清楚明白。①避免隐晦;②避免歧义;③简洁明了;④条理清晰(同上:45-46)。

(In other words, we seem to follow some principle like the following: Make your conversational contribution such as is required, at the stage at which it occurs, by the

① 格莱斯注意到数量准则的第二次则与关系准则有些重叠。冗余信息即是不相关信息。所以数量准则的第二次则或许没有必要。对关系准则的准确解释后来在语言学家中引起了激烈的争论。有关方面的情况将在"后格莱斯时期理论的发展"一节中作详细讨论。

accepted purpose or direction of the talk exchange in which you are engaged (ibid.). And this principle is known as the COOPERATIVE PRINCIPLE, or CP for short.

To specify the CP further, Grice introduced four categories of maxims as follows:

QUANTITY

1. Make your contribution as informative as is required (for the current purposes of the exchange).

2. Do not make your contribution more informative than is required.

QUALITY: Try to make your contribution one that is true.

1. Do not say what you believe to be false.

2. Do not say that for which you lack adequate evidence.

RELATION: Be relevant

MANNER: be perspicuous

1. Avoid obscurity of expression.

2. Avoid ambiguity.

3. Be brief.

4. Be orderly.

格莱斯用祈使句表述合作原则及其相关准则，使许多人误以为它们是一种规定，要求说话人应该怎样做。其实，合作原则只是描述会话中的实际情况。这就是说，在我们讲话时，一般会有合作原则及其相关准则指导我们，尽管这些东西都是潜意识的，甚至是无意识的。说话人会尽量以简明的方式传递足够的真实的和相关的信息，听话人也会尽量用这样的方式去理解听到的内容。(The fact that the cooperative principle and its component maxims are expressed in the imperative has misled many readers to regard them as prescriptive: telling speakers how they ought to behave; while the truth is that the CP is meant to describe what actually happens in conversation. That is, when we speak we generally have something like the CP and its maxims in our mind to guide us, though sub-consciously, or even unconsciously. We will try to say things which are true, relevant, as well as informative enough, and in a clear manner. Hearers will also try to interpret what is said to them in this way.)在前面所举的例子中，A 以为 B 提供的信息都是相关的，B 告诉 A 有关 C 喜欢同事，还没坐过牢这些事情，必定有其用意。这样，A 就会努力猜测 B 的隐含意义(implicature)。有时，说话人意识到自己的话里可能隐含着某种意义，但他不想让听话人朝那方面去想，他会明明白白地表明，他没有那个意思。1999 年 4 月 14 日，朱镕基总理在美国麻省理工学院所做的演讲中有句话就是个好例子。他说，当年在清华读书时，很想有机会到麻省理工学院学习，并获得麻省理工学院的学位，接着他马上解释说“但是，校长先生请不要误会，我绝对不是要个荣誉学位。”

从这个意义上讲，合作原则可以比做不成文的法律，就像“沉船时先救妇女儿童”“学术会上不应进行人身攻击”“礼尚往来”“两军对阵，不斩来使”等不成文的规矩一样。

◀ 8.2.2 违反准则(Violation of the Maxims)

使用“原则”“准则”这样的字眼，并不是说任何人在任何时候都要遵循合作原则及其准则，人们有时会违反这些原则，会说谎话。(The use of terms “principle” and “maxim” does not mean that the CP and its maxims will be followed by everybody all the time. People do violate them and tell lies.) 在《逻辑和会话》一文的后半部分，格莱斯讨论了违反准则的问题。

格莱斯首先把讲谎话与其他违反准则的现象区别开来。他认为，只有依据合作原则才能领悟会话含意。不过，在听话人以为说谎者在遵循合作原则时，其谎言也能奏效，换句话说，谎言本身不是会话含意。格莱斯所举事例都明显地违背了某些准则，但在更深层次上合作原则依然发挥作用。

关于数量准则，格莱斯举了一个例子：A 有个学生 × × 想应聘哲学讲师，就为这个学生写了一封推荐信。信里说：“× × 先生的英文不错，从来不缺课等等”。格莱斯对此做了一番评论：A 一定不是想回避，既然他不想合作，干嘛写推荐信呢？也不是因为他没有话说，毕竟 × × 是他的学生，他知道作为推荐信应该为推荐人多介绍一些情况，但他只写了上面两句话，很明显，看来，他一定是想传递这样一个信息：他不想多写。由此，可以推导出，他真正想暗示的是，他觉得 × × 先生哲学学得不是很好。(同上:52)

数量准则有时与质量准则发生冲突，假定 A 向 B 打听 C 住在哪儿，B 回答说“Somewhere in the south of France(住在法国南部的某个地方)”。显然 B 没有提供足够的信息，其原因可能是他自己也不知道确切的位置，为了遵守质量准则，他只好违反数量准则。

像：“Boys are boys”(男孩就是男孩)“War is War”(战争就是战争)这样的同义反复句(tautology)，是违反数量准则的极端例子。从字面上看，这些句子没提供信息，但从深层隐含意义看，它们传递了这样的信息“Boys are naughty and mischievous by nature(男孩的天性就是淘气、顽皮)”，“It is no use lamenting the tragedies of war. Terrible things always happen in it. That's its nature(没必要为战争而悲哀，有战争就有悲剧，这是战争的本质)”。

下面是违反数量准则第二条的例子：

例 8-3

A：× × 在哪儿？

B：他到图书馆去了，他走时是这样说的。

B 的第一句话已回答了 A 的问题，补上第二句是想暗示，他不确定 × × 是不是真的去了图书馆。

格莱斯所举的违反质量准则第一条的例子都是像例 8－4、8－5 这样的传统修辞格。

例 8－4　He is made of iron.

例 8－5　Every nice girl loves a sailor.

从字面看，这些句子提供了虚假信息，没有哪个人是铁打的，除非是机器人。所以例 8－4 就不能从字面上理解。我们把它看成一个比喻句，表示这个人具有铁一样的意志，例 8－5 的隐含意义是许多女孩喜欢水手。

当我们不能提供足够证据时，常常用“It may be the case that…”或“I' m not sure but…”这样的句式予以限定。

至于关系准则，格莱斯认为“通过违反关系准则来表达隐含意义的例子不多见，但下面的例子似乎很能说明问题：在一个优雅的茶会上，A 说‘××夫人是个老婆子’，在座客人为之一惊，一个个默不作声，然后 B 说‘今年夏天天气很凉爽，是吧！’很明显 B 是有意使自己的话与 A 的话不相关联，以此暗示 A 的话语不合时宜。”（同上：54）

下面例子中 B 有意隐晦其辞，使孩子听不懂他在谈什么。

例 8－6

A：Let' s get the kids something.

B：Okay，But I veto 1-C-E-C-R-E-A-M-S.

为了说明违反“避免隐晦”原则，格莱斯引用 William Blake 的诗句，“Never seek to tell thy love, love that never told can be”，在这个例子中，love 既可指一种情感，也可指所爱的人。“Love that never told can be”，既可理解为 Love that can not be told（无法言传的爱），也可以理解为“Love that if told can not continue to exist（不可告人的爱，即爱一旦被传开，将不再持久下去了）”。

例 8－7a 和 8－7b 是对××小姐演唱的评论，如果评论员选择例 8－7b 而不是 8－7a，暗示××小姐的演唱很糟糕，根本就算不上“歌”。

例 8－7

a　Miss ×× sang “Home sweet home.”

b　Miss ×× produced a series of sounds that corresponded closely with the score of “home sweet home.”

格莱斯没有列举“条理不清”的例子，这是可以理解的，因为没有条理的话语一般是不能表达意义的，只能说明说话人大脑有毛病。“They had a baby and got married.”和”They got married and had a baby.”不是同一句的语序颠倒，而是以不同的方式构建的不同句子，但汉语中的“屡败屡战”则可以看作是条理不清的例证。

◀ 8.2.3 会话含义的特征(Characteristics of Implicature)

在《逻辑与会话》的最后部分,格莱斯简要地介绍了会话含义的一些特征,下面我们将根据其他语言学家的研究简要归纳一下格莱斯的基本观点。

(1)可推导性(calculability)。

说话人尽力传达会话含义,而听话人也能理解,这说明会话含义是可以推导出来的,会话含义可以依据前述信息推导出来。(The fact that speakers try to convey conversational implicatures and hearers are able to understand them suggests that implicatures are calculable. They can be worked out on the basis of some previous information.)格莱斯在他的文章中列举了如下必要的信息:①话语的规约意义及其涉及的指称对象;②合作原则及其准则;③话语的语境,无论是语言语境还是其他语境;④其他方面的背景知识;⑤交谈双方都知道上述四条中涉及的相关信息这一事实。(同上:50)

同时指出指导会话含义有一个固定的模式,这就是说,当某人讲了一些话,从表层字面上看不出什么意思来时,你并不会只是认为他在瞎说,而不加考虑,相反,你会从深层次上揣测他暗含的意义。如果你根据所掌握的信息得到某种解释,支持你上述的假设,那么,你就会把这种解释当成说话人试图传达的意义。(That is, when somebody says something, which apparently does not make sense at the superficial level, the level of what is said, you will not simply think that he is talking nonsense and stop thinking about it any more. You will instead try to find out its implied meaning at a deeper level. And if on the basis of every information available, there is one interpretation which may support your previous assumptions, then you will take it as the real point the speaker is trying to get across.)例如前面提到的推荐信,读者读一遍后,不会简单地认为这封推荐信毫无价值,而把它扔进垃圾箱,而是认为写信人遵守了合作原则之类的惯例,试图表达一些相关的真实信息。既然推荐信里没有明确说明××先生是否适合工作,读者自然会认为,推荐人对此持有否定的看法。

(2)可撤销性(cancelability)。

可撤销性也称为可废除性(defeasibility)。我们说过,会话含义的存在取决于许多因素:话语的规约意义、合作原则、语言和情景语境等,如果某一因素发生变化,会话含意也会发生变化(Cancelability is also known as DEFEASIBILITY. We said that the presence of a conversational implicature relies on a number of factors: the conventional meaning of words used, the CP, the linguistic and situational contexts, etc. So if any of them changes, the implicature will also change.)。例如8-8,a通常具有b的含意,如果在a句中加上“If not more,”句子含义就变为c,原来的含义b就撤销了,则c意为d。

例 8－8

a. John has three cows.

b. John has only three cows.

c. John has three cows, if not more.

d. John has at least three cows.

在前面提到的推荐信里,如果推荐人补充一句“though I don't mean he is no good at philosophy”,原先的暗含意义就不复存在了。朱镕基在麻省理工学院的演讲,也是通过补充说明来撤销隐含意义的会话含义。

我们还可以通过情境语境来撤销会话含义,如果拥有三头牛是获得政府资助的一个条件,那么,当检查员询问约翰的邻居时(例句 e),他就直接做出回答(例句 f),并不带例句 b. 中暗含的意义。

e. Has John really got the requisite number of cows?

f. Oh sure, he's got three cows all right.

在前面提到的推荐信的例子中,如果学生是申请英语讲师职位,那么推荐信就很有效力了。

(3) 不可分离性(non-detachability)。

所谓“不可分离性”是指会话含义依附于话语的语义内容而不是话语的语言形式,所以,换用同义语不会改变原来的会话含义。(By NON-DETACHABILITY is meant that a conversational implicature is attached to the semantic content of what is said, not to the linguistic form. Therefore it is possible to use a synonym and keep the implicature intact.)这就是说,即使话语的某些形式改变了,但会话含义也不会从话语整体中分离出来,如例 8－9 中 a～e 句不同的讽刺词语,所表达的含义都是一样的,为例 8－10 中表达的含义。

例 8－9

a. John's a genius.

b. John's a mental prodigy.

c. John's an exceptionally clever human being.

d. John's an enormous intellect.

e. John's a big brain.

例 8－10　John is an idiot.

格莱斯在讨论违反关系准则时,曾用过“××夫人是个老婆子”这样的例子,回应这句话,不一定非要用“今年夏天天气好凉爽”。还可以用“多漂亮的衣服啊!”“你孩子真聪明!”“音乐真好听!”之类的话,只要与“××夫人是老婆子”这句话没有关联,就会传递出同样的含义:“你不该在这个场合谈论这个事”。

不过,与方式准则相联系的会话含义不具有这种特征,因为其会话含义依赖于谈话形式而不是内容，如果说"But don't give them ice creams"，而不说"but I veto I-C-E-C-R-E-A-M-S"，就不会有什么隐含意义了。

（4）非规约性（non-conventionality）。

会话意义和词语的规约意义是两个不同的概念，为了更清楚说明两者的差异，我们先看几个"蕴涵"的例子，在语义学一章中，我们说过蕴涵（entailment）是两个句子间的逻辑关系：第一个句子是真；第二个句子必定是真；第二个句子是假，第一个句子必定是假，并以例 8-11 的一对句子为例予以说明。例 8-8 中的 a 句，具有例 8-8b 句的会话含义，同时也具有例 8-12a ~ g 句中所反映的"蕴涵"关系。

例 8-11

a. I saw a boy.

b. I saw a child.

例 8-12

a. John has some cows.

b. John has some animals.

c. John has something.

d. Somebody has three cows.

e. Somebody has some cows.

f. Somebody has some animals.

g. Somebody has some thing.

从例句中我们清楚看出，蕴涵是规约意义的一部分。"cow"的部分意义是指一种动物，知道"John"的意义也意味着知道"John"是人的名字，因而可以用"somebody"替代，如果不知道一个词的蕴涵意义就得查字典，不可能依据会话原则和语境来推导它的蕴涵意义。

蕴涵意义的规约性在语境中都是固定不变的，例 8-8 中 a 永远具有例 8-12 的蕴涵意义。没有任何语境能表明例 8-8 是真，而例 8-12 中 a ~ g 都是假。从这个意义上讲，蕴涵意义是确定的，而会话含义则是不确定的，它依据语境的变化而变化，这种不确定性被看作是会话含义的又一特征。

最后，我们可以将上述讨论归纳为：会话含义是一种隐含意义，它可以在会话原则及其准则的指导下，依据词语的规约意义，结合语境推导出来。会话含义相当于言语行为理论中的行事语力。因为两者都涉及语境意义，所以两种理论的差异仅仅在于两者解释语境意义生成的方法不同。（We may summarize CONVERSATIONAL IMPLICATURE as a type of implied meaning, which is deduced on the basis of the conventional meaning of words together with the context, under the guidance of the CP and its maxims. In this sense, implicature is comparable to illocutionary force in speech act theory in that they are both concerned with the contextual side of meaning, or 言外之意 in Chinese. And these two theories differ only in the mechanisms they offer for explaining the generation of contextual meaning.)

8.3 后格莱斯时期的发展(Post-Gricean Developments)

会话含义理论为解释语言的使用开辟了一条新的思路,立即引起了语言学家的关注,不过在会话原则及其准则中还存在着一些矛盾和冗余成分。后格莱斯时期的语言学家们试图把这些准则简化成一套原则,下面简要介绍三种理论。

8.3.1 关联理论(Relevance Theory)

关联理论是斯波伯(Dan Sperber)和威尔逊(Deirdre Wilson)于 1986 年在其《关联:交际与认知》一书中正式提出来的。他们认为格莱斯的所有会话准则,包括会话原则,应简化成一条关联原则,这条原则可以定义为:每个明示交际行为都意味着该行为具有最佳关联性。(Every act of ostensive communication communicates the presumption of its own optimal relevance.)(P:158)①

为了更好理解这一定义,有必要先搞清楚它的关键概念"明示交际行为"和"最佳关联假设"。他们同意格莱斯的观点:交际不仅仅是解码和编码过程,而且涉及推理。但他们认为推理只与听者有关。从说话人角度看,交际是表明话语意图的行为,他们把这种行为称作"明示行为"(ostensive act),交际特征的完整表述应是"明示—推理"(ostensive-inferential)。而"明示交际"(ostensive communication)或"推理交际"(inferential communication)只是它的简略形式而已。

为了解释"最佳关联假设"(presumption of optimal relevance),我们先看看关联性的三种定义,第一定义与语境有关。

当且仅当一个假设在某种语境中产生语境效果时,这个假设在这个语境中具有关联性。(An assumption is relevant in a context if and only if it has some contextual effect in that context.)(P:122)

关联性是一个相对概念,有些假设可能比其他假设更具关联性。而且"评估关联性同评估生产率一样涉及产出与输入的平衡关系"(P125),它不仅仅依赖由此产生的效应,更取决于处理它们的努力程度,所以他们用"程度条件",对原来的定义做了修正。

程度条件 1:如果一个假设在某种语境中的语境效果大,那么这个假设在这个语境中就具有关联性。(An assumption is relevant in a context to the extent that its contextual effects in this context are large.)

程度条件 2:如果在一种语境中处理某种假设所需的努力程度小,那么这个

① 在第二版里,Sperber 和 Wilson 指出,实际上有两个基于关联的原则。他们把这一原则又重新命名为"交际关联原则"(Communicative Principle of Relevance),又新增另一条原则,即"认知关联原则"(Cognitive Principle of Relevance),认为人类认知倾向于关联最大化。

假设在这个语境中就具有关联性。(An assumption is relevant in a context to the extent that the effort required to process it in this context is small.)(同上)

接着,他们对语境进行深入研究,结果发现语境有时包括所有的背景知识,不然就无法对假设进行处理,但有时又要排除一些信息,不然付出的努力虽然增大了,但语境效应却没有增强。换句话说,语境大小取决于所要处理的假设,它不是事先确定的,而是依据假设选择的。不是先有语境,再根据语境来决定假设的关联性,而是先确定关联性。人们通常以为他们所处理的假设具有关联性(不然他们也不会去处理它),然后设法寻找一个语境,并使其关联性最大化。

他们对关联性下的第二个定义与交际个体有关。

当且仅当一个假设在某人于某时所获得的一种或多种语境中具有关联性时,这个假设才在当时与那个个体相关联。(An assumption is relevant to an individual at a given time if and only if it is relevant in one or more of the contexts available to that individual at that time.)(P:144)

最后一个定义认为关联性的特征"不仅仅是头脑中的假设,而且是假设赖以形成的外界现象(刺激、信号,例如话语)"(P:150 ~ 151)。信息传递者不能直接向信息接受者提供假设,他们只能以声音或书写符号的形式提供刺激信号,用这些刺激信号改变信息接受者的认知环境,使某些事实显映出来,或显映得更清楚。结果这些事实在信息接受者头脑里形成强烈的假设,进而又可从这些假设推导出新的假设。

这种扩展的关联性概念是:当且仅当某个外界现象显映的一个或多个假设与某个个体相关时,这个现象才与该个体有关联性。(A phenomenon is relevant to an individual if and only if one or more of the assumptions it makes manifest is relevant to him.)(P:152)

这样关联性可以解释为:

(1)信息传递者想对信息接受者显映的假设集{I}具有足够的关联性,值得信息接受者花时间去处理明示的刺激信号。(The set of assumptions{I} which the communicator intends to make manifest to the addressee is relevant enough to make it worth the addressee's while to process the ostensive stimulus.)

(2)该明示刺激信号是信息传递者用来传递假设集{I}的最具关联性的信号。(同上)(The ostensive stimulus is the most relevant one the communicator could have used to communicate{I}.)①

① 在《关联性》第二版的后序中,Sperber 和 Wilson 把最佳关联假设修改为:a. 明示刺激信号有足够的关联性,值得听话人努力去处理(The ostensive stimulus is relevant enough for it to be worth the addressee's effort to process it);b. 明示刺激信号是说话人有能力发出,也愿意发出的最具关联性的信号(The ostensive stimulus is the most relevant one compatible with the communicator's abilities and preferences)。

这就是说，每个话语都假定努力与效果应取得最佳平衡。一方面，所要达到的效果永远不会小得不值得去处理；另一方面，需要付出的努力永远不会大到超出取得效果的需要，同取得的效果比较而言，所付出的努力总是最小的。这等于说"在对所有符合假设的刺激信号的解释中，信息传递者所要传递的解释正是信息接受者首先想到的解释"（"of all the interpretations of the stimulus which confirm the presumption , it is the first interpretation to occur to the addressee that is the one the communicator intended to convey"）。（P 168—169）例如，对例 8 - 13a，听者首先想到的解释通常是"George has a big domestic cat"（乔治有只家猫）。

例 8 - 13

a. George has a big cat.

由于"cat"这个单词有歧义，在某些场合他还可以指其他猫科动物，即 a 还可以表达 b 的意思。

b. George has a tiger, a lion, a jaguar ,etc.

（乔治有只老虎、狮子、美洲豹等。）

但斯波伯和威尔逊认为，即使 b 的解释正确，也只能满足最佳关联假设的第一条，即 b 有足够的关联性，却不能满足第二条，即 b 不是关联性最大的，因为处理时所付出的努力增大了。换句话说，假如 b 是说话人要表达的意思，他就应该用 c 这样的句子，假如说话人没有必要的信息，他就应该选择 d 或 e。

c. George has a tiger.

d. George has a tiger or a lion , I am not sure which.

e. George has a felid.

这些话语可以节省听话人的努力，不必先考虑 b 句的解释，然后又把 b 与 a 进行比较。所以斯波伯和威尔逊认为，听话人不需担心，与关联原则相吻合的第一解释总是最佳假设，所有其他解释都不符合关联假设的第二条。

◀ 8.3.2 数量原则和相关原则（The Q- and R-Principles）

这是一个简化较少的二元模式，数量原则（Q-principle）和相关原则（R-principle）是 Laurence Horn（荷恩）于 1984 年在他的《语用推理新分类初探：基于数量原则和相关原则的含义》一书中提出来的。1988 年他又在《语用学理论》一书中作了进一步阐述。数量原则源于格莱斯数量准则第一次则；相关原则源于格莱斯的关系准则。但荷恩提出的二原则比格莱斯准则内容更宽泛。（These two principles, developed by Laurence Horn, were first proposed in his "Toward a New Taxonomy for Pragmatic Inference: Q-Based and R-Based Implicature" of 1984, and further elaborated in his *Pragmatic Theory* of 1988. The Q-principle is intended to invoke the first maxim of Grice's Quantity, and the R-principle the Relation maxim, but the new principles are more extensive than the Gricean maxims.）荷恩在 1984 年发表的一篇论文

中介绍了 George Kingsley Zipf 的省力原则，Zipf 发现在语言使用中存在着两种竞争力量：单一化力量（the force of unification），即说话人简约原则；多样化力量（the force of diversification），即听话人简约原则。第一种力量趋向简化，如不加控制，会用一个单词表达全部的意义；第二种力量能消歧释义，会用不同的词表达一个个不同的意义。（In the field of language use, Zipf recognized two competing forces: the force of unification, or speaker's economy, and the force of diversification, or hearer's economy. The first force is a drive toward simplification, which, if unchecked, would result in the use of one word for all the meanings. The second force, on the other hand, is an anti-ambiguity principle, which would lead to a situation where every meaning is expressed by a different word.）①

荷恩认为，格莱斯的会话准则，以及由此推导出来的会话含义主要来自这两种竞争力量。例如数量准则的第一次则要求说话人充分表达的意思，从本质上讲，符合 Zipf 所说的“听话人简约原则”。格莱斯方式准则的“避免隐晦”“避免歧义”也符合 Zipf 的“听话人简约原则”。格莱斯的其他准则，诸如数量原则第二次则、关系准则、简明准则，大部分符合 Zipf 的“说话人简约原则”。Zipf 的观点与 Sperber 和 Wilson 的观点相吻合，认为数量准则第二次则尤其接近格莱斯的关系准则。所以荷恩建议把格莱斯的准则，简化成下面两条原则：

数量原则（Q-Principle）：要使你的话语充分，能说多少就尽量说多少（以关系原则为条件）。

相关原则（R-Principle）：使话语为必需的，不说多于要求说的话（以数量原则为条件）。

（Now Horn argues that these two competing forces are largely responsible for generating Grice's conversational maxims and the implicatures derived from them. For example, the first Quantity maxim, concerned with the speaker's need to convey his message fully, is essentially the hearer's economy of Zipf's. So are the Manner maxims of "Avoid obscurity" and "Avoid ambiguity". Most, if not all, of the other maxims respond to the speaker's economy, e. g. the second Quantity maxim, the Relation maxim, and the Brevity maxim. In his view, which is the same as that of Sperber and Wilson's, the second Quantity maxim is especially akin to Relation. He asks "what would make a contribution more informative than required, except the inclusion of material not strictly relevant to and needed for the matter at hand?". (1984: 12) So Horn proposes to reduce all the Grice's maxims②to two principles as follows:

① 实际情况当然是两种力量的调和。一个词可以表达许多不同的意义，这是多义现象（polysemy）；同时一个意义也可以由许多词来表示，这是同义现象（synonymy）。

② 从前述可知，质量准则是个例外，他们依然保留在新的理论中。

The Q-principle (hearer-based): MAKE YOUR CONTRIBUTION SUFFICIENT (cf. quantity1), SAY AS MUCH AS YOU CAN (given R).

The R-principle (speaker-based): MAKE YOUR CONTRIBUTION NECESSARY (cf. Relation, Quantity, Manner)①, SAY NO MORE THAN YOU MUST (given Q) (ibid.: 13).)

以听话人为基础的数量原则是充分条件,意思是说,说话人提供的信息是他们能提供的最大信息。例如,例 8－14 中的 a 隐含着 b。

例 8－14

a. Some of my friends are linguists.

b. Not all of my friends are linguists.

相比之下,关系原则则要求听话人推导出更多的意思,典型的例子是例 8－15 这样的言语行为。

例 8－15: Can you pass the salt?

荷恩说:“在你完全有能力把盐递给我的时候,我问你能不能把盐递给我,我是想让你推导出,我并不是问你能不能把盐递给我,而是请你把盐递给我(如果我确实知道你能把盐递给我,就没有必要提这样的是否问句;如果你假设我在遵循关系准则,你就能推导出我要表达的不是字面意义。)”(同上 P14)

荷恩在 1988 年发表的论文中,把他的数量原则描述为“以听话人为基础的简约原则要求信息内容最大化,这类似于格莱斯的数量准则第一次则。”而把他的关系原则描述为“以说话人为基础的简约原则要求形式最小化,这类似于 Zipf 的‘省力原则’”(P132)。换言之,数量原则与内容有关,遵循这条原则的说话人会提供最充分的信息。关系原则与形式有关,遵循这条原则的说话人使用最简化的形式,因此,听话人有理由推导出说话人话语里隐含着更多的意义。(Horn describes the Q-principle as“a hearer-based economy for the maximization of informational content, akin to Grice's (first) maxim of quantity”, and the R-principle as“a speaker-based economy for the minimization of form, akin to Zipf's (1949) principle of least effort'”(p,132). In other words, the Q-principle is concerned with the content. The speaker who follows this principle supplies the sufficient information. The R-principle, on the other hand, is concerned with the form. The speaker who employs this principle uses the minimal form, so that the hearer is entitled to infer that the speaker means more than he says.)

为了证明这两条原则的有效性,荷恩对语言现象进行了大量的调查,既有历时的,又有共时的;既有词汇的,又有句法的;既有基于言语的,又有基于语言的。

① 如上所述,并非方式准则的所有内容都被重新分配到关系原则中。方式准则中的“避免晦涩”和“避免歧义”事实上属于数量原则。

下面只简要介绍一下他关于否定可以取消会话含义和避免使用同义词的调查。

荷恩发现通过元语言的否定可以取消基于数量原则的会话含义，但不会影响话语的内容，而基于关系原则的会话含义则不能通过元语言否定来取消。例如，否定意思的表达通常是“less than”（少于）所以例 8 – 16a 的一般意思是 b。

例 8 – 16

a. He didn't eat three carrots.

b. He ate less than three carrots.

假如我们像例 c 那样重读“three”，也就是使用我们所说的“元语言否定”（意思是：“It is not the case that he ate three carrots”，而不是“It is the case that he didn't eat three carrots”），b 的意思就被取消了，接下去我们就可以说 d。

c. He didn't eat THREE carrots.

d. He ate FOUR of them.

同样，我们可以说 e 和 f。

e. You didn't eat SOME of the cookies—You ate ALL of them.

f. It isn't POSSIBLE she'll win—it's CERTAIN she will.

比较而言，例 8 – 17a、b 并不是同一个意思，而 c 和 d 意思相同。

例 8 – 17

a. I didn't break a finger yesterday.

b. I broke a finger, but it wasn't one of mine.

c. I broke a finger yesterday.

d. I broke a finger of mine yesterday.

其原因是，d 的意思是基于关系原则的隐含意义，而例 8 – 16b 的意思是基于数量原则的隐含意义。当然也有例外情况，例如，在例 8 – 18 中 a 和 b 都像 c 和 d 一样，所表达的是基于关系原则的隐含意义。但 c 可以通过元语言否定取消隐含意义，而表达 e 的意思，不过 f 是不被接受的。

例 8 – 18

a. John had a drink.

b. The secretary smiled.

c. John had an alcoholic drink.

d. The female secretary smiled.

e. John didn't have a drink—that was a Shirley Temple.

f. My secretary didn't smile—I have a male secretary.

荷恩认为，这种例外是表面的，说话人的直觉和词典编纂者的释义表明，与“drink”相联系的含义，即“alcoholic drink”已成为规约意义的一部分，而与“secretary”相联系的含义，即“female secretary”还没有成为规约意义的一部分。换句话说,“alcoholic drink”已成为“drink”的义项,而不再理解为它的隐含意义了。

荷恩发现证明这两条原则的另一现象是“避免使用同义词”(Synonym avoidance)。J. McCauley(1978)在前人研究的基础上指出,如果有了现存的词,构词过程就受到一定的限制。他注意到:形容词 pale 和颜色词可以组成许多短语,如“pale green”“pale blue”“pale yellow”,但“pale red”听起来不自然,这是因为存在着“pink”这个词。只有在指称浅于红色又深于粉红的颜色时,才用“pale red”,这是因为已有现存的“pink”这个词,“pale red”的使用就受到一定的限制,而“pale blue”“pale green”则不受这样的限制。

荷恩还引用 McCawey 有关使役动词的例子。

例 8－19

a. Black Barr killed the sheriff.

b. Black Barr caused the sheriff to die.

像例 8－19 中的 a 这样的使役动词往往用在常规性的使役情境中,即通过物理运动造成的直接的不可回避的使役情况,而 b 句中使用的引发使役动词往往指间接的使役情况。同样,在例 8－20 中的 a 句使用了无标记使役动词,这就暗示着 Lee 可能是用踩刹车的常规方式,而 b 句中采用较复杂的组词形式暗示着 Lee 用了某种非常规的方式,如拉急刹。

例 8－20

a. Lee stopped the car.

b. Lee got the car to stop.

荷恩认为 McCawley 等人的观点有待完善,但认识是正确的。“一个核心的认识是:无标记形式用于常规的无标记的情境(通过关系原则),而与之对应的有标记形式则用于‘其他’非常规的情境(通过数量原则)”(1984:29)。

这种认识实际上是上文所提到的观点:语用劳动分工。荷恩注意到数量原则和关系原则常常相互冲突,仅仅遵循数量原则的,往往会说出自己知道的一切,但不可能句句都有信息量,而仅仅遵循关系原则,有可能什么都不说,事实上,格莱斯等人讨论过的准则冲突都涉及数量原则和关系原则间的冲突(1984:15)。但这些原则却在解决这些冲突方面发挥主要作用(1984:22)。他认为解决冲突的方法来自下面的语用劳动分工:

在可以使用相应的无标记形式(相对简单,少费力)的时候,使用有标记的表达形式(相对复杂而且/或者冗长),往往被看成是传达有标记的信息(这是无标记形式不会或不能传达的)(1984)。(The use of a marked (relatively complex and/or prolix) expression when a corresponding unmarked (simpler, less “effortful”) alternate expression is available tends to be interpreted as conveying a marked message (one which the unmarked alternative would not or could not have conveyed.)(同上)

◀ 8.3.3 数量原则、信息原则和方式原则(The Q-,I-and M-Principles)

这个三分模式是 **Stephen Levinson**(列文森)于 1987 年在《语用学与照应语法:约束和控制现象的部分语用简化》中提出来的。列文森认为,从本质上看,数量原则、信息原则和方式原则是对格莱斯数量准则的两个次则和方式准则的重新解释。列文森同荷恩一样对格莱斯的质量准则未做改动。(This tripartite model was suggested by Stephen Levinson mainly in his 1987 paper"Pragmatics and the Grammar of Anaphor: A Partial Pragmatic Reduction of Binding and Control Phenomena". In essence, Levinson says, the Q-, I- and M-principles are Grice's two maxims of Quantity and a maxim of Manner reinterpreted neo-classically. And the maxims of Quality, as is the case in Horn's theory, are kept intact.)

斯波伯和威尔逊以及荷恩都把格莱斯的数量准则的第二次则纳入关系原则或关联原则,列文森不同意这种做法,他认为数量准则与信息量有关,而"关联是衡量话语是否有助及时实现交际目的的标准"(1987:401)。"主要反映其他人交际目标的满足程度"(1989:467)。关联与信息没有多大关系。所以列文森把格莱斯的数量准则第二次则重新定名为信息原则(Principle of informativeness),简写为 I-Principle(I 原则);把数量准则第一次则定名为数量原则(Principle of Quantity),简写为 Q-Principle(Q 原则)。(Levinson does not agree with the treatment in both Sperber & Wilson's and Horn's accounts to subsume the second maxim of Quantity under a principle of relevance, or relation. In his view, the maxims of Quantity have to do with the quantity of information, while "relevance is a measure of timely helpfulness with respect to interactional goals" (1987: 401), and "is largely about the satisfaction of others' goals in interaction, and the satisfaction of topical and sequencing constraints in discourse, as in the expectation that an answer will follow a question" (1989:467). It is not, at least not primarily, about information. So he renames the second maxim of Quantity the PRINCIPLE OF INFORMATIVENESS, I-PRINCIPLE for short; and the first maxim of Quantity the PRINCIPLE OF QUANTITY, or Q-PRINCIPLE.)

关于方式原则,莱文森一方面陈述自己的观点,一方面批评荷恩的原则。他指出,荷恩没有区分两类"最小化":语义最小化和表达最小化。

语义(内容)最小化等于语义概括化,即词概括性越强,其语义量就越小,内涵也越小(与之相反,外延就越大);反之,概括性越差,越具体的词,其语义量则越大。(The semantic, or content, minimization is equivalent to semantic generality. That is, the more general terms are more minimal in meaning, having more restricted connotation(in contrast to the more extended denotation); and the less general, the more specific, are less minimal, more maximal.)例如:"ship"比"ferry"更抽象,"flower"比"rose"更抽象,animal 比 tiger 更抽象。选择前者,而不选择后者,实际上是意义趋

于最小化的过程。另一方面,表达式或形式最小化是就词语的长度和复杂性而言的,涉及词语的语音和词形的构成。通常重读词语比非重读的相应词语表达形式小。表达意义相当的词语(即同义词语)中,如:frequent(频繁)和 not infrequent(不是不频繁)、stop a car(停车)和 to cause a car to stop(让车停下来),越短的、组成成分越少的词语,表达形式就越小;反之,越长的、组成成分越多的,表达形式就越大。(the expression, or form, minimization is some measure of surface length and complexity. It is concerned with the phonetic and morphological make-up of a term. Thus the normally stressed terms are more minimal than their abnormally stressed counterparts. The shorter terms, those consisting of fewer constituents, are more minimal than longer ones, those consisting of more constituents, provided they are commeasurable in meaning.)

列文森认为,只有语义最小化才与信息原则有关系。相比之下,表达最小化属于方式原则的范围,只与语言单位的形式有关系,只与表达方式相关,与表达的内容没有多大关系。他对荷恩的语用劳动分工提出了批评,他说:"荷恩语用劳动分工中涉及的对比,是有标记与无标记的对比,是常规化和非常规性、简洁形式与复杂形式间的对比,两种表达是同义的,其区别与信息量无关,准确地说,它只与表面形式有关。所以,这些含义归因于方式准则。"(同上 P:409)

目前,莱文森又称他的原则为"探索法"(heuristics)。莱文森(2000b:31—34)提到三种探索法,如下所列:

探索法一:没有说的,就是不想说的。(what isn't said, isn't it).

探索法二:简单描述的就是典型的。(What is simply described is stereotypically exemplified).

探索法三:不是用正常方式表达的,就是不正常的;或者说,标记的信息代表标记的情景。(What's said in an abnormal way, isn't normal; or marked message indicates marked situation).

他进一步阐释,第一探索法又称为"数量探索法(Q-Heuristic)","跟格莱斯的数量准则第一次则或多或少有一定的关联"(同上 P:35)。它包含两种会话含义:等级会话含义(scalar implicatures)和分句会话含义(clausal implicatures),下例 8－21 和 8－22 分别说明这两种会话含义,其中的 a 句隐含 b 句。

例 8－21

a. Some of the boys came.(来了一些男孩。)

b. Not all the boys came.(不是所有的男孩都来了。)

例 8－22

a. If eating eggs is bad for you, you should give up omelets.(如果吃鸡蛋对你没好处,你也就别吃煎蛋卷了。)

b. Eating eggs may be bad for you, or it may not be bad for you.(吃鸡蛋可能对

你没好处,也可能对你没坏处。)

换言之,等级会话含义就是涉及荷恩 Q 原则的会话含义。像 all, some 这样的词组成数量等级对比 < all, some >,其中 all 是信息量较大或较强的项,some 是信息量较小较弱的项。

另一方面,分句会话含义则涉及不同分句的用法。如果说话人用了例 8 – 23,而不是 8 – 22a, 那么就不会有 8 – 22b 这样的会话含义。

例 8 – 23

Since eating eggs is bad for you, you should give up omelets.(既然吃鸡蛋对你没好处,你就不应该再吃煎蛋卷了。)

因此,我们可以说例 8 – 22a 和 8 – 23 是两个可替换的分句,可以表达为 <(since p,q),(if p,q) >。用 since 的分句是信息量较大,较强的分句;而用 if 的分句则是信息量较小,较弱的分句。

第二探索法又称为"信息量探索法(I-Heuristic)","与格莱斯的数量准则第二次则有更直接的联系,其潜在的思想为:可以被视作理所当然的事情就不用说了"(the underlying idea is, of course, that one need not say what can be taken for granted)(同上:37)。下列例句中 a 句都隐含 b 句。

例 8 – 24

a. John turned the key and the engine started.(约翰转动钥匙,引擎启动了。)

b. John turned the key, and then the engine started.(约翰转动钥匙,继而引擎启动了。)或是:

John turned the key, therefore the engine started.(约翰转动钥匙,因此引擎启动了。)或是:

John turned the key in order to start the engine.(约翰转动钥匙以便启动引擎。)

例 8 – 25

a. If you mow the lawn, I'll give you $5.(如果你修剪草坪,我就给你 5 美元。)

b. If and only if you mow the lawn, I'll give you $5.(你只有修剪草坪,我才给你 5 美元。)

例 8 – 26

a. John unpacked the picnic. The beer was warm.(约翰打开了野餐。啤酒是温的。)

b. The beer was part of the picnic.(啤酒是野餐的一部分。)

例 8 – 27

a. John said "Hello" to the secretary and then he smiled.(约翰跟秘书说"你好",然后他笑了。)

b. John said "Hello" to the female secretary and then John smiled.（约翰跟女秘书说"你好"，然后约翰笑了。）

例 8 - 28

a. Harry and Sue bought a piano.（哈里和苏买了一架钢琴。）

b. They bought it together, not one each.（他们一起买了一架钢琴，而不是每人各买一架。）

例 8 - 29

a. John came in and he sat down.（约翰进来，他坐下。）

b. $John_1$ came in and he_1 sat down（约翰进来，约翰坐下。）

第三探索法又称为"方式探索法（M-Heuristic）"，"可以与格莱斯的方式准则（要清晰明白）直接联系起来，特别是其中的第一条次则'避免含混不清'和第三条次则'避免冗长'。此处表明的基本思想是第二探索法跟第三探索法之间有一个隐性对立或寄生关系：简捷无标记的话语用常规的方式诠释；相反，如果话语中存在标记，则不可用常规的方式诠释"（同上：38）。

因此，例 8 - 30a 应该根据信息量探索法作常规的解读。假设这时的可能性是 n，那么 8 - 30b 就应该根据方式探索法做有标记解读，那么此时的可能性低于 n。

例 8 - 30

a. It's possible that the plane will be late.（飞机很可能要晚点。）

b. It's not impossible that the plane will be late.（飞机晚点不是不可能的。）

同样，如果话语中出现较长的表达式而非简单的使役动词，则表明实际情形跟正常情况有偏差。例 8 - 31a 隐含"比尔通过常规的踩刹车板的方式停车"，但是，8 - 31b 则隐含"比尔是用间接的方式即拉手刹的方式停车的"。

例 8 - 31

a. Bill stopped the car.（比尔停了车。）

b. Bill caused the car to stop.（比尔使车停了下来。）

再如，如果说话人用了有标记表达式 the man，而不用无标记表达式 he，那么在下例中的 John 和 the man 就不会同指。

例 8 - 32

John came in and the man laughed.（约翰进来，那人笑了。）

然而，这些探索法也仍然有它们的问题，人们也在努力做出改进。总的来说，我们要解决语用学习过程中所有的问题，还任重而道远。

◀ 8.3.4　社会认知方法（A Socio - Cognitive Approach）

近年来，学界出现一些整合语用学的尝试，比如关联理论，新格赖斯理论，还有欧洲大陆派①的整合理论。本节介绍社会认知语用学理论，代表学者是美国纽约州立大学 Istvan Kecskes 教授。

Kecskes 从 2008 年开始有意识地提出社会认知法，实际上早在 20 世纪 90 年代他就开始了这方面的研究，他 2014 出版最重要的著作《文化间语用学》。我们主要依据本书来介绍。

Kecskes 认为“交际的特点是个体特征和社会特征的互动，两者不可分割，互为补充，相互影响”，具体内容如下：

个体特征	社会特征
先前语境	实际情景语境②
凸显度	关联性
自我中心	合作
注意力	意向性

因此，任何关于交际的讨论都要同时考虑个人和社会这两个因素，这是社会认知法的核心观点。

为了帮助读者理解 Kecskes 的理论，我们需要详细解释“合作”和“自我中心”(egocentrism)这一对概念。新格赖斯派和关联理论派对此有激烈的争议。尤其是 Wilson 和 Sperber，尽管他们承认关联原则与 Grice 的合作原则并不矛盾，因为“不承认会话合作性的理论是不可信的理论”，但是他们认为“至于是不是因为会话是合作的就要用合作来解释话语，这一点还很不清楚”(Wilson 和 Sperber，[1981]1998:365)。他们认为，“某种程度的合作正是说话人在进行谈话这一件本质上以自我为中心的事情时不得不付出的代价”。(Wilson 和 Sperber，1998：365 –366)

Kecskes 认为关联理论学派对格赖斯合作原则的批评存在严重问题。他说“我们需要区分交际合作和社会合作”(Kecskes，2014:27)。Grice 的合作原则说的不是怎么样做到“积极、社交‘顺畅’或舒适”(Kecskes)。Grice 的合作是会话参与者的一个假设：遵守合作原则交际就能成功。即使两个人在争吵或有异议时，

① 为简便起见，我们省略了前面章节已涉及的关于欧洲大陆的描述。事实上，与欧洲大陆派相反，关联理论和新格莱斯理论都是英美派，因为关联理论和新格莱斯理论所持的观点都是语用学的组成部分——语用学是语言学的核心组成部分，不逊于语音学、音位、词形学、句法学语义学。而欧洲大陆学派则认为“语用学应定义为一种视角——音位学家、词形学家、句法学家、语义学家、心理学家、社会语言学家的研究视角。”(Verschueren，1987:360)

② Kecskes 在原表中用的是“体验(experience)”而不是“语境(context)”，但他有时也使用“体验/语境(experience/context)”，如一个人的前体验构成了他所话时的前语境。另一方面，正如我们一直争论的那样，语境是语用学的重要概念。所以此处，“体验(experience)”替换为“语境(context)”。

他们也期待“会有点什么结果,有人在跟他互动”(Kecskes),而关联理论学派所说的是“社会意义上的合作和不合作”,因此 Kecskes 认为格赖斯合作原则“必须被继续看作是交际的主要驱动力”(Kecskes,2014:27)。

然而,Kecskes 认为 Grice 所提出的合作原则不是事情的全部,只是“硬币的一面”(Kecskes,2014:27)。有力的实证认知研究证据证明在交际中大多数时候占主导的是自我中心。比如,Keysar、Barr 和 Horton(1998)指出,人们总是从自己的角度理解话语。Keysar、Barr、Balin 和 Brauner(2000), Keysar、lin、Barr(2003),Barr 和 Keysar(2005)以进一步的实验证据,证明听话人时常使用自我中心策略。Kecskes(2007)明确地说明,从说话人自我角度出发使他们不会遵守合作原则的假设。

Kecskes 等的其中一个实验如下:

说话人和听话人分别坐在桌子的两边,桌子上放着一个 4×4 格子的架子,有些格子里放着物品。有 4 个格子在说话人一面被遮挡住,也就是,说话人和听话人看到的不是相同物品。实验发现,当说话人让听话人拿走小蜡烛时,听话人一般总是首先把目光投向其右手边的里面有最小的小蜡烛的第二个底格,而不是说话人意指的物品(Kecskes 等,2000:35)。

换句话说,“自我中心”,也即从自己的角度、根据自己的知识、从自己的语境去看问题,是无意识的本能反应,因而是不可避免的。从这个角度下定义,自我中心是对交际的一个方面的客观描述,而没有“为自己谋利益”的负面含义。或者,我们也可以这么说,尽管会话参与者愿意交换信息,但是会在具体语境中对什么是“合作”有不同的判断。在这个意义上,合作与自我中心是互补概念,都是讨论交际时应该记住的。

Kecskes 的社会认知法的不足是他说的“社会”,更多的是指与“个体”相对的“集体”意义,而不是指与“认知”或“信息”对应的“人的关系”,特别是“感情关系”。

英美学派和欧洲大陆学派的区别在于,前者以认知－哲学为导向,而后者更趋向于社会与文化,而要整合这两个派系的语用理论,就像 Kecskes 所做的那样,意味着要把认知－哲学取向和社会－文化取向整合在一起。用 Bonnefon 和其同事的话说,交际不仅只有涉及话语信息的认知语境,还有涉及话语所带的情感的社会或情感语境(比如,是否存在面子威胁)。在面子－威胁语境下,some 不可能是“并非全部”的意思。(参考 Bonnefon 和 Villejoubert,2005,2006;Bonnefon、Feeney 和 Villejoubert,2009)。下面是 Bonnefon 等人举的一个例子(2009:250):

例 8－33

a. What impression did I make during dinner?

b. Some thought you drank too much.

事实可能是,在场的所有人都认为那个人喝多了,但是为了避免面子威胁,说话人用了 some。在这个语境中,霍恩等级 < all, some > 就不适用。另外,还要考虑文化因素。根据 Horn 的说法, < love,like > 构成一个量级,因为使用语义较弱的 like,则意指语义更强的 love 不存在。但是在中国文化中,人们比较保守或羞于公开表达情感,特别是老一辈人,他们常用“喜欢”表示“爱”。

在语用上要严格采取真正意义上的社会 - 认知途径,就要严肃地把情感、文化因素考虑进来。

术语双解

calculability: 可推导性, 是会话含义的一种基本特征, 指会话含义可以依据前述信息推导出来。Calculability is one of implicature features. It refers to the fact that speakers try to convey conversational implicatures and hearers are able to work them out on the basis of some previous information.

cancelability/defeasibility: 可撤销性, 是会话含义的一种基本特征, 指会话含义因情景和语境的改变而发生变化。Cancelability is one of implicature characteristics. It refers to the fact that the implicatures will change when the linguistic or situational contexts change.

constatives: 表述句, 是奥斯汀区别于施为句的一类句子。这类句子用来陈述和描述,具有真假值。Constatives are sentences classified by Austin as opposed to another kind of sentences which is called performative. This kind of sentences are utterances with truth value which are intended for narrration, description, etc.

conversational implicature: 会话含义, 是在会话原则及其准则的指导下,依据词语的规约意义,并结合语境所推导出来的隐含意义。Conversational implicature is a type of implied meaning, which is deduced on the basis of the conventional meaning of words together with the context, under the guidance of the CP and its maxims.

cooperative principle (CP): 合作原则, 是美国哲学家 P. 格莱斯提出的一套会话原则,他认为会话双方应相互配合,共同努力,以实现交际目的。这一原则包括四条准则:即质的准则、量的准则、关系准则和方式准则。Cooperative principle (CP for short) was proposed by Paul Grice. It suggests that in making conversation the participants must be willing to co-operate, otherwise it would not be possible for them to carry on the conversation. To specify the CP further, Grice introduced four Maxims: Maxim of Quality, Maxim of Quantity, Maxim of Relevance, Maxim of Manner. The significance of Grice's CP lies in that it explains how it is possible for speakers to convey more than what is literally said.

felicity conditions: 适宜性条件, 是奥斯汀提出的施为句所具备的基本条件。Felicity conditions are basic requirements for performatives to meet to be appropriate or felicitous.

Gricean Maxims：格莱斯准则，是美国哲学家格莱斯提出的一套会话准则，包括质的准则、量的准则、关系准则和方式准则。Gricean Maxims refers to Conversational Maxims formulated by P. Grice. They are four categories：Quality M，Quantity M，Relation M，and Manner M.

Horn Scale：荷恩等级，是由荷恩按照信息量大小而设计出的词的排列次序。Horn Scale was originally proposed by L. Horn，refering to a set of quantitative elements，arranged in the order of informativeness as < all，most，many，some，few >，< always，often，sometimes >.

illocutionary act：行事行为，实现说话意图的言语行为。Illocutionary act refers to the action of making clear the purpose of speaking by producing utterances. That is，to say sth. is to do sth. For example，when we make utterance "Hello"，we perform the action of greeting.

inferential communication：推理交际，是 Sperber 和 Wilson 提出的一套交际理论。他们认为交际不仅仅是解码和编码过程，而且涉及明示—推理过程：说话人表明话语意图，听者对此进行推理。Inferential communication is a theory formulated by Sperber and Wilson. They maintained that communication is ostensive and inferential：The speaker makes clear his intention to express something，while the hearer makes inference about the utterance.

locutionary act：发话行为，指说话者移动发音器官，发出一连串声音的行为。When we speak we move our vocal organs and produces a number of sounds，organized in a certain way and with a certain meaning. The act performed in this sense is called locutionary act.

non-conventionality：非规约性，是会话含义的一种基本特征，指会话含义的不确定性。Non-conventionality is one of implicature characteristics. It refers to the indefiniteness of the implicature which is unconventional.

non-detachability：非可分离性，是会话含义的一种基本特征。指会话含义依附于会话的语义内容而不依赖于话语的语言形式。Non-detachability is one of the implicature characteristics. It refers to the fact that a conversational implicature is attached to the semantic content of what is said，not to the linguistic form.

perlocutionary act：取效行为（话后行为），指话语对听话人产生效果的行为。Perlocutionary act refers to the act that the speakers perform through a locutionary act，and brings about effects upon hearers.

Q-principle：数量原则，是荷恩提出的交际原则。这一原则与会话内容相关，遵循这一原则的说话人会提供最充分的信息。Q-principle is developed by Laurence Horn，who proposed to reduce Grice's maxim of Quantity as follows：make your contribution sufficient；say as much as you can. This hearer-based Q-principle is a sufficiency condition in the sense that information provided is the most the speaker is able to. Q-principle is concerned with content. It is the hearer-based economy for the maximization of informational content.

R-principle：相关原则，是荷恩提出的交际原则。这一原则与会话形式相关，遵循这一原则的说话人使用最简化的形式。R-principle is developed by Laurence Horn, who proposes to reduce Grice's Relation Maxim as "make your contribution necessary"; say no more than you must. This speaker-based R-principle encourages the hearer to infer that more is meant. R-principle is concerned with the form. It is the speaker-based economy for the minimization of form.

relevance theory：关联理论，是 Sperber 和 Wilson 提出的有关含义推导的话语认知理论。他们认为格莱斯的所有会话准则，包括会话原则，应简化成一条关联原则，即每个明示交际行为都意味着该行为具有最佳关联性。Relevance theory was formally proposed by Sperber and Wilson. They argue that all Gricean maxims, including the CP itself, should be reduced to a single principle of relevance, which is defined as "Every act of ostensive communication communicates the presumption of its own optimal relevance."

speech act theory：言语行为理论，是奥斯汀首创的研究语言使用的重要理论，他认为说话即为做事，他将言语行为分为：发话行为、行事行为和取效行为。Speech act theory is the first major theory in the study of language in use which originated with J. L. Austin. In his opinion, to say something is to do something. He classified speech act into three kinds: locutionary act, illocutionary act and perlocutionary act.

Levinson's three heuristics：莱文森的三条"探索法"。由莱文森提出。包含数量探索法，信息量探索法和方式探索法。Levinson's three heuristics are proposed by Levinson, it is formed by Q-Heuristic (more or less transparently related to Grice's first Maxim of Quantity), I-Heuristic (maxim of quantity) and M-Heuristic (maxim of Manner).

重难点解析

1. 言语行为理论中的施为句与表述句

施为句和表述句是奥斯汀初期理论中提出的两个概念。奥斯汀在其 *How to Do Things with Words* 一书中提出句子有两类：施为句和表述句。

施为句并不是用来描述事物，而是用来实施某种行为的，说话本身就是在做一件事，因此无真假之别，只有是否合适之分。如：

a. I name this ship the Queen Elizabeth.

b. I promise to finish it in time.

c. I declare the meeting open.

d. I apologize.

鉴别施为句的标准是:①主语必须是第一人称(单数);②句子必须是肯定陈述性质;③动词必须是第一人称一般现在时;④在谓语之前必须能插入hereby。

表述句是指各种陈述,其作用是描写某一件事件,过程或状态,有真假之分。描述了说话人说话的同时在做什么。比如说"I pour some liquid into the tube"说话人不能通过说这句话把液体倒入试管,他必须同时做倒液体的动作。否则,我们可以说他作了虚假陈述。

奥斯汀的初期理论忽视了并非所有的话语都含有施为动词(performative verb)这一事实。实际上,语句无论是否含有施为动词,都有言之所为的效果:比如说"我渴了"时,就等于实施了"我陈述我渴了"的行为或"陈述"的言之所为,并产生了"改变听话者知识状态"的言之后果;如果说"你可以进来"时,就等于用语言做了"我允许……"的事;又如"滚出去!"则意味着:"我命令你……"等等。

2. 言语行为三分说

根据奥斯汀的言语行为理论,当人们说出每句话时,不管其是否含有行为动词,都包括有"说"的成分和"做"的成分,而且所说的话还会对听话人产生某种效果。因此,所有的语句都带有"以言指事(locutionary act)""以言行事(illocutionary act)"和"以言成事(perlocutionary act)"三种语力(language force)。即:说X(以言指事),意及Y(以言行事),产生Z(以言成事)。这就是其语言三分说。

例如某男对某姑娘说:"我会娶你的。"这句话,实施了一个承诺的行为,产生了使某姑娘放心的效果。

根据这种理论,语言交际的基本单位并不是句子或其他表达手段,而是行为,如陈述、请求、提问、命令等。说话人通过语句,来执行言语行为,并在听话人那里产生交际效果。

语言学家历来研究的就是以言指事,即怎么发音、组词、造句及其有什么固定的意义;以言成事涉及许多现在仍然没有弄清楚的心理和社会因素;所以,奥斯汀真正关注的是以言行事。从此意义上而言,言语行为理论实际上就是以言行事理论。

3. 会话含义理论中的合作原则

Grice (1975) 在其 *Logic and Conversation* 一书中提出了会话含意的概念:为了使会话顺利进行,交际的双方都必须遵守一条原则,即所谓的"合作原则"。有了这条原则,交际双方所说的话语就不至于不连贯,因而双方就可以互相配合,达到成功交际的目的。格莱斯认为,合作原则含有四条具体的准则:数量准则(话语提供充分而不多余的信息);质量准则(话语的内容是真实的);关联准则;方式准则(说话要清楚明白,简洁而有条理)在交际过程中,遵守这些准则就是遵守合作原则。然而,在实际语言交际中,人们通常违反这些准则,让真实信息掩藏于话语中,这是说话人的行为。听话人作为合作的一方,要使会话顺利进行,就必须正确理解说话人的真实思想,就必须善于透过语言现象看本质,破译说话人的语码的深层内涵，推导出会话含义，避免误解，从而使会话双方的合作和谐一致。言内意外的暗示意义是可推导的，一方面，说话人设置暗示意义，必须让听话人明白自己违反了合作原则，否则听话人按正常话语理解，就会误入歧途，那就达不到设置的目的；另一方面，听话人可以根据话语的字面意义和说话人违反合作原则中某项准则的具体情况，根据多方面的途径，推导出会话含义。

Grice 认为，推理理解受合作原则及其质量准则、数量准则、关联准则以及方式准则的管辖。当准则明显地被违反时，听话人就要越过语言编码的意义，继续设想说话人遵守着合作原则及其准则。

强化练习

Ⅰ. 选择题

1. The branch of linguistics that studies how context influences the way speakers interpret sentences is called __________.

   A. semantics　　B. pragmatics
   C. sociolinguistics　　D. psycholinguistics

2. Promising, undertaking, vowing are the most typical of the __________.

   A. declarations　　B. directives
   C. commissives　　D. expressives

3. The illocutionary point of the __________ is to express the psychological state specified in the utterance.

   A. declarations　B. expressives　C. commissives　D. directives

4. Most of the violations of the maxims of the CP give rise to __________.

   A. breakdown of conversation
   B. confusion of one's intention
   C. hostility between speakers and the listeners
   D. conversational implicatures

5. According to Searle, those illocutionary acts whose point is to commit the speaker to some future course of action are called __________.

   A. commissives　B. directives　C. expressives　D. declaratives

Ⅱ. 填空题

1. While the meaning of a sentence is abstract and decontextualized, that of an u __________ is concrete and context-dependent.

2. A l __________ act is the act of uttering words, phrases, clauses. It is the act of conveying literal meaning by means of syntax, lexicon and phonology.

3. C __________ were statements that either state or describe, and were thus verifiable.

4. D ________ are attempts by the speaker to get the hearer to do something.

5. The idea of Paul Grice is that in making conversation, the participants must first of all be willing to c ________; otherwise it would be impossible for them to go on with the talk. The general principle is called the c ________ p ________.

Ⅲ. 判断题

1. When performing an illocutionary act of representative, the speaker is making a statement or giving a description which he himself believes to be true.

2. Inviting, suggesting, warning, ordering are instances of commissives.

3. Of the views concerning the study of semantics, the contextual view, which places the study of meaning in the context in which language is used, is often considered as the initial effort to study meaning in a pragmatic sense.

4. Utterance is based on sentence meaning; it is the realization of the abstract meaning of a sentence in a real situation of communication or simply in context.

Ⅳ. 名词解释

1. utterance meaning

2. constative

3. speech act

4. conversational implicature

强化练习答案

Ⅰ. 1. B　2. C　3. B　4. D　5. A

Ⅱ. 1. utterance

2. locutionary

3. Constatives

4. Directives

5. cooperative, cooperative principle

Ⅲ. 1. T　2. F　3. T　4. T

Ⅳ. 1. utterance meaning: it is the meaning a speaker conveys by using a particular utterance in a particular context situation.

2. constative: They are statements that either state or describe, asserting something that is either true or false and are thus verifiable, bearing the truth value.

3. speech acts: It refers to an action performed by the use of an utterance to communicate. In speech act theory, utterances have two kinds of meaning. (a) prepositional meaning (also known as locutionary meaning). This is the basic literal meaning of the utterance which is conveyed by the particular words and structures which the utterance contains. (b) Illocutionary meaning (also known as illocu-

tionary force). This is the effect the utterance or written text has on the reader or listener.

4. conversational implicature: it is an additional unstated meaning that has to be assumed in order to maintain the cooperative principle, e. g. if someone says "The President is a mouse", something that is literally false, the hearer must assume the speaker means to convey more than is being said.

第9章 语言与文学

Chapter 9 Language and Literature

本章要点

1. 导论
2. 文学语言的一些特点
3. 诗歌中的语言特点
4. 小说中的语言
5. 戏剧中的语言
6. 文体学的认知角度

参考译文

9.1 导论(Introduction)

文体这一现象在古典修辞学中被人们认识,而文体学这一学科是由书志学家创立的(Burton,1990)。它是“语言学的一个分支,研究独特的语言使用种类的特点,确定规则来分析特别的个体和社会群体语言使用选择的特点(Crystal,1980)”。

作为新兴的学科,Carter 和 Simpton(1989)解释道:“如果说 20 世纪 60 年代是一个文体形式派的时代,70 年代是功能学派的时代,80 年代是话语分析的时代,那么 90 年代就是一个社会历史学和社会文化学繁荣的时代。”此外,申丹在 2000 年说这是一个多种文体学流派百花齐放的时代。

9.2 文学语言的一些特点(Some General Features of the Literary Language)

在这一章,我们将讨论文学和语言的紧密关系,就是文学文体学。这一学科讨论和文体相关的语言学问题。

语言的文学用法和非文学用法的区别在于语音,语法和词义的差别以前景化的方式实现。

前景化的概念最早来自视觉艺术,区别于背景,现在是文学文体学的核心话题之一。由俄国形式主义者们用于文学研究,布拉格学派学者,以及现代文体学家 Leech(1969)也使用过。它被描述为“艺术性理据偏离现象(Leech and Short, 1981)”。这种偏离和语言的各个层次相关,包括词汇、语音、句法、意思等。重复也是偏离的一种,因为它违背了语言正常的使用方式。重复性特征基于对于正常语言使用规则的违反,因而读者有不寻常的反应。在文学的前景化中常使用的还有头韵、排比和很多的修辞方式。(Wales,1989/2000)

◀ 9.2.1 前景化与语法形式(Foregrounding and the Grammatical form)

请看下面的两个例子,二者都是描述美国城市中心城区的衰败。第一个例子是摘自《观察家》(1995 年 11 月 29 日):

例 9-1

The 1960 dream of high rise living soon turned into a nightmare.

在词语的排列方式上,此句没有任何语法方面的异常或“偏离常规”之处。但下面的诗节中,语法结构看上去更具挑战性,对我们解释处理这些诗行提出了更高的要求:

例 9-2

Four storeys have no windows left to smash
But in the fifth a chipped sill buttresses
Mother and daughter the last mistresses
Of that black block condemned to stand, not crash.

本节诗的第二行以 But in the fifth 开头,这个句子非常罕见,因为其中的谓语由一系列的嵌入成分构成。倘若将其以完整形式写出来,就非常清楚了:A chipped sill buttresses mother and daughter who are the last mistresses of that black block which is condemned to stand, not crash. 而且,句中的主要动词是 buttress(支撑;支持),该词既可用作名词也可用作动词,但我们认为,在非文学性语境中它用作名词的可能性更大。

在文学语篇中,语言的语法系统常被得以充分利用或尝试,或者用 Mukarovsky 的话说,被弄得“偏离了其他更平常的语言形式,结果在形式与意义上创造出了有趣的新模式”。创造新模式的方法之一便是运用表面上违反了语法规则的非常规结构。(In literary texts, the grammatical system of the language is often exploited, experimented with, or in Mukarovsky's words, made to "deviate from other, more everyday, forms of language, and as a result creates interesting new patterns in form and in meaning." One way that this happens is through the use of non-conventional structures that seem to break the rules of grammar.)下面的片断摘自 Angela Carter 的小说《聪明的孩子》,其中第一句违反了什么规则呢?

例 9-3

The red-haired woman, smiling, waving to the disappearing shore. She left the maharajah; she left innumerable other lights o' passing love in towns and cities and theatres and railway stations all over the world. But Melchior she did not leave.

英语句子通常是由一个主语和一个谓语构成,而且谓语一般包含有动词词组。然而,片断中的第一个句子并不含有主要的限定性动词,看上去应该同另外一个分句相连接,因而它不能作为独立的成分出现。但是,在本句中它却正是作为一个独立的成分出现的。

而且, Carter 在片断最后一句中使用了一个标记性句法结构:But Melchior she did not leave。这个结构比普通英语句子的词序更具标记性,因为普通的英语句子由主语 + 动词 + 宾语构成,称作 SVO 结构,而这里 Carter 将直接宾语(Melchior)放在主语和主要动词(she did not leave)之前,就形成了本句与前面两个分句之间在结构上的对比,这种对比增强了两者在意义上的对照:

例 9 - 4

She left the maharajah

She left innumerable other lights o' passing love

Melchior she did not leave

9.2.2 本义语言与比喻性语言(Literal Language and Figurative Language)

词典给出的一个词的第一个意义通常是其本义。例如,tree(树)这个词的本义便是"a large plant"(一株较大的植物),但谈起语境中的树如 a family tree(家谱)时,它便不再是所说的 tree 的本义了,而是它的比喻性用法。tree 的本义用法是指一个长有皮、枝、叶的生物体;a family tree(家谱)也带有其中的一些特征——从图形上看,家族的平面图与树的表征有相似之处,而且从某种程度上讲,二者表示的都是有机体的生长过程,因此,我们使用相同的词来指称二者。但是要注意到,tree 指称植物时我们用的是它的本义用法,而在描述祖先时,我们用的是它的比喻性用法。

还有另外一个词可以用来表示语言的比喻性使用:trope(转喻或隐喻),意指为了实现修辞目的对语言的比喻性使用。譬如:

例 9 - 5

Friends, Romans and Countrymen, lend me your ears.

本句摘自 Shakespeare 的戏剧《裘力斯 · 恺撒》中 Mark Antony 的讲话。此处的 lend me your ears(将你们的耳朵借给我)便是一个转喻,其比喻性使用的修辞目的便是为了产生更强的效果,有着 listen to me for a moment 此类的本义形式。我们不会按字面意思将此句理解为是希望借用一下听众的肉体耳朵,而会理解为 Antony 是在以比喻的方式请求听众的注意。转喻经常出现在语言使用当中,而且形式繁多,本章仅简要介绍其中的一些转喻形式。

(1)明喻。明喻是事物之间相互比较的一种方式,它通过表明甲事物同乙事物之间的相似之处来对甲事物进行解释,并且在语篇中使用 as 或 like 这些明确的明喻标识词。(A SIMILE is a way of comparing one thing with another, of explaining what one thing is like by showing how it is similar to another thing, and it explicitly signals itself in a text, with the words *as* or *like*.)词组 as cold as ice(冷若冰霜)便是个常见的明喻,它参照具体物体来对冷这一概念进行解释,单词 as 表明这是个明喻。下面 Robert Burns 的诗节中的第一行也是个明喻。

例 9－6

O,my love is like a red,red rose,
That's newly sprung in June;
O,my love is like the melodie
That's sweetly play'd in tune.

为表达情感,诗人邀请读者在甜蜜的心中感受一下玫瑰的一些特征,这些特征可能包括美丽、鲜嫩、芳香、特别、珍贵等。

(2)隐喻。明喻将甲事物的属性转移到乙事物,从根本上讲这一过程同样也是隐喻的工作机制,但是二者有形式上的差异,即明喻的标识词 like 或 as 在隐喻中并不出现。隐喻和明喻的相同点是二者都是两个不同成分之间的比较,不同点是隐喻中这种比较是暗含的,而明喻中的比较是明述的。(The above process of transferring qualities from one thing to another is fundamentally how another type of trope, metaphor, works too. There is a formal difference however, in that the words like or as do not appear. A METAPHOR, like a simile, also makes a comparison between two unlike elements; but unlike a simile, this comparison is implied rather than stated.)试比较下面两个例子。

例 9－7

The world is like a stage.(明喻)

例 9－8

All the world's a stage.(隐喻)

从上面可以看出,由于隐喻不是明示的,所以定位找出隐喻很困难,但它们表达力更强。(We can see that because metaphors are not explicitly signaled,they are more difficult to identify,but they are more powerful.)

(3)换喻。换喻是"名称的改变"。(METONYMY means a change of name.)譬如在下面 J. Shirley 的诗行中,换喻便被使用了四次:

例 9－9

There is no amour against fate;
Death lays his icy hand on kings;
Sceptre and Crown
Must tumble down

And in the dust be equal made
With the poor crooked Scythe and Spade.

这里 Sceptre（节杖）与 Crown（王冠）代表着国王与王后，而 Scythe（镰刀）与 Spade（铁锹）则代表着普通的农民与工人。

（4）借代。另一类比喻性语言是借代，通常被归为换喻的一种。它借助物体部分的名称谈论整体，或者相反，使用整体的名称论及部分。（Synecdoche refers to using the name of part of an object to talk about the whole thing, and vice versa.）例如，They were short of hands at harvest time 句中的 hands 就意指工人、劳工或帮手。

语言的比喻性使用可以产生使所讨论的概念更加本土化、更易为人接受的效果，这样可以消除作者呈现给读者的世界图景中的许多不确定性、模糊性和歧义。而且，有些语言学家还认为，我们对世界以及自身的许多感知就是由语言的比喻性使用所塑造的。（The figurative use of language has the effect of making the concepts under discussion more domestic, more acceptable. Readers can be presented with a picture of the world from which much of the uncertainty, the fuzziness, the ambiguity has been wiped out. And some linguists argue that much of our perception of the world and ourselves is shaped by figurative uses of language.）

◀ 9.2.3 文学语言的分析（The Analysis of Literary Language）

对文学语篇的分析可以使用多种不同的方式。根据需要处理的语篇种类与分析目的不同，下面的一些步骤在语法结构与意义的分析中会有所裨益。

（1）对于文学篇章中词汇层面上可能存在前景化的部分，可以运用形态分析来研究新的词语组合。（Where there seems to be foregrounding on the level of lexis, you can use morphological analysis to look at new combinations of words.）

（2）对于词序与句法层面上存在前景化的部分，可以运用词类知识（即名词、动词、形容词等）来分析不常见或“显著的标志性”组合。（Where there is foregrounding on the level of word order and syntax, you can use your knowledge of word classes (i. e. nouns, verbs, adjectives, etc.) to analyse unusual or “marked” combinations.）

（3）语法层面上，可以分析句子结构，或者寻找不同类型词组使用中的组合和模式，特别是名词和动词词组，因为它们能够使语言的用法更具文学性。（On the grammatical level, you can analyse the structure of sentences or look for combinations and patterns in the use of different types of word groups, nominal and verbal groups which may contribute to a more literary usage of language.）

（4）在文学语篇的所有分析过程中，都应该明确语言的各个系统，这样才能识别那些更“变异的”“标志性的”、或者更具文学性的结构，将它们同更“平常的”、非文学性的语言用法区分开来，进而才能够更详细地分析语篇中的结构模式。（In all cases, you should find that being aware of the systems of the language, make it possible for you to identify the more “deviant”, “marked” or literary structures, from more "everyday", non-literary usage of language, and thus be able to say more about the structural patterning in a text.)

(5)如果分析者不知从何处入手,可以尝试重写语篇。通过比较原始语篇与重写语篇之间的差异,应该能够对原始语篇的正式性或非正式性(即语域)的程度进行评论,还能够评述原始语篇给读者留下的印象。重写语篇也是寻找原文中其他显著特征的一个好方法。(If you are not sure where to start on a text, you might try rewriting it. By comparing the differences between the original text and your rewritten version, you should be able to comment on the degree of formality or informality of the original (i. e. its register), and its effect on the reader. Rewriting a text is also a very good way to identify other significant features in the original.)

(6)语篇中是否利用了意义结构的某些方面?如果有,是哪些方面?比如,是否运用了词义的重叠或词汇差异?语篇是否使用了反义词或矛盾修辞法,是否以戏谑或异常的方式使用了下义词与上义词?(What structural aspects of the meaning are being exploited, if any? For example, are overlaps in word meaning, or lexical gaps, being explored? Is the text using opposites or oxymorons, or hyponyms and superordinates in a playful or unusual way?)

(7)语篇的语境对理解有何意义?拥有不同背景知识的读者是否会形成不同的理解呢?(How significant is the context of the text to your understanding of it? Might readers with different background knowledge from yours form a different interpretation?)

(8)特定词或词组的本义在语篇中是否适用?如果不适用,就需要分析比喻性语言。看看作者是否使用了明喻、隐喻、换喻和借代。语言的比喻性使用的功能是什么?比如,比喻性用法可以使抽象具体化,使神秘或恐怖安全化、平常化、本土化,相反也可以使日常的东西精彩化、异常化。(Does the literal meaning of a particular word or phrase apply here? If not, you are dealing with figurative language. Check for similes, metaphors, metonymy and synecdoche. What is the function of the figurative use of language? It might be to make the abstract seem concrete; to make the mysterious or frightening seem safe, ordinary and domestic, or to make the everyday usage seem wonderful and unusual.)

9.3 诗歌语言(The Language in Poetry)

◄ 9.3.1 语音模式(Sound Patterning)

大多数人对诗歌的韵都比较熟悉,的确,对有些人而言,韵就是诗歌的定义性特征。尾韵(即诗行结尾押韵)在某些诗歌文体,特别是在儿童诗歌中非常普遍。

例9-10

Little Bo-peep
Has lost her sheep

And doesn't know where to find them
Leave them alone
And they will come home
Waggling their tails behind them

下面的两行诗为 Shakespeare 所作,同样押韵。

例 9－11
Fair is foul and foul is fair
Hover through wind and murky air

歌词经常也是押韵的。

例 9－12
Hark! The herald angels sing
Glory to the new born King!

这些都是尾韵的例子,即诗行最后一词尾部的几个语音与另一行最后一词的尾音相同;这些相同尾音有时上下紧邻,有时又相隔一行或数行。(These are all examples of end rhyme, where the last word of a line has the same final sounds as the last word of another line, sometimes immediately above or below, sometimes one or more lines away.)

通过重复词中的语音,诗人能够构筑起非常复杂精细的模式。读者若对英语押韵格式感兴趣,可以进一步阅读原教材末尾书目中的资料,如 Thornborrow 和 Wareing (1998/2000)或其他书刊。

◀ 9.3.2 语音模式的不同形式(**Different Forms of Sound Patterning**)

下面的诗行源自 **Christopher Marlowe** 的《多情牧羊人致恋人》,可以用来作为几种不同类型的语音模式的例子。

例 9－13
Come live with me and be my love
And we will all the pleasures prove

押韵　me-be　　　　love-prove
　　　/miː/-/biː/　　/lʌv/-/pruv/

我们已比较详细地讨论过韵。me 和 be 押内韵,而非尾韵。对于 Marlowe 来说, love 与 prove 两词中的元音可能发音相同,因而在当时也押韵,但是目前这两个词听起来更像是半韵,或者是辅音韵。

头韵　me-my　　　　pleasures-prove
　　　/miː/-/maɪ/　　/ˈpleʒəz/-/pruv/

头韵中两个或多个词词首的辅音相同(Cvc)。(The initial consonants are identical in ALLITERATION (Cvc).)上面的例子中,pleasures 与 prove 尽管都是以/p/开头,但词首的辅音丛不同:/pl/与/pr/,因此,它们并非完全是头韵。

准押韵或半谐音　live-with-will　　　　come-love

/lIv/-/wIð/-/wIl/　　　　/kʌm/-/lʌv/

准押韵或半谐音通常指含有相同元音(cVc)的音节。(ASSONANCE describes syllables with a common vowel (cVc).)

辅音韵　will-all

/wIl/-/ɔːl/

辅音韵指以相同辅音(cvC)结尾的音节。(Syllables ending with the same consonants (cvC) are described as having CONSONANCE.)

反韵　With-Will

/wIφ/-/wIl/

反韵指的是多个音节含有相同元音和首个辅音(CVc),而不是像押韵那样几个音节的元音和末尾辅音相同。(REVERSE RHYME describes syllables sharing the vowel and initial consonant, CVc, rather than the vowel and the final consonant as is the case in rhyme.)

变韵　live-love

/lIv/-/lʌv/

变韵指的是两个音节拥有相同的首尾辅音,但元音却不相同(CvC)。(Where two syllables have the same initial and final consonants, but different vowels (CvC), they PARARHYME.)

重复:以上《多情牧羊人致恋人》的诗行中没有重复的例子,但多个音节完全相同(CVC)当然是可能的,如"the sea,the sea",这被称为重复。

◀ 9.3.3 重音与韵律格式(Stress and Metrical Patterning)

双音节的英语词处于通常语境时,其中一个音节的发音通常稍微响亮一些,音高一些,持续时间也更长一些,或者说是要比另一个音节的发音稍微用力一些,这个音节被称为重读音节。(In English words of two syllables, one is usually uttered slightly louder, higher, longer, or otherwise uttered slightly more forcefully than the other syllable in the same word, when the word is said in normal circumstances. This syllable is called the STRESSED syllable.)如在 Kitten (猫咪) 这个词中,kit 便是重读音节,而 ten 则为非重读音节。除单词带有重音外,我们把词组合在一起构成语句时,有些词的发音要比其他的词更重。语句重音的位置一方面取决于读者认为什么是语句中最为重要的信息,另一方面取决于词的自身重音。(In addition to stress within an individual word, when we put words together in utterances we stress some more strongly than others. Where someone puts the stress depends partly on what they think is the most important information in their utterance, and partly on the inherent stresses in the words.)

诗歌能够利用我们讲话时使用的重音的方式来构成节奏。当重音组成有规则的节奏时，称为韵律。(When stress is organized to form regular rhythms, the term used for it is METRE.)

通常，要找出一首诗的韵律，首先要做的是弄清每行诗中的音节数。请看下面摘自 Shakespeare 戏剧《罗密欧与朱丽叶》中的例句：

例 9－14

For **saints** have **hands** that **pil**grims' **hands** do **touch**

这行诗有十个音节，黑体的是重读音节（当然，如果对该行诗的理解不同，重读音节也会有所不同）。这个诗行的十个音节中，重读音节与非重读音节交替出现，并且整行诗以非重读音节开头。这种形式在英语诗歌中非常独特而且常见，被称为抑扬格五音步诗行。抑扬格是指非重读音节与重读音节出现的模式：即一个非重读音节后面紧接着一个重读音节。

抑扬格是韵律的单位的一个范例。韵律的单位是音步。(Units of metre are called FEET.) 五音步指的是一个诗行中的音步数。上面《罗密欧与朱丽叶》中的诗行中包含五个音步，因而构成五音步诗行。英语诗歌中最常见的音步类型的名称如下所示：

(1) 抑扬格：一个抑扬格音步包含两个音节，非重读音节后紧跟着一个重读音节。(An iambic foot contains two syllables, an unstressed syllable followed by a stressed one.)（重读音节写作为黑体）

例 9－15

and **palm** to **palm** is **ho**ly **pal**mer's **kiss**

(2) 扬抑格：一个扬抑格音步同样由两个音节组成。但重音节在前，非重读音节紧跟在后。(A trochaic foot contains two syllables as well, but in this case, the stressed syllable comes first, followed by an unstressed syllable.)

例 9－16

Willows **whit**en, **as**pens **qui**ver

(3) 抑抑扬格：一个抑抑扬格音步由三个音节组成，两个非重读音节后紧跟一个重读音节。(An anapestic foot consists of three syllables; two unstressed syllables are followed by a stressed one.)

例 9－17

Without **cause** be he **pleased**, without **cause** be he **cross**

(4) 扬抑抑格：扬抑抑格音步类似于抑抑扬格音步，但重读音节与非重读音节的组合方式正好相反——一个重读音节后紧跟两个非重读音节。(A dactylic foot is similar to an anapest, except reversed—a stressed syllable is followed by two unstressed ones.)

例 9 – 18

One for the **mas**ter, and **one** for the **dame**

(5)扬扬格:扬扬格由两个重读音节所组成,很少有诗行仅仅由扬扬格组成。(A spondaic foot consists of two stressed syllables; lines of poetry rarely consist only of spondees.)

例 9 – 19

and a **black-/Back gull bent** like an **iron bar slow**ly.

(6)抑抑格:抑抑格由两个非重读音节组成。(A pyrrhic foot consists of two unstressed syllables.)如例 9 – 19 中的"like an"。

如前所述,一个诗行如果包含有五个抑扬格音步,就被称为抑扬格五音步诗行。同样,一个诗行若包含有(任何种类的)两个音步,就被称作为二音步诗行,含有三个音步的是三音步诗行,有四个音步的是四音步诗行,有六个音步的是六音步诗行,七个音步的是七音步诗行,而八个音步的是八音步诗行(每个称谓的第一部分都与希腊语中表示对应数字的词有关)。

◀ 9.3.4 韵律与语音的规约形式(Conventional Forms of Metre and Sound)

不同时期的诗歌发展形成了不同的韵律与语音模式,成为人们共同接受的诗歌的结构方式。这些常见结构通常有各自的名称,如果要分析诗歌,最好要熟悉诗人经常选用的这些规约形式。以下是一些韵律与语音的规约形式。

(1)对句:对句是经常用韵连接的两行诗。(Couples are two lines of verse, usually connected by a rhyme.)下面的几行诗选自 Wordsworth 的 *The Mad Mother*《发疯的母亲》:

例 9 – 20

Her eyes are wild, her head is bare,
The sun has burnt her coal-black hair,
Her eye-brows have a rusty stain,
And she came from far over the main.

(2)四行诗:每节四行的诗节被称作四行诗,在英语诗歌中较为常见。(Stanzas of four lines, known as quatrains, are very common in English poetry.)比如 Oliver Goldsmith 1766 年的诗作 When Lovely Woman Stoops to Folly《可爱的女人犯傻之时》采用的就是四行诗形式:

例 9 – 21

When lovely woman stoops to folly,
And finds too late that men betray,
What charm can soothe her melancholy,

What art can wash her guilt away?
The only art her guilt to cover,
To hide her shame from every eye,
To give repentance to her lover,
And wring his bosom — is to die.

(3)无韵诗:无韵诗是由不押韵的抑扬格五音步诗行组成(Blank verse consists of lines in iambic pentameter which do not rhyme),在英语文学作品也十分常见。下面的例子选自 Robert Browning 的诗 Andrea del Sarto (1855)。

例 9-22
But do not let us quarrel any more,
No my Lucrezia;bear with me for once:
Sit down and all shall happen as you wish.
You turn your face,but does it bring your heart?

还有很多其他诗歌形式,如十四行诗、自由诗、打油诗等,在英语诗歌中也非常多见。Jon Stallworthy 在《诺顿诗歌集》中有一篇有关诗体的文章,对这些诗歌形式进行了很好的总结。

◀ 9.3.5 语音与韵律的诗学功能(The Poetic Functions of Sound and Metre)

诗人使用各种语音与韵律模式的目的是什么呢? Thornborrow 和 Wareing (1998)给出的一些解释或答案可以帮助我们了解语音与韵律能够达到的各种效果。诗人运用语音与韵律模式的原因包括:

(1)为了美学欣赏。如同音乐一样,语音与韵律模式能够从根本上使人产生愉悦的情感;大多数人都喜欢节奏和重复的语音,也正因为这样,儿童才特别喜爱诗歌。(For aesthetic pleasure—sound and metrical patterning are fundamentally pleasing, in the way that music is; most people enjoy rhythms and repeated sounds. Children in particular seem to like verse for this reason.)

(2)为了适应诗歌的某种规约、风格或者某种诗歌形式。正如时装与建筑一样,诗歌也有流行的形式,而且不同形式的语音模式在不同时期盛行。诗人创作的时代对其诗体形式的选择有着极大影响。(To conform to a convention/style/poetical form—as with clothes and buildings, poetry has fashions, and different forms of sound patterning have been popular at different times. The time at which they were writing has a great influence on why poets selected the forms they did.)

(3)为了表达思想或革新诗歌形式。诗人们在创作中进行革新。一方面创造出新的诗歌形式,另一方面去挑战那些认为某些语言形式更适合诗歌的假设。(To express or innovate with a form—poets innovate to create new poetic forms, and also to challenge assumptions about the forms of language which are considered appropriate to poetry.)

(4)为了展示诗歌创作技巧和获得才智上的成就感。诗歌所表现出的智慧与诗歌巧妙的形式和意境的完美结合,使诗人们获得一种满足感。如同运动员以跑、跳、跨栏来表示他的能力一样,诗人用词来展示自己的技巧。(To demonstrate technical skill, and for intellectual pleasure—there is a kind of satisfaction to be derived from the cleverness of some poems and magic of form and meaning being perfectly combined. Poets show their skill with words in the same way as athletes demonstrate their ability to run , to jump, or to leap.)

(5)为了表示强调或对比。运用某些韵律形式,如"缓慢扬扬格",或者将诗歌改变为前一段的规则模式,会把读者的注意力吸引到诗歌中的这些地方。(For emphasis or contrast—some metrical pattern, such as the "slow spondees", or sudden changes in a previously regular pattern, draw your attention to that place in the poem.)

(6)拟声效果——当诗行中的节奏或语音模仿所描述的声音时,便被称为拟声。(Onomatopoeia—when the rhythm of a line or its sound imitates the sound of what is being described, this is known as onomatopoeia.)

◀ 9.3.6 如何分析诗歌?(How to Analyse Poetry?)

以下由 Thornborrow 和 Wareing (1998) 提供的几点或许能帮我们概括出分析诗歌时应该讨论的各个方面。

(1)与诗篇有关的信息 (Information about the poem):如果能够获取此类信息,在分析中可以给出诗篇的标题、诗人的名字、诗歌创作的时间、所属文体(如抒情诗、戏剧诗、史诗十四行诗或讽刺诗等)。同样,也可以论及诗歌的主题,如爱情诗、战争题材诗或自然题材诗等。(If this information is available to you, somewhere in your analysis give the title of the poem, the name of the poet, the period in which the poem was written, the genre to which the poem belongs, e. g. lyric, dramatic, epic sonnet, or satire, etc. You might also mention the topic, e. g. whether it is a love poem, a war poem or a nature poem.)

(2)诗歌的结构方式 (the way the poem is structured):这时提出了一些应该分析的结构性特征,当然,除此之外还可能存在着其他一些本书中未能论及的其他结构特征。如果在诗中找不到反韵的例句或者规则的韵律模式的话,也不用担心,问题的关键在于你寻找过。这样,如果诗中存在此类的特征,分析中就不会漏掉。

分析中不一定要讨论下面所有的标题项。参照这些标题进行思考是一个理解和熟悉诗篇的过程,之后可以选择一些本人愿意讨论的有趣的特征进行分析。

1)编排。诗行是否分成了长度等同或长度不同的诗节?①（Layout—are the lines grouped into stanzas of equal/unequal lengths?)

例9-23

seeker of truth
follow no path
all paths lead where

truth is here

(e. g. cummings, No. 3 of 73 Poems)

例9-24

Lord, who created man in wealth and store,
Though foolishly he lost the same,
Decaying more and more,
Till he became
Most poore:
With thee
O let me rise
As larks, harmoniously,
And sing this day thy victories:
Then shall the fall further the flight in me

(George Herbert, Easter Wings)

2)诗行数。(number of lines.)

3)诗行长度。数一数每行的音节数,看一看诗行的长度(每行的音节数)是否规则。(Length of lines—count the syllables; are lines of regular syllabic length?)

4)规则的韵律。哪些音节重读?重读音节之间的非重读音节数目是否相等?每行诗中有多少个音步(重读音节)?对音步类型和每行诗中的音节数目进行讨论,或者得出结论,诗篇中不存在规则的韵律模式。但是,没有发现任何有规则的韵律并不等于说诗中就没有运用任何韵律特征,诗人可能使用自由体进行写作,但也可能偶尔运用特定的韵律模式,来表示强调,或者达到某种拟声效果。(Regular metre—which syllables carry stress? Are there an equal number of unstressed syllables between the stressed ones? How many feet (stressed syllables) are there in a line? Comment on the type of foot and the number of feet per line—or say that there is no regular metrical pattern. Finding no regular metre is not to say that there is no exploitation of metre however. A poem can be written in free verse and can occasionally use particu-

① 诗的编排在视觉诗的阐释中特别重要,下面两个例子可以为读者留下展示一些此类特征的印象。

lar metrical patterns for emphasis, or onomatopoeic effect.)

5)尾韵。如果存在尾韵,应该将尾韵标注出来。为确定诗中的韵律和尾韵是否与某种特定的诗体(如民歌或十四行诗)相吻合,可以查阅相关参考文献,如《诺顿诗歌集》末尾的 Jon Stalwartly 的那篇文章。(End rhymes—plot the end rhyme, if there is any. You could check with a reference source such as the essay by Jon Stallworthy at the end of the Norton Anthology, to see if the metre and end rhyme conform to a particular style of poem (e. g. a ballad or a sonnet).)

6)其他形式的语音模式。准押韵或半谐音、辅音韵、头韵、变韵、反韵、半韵与重复。(Other forms of sound patterning—assonance, consonance, alliteration, pararhyme, reverse rhyme, half rhyme, and repetition.)等

读者可以参考9.3.5列出的诗人使用语音与韵律模式的原因,对以上形式所达到的效果进行评论。分析者还应该对语言的本义和比喻性使用、有趣的句法现象、标点与语域以及互文典故等进行分析。

9.4 小说语言(The Language in Fiction)

◀ 9.4.1 小说与视点(Fictional Prose and Point of View)

根据 Mick Short (1996)的论述,我们至少需要从三个话语层面上对小说(即小说或短篇故事)的语言进行描述,因为介于人物层面与作者—读者层面之间还存在着一个叙述者—听众层面。(According to Mick Short (1996), we need at least three levels of discourse to account for the language of fictional prose (i. e. a novel or short story), because there is a narrator-narratee level intervening between the character-character level and the author-reader level.)

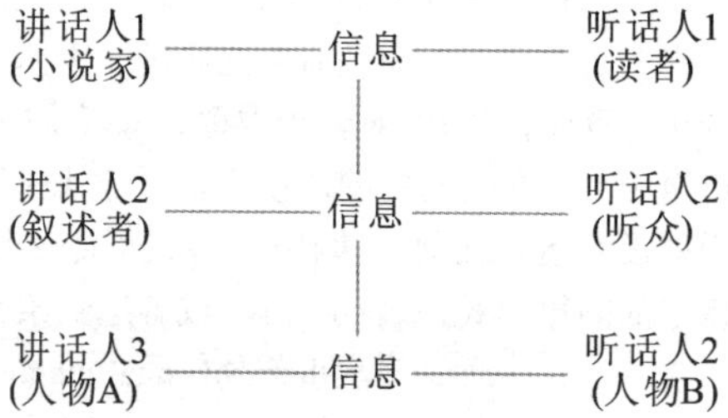

对小说文学形式机理进行的阐释我们需要考虑以上三个层面和对三对参与者的分析,因而从这种意义上讲,上图只是对小说"总体上"的一个描述。但是,任何特定小说都有可能中和上图中的一些区分,从其他一些区分中衍生出新的区分,或者二者兼而有之。小说的基本话语结构中存在着六个参与者,这一事实意味着,小说中需要考虑的视点比其他任何文体(如诗歌)都要多。而在特定小说中,需要考虑且彼此相关的视点的衍生机会更是不可胜数。因此,小说已成为作

家们广泛利用视点的文学体裁。(This diagram only accounts for the novel "in general" in the sense that all three levels, and all three pairs of participants are needed to explain how the novel works as a form. But any particular novel may neutralise some of the distinctions, multiply others, or do both at the same time. The fact that there are six participants in the basic discourse structure for the novel automatically means that there are more viewpoints to be taken into account in the novel than in other genres (e.g. poetry). But the opportunities in particular novels for multiplying the number of viewpoints to be considered, and related to one another, are myriad. It is thus hardly surprising that the novel has become the genre where writers have explored viewpoints extensively.)

(1)第一人称叙述者:故事的叙述者同样也可能成为小说虚构世界中的人物之一,他或她在事后将故事讲述出来。在这种情况下,批评家们将叙述者称为第一人称叙述者,因为当叙述者在故事中指称自己时,总会采用第一人称代词 I (我)。第一人称叙述者经常被认为是"有局限的",因为他们并不知道所有的事实;或者被认为是"不可靠的",因为他们可能通过保留一些信息或说谎去哄骗读者。这种情况经常出现于谋杀与神秘故事中。(The person who tells the story may also be a character in the fictional world of the story, relating the story after the event. In this case the critics call the narrator a FIRST-PERSON NARRATOR because when the narrator refers to himself or herself in the story the first person pronoun I is used. First-person narrators are often said to be "limited" because they don't know all the facts or "unreliable" because they trick the reader by withholding information or telling untruths. This often happens in murder and mystery stories.)

(2)第三人称叙述者:如果叙述者不是小说世界中的人物,他/她通常也被称作第三人称叙述者,因为指称故事虚构世界中所有人物的时候都要使用第三人称代词 he (他)、she (她)、it (它)或 they (他们/它们)。这种类型是主要的叙述者类型,但这一结论还存在争议。(If the narrator is not a character in the fictional world, he or she is usually called a THIRD-PERSON NARRATOR, because reference to all the characters in the fictional world of the story will involve the use of the third-person pronouns, *he*, *she*, *it* or *they*. This second main type of narrator is arguably the dominant narrator type.)

(3)面向图式的语言:视点同样也是面向图式的。值得注意的是,相同情景中的不同参与者会拥有不同的图式,这些不同的图式同他们各自不同的视点相关联。(Viewpoint is also schema-oriented. It is worth noting that different participants in the same situation will have different SCHEMAs, related to their different viewpoints.)因此,店主与其顾客会拥有商店图式。他们的图式在很多方面是彼此间的镜像,店主的成功在一定程度上就在于他们能够考虑顾客的图式及其视点。(Hence shopkeepers and their customers will have shop schemas which in many respects will be mirror images of one another, and the success of shop-keepers will depend in part on their bcing able to take into account the schemas and points of view of their customers.)

除了通过选择描写内容来表明视点外,小说家们还可以通过选择描写方式,特别是通过本质上带有评价性的词句,去表明其视点。(Besides indicating viewpoint by choosing what to describe, novelists can also indicate it by how it is described, particularly through expressions which are evaluative in nature.)

例 9 – 25

She opened the door of her grimy, branch-line carriage, and began to get down her bags. The porter was no where, of course, but there was Harry... There, on the sordid little station under the furnaces...

这段文字节选自 D. H. Lawrence 的《范妮与安妮》, grimy, branch-line carriage 与 Sordid little station under the furnaces 两个短语中的形容词 grimy (肮脏的)与 sordid (脏乱的)都带有价值倾向,这两个词表明对摩尔利火车站的描写是源自于范妮的视点。显而易见,她对火车站没有好感。

(4)已知信息与新信息:在故事开头,我们应该假设小说在叙述中所指称的一切事物都是新信息(当然我们文化中每个人通常都熟知的事物是例外,如太阳),因此应该对它们使用不定所指,而这也正是 Thomas Hardy 在《卡斯特桥市长》的开头采取的做法:

例 9 – 26

One evening of late summer, before the nineteenth century had reached one third of its span, a young man and woman, the latter carrying a child, were approaching the large village of Weydon-Priors, in Upper Wessex, on foot.

Man、woman 和 child 的第一次提及使用的都是不定所指 (a young man and woman, a child),因为我们在之前未曾读到过他们。通过这种方式,我们对这些人物能够进行远距离的“鸟瞰”。“19 世纪”使用的是有定所指(the nineteenth century),因为哈代认为读者已经了解该词组的指代对象。然而,需要注意的是,即使是在这样直接的描写中,威顿派尔斯村的首次提及却使用了有定所指(the large village of Weydon-Priors),作者这么做是鼓励我们假定自己对这个村子已经比较熟悉了。通过上述种种办法,哈代就为读者“确定了位置”,他们是在一定程度上熟悉该村庄 (以及该地区)但又不认识那些人物的人群。

(5)指称:指称与说话人相关联,因此能很容易地被用来表明特定的和变化着的视点。下面摘自《秘密特工》的例子中,我们可以从 Mr. Verloc 的视点去看待 Mrs. Verloc 的行为:

例 9 – 27

Mr. Verloc heard the creaky plank in the floor and was content. He waited.

Mrs. Verloc was coming.

除了感知与认知动词 heard 与 waited,以及表明 Mr. Verloc 的心理状态的标识词(was content)之外,我们可以看到,Mrs. Verloc 朝向丈夫的移动是从 Mr. Verloc 的位置来观察的(coming),这一事实在小说的这一部分极为重要。这说明 Mr. Verloc 并没有意识到妻子正准备杀害自己。

◀ 9.4.2 言语表达与思想表达(Speech and Thought Presentation)

(1)言语表达(speech presentation)。

依据肖特(1996)的论述,言语表达连续体中有以下各种可能:

1) 直接言语(Direct Speech, DS);

2) 间接言语(Indirect Speech, IS);

3) 言语行为的叙述者表达(Narrator's Representation of Speech Acts, NRSA);

4) 言语的叙述者表达(Narrator's Representation of Speech, NRS)。

在直接言语中,读者可以看到人物所说内容的最完整形式,但从(1)向(2)变化时,其中人物的言语成分逐渐减少。

另外还存在一个可能的言语表达类型,它是直接言语与间接言语特征的混合体,被称作自由间接言语(Free Indirect Speech, FIS)。在言语表达连续体中,它居于直接言语与间接言语之间:

言语的叙述者表达—言语行为的叙述者表达—间接言语—自由间接言语—直接言语。

下面这个片断源自 Charles Dickens 的《老古玩店》,可以用来作为例子说明上面大多数类型的言语表达。

例 9-28

a. He thanked her many times, and said that the old dame who usually did such offices for him had gone to nurse the little scholar whom he had told her of.

b. The child asked how he was, and hoped he was better.

c. "No," rejoined the schoolmaster, shaking his head sorrowfully, "No better.

d. They even say he is worse."

引号中校长的话是直接言语的例子。b 句是典型的间接言语:The child asked how he was…它给出了孩子所说的命题内容,但没有沿用她表达这个内容时使用的原句。在 a 句开头处的 He thanked her many times…中,我们甚至无从知道校长陈述的内容,更不要说他在陈述中使用的原句;我们所知道的只是他频频使用了感谢这一言语行为。因此,这一分句可以看做是更长的话语的一个概述,因而比使用间接言语表达的背景化程度更高。Mick Short 将这种最低限度的表达类型称为言语行为的叙述者表达。言语表达的另外一种类型要比言语行为的叙述者表达的更为简单。句中仅仅告知读者言语已经产生,甚至没有指明所涉及的言语行为，这种言语表达的类型称作言语的叙述者表达，例如 We talked for hours。

自由间接言语在形式上乍一看似乎是间接言语，但它又具备直接言语的某些特征。上面的片断中最明显的自由间接言语的例子是 b 句的后半部分“and hoped he was better”（该句的前半部分 The child asked how he was…显然是间接言语，它给出了话语的命题内容，但没有沿用小孩使用的原句）。尽管这后半句肯定不是直接言语，但它的确带有小孩所用原句的某些韵味，因为虽然它同句子前半部分的间接言语是并列的（这使我们期待它同样是间接言语），但它省略了间接引语的引导分句。这个引导分句能够很容易地从上下文中推导出来，这样，b 句后半部分更加明确的形式就应该是…and said that she hoped he was better.

（2）思想表达（thought presentation）。

小说家们表达人物思想所用的思想表达类型同言语表达的类型完全相同。（The categories used by novelists to represent the thoughts of their characters are exactly the same as those used to represent a speech.）

例 9 – 29

a. He spent the day thinking.（思维的叙述者表达 Narrator's Representation of Thought：NRT）

b. She considered his unpunctuality.（思维行为的叙述者表达 Narrator's Representation of Thought Acts：NRTA）

c. She thought that he would be late.（间接思想 Indirect Thought：IT）

d. He was bound to be late!（自由间接思想 Free Indirect Thought：FIT）

e. “He will be late”，she thought.（直接思想 Direct Thought：DT）

思维的叙述者表达、思维行为的叙述者表达以及间接思想能达到的效果与言语表达对应类型的效果大致相同，所以这里将仅仅讨论思想表达的两种类型：直接思想与自由间接思想。

直接思想（Direct thought）倾向于表现有意识、深思熟虑的思想。（DT tends to be used for presenting conscious，deliberative thought.）下面的例子源自 Dickens 的《老古玩店》，其中的人物 Dick Swiveller 已经重病数周，刚刚清醒过来。

例 9 – 30

“I'm dreaming，”thought Richard，“that's clear. When I went to bed，my hands were not made of egg shells；and now I can almost see through 'em. If this is not a dream，I have woke up by mistake in an Arabian Night，instead of a London one. But I have no doubt I'm asleep. Not the least.”

Here the small servant had another cough.

“Very remarkable!”thought Mr. Swiveller. “I never dreamt such a real cough as that before. I don't know，indeed，that I ever dreamt either a cough or a sneeze. Perhaps it' s part of the philosophy of dreams that one never does. There' s another… and another…I say, …I' m dreaming rather fast!"

这段描写的幽默之处在于,Mr. Swiveller 认为自己在做梦,而我们知道他是刚从昏迷中苏醒过来,在进行有意识的思考。这两段思想表现之间表示叙述的句子很明确地告诉读者,他的"相当快速的(rather fast)"的梦境只不过是日常现实生活刺激他的意识留下的印象而已。

直接思想(DT)与戏剧独白具有相同的语言形式,但戏剧独白中存在着众所周知的歧义,即人们不知道独白人物是在自言自语,还是在对观众讲话。小说中不存在聆听人物讲话的观众,因此表达思想肯定是直接思想的唯一目的。但是直接思想还经常被用于表现人物同自己或他人进行的假想的谈话,因此常常带有有意识的思考的色彩。(DT has the same linguistic form as the soliloquy in drama, which is notoriously ambiguous as to whether the character involved is thinking aloud or talking to the audience. In the novel there is no audience to talk to, and so thought presentation must be DT' s sole purpose. However, DT is quite often used to represent imaginary conversations which characters have with themselves or others, which is presumably why it so often has the flavour of conscious thinking.)

自由间接思想(Free indirect thought):下面这个简短的自由间接思想(FIT)的例子摘自 Julian Barnes 的《十又二分之一章的世界历史》。Fergusson 上校正奄奄一息地躺在床上,他的女儿正读着一本宗教小册子等着他死去,这令他十分烦恼,因为上校是位无神论者,他无法理解女儿对上帝的信仰:

例 9 - 31

It was a provocation, that' s what it was, thought the Colonel. Here he was on his deathbed, preparing for oblivion, and she sits over there reading Parson Noah' s latest pamphlet.

第一句中引导成分"thought the colonel"引导的两个从句和第二句的前半部分都是自由间接思想(FIT)。它们既包含有间接思想特征,又包含有直接思想特征。如果将它们分别"翻译"成间接思想、直接思想,这一点就非常明白了:

a. The Colonel thought that it was a provocation that while he was on his deathbed, preparing for oblivion, she was reading Parson Noah' s latest pamphlet. (IT)

b. "It is a provocation, that' s what it is," thought the Colonel. "I' m On my deathbed, preparing for oblivion and she sits over there reading Parson Noah' s latest pamphlet." (DT)

从这个例子可以看出自由间接思想的典型效果,让我们感到非常贴近人物:在他思考时,几乎能够进入他的大脑,而且理解他的看法。这种"贴近"效果或多或少是自由间接言语的效果的对立面,因为自由间接言语使得读者与人物产生距离感,而且经常被用来表示讽刺。

那么为什么自由间接言语与自由间接思想之间有着如此显著不同的效果呢？原因之一是，人们有充足的理由把直接言语看作是言语表达的规范，但是要把直接思想看作是思想表达的规范就要困难得多。因为他人的思想不像言语，我们永远无法直接感知得到，我们只能从人们的言语、行为、面部表情等来推理可能正在进行的思想。因此，将间接思想看作是思维表达的规范才显得更加合理。这样，自由间接思想就成了在叙述者人物构成的天平上，从思想表达的规范（间接思想）朝向人物一端的偏移，而自由间接言语却构成了一种相反方向的偏移，即从言语表达规范（直接言语）移向叙述者一端。（How is it that FIS and FIT have such markedly different effects? One reason is that although DS can reasonably be assumed to be the norm for speech presentation, it is much more difficult to hold the same view for DT. The thoughts of others, unlike their speech, are never directly accessible to us. We can only infer what people might be thinking from their speech, action, facial expression and so on. It is thus much more plausible to think of IT as our norm for thought presentation. In this case, the use of FIT constitutes a move away from the norm towards the character end of the scale, whereas FIS constitutes a move in the opposite direction.）

意识流创作（stream of consciousness writing）：意识流一词最先由哲学家 William James 在其《心理学原理》（1890）中创造，用于描述大脑中各种思想和印象之间的自由联系。意识流后来被 William Faulkner、James Joyce、Virginia Woolf 以及其他人应用于创作，这些作家于 20 世纪早期在小说中对思想的自由流动的描述进行了尝试。（The term STREAM OF CONSCIOUSNESS was originally coined by the philosopher William James in his *Principle of Psychology* (1890) to describe the free association of ideas and impressions in the mind. It was later applied to the writing of William Faulkner, James Joyce, Virginia Woolf and others experimenting early in the 20th century with the novelistic portrayal of the free flow of thought.）然而，需要注意的是，小说中绝大多数的思想表达并不是意识流创作。上面列举的例子都不是意识流作品，因为它们所表达的思维井井有条，不是思想的自由联系。最为出名的意识流作品或许是 Joyce 的《尤利西斯》中与人物 Leopold 相关的部分，下面的片断中他正在餐馆里想着有关牡蛎的事情：

例 9 – 32

Filthy shells. Devil to open them too. Who found them out? Garbage, sewage they feed on. Fizz and Red bank oysters. Effect on the sexual. Aphrodis.（原文如此）He was in the Red bank this morning. Was he oyster old fish at table. Perhaps he young flesh in bed. No. June has no ar（原文如此）oysters. But there are people like tainted game. Jugged hare. First catch your hare. Chinese eating eggs fifty years old, blue and green again. Dinner of thirty courses. Each dish harmless might mix inside. Idea for a poison mystery.

这种认知的自由流动是直接思想（DT）的最自由形式。它另外一个特征是高度省略的句子结构，语法词都尽量地被省略，这样使得读者仍然能够推测出正在发生的事情。意识流作品的语言的衔接不是非常连贯，违反了 Grice 的数量准则与方式准则。但是，我们必须假定，这种表面上不合理的创作行为是与相关的作者意图相关联的。我们应该假定，虽然 Joyce 的这种创作方法在表面上使阅读变得非常困难，但在更深层次上他是在真正地与我们进行合作。只有这样假定才能引导我们得出结论，乔伊斯正试图再现人物浮想联翩的思想。(This cognitive meandering is all in the most free version of DT. It is also characterized by a highly elliptical sentence structure, with as many grammatical words as possible being removed consistently allowing the reader to be able to infer what is going on. The language is not very cohesive and breaks the Gricean maxims of Quantity and Manner. But we must assume that apparently unreasonable writing behaviour is related to a relevant authorial purpose. It is the assumption that Joyce is really cooperating with us at a deeper level, even though he is apparently making our reading difficult, that leads us to conclude that he is trying to evoke a mind working associatively.)

◀ 9.4.3 散文风格(Prose Style)

(1)作者风格。人们论及风格时，通常指的就是作者风格。这是一种“世界观”类型的作者风格，换言之，是一种人们能够辨认出来的属于某个特定作家的创作方法，如 Jane Austen 或 Ernest Hemingway 的风格等。这种创作方法能够将这个作家的作品同其他作家的作品区分开；尽管同一作家的一系列作品会因为主题、描写对象、创作意图等的不同而注定会发生变化，但是人们仍然能够从这一作家的各类语篇中将这种创作方法识别出来。正因为能够在特定作家的作品中辨识出作者风格，才使得我们能够创作出模仿作品。(When people talk of style, they usually mean AUTHORIAL STYLE. This refers to the “world view” kind of authorial style. In other words, it is a way of writing which recognizably belongs to a particular writer, say, Jane Austen or Ernest Hemingway. This way of writing distinguishes one author's writing from that of others, and is felt to be recognizable across a range of texts written by the same writer, even though those writings are bound to vary as a consequence of being about different topics, describing different things, having different purposes and so on. It is this ability to perceive authorial style in the writings of a particular author that enables us to write pastiches and parodies.)

(2)语篇风格。语篇风格研究的是语言选择如何帮助构建语篇意义。(TEXT STYLE looks closely at how linguistic choices help to construct textual meaning.)正如作家们拥有风格一样，语篇同样如此。评论家可能会讨论 George Eliot 的风格，也可能去研究《米德尔马奇》(Middlemarch)的风格，甚至是其中若干部分的风格。在考察语篇或语篇片断的风格时，我们更为集中关注的是意义，而不是上面讨论过的作者风格的“世界观”形式。所以,在考察语篇风格时我们需要研究语言选择,因为语言选择同意义、同语篇对读者产生的影响有内在的联系。本书到目前为止所考察的所有领域,如词汇模式与语法模式,都与特定语篇的意义及其风格密切相关。语言成分的位置,甚至是像逗号这样似乎并不重要的成分的位置,有时在阐释过程中也是非常重要的。(TEXT STYLE looks closely at how linguistic choices help to construct textual meaning. Just as authors can be said to have style, so can text. Critics can talk to the style of Middlemarch, or even parts of it, as well as the style of George Eliot. When the style of texts or extract from texts is examined, we are even more centrally concerned with meaning than with the world view version of authorial style discussed above, and so when we examine text style we will need to examine linguistic choices which are intrinsically connected with meaning and effect on the reader. All of the areas we have looked at so far in this book could be relevant to the meaning of a particular text and its style; as can areas like lexical and grammatical patterning. Even the positioning of something as apparently insignificant as a comma, for example, can sometimes be very important in interpretative terms.)

◀ 9.4.4 如何分析小说语言?(How to Analyse the Language of Fiction?)

在分析语篇风格或一个作家所有作品的风格时,应该考察下列各个语言特征:

——词语模式(词汇);(patterns of lexis(vocabulary))

——语法组织模式;(patterns of grammatical organization)

——语篇组织模式(从句子到段落到更大的语篇组织单位是如何安排的);(patterns of textual organization (how the units of textual organization, from sentences to paragraphs and beyond, are arranged))

——前景化特征,包括修辞手段;(foregrounded features, including figures of speech)

——是否能找到风格变化的模式;(whether any patterns of style variation can be discerned)

——各种不同的话语模式,如话轮转换或推论模式;(discoursal patterning of various kinds, like turn-taking or patterns of inferencing)

——视点操纵模式,包括言语与思想表达。(patterns of viewpoint manipulation, including speech and thought presentation)

9.5 戏剧语言(The Language in Drama)

戏剧的存在方式有两种:书面与舞台。这使文学评论家处于一种两难的境地,因为这两种表征形式间的差异很大,并且各自需要不同的分析方法。文体学研究戏剧时,关注的几乎总是书面的语篇,而非舞台上的表演。毕竟,语篇是静态的、固定不变的。文体学家可以很轻易将页面翻至前一个场景,对剧本中不同部分的言语进行比较,甚至可以找出另一版本,对不同戏剧进行比较。另一方面,剧本的实时表演片刻即逝,由于精神不集中而漏听的言语不可能再次听到。然而,这并不是说永远不可能分析戏剧表演,特别是现在,我们完全可以对表演进行录音录像。尽管如此,本书的兴趣在于书面的剧本语言。

◀ 9.5.1 如何分析戏剧?(How Should We Analyse Drama?)

(1)戏剧作为诗歌。戏剧语篇的文体分析通常遵循三种方法。第一种方法是将语篇节选看作是诗歌,我们在本书9.3部分就是这样做的。同诗歌的分析一样,语音和韵律在很多戏剧语篇中都是需要分析的相关方面,因此,本书前面各章节中讨论过的任何与韵律、语音模式、句法、比喻性语言有关的方面都适用于戏剧分析。

(2)戏剧作为小说。第二种方法是一定程度上将戏剧看作是小说,分析剧本中的人物与情节。显而易见,情节与人物这两个成分在戏剧语篇中同它们在小说中有同样的重要性,因此,很明显,将戏剧当作小说也是进行戏剧分析的相关途径,本书前一节所描写的一些方法也可以应用于戏剧分析。

然而,戏剧与小说之间存在着根本的差异,因为戏剧中通常不存在叙述者的声音,这种缺失使得我们很难成功地将小说改编为剧本。1995年Jane Austen的《傲慢与偏见》被BBC改编成为戏剧,然而其中存在一个公认的难题,即小说中存在一个带有讽刺意味的叙述者声音,它提供了一个看待人物和事件的不同视角,不同于小说中的人物在必要的感知或评论时所使用的视角。因此,改编时,叙述者的声音所传达的信息与态度必须译成戏剧的其他方面。

当然,戏剧中存在着一些途径,能够用来取代小说中叙述者声音的功能,如希腊悲剧中所使用的合唱队,T. S. Eliot在剧本(如《鸡尾酒会》)中就运用了这一技巧,这种合唱能够提供另外一个视角来看待人物的行为或情节的发展;Dylan Thomas在《乳树下》中采用了一个叙述者的声音,在戏剧表演过程中进行一些朗读;Dennis Potter在电视剧《侦探的吟唱》中使用了话外音的技巧;剧作家有时还可以在戏剧语篇中插入明确的文字,像舞台指示那样给出情节与人物的信息。

(3)戏剧作为会话。如前所述,文体学可以像阐释诗歌和小说一样分析戏剧语篇,但这并没有真正地描述戏剧不同于诗歌与小说的各个方面,即那些能够使戏剧独自成为一种体裁的特征。戏剧不同于诗歌与小说的关键在于,戏剧强调言语交流,重视剧作家通过人们的话语来构筑和协调人际关系的方式。(One crucial aspect in which drama differs from poetry and fiction is in its emphasis on verbal interaction, and the way relationships between people are constructed and negotiated through what they say.)这是语言学真正发挥独特作用的地方,因为需要做大量的工作去分析人们通过谈话实现的行为,去研究交际与误解的产生过程。(This is where linguistics really comes into its own, since there is an enormous amount of work on what people do when they talk, and on how communication and miscommunication occur.)语言学,特别是话语分析技巧,将会有助于我们去分析人物间的交流,以达到下面的目的:

1)更好地理解语篇(understand the text better);

2)理解会话如何进行(understand how conversation works);

3)更好地欣赏戏剧作家创作人物言语时所表现出的技巧(appreciate better the skill a playwright has demonstrated in the way they have written the speeches of their characters);

4)考察语篇中其他分析形式可能会漏掉的方面(see things in the text that other forms of analysis might have allowed us to miss)。

◀ 9.5.2 戏剧语言分析(Analysing Dramatic Language)

本节将考察戏剧语篇中的言语,并示范如何将语言学家分析自然产生的会话时使用的技巧运用于戏剧对话,以达到研究戏剧人物间的交流的目的。

(1)话语数量与长度。人物讲话的多少可以显示出人物在剧中的相对重要性,或者是人物在自我意识中感到的自我重要性。一般而言,主要人物的言语比次要人物的言语要长而且多。然而,Bennison(1993:82-4)认为,在Tom Stoppard的戏剧《职业犯规》中,Anderson尽管是以主要人物发展的,但是他较长的会话不多,这是为了表明他听别人讲话的能力在增强。

(2)交际序列。有人曾经试图将说英语的人认为恰当的多种多样的交际模式列举出来,(两人间的交际,如问候—问候、提问—回答、请求—回应、邀请—接受/拒绝等),但是由于它们在语境中变异的范围很大,这种努力真的成了一项徒劳无益的工作。然而,在分析与预期交际模式表面上不一致的戏剧对话时,交际结构的模式可能就非常有用。例如,Harold Pinter的剧本以人物间古怪的对话而出名,上面的那些预期模式并没有出现在其中的对话中。下面的片断来自Pinter的《一夜外出》,剧中人物Albert和一位女孩正待在女孩的公寓里,女孩在街上碰到他后把他带回了家。

例9-33

(他用手捻灭烟头,丢在地毯上。)

女孩(大怒):What do you think you're doing?(她瞪着他。)Pick it up! Pick that up, I tell you! It's my carpet!(她冲向烟头。)It's not my carpet, they'll make me pay—

(她伸手去捡烟头,他用手抓住她。)

女孩:What are you doing? Let go. Treating my place like a pigsty... let me go. You're burning my carpet!

阿尔伯特(安静地,语气强硬地):Sit down.

女孩：How dare you?

阿尔伯特：Shut up. Sit down.

女孩：What are you doing?

阿尔伯特：Don't scream. I'm warning you…

女孩：What are you going to do?

阿尔伯特：（手从壁炉架上抓过闹钟）：Don't muck me about！

这段对话在好几个方面同交际结构的模式不相一致：第一，女孩看到他乱丢烟头发出惊叫，并要求他捡起来，而 Albert 对之无动于衷；第二，女孩问了他一系列的问题，如"How dare you?"，"What are you doing?"以及"What are you going to do?"，他都未正面回答。对她的问题与命令置若罔闻，Albert 以此显示两人间权力的不平等，这种不平等在他威胁使用暴力时达到高潮。

(3)产生性错误。有时作者会故意采用停顿等形式来表现剧中人物的一些相关信息——如心不在焉、犹豫不决或害羞、迷惑或尴尬等。下面的例子同样摘自《职业犯规》，剧中人物 Anderson 偶遇他的一个足球英雄，并为即将来临的比赛提出建议。这个场景中他表现出尴尬的迹象，如下黑体词语所示：

例 9－34

安德森：I'v seen him twice. In the UFA Cup a few seasons ago…I happened to be in Berlin for the Heel Colloquium, **er**, bunfight…(**in a rush**) I realize it's none of my business—I mean you may think I'm an absolute ass, but— (pause) Look, if Hahas takes that corner he's going to make it short—almost certainly…

(4)合作原则。哲学家 Grice (1975) 提出了合作原则理论，宣称人们就是利用这一原则去理解会话的，而且人们之所以能够理解会话是因为这一原则使得他们能够区分句子意义与语句意义（参照第 8 章）。Grice 认为，事实上人们在谈话时经常违反这些准则，例如，在 Pinter《一夜外出》的另一片断中，Albert 在回答女孩提问时明显违反了关系准则：

例 9－35

The Girl：And what film are you making at the moment?

Albert：I'm on holiday.

The Girl：Where do you work?

Albert：I'm freelance.

阿尔伯特并没有直接答复女孩的提问——他并没有告诉她自己在拍什么电影，也没有说明自己在哪儿工作。然而，只要假定这些问答在更深层面上是相关的，大多数人都可以理解这一段对话。这样的话，"I'm on holiday"可以被理解为"目前我没有拍电影，因为我正在度假"；对第二个问题的回答意为"我无法确定一个固定的工作场所，因为我是一个自由职业者，四海为家。"

(5)语言作为地位的标志。以上论及的许多语言特征都能用作表明人物相对地位以及地位变化的标志。语言尤其能用来表明说话人与听话人之间的关系在多大程度上是建立在社会权力差异的基础之上,在多大程度上是建立在一致性的基础之上。人们彼此之间的称谓通常可以表明他们所理解的自己在社交中相对于听话人所处的位置:与听者地位平等、地位低于或高于听者。我们相当多的语言运用便是建立在这些理解的基础之上。(Many of the properties of language discussed above can be used to signal the relative status, and changes in status, of characters. In particular, language can be used to signal to what extent the relationship between an addresser and an addressee is based on a social power difference, and to what extent it is based on solidarity. How people address one another usually signals where they perceive themselves to be socially in relation to their addressee: their equal, or their social inferior or superior. A considerable amount of our language use is grounded in these perceptions.)

戏剧作家们可以通过舞台上人物的相互称谓来向观众暗示这种人物间关系的信息。譬如,伊丽莎白时代英语中的 tu/vous (你/您)的区别虽然在现代英语中已经消失,但在很多语言中仍然存在。这种区分经常被 Shakespeare 用于显示人物之间的关系。早期现代英语中的 thou 是第二人称代词单数 (用于称谓一个人),等同于法语中的 tu,经常被用于表示亲密,或者是说话人比听者的社会地位高。早期现代英语中的 you 等同于现代法语形式 vous,用作第二人称复数 (称呼两人或两个以上的人),但同样也用作第二人称单数,作为一种礼貌的形式标明社会地位的距离,或者表示冷漠、尊敬,或者两者兼而有之。在 Shakespeare 的创作时代,thou 已经开始逐渐消失,但是 Shakespeare 剧本的一些场景中,剧中人物仍然变换使用 you 与 thou,以表明他们之间的关系从亲密到疏远、从尊敬到蔑视的波动。下面的片断来自 Shakespeare 的《皆大欢喜》,正如 Calvo (1994)所分析的那样,其中表姐妹 Celia 和 Rosalind 彼此称谓时在人称代词使用上存在着差异。Rosalind 疯狂地爱上了 Orlando;Celia 被 Rosalind 的有关女人的言论以及完全沉浸于自身感受的行为所激怒,所以在称呼 Rosalind 时,Celia 使用了表示疏远和礼貌的形式 you。而 Rosalind 正全神贯注于自身情感之中,显然没有注意到 Celia 的恼怒情绪,也没有意识到 Celia 可能对自己魂牵梦绕 Orlando 有排斥心理,所以在回答中她使用了 thou 这一亲密形式。

例 9 – 36

Celia: You have simply misused our sex with your love-prate. We must have your doublet and hose plucked over your head, and show the world what the bird hath done to her own nest.

Rosalind: O coz, coz, coz, my pretty little coz, that thou didst know how many fathoms deep I am in love! Bu it cannot be sounded. My affection hath an unknown bottom, like the Bay of Portugal.

Celia: Or rather bottomless, that as fast as you pour affection in, it runs out.

Rosalind: No. That same wicked bastard of Venus, that was begot of thought, conceived of spleen and born of madness, that blind rascally boy that abuses every one's eyes because his own are out, let him be judge how deep I am in love. I'll tell the Aliena, I cannot be out of sight of Orlando. I'll go find a shadow and sigh till he come.

Celia: And I'll sleep.

如果不清楚 tu/vous 之间差异,以及这种差异所能表示的社交与人际关系的信息,我们在分析这一场景时将漏掉其中一些很有价值的东西。

(6)语域。语域这一术语在语言学中被用来描述特定语言风格与其使用语境之间的关系。作为语言使用者,我们能够识别各种各样的不同文体,虽然可能不能做到在语言产生中积极地使用它们。(Register is the term used in linguistics to describe the relationship between a particular style of language and its context of use. As language users, we can recognize a wide range of styles even though we might not be able to actively produce them.)法律语篇可以作为语域的一个例子——我们一见到法律文件就能识别它们,但通常只有律师这一唯一群体接受过相应训练,因而能够运用恰当的语言选择产生法律语篇。Shakespeare 的《仲夏夜之梦》中,社会秩序与生活中行为举止符合自身身份的重要性是非常重要的主题。剧中人物包括仙女、贵族和普通劳动人民,他们不同的语言风格表明了各个群体的不同社会地位。

(7)言语与沉默——戏剧中的女性人物。有证据表明,在男性女性共同参加的谈话中,男性讲话比女性偏多。(Spenser,1990)但女性是一个公认的健谈的性别,有人认为这是因为人们没有将她们的谈话数量同男性的谈话数量作比较,而是与她们的沉默作比较。事实上,在家长制社会中,沉默对于女人来说是更为讨人喜欢的状态。至少在英国戏剧遗产中确实存在支持这一假设的证据:Shakespeare 戏剧中的一些人物显而易见地将沉默看作是女性的一种美德。(There is evidence that men tend to talk more than women in mixed sex conversations (Spender, 1990). It is suggested that the reason why it is accepted that women are the talkative sex is that the amount they talk is not compared with the amount that men talk, but with silence. In fact silence is the preferred state for women in a patriarchal society. There is certainly some support for this hypothesis at least in the British dramatic heritage: some of Shakespeare's characters notably regard silence in women as a virtue.)比如,在《驯悍记》中,标题中的"悍妇"Katherina 因为直言不讳遭到辱骂,而她的妹妹 Bianca 却因沉默而大受赞扬。

例 9 – 37

Tranio: That wench is stark mad or wonderful forward.

Lucentio: But in the other's silence do I see

Maid's mild behaviour and sobriety.

◀ 9.5.3 如何分析戏剧语篇?(**How to Analyse Dramatic Texts?**)

Walter Nash (1989)认为,可以通过一系列的阶段来分析戏剧语篇,从最为基础和无争议的阶段开始，逐渐进入到最为复杂与最具争议的阶段。(Walter Nash (1989) suggests that dramatic texts can be analysed in a series of stages, starting with the most basic and least controversial, and working up to the most sophisticated and debatable.) 如果需要分析一个戏剧语篇，参考下列指南可能会有所帮助。这些阶段包括：①释意，也就是用自己的话描述；②撰写评论；③选择前面提到的理论方法，挑选一种理论方法来分析。

9.6 文体学的认知角度 (The Cognitive Approach to Literature)

9.6.1 理论背景 (Theoretical Background)

由于认知学的发展，认知语言学在20世纪70年代形成，认知学的一些工具从80年代开始被应用于文学的分析。认知方法关注认知结构和文学中的语言选择过程。

Michael Burke 对于 Philip Larkin 的诗歌 Going 的分析是认知文体学的一个典范。在他的分析中使用了3个认知学的工具：图形和背景(Figure and Ground)，意象图式(Image Schemata)，和认知隐喻(Cognitive Metaphor)。后面我们会总结和分析 Michael Burke 对于这首诗歌的分析。首先是对这三种工具的解释。(Burke 2005)

图形和背景(Figure and Ground)之间，图形的突出性很重要。这和前景化相似。一个图形可能是一个人物、一个地点、一件事情，经常是新的、动态的，因而是前景化的(Stockwell, 2002)。这些前景化的文学元素，比如人物在认知语言学中被称为注意点，相反的概念即背景在认知语言学中是忽略点(neglect)。

意象图式(Image Schemata)被描述为我们每天生活中反复发生的和世界的感知交互和身体体验。例如我们从一把椅子上起来或者坐上去，走出或者走进房间，我们都在分别体验意象图式的上—下，进—出的区别。其他的意象图式模式包括路径意象图式(source-path-goal)，平衡意象图式(balance)，中心—边缘意象图式(centre-periphery)等，我们利用意象图式来理解生活中出现的新的情况(Burke, 2005)。

认知隐喻(Cognitive Metaphor)通过把语源域的特点映射到目的域起作用。有三个种类：结构隐喻，如生活是场旅行；实体隐喻，如大脑是海洋；方位隐喻，如不要感到沮丧、他今天兴致很高。

9.6.2 认知文体学实例 (An Example of Cognitive Analysis)

例 9 – 38

Going

There is an evening coming in
Across the fields, one never seen before,
That lights no lamps.

Silken it seems at a distance, yet
When it is drawn up over the knees and breast
It brings no comfort.
Where has the tree gone, that locked
Earth to the sky? What is under my hands,
That I cannot feel?
What loads my hands down?

Michael Burke(2005)从三个角度讨论这首 Philip Larkin 的诗歌。

(1)在诗歌的开头，什么是注意点(attractors)?

标题 going 是一个表示动作的动词,因而被前景化成为注意点。人们可以从语言学的角度说单独的一个表示动作的动词并不经常被当作标题使用。关于它的意象图式,我们可以说在这里有一个中心—边缘意象图式,中心是个人或者我的角度,实际上就是出发点。另外,从认知隐喻的角度,我们可以观察到这里有一个基本的进—出结构,例如从这里到那里、从左到右。同时从本质上也有路径意象图式,只是目标或者目的不明确。一般来说,单词 going 使我们大概知道起点和动体(trajectory),但不知道目标。这种渴望的对象的缺失,从一方面暗指人们对于死亡这一未知领域知识的缺乏。如果我们单从语言的角度来分析,就不会注意这一认知文体学的前景化。

(2)在前两节中的动体(trajectory)和路标(landmark)是什么?

在第一节中,晚上(evening)是动体(trajectory),田野(field)是路标(landmark)。单词 across 是路径,显示物体在移动。但是我们可以看出有一些冲突。很明显 going 显示说话人从近处到远处的移动。从方位隐喻的角度,它具有进—出的结构;从路径意象图式角度,它具有路径的结构。现在"晚上"进来,即它从外面朝说话人走近。从图式的角度,可以用下面的方式表达,从右到左,显示与 going 的相反的特性。

There is an evening coming in/ Across the fields

(说话人?)←(晚上)←田地←(晚上)←(来源?)

在这样的一个图式表达中,动作的来源和说话者移动的方向都不清楚。所以用问号表示。另一方面,"晚上"既在田地后也在田地前,因为它在移动。从意象图式角度,可以用下图表达:

目标(说话人?)←路径(经过田地)←(来源?)

最后,从方位隐喻的角度,我们可以这样看:

说话人?(进入)←(走来)←晚上(出去)

值得注意的是,接受一件事情通常被看作是积极的事情,比如接受一份礼物。但这里是否积极并不确定。

在第2诗行中,虽然没有直接提到"晚上",但它仍然是主题。诗人用到了指示词。Silken it seems at a distance, yet/ When it is drawn up over the knees and breast/It brings no comfort. (第 4 ~6 行)

所以我们可以从“晚上”的动态结构中(the dynamic structure of the evening)观察到“晚上”并没有“走开”,实际上是“走进”。不同的是,从第五行的“drawn up”可以看出,这次能源的来源不仅仅来自外部,也来自内在。从右到左可以用下面的图式表达:

(说话人)←膝盖和胸膛←越过←揭开←(夜晚)←远距离

从意向图式角度,可以这样表示:

膝盖和胸膛(说话人的?)←越过←(夜晚)远距离

目标←路径←来源

从方位隐喻的角度,我们可以这样看:

膝盖和胸膛(说话人的?)←(揭开)←夜晚/丝绸,远距离

进入←外部

我们再一次的思考这样的一个概念:接受被认为是积极的事情,但在这里却不是那么明显。尽管“向上”从认知隐喻的角度一般被认为是积极向上的,如好就是“向上”(good is up),但在这里,在揭开(drawn up)这个短语中,“向上”被放在一个负面的语境里。好像成年期的苦涩阴影取代了童年的舒适的感觉。在揭开(drawn up)这个短语中使用向上(up)从认知文化角度是一个偏离使用形式,和我们概念中的这个单词的使用不同。所以我们也可以说这个动词词组是认知文体学的一个前景化现象。(Once again, we might ponder that receiving is often reviewed as a positive event, but here, as in the previous example, this does not seem at all apparent. Also ,we can add to this that UP is always viewed as positive in cognitive metaphorical terms, i. e. GOOD IS UP, yet here, in the phrase *drawn up*, it is placed in a decidedly negative context. It is as though the comfort of the childhood blanket has been replaced by the sterility of the adult shroud. In employing UP in this way, in the phrasal verb *drawn up*, it appears to deviate, from our cognitive-cultural, embodied understanding of the concept of the term. We might therefore say that this phrasal verb could be yet another case of cognitive stylistic foregrounding.)

第三诗行包括否定的认知结构如“下”(under),并且以否定的单词结束——“向下”(down)。最后的一个诗行只有一句,What loads my hands down? 这和我们的预期不同。因而成为诗歌的前景和重心。最后的一个单词也是最重要的关注点。因而诗歌以向下(down)结束,具有负面的认知隐喻含义。实际上死亡是向下的。

(3)基于以上的分析,什么或者谁在走远?

这首诗歌叫走远(going),实际上所有人的认知隐喻结构和认知结构都是走进(coming)。为什么诗人要这样做? 他希望达到什么样的效果? 对于这些问题没有确切的结论,但可能的解释是,不管是不是有意,诗人 Larkin 通过用词表面上

涉及一个主题,又通过深层次的认知提出另外一个关于生命和死亡的细微和复杂的论题。通过这种情绪上的张力,读者可从体验一种细微的几乎无法察觉的诗歌中的情绪波动。这种情绪的张力象征性地暗指生命的节奏性本质,如认知隐喻“生活是一个周期(life is a circle)”所暗示的。很有可能当死亡(夜晚)来临时,说话人(我们)在离去,走远。尽管在这种理解中有一些争议,但通过以上对于人物、背景、意象图式、方位认知意象隐喻这些认知文体学的知识进行分析,来达到对于深层次内容的了解,这比单纯地从语言文体分析达到的效果更好。

术语双解

alliteration:头韵,指几个音节的首个辅音相同,且辅音所在音节都是重读音节(Cvc),目的是达到某种文体或诗歌效果。Alliteration is repetition of homophonous accented, syllable-initial phonemes (Cvc), usually for stylistic or poetic effect.

anapest:抑抑扬格,一个抑抑扬格音步包含三个音节,前两个是非重读音节,后跟一个重读音节。An anapestic foot consists of three syllables; two unstressed syllables are followed by a stressed one.

assonance:准押韵或半谐音;指的是几个音节的元音相同。Assonance describes syllables with a common vowel (cVc).

authorial style:作者风格,人们论及风格时,通常指的就是作者风格。这是一种“世界观”类型的作者风格,换言之,是一种人们能够辨认出来的属于某个特定作家的创作方法,如 Jane Austen 或 Ernest Hemingway 的风格等。这种创作方法能够将这个作家的作品同其他作家的作品区分开。尽管同一作家的一系列作品会因为主题、描写对象、创作意图等的不同而注定会发生变化,但是人们仍然能够从这一作家的各类语篇中将这种创作方法识别出来。When people talk of style, they usually mean AUTHORIAL STYLE. This refers to the “world view” kind of authorial style. In other words a way of writing which recognizably belongs to a particular writer, say Jane Austen or Ernest Hemingway. This way of writing distinguishes one author's writing from that of others, and is felt to be recognizable across a range of texts written by the same writer, even though those writings are bound to vary as a consequence of being about different topics, describing different things, having different purposes and so on.

ballad:民歌或歌谣,是一种抒情诗,一般由四个诗节构成,三个八行诗节,末尾再加一个四行诗节,末尾的诗节称作结尾诗节。民歌或歌谣韵律和押韵格式有时有所变化,但主要是四音步的抑扬格或抑抑扬格,前三节的押韵格式为 ababbcbC;结尾诗节是对某个重要人物或化身的个人献词,押韵格式为 bcbC;第一诗节的最后一行(C)作为叠句在全诗中重复出现。民歌或歌谣的另外一种经常使用的形式由一个十行诗节和一个五行结尾诗节组成,十行诗节为五音步诗行,押韵为 ababbccdcD;结尾诗节押韵为 ccdcD。It is a lyric poem generally of three eight-line stanzas with a concluding stanza of four lines called an envoy. With some variations, the lines of a ballad are iambic or anapestic tetrameter rhyming *ababbcbC*; the envoy, which forms a personal dedication to some person of importance or to a personification, rhymes *bcbC*. The last line (C) of the first stanza is repeated as a refrain throughout. Another pattern often employed consists of a ten-line stanza, in pentameters, rhyming *ababbccdcD*, with an envoy of five lines rhyming *ccdcD*.

blank verse:无韵诗,指不押韵的抑扬格五音步诗行,这种诗行在英语文学作品中较为常见。Blank verse consists of lines in iambic pentameter which do not rhyme. These are very common in English literature.

consonance:辅音韵,指两个或两个以上音节的末尾的辅音完全相同。Syllables ending with the same consonants (cvC) are described as having consonance.

couplet:对句或对联,对句在诗歌中是指因押韵而构成独立单位的连续的两个诗行;对句也经常指表达一个完整意思或构成一个单独诗节的两个押韵诗行。英语中的对句每行通常是十个音节,由乔叟在14世纪最早使用,后来又发展成为17和18世纪非常流行的所谓的英雄双行体。英雄双行体包括两个押韵的五音步抑扬格诗行,也被称为闭合对句,因为每行中的意义和语法结构都是完整的。有些对句的第一个诗行的意义延伸到了第二行,这种情况被称作跨行。另一种更为自由的形式是开放对句,其中的第二句也不完整,需要下一个对句的第一行来补全意义。It is a term in poetry applied to two successive lines of verse that form a single unit because they rhyme; the term is also often used for lines that express a complete thought or form a separate stanza. Couplets in English are usually written in ten-syllable (decasyllabic) lines, a form first used by the 14th-century poet Geoffrey Chaucer. This evolved into the so-called heroic couplet popular in the 17th and 18th centuries. The heroic couplet, two rhyming iambic pentameter lines, is also called a closed couplet because the meaning and the grammatical structure are complete within two lines. Sometimes the sense of the first line of a couplet runs over to the succeeding line; this is termed enjambment. An even freer form of expression is provided by the open couplet, of which the second line is run-on, requiring the first line of the succeeding couplet to complete its meaning.

dactyl:扬抑抑格,同抑抑扬格类似,都包含三个音节,但扬抑抑格的重读音节在前,后跟两个非重读音节。A dactylic foot is similar to an anapest, except reversed—a stressed syllable is followed by two unstressed ones.

deixis:指称,是指相对于具体说话人、听话人以及具体说话时间和地点,确定句中某些成分的所指的方式。例如,I came yesterday 一句中,I 的所指是任何某个确定场合的说话人,yesterday 的时间所指是说话人说话当天的前一天。Deixis is the way in which the reference of certain elements in a sentence is determined in relation to a specific speaker and addressee and a specific time and place of utterance. E. g. in *I came yesterday*, the reference of *I* will be to whoever is speaking on some specific occasion, and the time reference of *yesterday* will be to the day before the one on which they are doing so.

dimeter:二音步诗行。参见 Foot(音步)条目。

direct speech (**DS**):直接言语,在直接言语表达中,人物的话语以最完整的形式被呈现出来。直接言语是言语表达的规范形式。The direct speech is a kind of speech presentation in which what the character says is presented in its fullest form. It is the norm of speech presentation.

direct thought (**DT**): 直接思想,直接思想在语言形式上同直接言语和戏剧的独白相同,通常被用来表现有意识的、深思熟虑的思想,也经常用来表现人物同自己或他人进行的虚构的谈话。DT has the same linguistic form as Direct Speech or the soliloquy in drama. It tends to be used for presenting conscious, deliberate thought, and is also quite often exploited to represent imaginary conversations which characters have with themselves or others.

end rhyme:尾韵,指一个诗行的末尾的几个语音同另一诗行的尾音(cVC)相同,这些尾音相同的诗行有时相邻,有时相隔一个或几个诗行。With end rhyme the last word of a line has the same final sounds (cVC) as the last word of another line, sometimes immediately above or below, sometimes one or more lines away.

figurative meaning: 比喻义,是本义的延伸,比如在"She is really blossoming"句中,使用的就是 blossom 的比喻义,它的本义是指植物,而不是指人。A figurative meaning is an extension of a basic or literal meaning. E. g. *blossom* has a figurative meaning, or is used figuratively, in *She is really blossoming*, the basic meaning being of plants rather than people.

foot: 音步,音步是韵律的单位,它是诗歌中重复出现的重读音节和非重读音节的组合。英语诗歌中常见的音步类型有抑扬格、扬抑格、抑抑扬格、扬抑抑格、扬扬格、抑抑格等。含有三到八个音步的诗行分别被称为三音步、四音步、五音步、六音步、七音步、八音步诗行。Units of meter are feet, and these are combinations of stressed and unstressed syllables which can be repeated in a poem. The different types of feet most frequently found in English poetry may include iambic, trochee, anapest, dactyl, spondee, and pyrrhic. Lines that contain three, four, five, six, seven, eight feet are respectively described as trimeter, tetrameter, pentameter, hexameter, heptameter, octameter.

foregrounding:前景化,前景化概念首先由俄罗斯形式主义语言学家和布拉格学派语言学家提出。这一概念借鉴自绘画艺术,同背景、自动化和规约相对,意指异常的、有吸引力的、非常规的、突出的信息。文学中,前景化通常是通过使用吸引读者注意力的非常规表达方法来实现的，其主要的表现形式有偏离和排比。对前景化的系统研究被称为制定模式。Foregrounding was first put forward by Russian formalists and the Prague School linguists. It was borrowed from painting, contrasted with background, automation and convention. Foregrounding is meant for what is unusual, attractive, unconventional, salient. In literature, foregrounding is often achieved through unconventional expressions which attract the readers' attention. The main manifestations of foregrounding are deviation and parallelism. A systematic study of foregrounding is patterning.

free indirect speech (FIS): 自由间接言语，自由间接言语在形式上类似间接言语，通常被认为是间接言语的较自由形式。其典型表征与间接言语的不同之处在于，它省略了间接言语的引导分句，但时态和代词的选择同间接言语有一定的联系。在效果上，自由间接言语使得读者与人物产生距离感，而且经常被用来表示讽刺。The FIS is normally thought of as a freer version of an ostensible indirect speech form. Its most typical manifestation is one where, unlike IS, the reporting clause is omitted, but where the tense and pronoun selection are those associated with IS. (Leech & Short, 2001, 9.51.4) In effect the FIT makes the reader feel distanced from the character and is often a vehicle for irony.

free indirect thought (FIT): 自由间接思想，自由间接思想通常被认为是间接思想表面形式的一个更自由的形式，在语言形式上同自由间接言语相似，其典型表征与间接思想的不同之处在于，它省略了间接思想的引导分句，但在时态和代词的选择上同间接思想仍然有联系。在效果上，自由间接思想使我们感到非常贴近人物，在他思考时，几乎能够进入他的大脑。The FIT is normally thought of as a freer version of an ostensible indirect thought form, and is similar to Free Indirect Speech in linguistic form. Its most typical manifestation is one where, unlike IT, the reporting clause is omitted, but where the tense and pronoun selection are those associated with IT. In effect FIT causes the reader to feel close to the character, almost inside his head as he thinks.

free verse: 自由诗，自由诗有意地摆脱传统的韵律、押韵格式和诗节的限制，现被经常称作开放形式的诗歌。Free verse is a type of poetry that deliberately seeks to free itself from the restrictions imposed by traditionally fixed conventions of meter, rhyme, and stanza. Free verse is now often called poetry in open form.

half rhyme: 半韵，半韵在韵律学中也称近韵、斜韵等，指两个词仅有尾部的辅音相同，辅音前的元音和辅音都不相同，如 stopped 和 wept，parable 和 shell。(It is also called near rhyme, slant rhyme, or oblique rhyme in prosody. It refers to two words that have only their final consonant sounds and no preceding vowel or consonant sounds in common, such as *stopped* and *wept*, or *parable* and *shell*.

heptameter:七音步诗行。

hexameter:六音步诗行。

iamb:抑扬格,一个抑扬格音步包含两个音节,前一个音节是非重读音节,后一个是重读音节。An iambic foot contains two syllables, an unstressed syllable followed by a stressed one.

I-narrator:第一人称叙述者,故事的叙述者同样也可能成为小说虚构世界中的人物之一,他或她在事后将故事讲述出来。在这种情况下,批评家们将叙述者称作为第一人称叙述者,因为当叙述者在故事中指称自己时,总会采用第一人称代词 I(我)。第一人称叙述者经常被认为是"有局限的",因为他们并不知道所有的事实;或者被认为是"不可靠的",因为他们可能通过保留一些信息或说谎去哄骗读者。这种情况经常出现于谋杀与神秘故事中。The person who tells the story may also be a character in the fictional world of the story, relating the story after the event. In this case the narrator is called an I-narrator or a First Person Narrator because when the narrator refers to himself or herself in the story the first person pronoun *I* is used. First-person narrators are often said to be "limited" because they don't know all the facts or "unreliable" because they trick the reader by withholding information or telling untruths. This often happens in murder and mystery stories.

indirect speech (**IS**):间接言语,间接言语中,叙述者用自己的话来表达人物的言语。This is a kind of speech presentation in which the narrator expresses what the character says in the narrator's own words.

indirect thought (**IT**):间接思想,间接言语中,叙述者用自己的话来表达人物的思想。间接思想是思想表达的规范形式。This is a kind of thought presentation in which the narrator expresses what the character thinks in the narrator's own words. The IT is the norm of thought presentation.

internal rhyme:内韵,指同一诗行中两个词的末尾的几个语音相同(cVC)。With internal rhyme two words in the same line share the same final sounds (cVC).

limerick:打油诗,这是一种抑抑扬格五行诗,内容趋于幽默、荒谬或者下流,韵脚通常为 aabba。It is a light humorous, nonsensical, or bawdy verse of five anapestic lines usually with the rhyme scheme *aabba*.

literal meaning:本义,词典为单词给出的第一个意义通常是其本义。一个句子或表达法的本义由其中各个单词的本义和单词所表示的句法关系所决定。The first meaning for a word that a dictionary definition gives is usually its literal meaning. The literal meaning of a sentence or other expression is determined solely by those ascribed to the separate words, etc. of which it is composed and to the syntactic relations in which they stand.

meter:韵律,诗人能够利用重音创造出节奏。韵律指的是重音构成的有规律的节奏。韵律的单位是音步。Poets can exploit the way we use stress when we speak to create rhythms. When stress is organized to form regular rhythms, the term used for it is meter. The unit of meter is foot.

metaphor:隐喻,在希腊语中是“思想转移”的意思。同明喻一样,隐喻也是对两个不同事物的相似点进行比较,以达到解释说明其中一个事物的目的;但与明喻不同的是,隐喻中的比较是暗含的,即不使用 as 或 like 等标识词。Metaphor means *transport* of idea in Greek. A metaphor, like a simile, also makes a comparison of the similarities between two unlike elements with the purpose to explain one of them; but unlike a simile, this comparison is implied rather than stated, that is, it is not signaled explicitly with words such as *as* or *like*.

metonymy:换喻,在希腊语中意指“改换名称”。作为一种修辞手法,它意指用一个事实上同被比喻的事物有联系的词去替换被比喻事物的名称。这两个互换的名称在意义上可能是因果关系、空间关系或时间关系,因而它们之间的意义联系比借代要广,但比隐喻要窄。常见的替换有作者/作品(如 to read **Jane Austen**)、产品/材料(to wear **leather**)、容器/被盛装物(to have a **cuppa**)和地点/居民(**The White House**)。Metonymy means *a change of name* in Greek. It is the replacement of an expression by a factually related term. The semantic connection is of a causal, spatial, or temporal nature and is therefore broader than synecdoche, but narrower than metaphor. Common types of substitution are author/work—*to read Jane Austen*; product/material—*to wear leather*; container/contents—*to have a cuppa*; place/resident—*The White House*.

narrator's representation of speech (NRS):言语的叙述者表达,这是一种比言语行为的叙述者表达更简单的言语表达方式,它只是告诉读者人物讲了话,甚至没有指明其中所涉及的具体言语行为。NRS is more minimalist than narrator's representation of speech acts, namely a sentence which merely tells us that the speech occurred, and which does not even specify the speech acts involved.

narrator's representation of speech acts (NRSA):言语行为的叙述者表达,这是一种简单的言语表达方式,比间接言语表达更加间接。实现叙述者言语行为表达的语句只是表明一个或多个言语行为已经发生,但叙述者不一定要完全表达出说话人所说的意思,更不用说说话人所用的原句了。叙述者言语行为表达能够用来总结不太重要的会话片断的大意。This is a minimalist kind of speech presentation, more indirect than Indirect Speech Representation, and is realized in sentences which merely report a speech act (or number of speech acts) has occurred, but where the narrator does not have to commit himself entirely to giving the sense of what was said, let alone the form of words in which they were uttered. NRSA is useful for summarizing relatively unimportant stretches of conversation.

narrator's representation of thought (**NRT**):思维的叙述者表达,这是一种比思维行为的叙述者表达更简单的思想表达方式,它只是告诉读者人物有思维活动,甚至没有指明其中所涉及的具体思想行为。例如,He spent the day thinking(他一天都在想)。NRT is more minimalist than narrator's representation of speech acts, namely a sentence which merely tells us that the thinking occurred, and which does not even specify the thought acts involved, e. g. *He spent the day thinking*.

narrator's representation of thought acts (**NRTA**):思维行为的叙述者表达,这是一种简单的思想表达方式,比间接思想表达更加间接。实现思维行为的叙述者表达的语句只是表明一个或多个言语行为已经发生,但叙述者不一定要完全表达出思维行为发出者所思考的内容,更不用说他思考时所使用的原句了。思维行为的叙述者表达能够用来总结不太重要的思想的大意,如:She considered his unpunctuality(她思考着他迟到这件事)。This is a minimalist kind of thought presentation, more indirect than Indirect thought Representation, and is realized in sentences which merely report a thought act (or number of speech acts) has occurred, but where the narrator does not have to commit himself entirely to giving the sense of what was thought about, let alone the form of words in which they were used. NRTA, for example, *She considered his unpunctuality*, is useful for summarizing relatively unimportant stretches of conversation.

octameter:八音步诗行。

onomatopoeia:拟声,拟声可以表示一类词,即拟声词,或者是表示拟声词的构词过程。拟声词的语音形式被认为是模仿其所指的声音,或者是模仿与其所表示事物有联系的声音。Onomatopoeia is a word or process of forming words whose phonetic form is perceived as imitating a sound, or sound associated with something, that they denote. E. g. *peewit* or Dutch *kievit* are onomatopoeic words for a lapwing, whose cry they mimic.

overgeneralization:过分法则化,在心理学中过分法则化指的是学习者将词语意思或语法规则应用到各自正常的使用范围之外,比如说学习者学习了名词复数词缀 s 后可能将名词 men 也变为 mens。Overgeneralization, or overextension, as a psychological term, refers to a learner's extension of a word meaning or grammatical rule beyond its normal use, for example, pluralizing *men* to *mens*.

oxymoron:矛盾修辞法,在修辞中,矛盾修辞法指有意地将意义互相冲突的词汇放在一起使用,比如 a devout atheist(一个虔诚的无神论者)和 I am relaxing strenuously。Oxymoron is a term in rhetoric for the deliberate coupling of words that are strictly contradictory; e. g. in *a devout atheist*, or *I am relaxing strenuously*(我在紧张地放松).

pararhyme:变韵, 指两个或多个音节首尾的辅音相同,但元音不同(CvC)。Where two syllables have the same initial and final consonants, but different vowels

(CvC), they pararhyme.

parody:模仿诗文,指为取得喜剧或嘲讽效果,而模仿某一作家或作品的显著风格的文艺或艺术作品。It is a literary or artistic work that imitates the characteristic style of an author or a work for comic effect or ridicule.

pastiche:模仿作品,指公开地模仿他人先前的作品的一种戏剧、文学或音乐作品,常带有讽刺目的。A dramatic, literary, or musical piece openly imitating the previous works of other artists, often with satirical intent.

pentameter:五音步诗行。

point of view:视点,文学中,视点表达的是叙述者的相关经历,而不是作者的经历。小说中作者不能明确地插入自己的声音,因为这样违反了"搁置不信"原则。语篇总是鼓励读者认同叙述者,而不是认同作者。文学作品可以从第一人称、第二人称、第三人称进行叙述,为了达到某种模糊、超然的效果,有些作家还采用被动语态进行叙述,如 *it is said that the president was compelled to be heard...*。In literature, the point of view, or **viewpoint**, expresses the related experience of the narrator—not that of the author. Authors expressly cannot, in fiction, insert or inject their own voice, as this challenges the suspension of disbelief. Texts encourage the reader to identify with the narrator, not with the author. Literary narration can occur from the first-person, second-person or third-person point of view. For additional vagueness, imprecision and detachment, some writers employ the passive voice (it is said that the president was compelled to be heard...).

pyrrhic:抑抑格,一个抑抑格音步由两个非重读音节组成。A pyrrhic foot consists of two unstressed syllables.

quatrain:四行诗,是指包含四个诗行的一个诗节。四行诗在英语诗歌中非常常见。Stanzas of four lines are known as quatrains. Quatrains are very common in English poetry.

register:语域,这一术语在语言学中被用来描述特定语言风格与其使用语境之间的关系。与按照语言使用者进行分类的方言变体不同,语域是根据语言使用划分的语言变体。语域的划分可以从语言使用的三个方面进行:一是根据语言使用者与其经历的关系,即话语范围进行划分,如科技英语、非科技英语等;二是依据语言使用者与语言传播媒介的关系,即话语方式进行划分,如口头英语、书面英语等;三是根据语言使用者与接受者的关系,即话语意旨进行划分,如政治演讲、食谱等。This is the term used in linguistics to describe the relationship between a particular style of language and its context of use. Registers, in contrast to dialects which are language varieties differentiated in terms of their users, are varieties of language classified in respect of their use. Registers can be categorized according to three aspects of language use: they can be classed into, for example, technical English and non-technical English according to the user's experience relationship relating to the field of discourse, into, for example, spoken and written English according to the user's medium relationship relating to mode of discourse, and into, for example, political speech and cooking recipe according to the user's addressee relationship relating to tenor of discourse.

reverse rhyme:反韵,指的是多个音节的元音和开头的辅音相同(CVc),而不像尾韵那样几个音节中元音和末尾的辅音相同。Reverse rhyme describes syllables sharing the vowel and initial consonant, CVc, rather than the vowel and final consonant as is in the case in rhyme.

rhyme:韵或押韵,指在诗行末尾或内部出现的词语之间末尾语音的相似现象,在诗歌创作中这是经常使用的技巧。韵的功能是作为节奏成分,强调诗歌的节拍。真正的韵有三种:阳韵,指处于词或诗行最末尾的押韵音节是重读音节,如spring 和 bring;阴韵,指一组连续双音节同另一组连续双音节在发音上相似,而且每组中第一个音节重读,如 certain 和 curtain;三声韵,指一个词的三个音节同另一个词的三个音节发音相同,如 flowery 和 showery。如果一个词同另一个词中的重读音节的元音和其后的辅音都相同,即使这两个音节的拼写不同,这种现象也被称为完全押韵,如 two 和 too 或者 spring 和 bring。视觉韵是指词与词之间看似押韵,实际上不是,如 move 和 love。斜韵是指词与词之间的语音不完全相配,包括辅音韵、准押韵(参见相应的条目)等。Rhyme refers to likeness of the terminal sounds of words, frequently used in versification either at the end of a line of verse or within the line. Rhyme functions as an element of rhythm, emphasizing poetic beat. There are three types of true rhymes: masculine rhymes, in which the final syllable of the word or line is stressed (*spring* and *bring*); feminine rhymes, in which two consecutive syllables, the first of which is accented, are alike in sound (*certain* and *curtain*); and triple rhymes, in which all three syllables of a word are identical (*flowery* and *showery*). Words in which the vowel and the following consonant in a stressed syllable are identical in sound, even if spelled differently, are called perfect rhymes (*two* and *too*, or *spring* and *bring*). In eye, or sight rhyme the words look as if they rhyme, but do not: *move* and *love*. Slant, or oblique rhyme uses words with an imperfect match of sounds and this category includes consonance, assonance, etc.

rhythm:节奏,是听觉或视觉上有控制或有规律的运动的流动,这种有控制或有规律的运动流动是通过对所在媒介的不同成分进行有序排列实现的。节奏是所有艺术形式的基本特征,毫不例外,它当然也是支配诗歌结构的基本特征。节奏对诗歌结构的支配在希腊语和拉丁语中是通过长音节和短音节有规律的交替出现实现的,而在现代诗歌中是通过重音和韵律实现的。押韵也有助于实现诗歌的节奏效果。Rhythm is controlled or measured flow of movement, either aural or visual, usually produced by an ordered arrangement of differing elements of the medium concerned. Rhythm is a basic feature of all the arts, and unexceptionally it is a basic characteristic governing the structure of poetry, whether in the planned succession of long and short syllables, as in Greek and Latin poetry, or in the use of accent and meter, as in modern poetry. Rhyme may also contribute to rhythmic effect in poetry.

satire:讽刺文学,这种文学样式用语言描述一个扭曲的部分现实世界的图景,目的是为了显示现实世界的同其物质本性相悖的真正的道德本质。It is a literary mode painting a distorted verbal picture of part of the world in order to show its true moral, as opposed merely to its physical, nature.

schema:图式,是指特定社会文化语境下有关事件(如去餐馆、买票、买书等)发生序列的概括性知识。这些结构有序的日常知识构成了人类语言理解的必要基础,因为它们简化了对不完整或有歧义的信息的解释。这样,故事的处理就可以以这些规约性知识为引导,这些知识包括故事的通常讲述方法、为人所接受和符合逻辑的事件序列等。图式信息存储于人的长时记忆之中,在信息处理过程中可以很快地调取。It is generalized knowledge about the sequence of events in particular sociocultural contexts, for example, going to a restaurant, purchasing a ticket, borrowing a book. Such structured everyday knowledge forms an essential basis for human language comprehension since it simplifies the interpretation of incomplete or ambiguous information. In this way the processing of stories is directed according to conventionalized knowledge about how stories are usually told, which sequences of occurrences are permissible and logical. Schema information is stored in one's long-term memory and can be quickly recalled in the course of processing information.

sentence-meaning:句子意义,指句子独立于语境之外的意义。Sentence meaning is what a sentence means out of context.

simile:明喻,这种修辞手法是事物之间相互比较的一种方式,它通过表明甲事物同乙事物之间的相似之处来对甲事物进行解释,并且在语篇中使用 as 或 like 这些明确的明喻标识词。A simile, as a figure of speech, is a way of comparing one thing with another, of explaining what one thing is like by showing how it is similar to another thing, and it explicitly signals itself in a text, with the words *as* or *like*.

sonnet:十四行诗,是一种共有十四个诗行的抒情诗歌,有正式的押韵格式,用来描述一种思想、情绪或感情的不同侧面,有的十四行诗在末尾对这种思想、情绪或感情做出决定或总结。十四行诗的韵律通常使用创作语言中的标准韵律,比如在英语中是五音步抑扬格,在法语中是亚历山大格式。十四行诗有两种主要形式:一种是彼特拉克体或称意大利体;一种是英国体,即莎士比亚体。英国体十四行诗的前面是三个四行诗，最后是一个对句；每个四行诗的韵都不同，对句押独立的韵，是全诗的高潮，有较强的感染力，而且起到将全诗统为一体的作用。英国体十四行诗的押韵格式是 a b a b, c d c d, e f e f, g g。It is a lyric poem of 14 lines with a formal rhyme scheme, expressing different aspects of a single thought, mood, or feeling, sometimes resolved or summed up in the last lines of the poem. Sonnets are generally composed in the standard meter of the language in which they were written, for example, iambic pentameter in English, and the Alexandrine in French. The two main forms of the sonnet are the Petrarchan, or Italian, and the English, or Shakespeare. The English sonnet is divided into three quatrains, each rhymed differently, with a final, independently rhymed couplet that makes an effective, unifying climax to the whole. The rhyme scheme is *a b a b*, *c d c d*, *e f e f*, *g g*.

spondee：扬扬格，一个扬扬格包含两个同样重读的音节；很少有诗行仅仅由扬扬格构成。A spondaic foot contains two stressed syllables; lines of poetry rarely consist only of spondees.

stream of consciousness：意识流，意识流一词起初由哲学家 William James 在其《心理学原理》(1890)中创造，用于描述大脑中思想与印象的自由联系。后来在20世纪早期意识流被 William Faulkner、James Joyce、Virginia Woolf 以及其他人应用于创作，以尝试在小说中对思想的自由流动进行描写。The term was originally coined by the philosopher William James in his Principle of Psychology (1890) to describe the free association of ideas and impressions in the mind. It was later applied to the writing of William Faulkner, James Joyce, Virginia Woolf and others experimenting early in the early 20th century with the novelistic portrayal of the free flow of thought.

style：文体或风格，是语言的独特性使用，可以是某个作家的风格，即作者风格，也可以是一个或一些语篇的风格，即语篇风格。人们讨论风格时，通常指作者风格。作者风格指的是一种能被人们辨认出来的属于某个特定作家的创作方法，这种创作方法能够将这个作家的作品同其他作家彼此区分开来；尽管同一作家的各类作品会因为主题、描写对象、创作意图等的不同而注定会发生变化，但是人们仍然能够从这一作家的各类语篇中将这种创作方法识别出来。语篇风格研究语言选择如何有助于构建语篇意义。在考察语篇风格或语篇片断的时候，我们更为集中关注意义，而不是作者风格的"世界观"形式，所以在考察语篇风格时我们需要研究语言选择，因为语言选择与意义以及语篇对读者所产生的影响有内在的联系。Style refers to the characteristic use of language of a writer-authorial style, or of a text or texts-textual style. When people talk of style, they usually mean authorial style, a way of writing which recognizably belongs to a particular writer, and which distinguishes one author's writing from that of others and is felt to be recognizable across a range of texts written by the same writer even though those writings are bound to vary as a consequence of being about different topics, describing different things, having different purposes and so on. Text style looks closely at how linguistic choices help to construct textual meaning. When the style of texts or extract from texts is examined, we are even more centrally concerned with meaning than with the world view version of authorial style, and so when we examine text style we will need to examine linguistic choices which are intrinsically connected with meaning and effect on the reader.

stylistics:文体学,研究文学语言的语言学分支被称为文学文体学,主要研究跟文学风格有关的语言特征。The part of linguistics that studies the language of literature is termed literary stylistics. It focuses on the study of linguistic features related to literary style.

synecdoche:借代,通常被归类为换喻的一种,是用物体的部分的名称去指代整体,或者相反,用整体的名称去谈论部分。Synecdoche is usually classed as a type of metonymy. It refers to using the name of part of an object to talk about the whole thing, and vice versa.

tetrameter:四音步诗行。见 Foot(音步)条目。

text style:语篇风格,研究语言选择如何有助于构建语篇意义。在考察语篇风格或语篇片断的时候,我们更为集中关注意义,而不是作者风格的"世界观"形式,所以在考察语篇风格时我们需要研究语言选择,因为语言选择同意义以及语篇对读者所产生的影响有内在的联系。Text style looks closely at how linguistic choices help to construct textual meaning. When the style of texts or extract from texts is examined, we are even more centrally concerned with meaning than with the world view version of authorial style, and so when we examine text style we will need to examine linguistic choices which are intrinsically connected with meaning and effect on the reader.

third-person narrator:第三人称叙述者,如果故事的讲述者不是小说虚构世界中的人物,他或她通常被称为第三人称叙述者,因为指称故事虚构世界中所有人物的时候都要使用第三人称代词 he (他)、she (她)、it (它) 或 they (他们;它们)。这种类型是主要的叙述者类型,目前这一结论还存在争议。If the narrator is not a character in the fictional world, he or she is usually called a third-person narrator, because reference to all the characters in the fictional world of the story will involve the use of the third-person pronouns, *he*, *she*, *it* or *they*. This second main type of narrator is arguably the dominant narrator type.

trimeter:三音步诗行。参见 Foot(音步)条目。

trochee:扬抑格,一个扬抑格音步也包含两个音节,但前一音节是重读音节,后一音节是非重读音节。A trochaic foot contains two syllables as well, a stressed syllable followed by an unstressed one.

trope:转喻或隐喻,指的是为了达到某种修辞目的而采用的语言的比喻性使用。语言使用中转喻经常出现,而且有多种形式,如明喻、隐喻、换喻、借代等等。Trope refers to language used in a figurative way for a rhetorical purpose. Tropes occur frequently in language use and there are many different forms of tropes, such as simile, metaphor, metonymy, and synecdoche, to name a few.

utterance meaning:语句意义,指说话者说话时想要表达的意义(即特定语境中的意义)。Utterance meaning is what the speaker means when he says the sentence (in a particular context).

visual poetry:视觉诗,任何书面语言片断都有其独特的视觉特征。视觉诗人在词语的页面排列形状、字体的大小和风格等方面进行试验,探索这些视觉特征如何能够构成诗篇意义的成分。Every instance of written language has specific visual features. In visual poetry, the poets experiment with the ways the shape of words on a page, or choices of type size and styles, contribute to the meaning of the text.

重难点解析

1. 前景化及其作用

前景化就是对标准常规的系统违反,是引人注目的、新颖的。常规语言和定式化日常用语使语言"自动化"(automatization)和惯例化(habitualization)。这种自动化和惯例化模式削弱了人们对语言表达和艺术美的欣赏,久而久之就会对人的感觉产生一种麻醉效力。要消除这种效力,就要颠覆习惯化,"损坏"习以为常的东西,使其前景化,语言的日常用法使语言习惯化、常规化。利奇(Leech)认为,前景化就是一种对艺术的有目的的偏离。他把偏离进一步分成八个类别:词汇偏离、语音偏离、语法偏离、书写偏离、语义偏离、语域偏离、方言偏离和历史时期偏离。韩礼德(Halliday)认为,前景化就是有动因的突出。他提倡从功能分析的角度来判断"突出"与"前景化"的关系。如果突出的语言对文本理解与解析有帮助,那么该"突出"就是"前景化",而无动因的突出则不属于语言前景化的范畴。莱文(Levin)则把偏离分成"质的偏离"与"量的偏离"。前者指某些语言现象因为违反正常的语言规则或风俗习惯而造成的偏离;后者则指某些语言现象因为出现频率过高或过低而造成的偏离。总之,语言前景化同语言偏离或突出紧密相连。有动因的偏离或突出可以导致前景化。换句话说,并不是所有的语言偏离或突出都可以被视为语言前景化,只有那些有助于文本解析的偏离或突出才能被视为语言前景化。

大致说来,前景化策略可以区分出以下四种功能。

①能够提高语言表达能力及表达效果。许多作家经常运用前景化语言使某

些篇幅有限的文本更富有表达力,表达效果也更加理想。

②能够使读者产生一种新鲜感。赋予某些日常用语新的意义,新颖感应运而生。

③有助于理解文学文本。从这个角度来看,前景化可以视为一个语用学概念,它指读者与作者之间的互动关系:一方面,前景化的语言能够激励或促进读者理解文本;另一方面,读者也会在阅读文学文本的过程中有意识地寻找前景化的语言来满足他们的某种需要。

④能够赋予读者无限的美学享受,从而促使他们进一步理解文本。

总之,前景化语言的目的是用一种背离常规的表达方式引起读者对语言主体更多的关注,使他们感到新鲜、惊异、陌生,从而产生强烈的美感。前景化策略通过对语言结构的非常规性语言偏离,可以最大限度地突出语言的形式化特征,是文学作品学术性或美学价值的基本体现。同时它又是交际意义的载体,引导读者对作家交际意图的认知。前景化策略的基本动因归结为美学效果,认知向导。

2. 概念隐喻

Lakoff 认为,隐喻不是语言的表面现象,它是深层的认知机制,组织我们的思想,形成我们的判断,进而形成了我们认识事物的基本概念结构,我们称之为概念隐喻。这些基本的概念结构有着巨大的语言生成力,例如:人们头脑中普遍有 ARGUMENT IS WAR 或 LIFE IS A JOURNEY 这样包含隐喻的基本概念结构,人们可以从中衍生出多种语言表达,如:He attacked every weak point in my argument. 和 He went through life with a good heart. 等。其他常见的概念隐喻还有很多,诸如:TIME IS MONEY,TIME IS A VALUABLE COMMODITY, PEOPLE ARE PLANTS, A LIFETIME IS A DAY 等,可以说这些基本的概念隐喻是连接具体的语言表达和人类思维和认知的桥梁。人类通过这些基本的概念隐喻来认识世界,围绕着它们,形成了各种各样的具体语言表达形式。

强 化 练 习

Ⅰ. 选择题

1. In this sentence, "loving hatred, and hating love", what figure of speech is used? ______

   A. Pararyme　　B. Parody　　C. Oxymoron　　D. Alliteration

2. ______ is generalized knowledge about the sequence of events in particular sociocultural contexts, for example, going to a restaurant, purchasing a ticket, borrowing a book. Such structured everyday knowledge forms an essential basis for human language comprehension since it simplifies the interpretation of incomplete information.

   A. Schema　　B. Satire　　C. Style　　D. Text style

3. ________ is the part of linguistics that studies the language of literature which focuses on the study of linguistic features related to literacy style.

A. Pragmatics B. Semantics C. Stylistics D. Concept

4. In literature, ________ expresses the related experience of the narrator, not that of the author. Authors cannot insert or inject their own voice. Text encourages the readers to identify with the narrator, not with the author.

A. reference B. point of view

C. practical usage D. context

5. ________ was used to describe the free association of ideas and impressions in the mind. It was later applied to the writing of William Faulkner, James Joyce, Virginia Woolf and others experimenting with novelistic portrayal of this writing way.

A. Stream of consciousness B. Sonnet

C. Visual poetry D. Third-person narrator

Ⅱ. 填空题

1. ________ refers to using the name of part of an object to talk about the whole thing, and vice versa. For example, *hands* in *They were short of hands when the machines is broken down* means mechanics.

2. ________ is the term used to describe the relationship between a particular style of language and its context of use.

3. ________ can be described as being the recurring patterns of our everyday perceptual interactions and bodily experience.

4. *Life is a journey and mind is an ocean* is ________ metaphor.

5. ________ consists of lines in iambic pentametre which do not rhyme.

Ⅲ. 问答题

意象图式在一词多义中有什么作用?

Ⅳ. **请使用隐喻知识对美国诗人 Emily Dickinson 的诗篇“Because I could not stop for Death”进行分析。**

Because I could not stop for Death—
He kindly stopped for me—
The Carriage held but just Ourselves—
And Immortality.
We slowly drove—He knew no haste
And I had put away
My labor and my leisure too,
For His Civility—
We passed the School, where Children strove

At Recess—in the Ring—
We passed the fields of Gazing Grain—
We passed the Setting Sun—
Or rather—He passed Us—
The Dews drew quivering and chill—
For only Gossamer, my Gown—
My Tippet—only Tulle—
We paused before a House that seemed
A Swelling of the Ground—
The Roof was scarcely visible—
The Cornice—in the Ground—
Since then—'tis Centuries—and yet
Feels shorter than the Day
I first surmised the Horses' Heads
Were toward Eternity—

强化练习答案

Ⅰ. 1. C　2. A　3. C　4. B　5. A

Ⅱ. 1. Synecdoche　2. Register　3. Image schema　4. cognitive　5. Blank verse

Ⅲ. 当一个词具有多个空间含义，这些空间含义往往来源于不同的意象图式变体(image schema transformations)。意象图式建立在丰富的意象之上，它同以空间结构为基础的想象式理解直接相关。在认知上，人们倾向于把距离相近的事物看作是一个单位，并且更容易观察和记忆事物比较突显的方面，由此自然导致了图式变体的发生。现实中的大量实例也证实了变体的存在。例如：

1. The rain ran off the roof.
2. John walked across the street.
3. Betty jogged through that garden.
4. The ship was anchored off the harbor entrance.
5. John lives across the street.
6. The post office is through that garden.
7. The narrow lane stands off the main road.
8. There was a rope stretched across the street.
9. There is a road through the forest.
10. The child threw his toys over the floor.
11. There are many trees along the road.
12. He laid the tablecloth over the table.

13. There is a fence along the road.

我们常常可以观察到:如果一个语言形式可以指称一条路线,它往往同时可用来指称一个位置,或者用来指称路线上的一段距离。off、across、through 在例 1、3 中分别指称一条路线;在 4、6 中分别指称路线终点;而在 7、9 中指称路线上的一段距离。这是因为路线终点在路线中较为醒目,我们在观察某一移动物体时,会比较容易地沿着它的路径到达终端,并停留于此;同时,这个物体沿着路径所经过的一段路程往往还可重现在我们脑海中。这就自然产生了路径图式的变体——终端图式和路程图式,词的空间含义也得到了延伸。我们还发现,一个语言形式有时既可用来表示众多个体,又可表示一个整体。over、along 在 10、11 中用来指称众多个体,在 12、13 中指称一个整体。over 的空间含义从表示众多个体的"弧线运动终端"延伸到了一个整体的"覆盖"含义。along 从表示众多个体"由一端到另一端的线性排列"延伸到了"排列路线的一段路程"。这是因为,当我们远距离看一个固定位置上的无数点时,它们似乎变成了一个整体;同理,无数点的线性有序排列远观时则极易被当作一条线。

Ⅳ. 这首诗的大意是:一个人死亡之后,死神带着他开始一次旅程,去重新经历他生命的各个阶段。第 1 节告诉我们,"我"有很多事情要做,没时间去考虑死亡,于是死亡主动来拜访"我"。Because I couldn't stop for death 含有隐喻"Activity is moving",因为"我"很忙碌,所以一直在往前走。本节的另一个隐喻是"Death is a coachman"。为什么死亡被比喻成把"我"带走的马车夫? 这是因为存在一个基本隐喻"Birth is arrival and death is departure"。同时,马车夫驾车带"我"离开也使用了隐喻表达方式,即"Death is a journey"。在第 3 节中,"children"被转喻为"childhood"。"gazing grain"隐喻"people in the prime of life"。这一隐喻也是来源于一个基本隐喻"People are plants",人像植物一样,会经历幼年、成年、老年、死亡等阶段。所以,向着阳光的麦穗可以隐喻处于壮年时期的人。"setting sun"是另一个隐喻,指"old age",因为太阳慢慢落山表明黑暗的夜晚就要来临,而夜晚正是表示死亡的一个常见隐喻。在第 4 节中,"swelling of the ground"被用来指"我"最后的"家",这里使用了意象隐喻和两个基本隐喻,一个是"Death is going to a final destination",另一个是"States are locations"。死亡是一种状态,这种状态被隐喻为场所,场所的变化也就是状态的变化。死亡就意味着回归大地,死亡就是走向坟墓,就是回家。这里的"house"实际指坟墓,"carriage"指灵车。这些隐喻都是人们在生活中不自觉地掌握的,因此理解起来不存在任何困难。诗人正是通过它们去建立事物之间的联系,传达各种思想和情感的。

第10章 语言和计算机

Chapter 10 Language and Computer

本章要点

1. 计算机辅助语言学习的定义、发展和技术
2. 机器翻译的发展、研究方法和翻译质量
3. 机器翻译与网络和人工翻译的关系
4. 语料库的定义、词语索引与语篇标注
5. 语料库数据的作用
6. 以计算机为媒介的交流

参考译文

10.1 导论(Introduction)

由于微处理器（即能够用作中央处理单位的集成电路）的使用，微机的普及得以实现，今天计算机的使用对于个人用户来说已经十分便利，以致我们目前生活的社会已经变成以计算机为中心的社会，我们甚至用“非计算机盲”来指称那些在计算机与计算机软件运用方面有着足够知识与技巧的人。本章将仅仅探讨语言与计算机之间的紧密关系，这种关系构成了一门新的学科——计算语言学。

计算语言学可以看作是应用语言学的一个分支，研究人类语言的计算处理。(Computational linguistics can be seen as a branch of applied linguistics, dealing with computer processing of human language.)(Johnson & Johnson, 1999)计算语言学包括语言数据的分析，以确定学习者学会各种语法规则的次序或者明确一些特定语言项目的发生频率（程序化教学）；包括人造言语的电子产生（言语合成）以及人类语言的自动识别；包括自然语言之间自动翻译的研究；同样还包括语篇处理以及人机交流。

10.2 计算机辅助教学（Computer-Assisted Instruction(CAI)）

10.2.1 计算机辅助教学(CAI)或者计算机辅助学习(CAL)与计算机辅助语言学习(CALL)

在讨论计算机辅助语言学习之前,必须首先区分对计算机辅助教学与计算机辅助学习。

计算机辅助教学是指教学编排中计算机的使用。(By computer-assisted instruction,we mean the use of a computer in a teaching program.)(Richards, et al., 1998)这可能包括:

(1)教学编排由计算机来依次呈现。学生对计算机做出反应,然后计算机显示这些反应是否正确。

(2)运用计算机去监控学生的进步,引导学生进入合适的课程、材料等。这也被称为计算机控制教学。

与计算机辅助教学相对应的是计算机辅助学习。前者强调从老师的角度来看待教育中出现的问题,而后者则强调在教与学两个过程中运用计算机以帮助学习者达到通过自身的推理和练习来实现教育的目标,反映了新兴的自主学习(autonomous learning)理念。第一种被开发出来的计算机辅助学习程序反映的原则同程序化教学相似。其中,计算机引导学生一步一步地完成学习任务,通过不断提问来检查学生的理解;依据学生的反应,计算机选择提供进一步的练习或者进入新的学习材料。新近开发的计算机辅助学习课程软件中,学生能够与计算机进行交流,能够围绕一个主题或问题进行更高层次任务的操作。

如果说计算机辅助教学或计算机辅助学习是在研究一般的教与学的话,那么计算机辅助语言学习特指的是语言的教学与学习。20 世纪 80 年代的一些守旧的教授与讲师并不重视计算机辅助语言学习的重要性,他们说:“我学习和教授英语二三十年,没有任何计算机知识,也证明自己是一个合格的学习者,现在又成为一个合格的教师。在语言教学中计算机与我们有什么关系?”现如今,他们不太可能仍持这种观点。

计算机辅助语言学习是指第二语言或外语的教学或学习过程中计算机的运用。(CALL, especially refers to the use of a computer in the teaching or learning of a second or foreign language.)根据 Richards 等(1998)的论述,计算机辅助语言学习可能呈现以下几种形式:

(1)既使用了计算机设备又涉及其他媒介进行学习的活动(如用计算机显示一个阅读文本);

(2)对基于印刷品或课堂的教与学进行了延伸或改编的活动(如利用计算机

程序帮助学生发展主题和论文论点句,检查作文的词汇、语法与主题发展)。

(3)计算机辅助语言学习所特有的活动。

◀ 10.2.2 计算机辅助语言学习的发展阶段(Phases of CALL Development)

计算机辅助语言学习发展的过程主要有四个阶段①。

第一阶段:在这个时期,计算机是存放于研究机构中的庞大的大型计算机。(During this period, computers were large mainframe machines kept in research institutions.)它们是为教学而开发的,如伊列诺斯州大学的PLATO项目(自动教学操作的编程逻辑)。教学方法经常是常规的传统方法,要么是语法解释,其中学习者先阅读屏幕显示的对某一语法点的解释,然后在屏幕上做练习;要么是听说教学法,一遍一遍地操练书面显示的语言点。这一阶段的问题在于程序只能从某些大学网络的电脑终端里加以使用。

第二阶段:小型计算机出现,并且价格比以前低。这使得一代程序的产生成为可能。它们可以存储在磁带或软盘上,而且整个系统可以移动。因此,这一阶段的程序是折中的、实用的,并且以适应学生需要为导向,而不是采用大型的语言模型或教学理论。

第三阶段:这种学习不再主要由语篇自身所提供,而是更多地由认知的问题解决技巧和小组内学生间的交流所促进。(The learning was not so much supplied by the language of the text itself as by the cognitive problem-solving techniques and the interaction among students in a group.)于是,计算机被用作学生间相互交流的触发器。因此,计算机不再是每个学生的个人资源,它开始被看做是小组活动的焦点,这就使得某些活动如角色扮演交际活动得以实施。

第四阶段:这一阶段里不再需要编写具体的语言教学程序,计算机的文字处理已经适应了语言教学,允许学生进行写作并且提炼他们非永久形式的作品。从更学术化的方面来看,运用多媒体技术的实验开始进行,使得多种多样的信息类型能够同时出现在计算机上,这样,计算机的作用不再局限于只能在显示器上显示书面的句子,同样还可以用来生成口语和录像。试图将计算机辅助语言学习同更正统的学习观念融为一体的工作已经开始,这将会导致智能计算机辅助语言学习的出现。(Some work has taken place on integrating CALL with the more orthodox ideas of learning, leading to ICALL (intelligent CALL).)

多年来,基础操练练习软件程序主宰了计算机辅助教学语言学习的市场。这

① 见Warschauer(1996),Warschauer & Healey(1998), Johnson & Johnson(1998/1999)。上述著作中提出了将计算机辅助语言学习分为三个阶段,即行为主义阶段,交际阶段与整合阶段。

些程序集中在词汇或离散的语法点上。这可通过现有的大量操练练习程序体现出来。下面是 Higgins(1993)所概括的一些程序。

(1)定制程序、模块程序与编程(customizing,template and authoring programs)。

计算机辅助语言学习运用于教学的最大灵活性在于编程领域。(The greatest flexibility for teachings using CALL is in the area of authoring program.)教师们能够借助这些程序,加入自己的材料,编制出或简单或复杂的软件程序。这样,教师就能够设计适合自己课程计划的程序。(Garrett,1991)编程可以从简单的模块程序,直至复杂的创作语言。这便使得多媒体性能和简单一些的编程成为可能。

(2)计算机网络(computer networks)。

除了单独的程序外,连接构成网络的计算机正在扩展我们教授与学习外语的方式。局域网(LAN)是在教室、实验室或建筑物中用电缆连接在一起的多个计算机。这些计算机为教师开辟了新的途径来为学生创造新的活动,这些活动可以为学生提供更多的使用目标语言的时间和经验。有些局域网设置允许师生通过计算机用目标语相互交流,或者是合作进行写作活动。学生们也可以用目标语开展合作性写作练习和会话,还可以参加问题解决练习。教师能够通过类似于声音实验室中的教师控制台来观察学生的活动与进展,并且对单个学生做出评论。

通过扩展局域网、远距离网络(跨越远距离而联网的计算机)的独特能力,可以促进整个国家的学生之间以及本国学生同外国学生之间的交流。(Expanding the unique capability of the LAN,long distance networks or computers linked together across long distance,facilitates communication with students throughout the country and the world.)

(3)光盘技术(compact disk technology)。

光盘技术在外语教育中有很多的应用,包括信息检索、交互录音和交互多媒体程序。只读光盘允许大量信息存放在一张光盘上,而且获取信息非常迅速。出版商们已能够将装满十几个软盘的全套百科全书存放在一张光盘上。最近一些年来,很多外语计算机程序已经被存储在光盘上,大大减少了对软盘的需求。

(4)数字化语音(digitized sound)。

很多程序中增加了一项新的维度——数字化语音。运用数字化语音技术的光盘提供了一种快捷、随意地检索信息,以及获取高质量语音的方式。(Compact disk that use digitized sound offer quick random access to information as well as superior sound quality.)譬如,“语言视盘”软件包括一个程序碟片,以及多个包含数字化言语的语言碟片。有了这些程序,学生们就能够去听词组、单词的发音,或甚至一个音节或语音的发音,然后录下自己模仿的声音。然后,学生们听原始录音,以及自己的发音,并且比较二者。他们还能够再次录下自己的声音,继续对二者进行比较,直到感到自己的发音已经正确或得以改进为止。

光盘技术的最新进展是交互式激光视盘的发展。这种技术包括数字化语音、压缩录像动画,还可能包括语篇,能够为交互式程序建立一个多媒体平台。

◀ 10.2.3 慕课(MOOC – Massive Open Online Course)

本世纪首个十年过去之际,伴随在线用户激增,开放学习机会增多和慕课(MOOC)的发展,在线学习和远程教育都有了多元化的发展。MOOC,即大规模开放在线课程,这个术语是加拿大爱德华王子岛大学的 Dave Cormier 在 2008 年回应名为《联通主义和联通化知识》的在线课程时提出的(Wikipedia,2016b)。

MOOC 是一种通过网络开放的对学习者无限制的在线课程。除了有着视频讲座、阅读材料、问题设置等传统课程内容,很多 MOOC 为学生、教授和助教的社区互动提供了用户讨论区。

MOOCs 发展至今已演化出 cMOOCs 和 xMOOCs 两种分支,基于不同的学习理论,两者表现出不同的特征。

cMOOCs 的"c"指代"联通主义"(Connectivist),基于联通主义哲学思想,强调同伴互评和小组合作。学习内容是不断增长演化的(非预选静止的),可不断整合,赋予新用途,可前馈(比如,演进中的学习内容应面向未来的学习)。其设计指导思想旨在把学习者互相联系起来,在共同项目上互相答疑或合作学习。(With "C" standing for "connectivist," cMOOCs emphaize the connectivist philosophy, peer – review and group collaboration. The material should be aggregated (rather than pre – selected), remixable, re – purposable, and feeding forward(i. e. evolving materials should be targeted at future learning). Its instructional design approaches attempt to connect learners to each other to answer questions and/or collaborate on joint projects.)

xMOOCs 的"x"指代"延伸"(extended), 与传统课程更相似。xMOOCs 有明确的视频课程教学大纲和自测习题,被说成是为高等教育机构提供知识灌输的信息技术平台,老师是知识专家,学生的交互限于寻求帮助或相互为难点提供建议。(Simons, 2015;Prpic,et. al,2015)

至 2014 年 5 月,美国各大高校已提供 900 多门慕课,课程领域涵盖广泛,如心理学、哲学、人文与社会科学等。麻省理工学院和斯坦福大学最先提供计算机科学和电气工程慕课。

慕课学习的有效性是目前热议的问题,因为其退出率比传统在线教育课程要高很多。究其原因,有如课程技术和计划介绍不足、不懂电脑、技术落后、学习环境混乱、讨论区言语不当,阅读教材价高,优秀导师不足等。有些放弃者只是在注册后"随便逛逛",有些为获得知识而非为获得学习证书导致不能善始善终。缺少充分的学习讨论或数据分析不足也使慕课备受争议。

为解决上述问题,慕课多种发展模式应运而生。分布式开放协作慕课(DOCC – Distributed Open Collaborative Courses),对教师的角色、层级、财力和大规模性这些概念提出了挑战。DOCC 认为,不使用统一的单一的教学大纲,可能会更好地帮助获取知识,知识分布在所有参加者之中,而非仅仅为一两个人专有。另外一种模式就是自定在线课程(SPOC – Self – Paced Online Course),能为学习提供更大的灵活性,学生可以自己决定学习进度和开始学习的环节。(Wikipedia,2016b)

10.3 机器翻译(Machine Translation)

机器翻译(MT)是指运用机器(通常是计算机)将语篇从一种语言译成另一种语言。(Machine translation refers to the use of machine to translate texts from one language to another.)机器翻译可分为两类,即不加辅助的机器翻译和人工辅助机器翻译。不加辅助的机器翻译是在无人工参与的情况下输出文本片段的译本以供及时使用。人工辅助的翻译是在翻译之前或之后由人工译者对译本进行修改以提高翻译质量。通常,通过使用词典以及语法所允许的句型对词汇进行限制可以将此过程加以改进。(Napier, 2000)

由于宗教、哲学、政治、经济等原因,机器翻译一直是计算语言学的一个关注焦点。从宗教哲学上讲,研究人员希望验证是否如基督教圣经中所言,"全世界使用同一种语言,讲同一种话语";政治上,随着人们有权使用自己的语言,非英语国家不愿见到其语言、身份和文化被另外一种语言所取代,例如英语;经济上,机器翻译可以降低雇佣大量人工译者所带来的高成本。统计学表明,要将一份晦涩的文本翻译好,译者的翻译速度每天不超过 4 ~ 6 页或 2 000 字(Cracuinescu, et al., 2004)。

◀ 10.3.1 发展历史(History of Development)

虽然机器翻译的发展历经沉浮,但其自 20 世纪 50 年代创立以来变化不大(Hutchins 1995,1999;Kay,1995),尽管如此,机器翻译仍然经历了以下几个阶段。

(1)机器翻译研究者们独立工作的阶段。

20 世纪 50 年代早期,机器翻译研究在目标方面是相当低调。原因是这种研究当时受制于硬件的限制,特别是当时没有足够的存储空间,存储信息的提取也非常缓慢,而且缺乏高水平的程序设计语言。此外,机器翻译研究是独立进行的,没有得到句法与语义领域的语言专家的必要帮助。因此,最早的机器翻译研究者们起初不得不求助于原始的以词典为基础的方法(即主要是直译)和统计方法的应用。

在这种背景之下,早期的研究者们意识到,他们所能开发的任何系统都将只能生成低质量的翻译成果。因此,他们建议,在输入语篇的译前编辑和输出语篇的译后编辑两个过程中,翻译人员的参与是主要的。他们还提出,要开发有控制的语言,并且要将系统限制在具体的领域。

(2)向更高质量的翻译产出发展的阶段。

1960 年前后,受早期演示系统的激励,普通大众和机器翻译研究潜在的赞助商开始对此呈现出乐观情绪。他们认为,在未来的数年内高质量的机译产出是可以实现的。这也可能是对大大改进的计算机硬盘的出现以及第一批程序设计语言的开发做出的反映,而更重要的是对句法分析的发展做出的反应。由于对最终哪种方法将会最为成功尚不明朗,美国企业不得不赞助大量的机译研究项目。与此同时,机译研究的热情扩展到全世界。这个时期的标志是,人们认为机译的目标必须是开发出能够生成高质量翻译的全自动系统,而且人工辅助仅被看作是暂时的安排。随着系统的改善,译后编辑应该越来越少。因此,机译研究的重点在于寻找能够实现"完美"翻译的理论与方法。

1960 年,Bar. Hillel 猛烈批评了那些基于理论的项目,特别是那些研究语际途径的项目,他还证明了全自动高质量翻译(FAHQT)在原则上的不可行性。Bar. Hillel 主张开发基于他所谓的"人机共生"理论而具体设计的系统。

(3)翻译工具的开发阶段。

自 20 世纪 70 年代以来,机器翻译的发展在三个方面继续进行:基于计算机的供翻译者使用的翻译工具,以各种方式涉及人工辅助的可操作机器翻译系统和以改善机器翻译方法为目标的"纯粹"理论性研究。

由于 20 世纪 60 年代实时交互计算机环境的出现,20 世纪 70 年代文字处理的发明以及 20 世纪 80 年代联网微型计算机与大信息存储设备的大批量生产,翻译工具如词典与术语数据库,多语言文字处理,语汇与术语资源管理,输入与输出传输(如光学字符阅读器扫描仪、电子传播、高级印刷)的发展成为可能。最近的发展是"翻译记忆"设备的出现,它使得翻译者能够存储与利用现有的翻译,以备以后的再次(部分的)使用或修改,或者作为翻译实例的资源。

人们同样认识到,所有当前的商业机译系统和可操作机译系统所生成的翻译输出必须进行编辑或修改,才能达到可出版的质量。同样为人们普遍认识到的是,机器翻译在领域具体并且有控制的环境内达到的效果最好。

◀ 10.3.2 研究方法(Research Method)

机器翻译的研究方法能够从两个角度进行描述:一个是从语言学理论的应用角度,另一个是从机器翻译研究者们所实际从事的实践的角度。(Machine translation research methods can be represented from two perspectives, one being from the application of linguistic theories, another from what has been actually practiced by machine translation researchers.)具体可分为下列方法：

(1)语言学方法。

机器翻译研究一直被看作是语言学理论的试验场，因为机器翻译的质量能够由非专家们来进行评判。

相关理论有 20 世纪 50 - 60 年代的信息理论、范畴语法、转换生成语法、依存语法和层次语法；20 世纪 70 - 80 年代的人工智能、词汇—功能语法、广义短语结构语法、中心词短语结构语法、蒙泰古语义学等；以及 20 世纪 90 年代的神经网络、连结主义、平行处理和统计方法等。

人们同样发现，一些新的理论虽然最初在小样本的实验里是成功的，但最后证明仍然存在着问题。

在 20 世纪 90 年代早期，由于引入了基于语料库的研究方法，特别是统计学方法和基于例句的翻译方法，机器翻译研究得到了推动。

(2)转移法。

根据机器翻译的主要观点，机器翻译系统中具有某种转移成分，该成分是专业化的，所以一个语言组对就可产生一个目标句子。转移成分有一个对应的词库，它是源语言中映射到目标语中的句型和短语的完整列表。(纳皮尔,2000)大量的工作有赖于具体语言组对的比较信息。因此这类转移系统就要求任意两种语言是可以互译的。支持这一观点的论据是：翻译就其本质来说是对比语言学的一种运用。所以，必须建立一个相对应的词库。

(3)语际法。

语际法是基于下面这种理解而产生的：在一个语言集合中，所有成对的语言之间的翻译原则上只需要将集合中每一种语言译成国际语(一种中间语)，或者反方向，将国际语译成其中的任何一种语言；也就是说，如果集合中有 n 种语言，那么就需要将 n 个集合成分翻译成国际语，然后再译成目标语言。不一定必须要为翻译的目的而专门设计国际语。使用国际语的益处在于每种语言只要一部分，其他语言很容易就可添加进来。这种方法受到阿诺德等(Arnold et al. ,1995)的挑战，他反驳道使用国际语会造成信息丢失(Napier, 2000)。

(4)基于知识的方法。

近来，卡内基·梅隆大学(Carnegie Mellon University)和新墨西哥州立大学语言研究中心(the Center for Research in Language at New Mexico State University)的研究使机器翻译朝基于知识的方法迈进了一步。Arnold et al. (1995) 所持的观点是：要想改进机器翻译系统需要三种知识。

1)不依赖于语境的语言知识(语义学知识)。研究人员要做的正是将词语与语义特征联系起来,而语义特征可使这些词语对与它们同时出现的其他词语加以限制。

2)与语境相关的语言知识,有时称为语用知识(pragmatics)。语用学领域可运用不同的方法加以研究。其中一种就是研究句中焦点的概念。

3)常识/真实世界知识(非语言知识)。头两个难题是与语言有关的,但它们不是最棘手的。最棘手的难题是一个兼有双语词典和语法知识的系统。正是由于计算机缺乏真实世界知识才使研究人员遇到障碍。计算机理解不了事物之间的关系或者事物之间是如何契合的。例如,计算机就区别不了可食用的苹果和个人电脑品牌的"苹果"(Apple)。同样,它也区分不了汉字"*ding*"(顶)在"*shan ding*"(山顶,top of the world)、"ding feng"(顶风,go against the wind)和"*ding hao*"(顶好,very good)中的意义。正是这类难题多年来一直困扰着机器翻译理论家和神经网络及人工智能领域的研究人员。

有了语料库语言学的帮助,近来的研究开始转移到以例句为基础的机器翻译领域。该方法将正确的翻译用作信息的主要来源以创造出新的翻译。

◀ 10.3.3 机器翻译与互联网(MT and the Internet)

近年来互联网的影响非常显著。人们经常听到,21世纪是互联网的时代。在互联网上实时在线翻译在加速发展。譬如,近年来,我们已经见到了很多专门为翻译网页和电子邮件设计的系统。显而易见,现在急需开发出大量的系统,以专门处理互联网上的口语化的(经常带有结构缺陷和拼写错误的)信息。在这种情况下,我们不能继续依赖那些语言学的基于规则的古老方法。多种基于语料库的方法可以利用互联网自身存在的大量信息,这些方法虽然是适当的,但在这些系统上开展的研究却微乎其微。

互联网将会产生进一步的深远影响,这种影响必将改变机译翻译的未来发展前景,这一点人所共知。现在存在一种预测,装备有文字处理、数据库、游戏等一系列软件的个人电脑单机将会被网络计算机所取代,网络计算机能够在需要时按需求从互联网下载系统与程序。在这种情况下,一次性购买的为个人包装的机译软件、词典等将会被远距离存贮的机译程序、词典、语法、翻译档案、专业词汇表等所取代,后者可能会依据使用来进行付款。

互联网的另外一个巨大影响跟软件自身的属性有关。互联网服务的使用者所寻求的只是信息——不管它是用何种语言撰写或存储,因而翻译只是一种为了达到此目的的手段。使用者需要的将是信息检索、提取与概括的系统同翻译的一体化。因此,将来"纯粹"的机译系统可能会越来越少,愈来愈多的将是基于计算机的工具和应用，自动翻译只是其中的一个组成部分。

◀ 10.3.4 口语翻译(Speech Translation)

21世纪被最为广泛地预期到的发展必将是口语翻译的发展。当20世纪80年代末和90年代初开始研究计划的时候，人们都认为实际性的应用是不大可能的。这些系统仅仅局限于狭小的领域，对任何进步都是根本的限制。更有可能的情况是，大量出现的应用口语翻译的系统会把口语翻译看作是狭小领域内自然语言应用系统的组成部分，这些应用系统有问讯数据库(特别是有关金融与股市数据的问讯数据库)、商业谈判中的交流、公司内部通讯等。

◀ 10.3.5 机译与人译(MT and Human Translation)

机译与人译可以而且将会相对协调地共存，这一点在21世纪之初已经显而易见。当翻译必须具备"可出版"的质量时，人译与机译都具备各自的作用。对于(单调乏味的)技术文件以及(高度重复的)软件局域化手册的大规模或/和快速翻译，机器翻译显然具备成本效益；而且在其他许多情况下，辅以必需的人工准备和修正的机器翻译的费用，或是使用计算机翻译工具的费用，也明显低于不使用电脑辅助的传统人工翻译。而与此形成对比的是，人工译者在翻译非重复性的语言复杂的语篇(如文学与法律)时，甚至在翻译某些特定高度专业的技术主题的一次性语篇时，人工译者不但在现在而且在将来仍然是无与匹比的。

对于产出质量不怎么重要的语篇翻译，机译通常是一个理想的解决方案。比如，如果只需要做出科技文件的"大略"翻译，而且唯一可能的读者仅仅希望获取文件的主要内容和信息，对于译文是否可读并不关心，并且肯定不会被译文的笨拙风格和语法错误所阻碍，那么机译将会逐渐成为唯一的选择。

对于一对一的信息交流，如商业信函(特别是内容敏感或者具有法律约束力的信件)的翻译，人工译者可能总会占有一席之地。但是，对于个人信件的翻译，将可能越来越多地采用机译系统；对于电子邮件，以及从网页和基于计算机的信息服务中提取信息，机译是唯一可行的解决方案。

对于口头翻译，人工译者肯定会一直存在。但是机译系统正在开辟人工翻译从未想象过的新领域：以外语来写作却对于那些需要帮助来创作出三层语篇的作家，帮助他们创作出草稿；电视对白字幕的实时在线翻译；以及源自数据库信息的翻译。而且毋庸置疑，随着全球通信网络的扩展，以及机译的现实性与平常性为广大公众所熟悉，机器翻译的更多类似的新兴应用将会层出不穷。

◀ 10.3.6 机器翻译的质量(MT Quality)

必须承认，目前所有机器所做的翻译都存在不足之处，而且在其中会发现任何人工译者都很难出现的错误，如代词错误、介词错误、句法混乱、术语选择不当、单复数混淆、时态错误等。Kay(1982)引用的一个古老而著名的例子很好地证明了这一点。

例 10 – 1

The police refused the students a permit because they feared violence.

假设将例 10 – 1 译成一门类似法语的语言，其中"警察"(police)一词为阴性。顺理成章，翻译 they(他们)的代词也必须是阴性。现在用 advocated 一词替代 feared。这样一来，突然发现 they 似乎是指学生(students)，而不是警察；如果翻译 students 的词是阳性的话，就需要一个不同的翻译。得出这些结论需要的知识与语言学毫不相关，而是与有关 students，police，violence 的日常事实以及我们所见到的这些事物之间关系的种类相关。

另外，翻译不再是一种保存意义的过程。试考虑下面的法语问句：

例 10 – 2

Ou voulez-vous que je me mette?

从字面上看，上例的意思是 Where do you want me to put myself? 但实际上它是下面一系列形式问句的一个非常自然的译文：Where do you want me to sit/stand/sign my name/park/tie up my boat? 在多数情况下，用 Where do you want me? 就可以接受，但为了生成流畅的翻译，很自然地按常规需要增加或删减一些信息。这种增删有时是难以避免的，因为在法语这样的语言中，代词必须显示数与性；在日语中，代词则通常完全省去；在俄语中则不存在冠词；在汉语中名词无单复数的区别，动词也无现在时与过去时之分；而德语中词序非常灵活，使人无法确定什么是主语，什么是宾语。

当然，如果系统只是停留在作为研究原型的低质量阶段，在公众中影响不大，那么上述语言间的区别就不成问题。但是，一旦关系到商业系统，如果翻译质量不佳，整个机译产业都会因此受到损害。不幸的是，这种状况在不久的将来恐怕也难以有所改变，很少有迹象表明基础的一般用途的机译引擎将能够显示出突飞猛进。

10.4 语料库语言学(Corpus Linguistics)

在上节里，我们了解到，机译的方法之一便是基于例句的系统，这是一个"能够查阅已有翻译的集合"的系统。这一系统需要一个先决条件，即必须存在一个庞大的收集已有翻译的语料库。尽管美国结构主义语言学家都使用了基于语料库的方法 (Kennedy & Graeme, 1996)，但计算机技术的发展才使得"语料库"与"语言学"

之间的联姻成为可能。本节将主要讨论计算机语料库。

◀ 10.4.1 定义(Definition)

语料库(corpus)与语料库语言学(corpus linguistics)的定义多种多样。下面是两个同一年出现的有代表性的定义:

语料库(Corpus,复数形式是 Corpora)是一个语言数据的集合,其中收集的要么是书面语篇,要么是言语录音的标音形式。语料的主要目的是去证实有关语言的假设——如确定特定语音、单词或句法结构的用法如何进行变异。

语料库语言学考察语言研究中语料库运用的原理与实践。计算机语料库是大量机读语篇的集合。(见 Crystal,David .1992:85. *An Encyclopedic Dictionary of Language and Languages*)

语料库(13 世纪源自拉丁词 corpus,意为"身体"(body),复数形式通常为 Corpora,也可以是 corpuses)是语篇的集合,特别是完整与自制语篇的集合,如盎格鲁撒克逊诗歌语料库也可以是 corpuses。在语言学与辞典编纂学中,语料库是语篇、语句或其他样本的集合,这一集合或多或少被认为是某种语言的代表,并且通常以电子数据库的形式存储。当前,计算机语料库可以存储着好几百万的连续单词,这些连续单词的特征可以通过词类赋码(在词与其他形式上添加识别与分类标记)和词语索引程序来进行分析。语料库语言学研究任何此类语料库中的数据。(见 McArthur,Tom[ed.]1992:265 – 266. *The Oxford Companion to the English language*)

◀ 10.4.2 针对语料库语言学的批评以及语料库语言学的复兴 (Criticisms and the Revival of Corpus Linguistics)

尽管经验主义对美国结构主义语言学的发展做出过贡献,但是乔姆斯基在极短时间内改变了语言学的方向——抛弃了经验主义,而朝向理性主义发展。这样,乔姆斯基明确地废止了语料库作为语言研究证据来源的地位。他认为,首先语料库永远不会成为语言学家的有用工具,因为语言学家寻求建立的是语言能力的模型,而非语言运用的模型。其次描述一种语言语法的唯一途径是描写其语法规则,而不是列举其中的句子。乔姆斯基认为有限的只是语言的句法规则。最后即便语言是有限结构,语料方法能否仍然成为语言研究的最佳方法呢?在例 10 – 3 中,如何能将不合语法的语句与根本不曾出现过的语句区分开来呢?如果有限的语料库不包含句子 a,我们如何能得出结论它是不合语法的,而句 b、c 和 d 是合乎语法的呢?

例 10 – 3

a. He shines Tony books.

b. He gives Tony books.

c. He lends Tony books.

d. He owes Tony books.

除了乔姆斯基提出的问题之外，语料库语言学还存在着一些实际性问题。例如，谁能想象一下仅仅只用眼睛从头至尾去搜索一个包含 1 100 万词的语料库(Abercrombie, 1963)

尽管乔姆斯基的批评使人们对语料库语言学产生了怀疑，但是基于语料的工作并没有因此而完全停止。例如，Quirk(1961)雄心勃勃地开始计划建立一个英语用法调查(SEU)语料库，并且将构建工作付诸实施。1975 年 Jan Svartvik 在英语用法调查语料库和布朗语料库(the Brown corpus)的基础上开始构建伦敦—伦德语料库(the London-Lund corpus)。计算机慢慢成为语料库语言学的主要工具之后，Svartvik 对英语用法调查语料库进行了计算机化，包括 Leech (1991)在内的一些语言学家认为这一语料库是"一个迄今为止进行口头英语研究无可匹敌的资源"。

◀ 10.4.3 词语检索(Concordance)

正是计算机这一奇迹宣告了语料库语言学的复活。计算机具有搜寻语篇中特定词、词语序列或者甚至是词类的功能。同时还能检索一个特定词的所有例子，这些例子通常都出现在语境中，这对于语言学家来说又是一个帮助。计算机还可以计算词语出现的次数，以收集词语出现频率的信息。然后我们可能希望以某种方式对信息进行排序——如依据语境中紧邻词语的字母顺序排序，这通常被称作词语检索。我们可以列出一个词语例子的清单，然后从中遴选出另外一个清单，如检索词后紧跟另一个词(如代词)加一个标点的所有例子。这里描述的这个过程经常包含在词语检索程序之中。例 10－4 是词语 deal 的词语检索清单(Biber et al., 1998)。

例 10－4

and secret plans proposed to	*deal*	with the mass sit-down	1
of companies and put one property	*deal*	through each Mr.	2
In particular, a good	*deal*	of concern has been	3
hangs a tale-and a great	*deal*	of money Neville	4
where his new measures to	*deal*	with Britain' s	5
just a matter of working a good	*deal*	harder before we really	6
I' m mixed up in a	*deal*	involving millions	7

这一工具较常使用于语料库语言学中，以便对语料库进行检索。不管我们最

终能研究出语料库有何种哲学上的优势,计算机使得我们能够大规模地快速精确地利用语料库。

词语检索是语言学中常用的工具,用于篇章的研究,如比较同一个词语的不同用法;分析关键词;分析词语出现频率;发现并分析短语和成语;创建索引和词语目录(也有助于出版发行)。

◀ 10.4.4 语篇编码与注解(Text Encoding and Annotation)

如果说语料库未经注解,也就是说它们处于原始的未加工的纯文本状态,而经过注解的语料就增加了多种多样的语言信息。语料库经过注解,便不再仅仅是暗含语言信息的语篇的集合,而可能被当作是语言信息的贮藏室。语料库经过注解,它的功用就得到增加。经过具体的注解过程,隐含信息就变得清楚明白。譬如,gives 所包含的隐含的词类信息是“第三人称单数现在时动词”,但正常的阅读中,我们只能依靠自己已有的英语语法知识才能检索到这一信息。然而,在经过注解的语料库中,gives 可能会以“gives-VVZ”的形式出现,代码 VVZ 表示它是一个词汇动词(VV)的第三人称单数现在时(Z)形式。这样的注解可以使语料库内语言信息的检索与分析变得更快、更容易。

利奇(1993)描述了语篇语料库注解中适用的七项准则:

1)语料库中的注解应该能够去掉,这样就可以恢复到原始的纯文本状态。

2)应该能够从文本中提取注解本身。

3)注解方案应该以终端用户所能获得的指导方针为基础。

4)应该标明注解如何开展、由谁开展。

5)应该告知终端用户,语料库注解仅仅是一个潜在有用的工具,难免会有错误。

6)注解方案的基础应该尽可能地是一些人们广泛赞同并且基于中性理论的原则。

7)没有任何注解方案能够拥有优先权,可以被当作是注解的标准。

必须指出,Leech 的有些准则难以遵循。以准则 1)为例,有时它是一个简单的过程,比如,除去下划线之后的每个字符,那么 Claire_NPl collects_VVZ shoes_NN2 将会变为 Claire collects shoes。然而,伦敦—伦德语料库的韵律注解却是散布在词语内部,如 g/oing 表示单词 going 的第一个音节是升调,这就意味着不能很容易地恢复原词。

◀ 10.4.5 语料库数据的作用(The Roles of Corpus Data)

语料库对于语言研究的重要性同经验数据的重要性是一致的。(The importance of corpora to language study is aligned to the importance of empirical date.)经验数据使得语言学家能够做出客观的陈述,而不是主观的认知性的语言感知。因此,语料库在许多与语言相关的不同研究领域中能够扮演重要的角色,如言语研究、词汇研究、语法、语义学、语用学、话语分析、社会语言学、文体学、历史语言学、方言学、变异研究、心理语言学、社会心理学、文化研究等。鉴于基于语料库的语言研究数量巨大,这里将有选择性的列举一些例子。

(1)言语研究。口语语料库能够提供广泛的言语样本,涉及各种各样的变量,如说话者的性别、年龄、阶层等。(A spoken corpus provides a broad sample of speech, extending over a wide selection of variables such as speaker's gender, age, class, etc.)这样从语料库中可以进行一些对口语的概括,因为语料库具有尽可能广泛的样本和尽可能大的代表性。语料库还支持特定语言口语的变异研究。语料库提供的是自然言语的样本,而非人为条件下诱发的言语。(经过标音的)语料库中通常增加了韵律与其他注解,因此比起原始数据来说更容易开展大规模的量化分析。如果语料库中使用了多种注解,那么类似语音注解和句法结构之间相互关系的研究就会成为可能。

(2)词汇研究。拥有语料库的语言学家能够在几秒钟之内从好几百万词的语篇中检索出某个词或词组的例子。这样词典的出版与修订就比以前快得多,因而能够提供最新的语言信息。而且,可以查阅大量的自然例子,释义也将更加完整与精确。另外,语料库不但可以收集单个词语还能够收集词语组合的例子,而且还存在一些能够研究共现词语之间关系的相互信息工具,这就意味着我们能够相比以前更为系统地考察词组与搭配。用语单位能够构成技术术语或者成语,而搭配是确定具体词义的重要线索。(A phraseological unit may constitute a piece of technical terminology or an idiom, and collocations are important clues to specific word senses.)

(3)语义学。语料库语言学对于语义学的贡献在于有助于建立一种客观的方法,因为语义差别在语篇中与典型的可观察的(句法、形态、和韵律方面的)上下文有联系。这样,通过研究语言实体的环境,可以建立经验的客观的指示器,以显示特定的语义差别。

语料库在语义学中的另一作用是更坚定地确立了模糊范畴与渐变性两个概念。在理论语言学中,范畴常被看作是固定不变的——一个项目要么属于一个范畴要么不属于这个范畴。然而,对范畴化的心理研究表明,认知范畴并不是"一成不变的",而是相互之间存在模糊的界限,因此真正重要的是项目归于一个范畴而不是另外一个范畴的频率。在经验性地考察语料库的自然语言时,非常明显,这种"模糊"模型能够更好地描述数据:清晰明确的界限并不存在;相反,存在的是与包含频率相关联的成分渐变体。

(4)社会语言学。尽管社会语言学是一个经验性的研究领域,但是抽样并非经常积极进行。(Although sociolinguistics is an empirical field of research it is not often rigorously sampled.)有时,数据也不是自然数据,而是诱发性数据。语料库能够提供这些数据类型不能供给的东西——一个可量化的、有代表性的自然数据的样本。为了研究美国英语与英国英语中的阳性偏见,Kjelmer (1986)考察了阳性与阴性代词以及 man/men 和 woman/women 的出现规律。他注意到,在两个语料中阴性语言项目的出现频率都要远低于阳性项目。而且,阴性项目在英国英语中比美国英语更为常见。

论及方法论时,Holmes (1994)指出,在对项目的出现进行归类与计数时,应该考虑词汇项目的内容。比如,policeman/policewomen 有无性别标记的互换项,即 police officer,但含有-ess 的形式,如 Duchess of York (约克公爵夫人),却没有类似的替换项。因此,在考察书面文字中的性别偏见时,后一形式应被排除在"性别歧视"词缀的计数之外。Holmes 还指出了对一个正在经历活跃语义变化的形式进行归类的困难。她的理由是,词语 man 既能指单个男性(如 a 35 year old man was killed),又可具有泛指意义,指称人类 (如 man has engaged in warfare for centuries);而在 we need the right man for the job 之类的表达中,很难确定 man 是指称具体性别,还是能够用 person 替换。

(5) 心理语言学。在心理语言学领域,抽样语料库能为心理语言学家提供有关频率的更加具体、可靠的信息,其中包括含有歧义的词汇不同义项和词类的频率信息。(In the field of psycholinguistics, sampled corpora can provide psycholinguists with more concrete and reliable information about freguency, including the frequencies of different senses and parts of speech of ambiguous words.)而且,语料库数据还可用于考察自然会话中言语错误的出现。语料库的第三个作用在于语言病理学分析。在分析过程中,必须首先构建非正常数据的精确图景,然后才能对语言处理系统中可能的问题做出假设并进行检测。

10.5 以计算机为媒介的交流(Computer Mediated Communication)

以计算机为媒介的交流(简称 CMC)的突出特点在于以计算机网络环境中的语言以及语言的使用为焦点,并运用话语分析的方法来研究该问题(Herring, 2001)。基于篇章的计算机媒介交流呈现出不同的形式(如电子邮件、小组讨论、实时聊天、虚拟角色扮演类游戏等),其语言特点依所使用的信息系统和该具体使用所处的社会文化背景而有所差异。人际交流和计算机网络,或互动网络是近来才出现的事物(Herring, 2001)。在本部分,我们将主要讨论下列主题,即邮件与新闻(mail and news)、博客(blog)、聊天室(chatrooms)、情绪脸谱和笑脸(emoticon and smileys)。

◀ 10.5.1 邮件与消息(Mail and News)

打开网景(netscape)浏览器和因特网浏览器(internet explorer)浏览网页时,我们主要面临两个选择:搜索/导航(search/navigation)或是使用电子邮箱(messenger mail-box)。前者负责信息检索,后者则处理邮件或新闻的接收和发送。如果我们给朋友或亲属写信,信件需要两三天才能抵达目的地,要是寄到国外去,或许就要用一两个星期的时间,更不用说昂贵的邮资了。长途电话虽省时,但按秒计费,要想把相同的信息传送给不同的人,就得打几次电话。通过电子邮件,我们可以将同一封邮件发给许多收件人,还可以以附件的方式传送文件和图表。

除此之外,借助于 listserv(世界教育单位网络上用来管理讨论邮件清单的程序)或 majordomo(系统总管),电子邮箱也可以帮助使用者进行学术交流活动。使用者需要做的是去申请加入一个电子论坛、电子社团,或订阅一份电子杂志,当申请和订约要求得到确认以后,他就可以收到有关会议论文约稿、新出版的书籍或杂志、甚至是工作机会的信息;他可以提问请求帮助,或参加有关学术问题的讨论,并在讨论结束后阅读评论文章(胡壮麟,1997)。以《语言学家》(*The Linguist*)为例,笔者的邮箱在 2001 年 4 月 19 日上午收到以下信息:

序　号	主　题	收信时间
12.1085	FYI:暑期学校	01-4-19 4:41
12.1084	书评:改错	01-4-19 3:54
12.1083	书评:动词复合体	01-4-18 23:51
12.1082	会议:……中的语态	01-4-18: 3:30
12.1081	问题:说英语的人……	01-4-18 23:24
12.1080	问题:DESS 或 un DEA	01-4-18 22:16
12.1079	书籍:句法/语义学	01-1-18 21:43

此处,"FYI"意即"供您参考"(for your information)之意,所以编号为 12.1085 的项目是有关语言学暑期讲习班的一条海报。编号为 12.1084 和 12.1083 的项目是两篇关于语言学出版物的书评,一篇是关于如何处理万维网纠错,另一篇则是关于动词复合体的讨论。编号 12.1082 的项目是一则将于某日召开的以"语态"为主题的国际学术会议的通知。编号 12.1081 和 12.1080 项是读者提出的关于英语使用者和法语的问题,渴望得到答复。最后,编号 12.1079 项提供的是一

则句法和语义学新书发行的消息。

◀ 10.5.2 简报图形软件(微软公司)(PowerPoint)

PowerPoint 这种工具能让我们在电脑屏幕上播放幻灯片。使用者制作出单张的幻灯片,上面可载有文本、图形、声音、动画和录像。在将全部幻灯片制作完成以后,使用者便可手动演示幻灯片,或者将其设为自动演示模式。

因而,PowerPoint 是一种演示编写软件(presentation authoring software),可以制作含有音像或不含音像的图形演示。微软 PowerPoint 软件是应用最广泛的演示程序,它是为微软 Windows 操作系统和 Mac OS 计算机操作系统(苹果公司)而开发的。由于在政府官员、商人、教师和培训人员中应用广泛,该软件成为说服力技术(persuasion technology)最普遍的形式。据该软件的卖方——微软公司统计,每天约有 3 亿场演示运用了 PowerPoint 软件。①

关于 PowerPoint,我们应明确讨论的对象:PowerPoint 是一种工具(软件),它的一组幻灯片是篇章(text),而用 PowerPoint 所做的演示则是一种语类(genre)。

PowerPoint 工具是一种用于罗列提纲或是在幻灯片上创建演示图像的软件。它是由微软公司科学家设计的、为与 Office 办公软件配套使用的一种软件。该软件有助于使用者进行交际,但其本身并不代表意义。

PowerPoint 篇章在广义上被理解为运用视觉、图形、声音或是视听手段所创造的产物。也就是说,每一场 PowerPoint 演示,例如报告、演讲或者讲课,都是一个篇章,所有的幻灯片围绕着一个主题发展起来。

PowerPoint 作为语类,指的是一种重复发生的活动,正如我们讨论一封信件、一份摘要、一个故事、一段对话、一篇小说、一场演讲和一部戏剧一样。过去,人们把 PowerPoint 看作是工具,而如今人们倾向于将其视为一种语类(House, et al, 2005)。

◀ 10.5.3 网络日志(Blog)

网络日志最早出现于 20 世纪 90 年代中期。21 世纪初,随着简单免费的出版工具(publishing tools)开始使用,网络日志逐渐流行起来。

Weblog 简称 blog,Dan Gilmore 将其定义为"由按时间顺序降序排列的链接和文章构成的在线期刊,即最近的文章出现在页面的顶端"(an online journal comprised of links and postings in reverse chronological order, meaning the most recent posting appears at the top of the page)。(BlogsCanada, 2005)马提斯 · 恩泽(Matisse

① 来自:http://en. wikipedia. org/wiki/PowerPoint.

Enzer)的《网络术语词汇》(*Glossary of Internet Terms*)这样定义 blog:网络日志本质上是可以在网上浏览的期刊(a blog is basically a journal available on the web)。每天进行更新网络日志的活动称为"blogging",常写网络日志的人则称为"博客"(blogger)。网络日志通常是每天都利用软件进行更新的,有了这种软件即使是具备很少或没有技术背景的人也能对网络日志进行更新和维护。

BlogCanada (2005)和沃克(Walker)(2005)为我们提供了一份对网络日志特点所做的较为详细的描述。

(1)网络日志是"以文章为中心的",而非"以网页为中心的",就是说,文章(posting)是重要单位。

(2)网络日志中的文章几乎都是按照时间顺序排列的,新近添加的文章位置最为突出。

(3)网络日志是分期刊载并且逐渐累积起来的。读者倾向于一次阅读少量日志,几个小时、几天或是几个星期后再阅读上次访问后新增的内容。这种分期刊载或插曲式的结构与书信体小说或日记相似,但又与之有所差异,网络日志是开放式的,只有当作者厌倦写作时才会终结。

(4)许多网络日志的内容是简洁独立的叙事文体,虽然人们期望标准的网络日志文体是非小说体,但仍有一些带有明显或暗含的小说色彩。一些网络日志还遵循一贯的原则,为以微型叙事体写就的个人文章创建了更大的框架,这些原则能限制文章的结构或主题。

(5)凡是可以上网的个人都可以发表自己的网络日志,所以网络日志的质量、内容和写作目的就会有很大的差异。它可能是就某一具体领域内的时事所做的连续性评论、一系列个人感想、纯政治性的短文、一个为最新、最妙的小巧器具所开设的网站,或者是由领域专家经常更新的该领域"新闻"。

(6)许多网络日志通常使用链接,通过跟踪相关话题内容之间的链接,读者便可追踪网络日志之间的对话。读者可以从日志的任何一处开始阅读,先看最新的内容 或者通过引擎或其他网站的链接阅读更早一些的文章。一进入网络日志,读者便可按各种顺序阅读日志:如按时间顺序、按主题排列、根据内容之间的链接或者通过搜索关键词。网络日志通常包含网络日志提要集合(blogroll),它是作者推荐的与其他网络日志之间链接的目录。许多网络日志允许读者发表自己对日志文章的评论。

(7)网络日志是由个人发表的,它们的文体涉及个人,不正式。

(8)优秀的个人网络日志有一个共同之处,即都有声音——它们由作者清楚写就,充满着作者当时的激情。

◀ 10.5.4 聊天室,脸书,微信(Chatroom, Facebook, WeChat)

与网络日志相比,聊天室(Chatroom/Chat Room)的概念理解起来比较容易。按照外行人的说法,聊天室指的是在网络上的群里(group)讨论(chat)。因此,对聊天室最简单定义是:因特网上许多用户可以进行实时交流(尤其是针对某一话题的)的网站。在线维基百科全书(online encyclopedia Wikipedia)详细描述到:“聊天室是一个人们可以在线聊天的论坛(通过向同一论坛的参与人实时发送消息来进行讨论)。有时,通过限制说话人的资格(不是很经常)或让义务主持人巡视论坛检查扰乱性的或不良的行为,人们可以主持论坛。”

准参与者通常需要在聊天室注册并有了网名之后,才能看到聊天室里的其他人。有些聊天室允许参与者之间进行讨论而不被其他人看见。虽然用户可以免费进入聊天室并随心所欲地聊天,但是许多聊天室都会受到监督,以防止出现不受欢迎的、带有攻击性的、种族偏见或色情等内容。

和聊天室相似,Facebook 是一个社交网络服务网站。主要创始人马克 · 扎克伯格在同学和室友的支持下于 2004 年 2 月 4 日面向哈佛学院学生上线 Facebook。(Wikipedia, 2016)自 2006 年,任何年满 13 岁的人都可注册成为 Facebook 用户。注册后,用户可以创建一个用户账号,加其他用户好友,交流信息,更新状态和照片,共享视频,使用应用软件,接收朋友状态更新的提示。另外,用户还可以加入由工作、学校或其他主题建立的共同兴趣组,分类朋友如“工作”、“密友”等。在小组中,建组者可以置顶帖子。用户可以投诉或屏蔽不受欢迎的人。因为用户向服务商提交大量的数据信息,Facebook 的隐私权政策受到密切监督。为此 2015 年 1 月 21 日,Facebook 编写了过滤错误或误导内容的计算程序。

WeChat,微信是中国腾讯公司开发的跨平台即时通讯服务应用程序,2011 年 1 月发布,是独立经营的、月度最大登录用户量之一的通讯应用。2016 年 5 月,微信拥有超十亿账户。微信提供短信功能、语音留言、实时对讲机功能,视频会议,视频游戏、共享照片、视频和位置等。还提供照片美化、题字和机器翻译。

◀ 10.5.5 表情符号或笑脸符(Emoticons or Smileys)

当人们借助电子邮件写网络日志,或是进行上一小节提到的键盘聊天时,我们会注意到,这种交流已经产生了大量的省略效应,如使用者倾向于使用更少的标点;用缩略语代表词语,如用“u”代表“you”,“4”代表“for”,“r”代表“are”,“brb”代表“be right back”等。这些变化在结构上也能体现出来,如短句与非正式表达的增多,避免使用直接称呼等。(张德禄,1998;董启明、刘玉梅,2001)。这就将我们引入到表情符号或笑脸符的话题。

表情符号是一系列能在键盘上找到的日常符号。表情符号在电子邮件、聊天、短信业务和其他运用计算机进行交流的活动中得到使用。使用最普遍的表情符号是笑脸（smiley 或 smileys），人们用它们来表示“不要认真对待我刚才所写的”。冒号（:）代表眼睛，破折号（-）代表鼻子，右括号（)）代表嘴。下面是最普通、最有意思的部分。

:-)	标准的微笑（你在开玩笑；令人满意的）
:)	懒人使用的微笑
,-)	眨着眼笑。你不是这个意思，你在开玩笑
;-)	眨着眼笑。同上
:->	紧随着讽刺性的评论
(-:	左手微笑
:-(	伤心。
:<	非常伤心
:C	非常伤心
:-*	吻

术语双解

annotation：注解，语料库注解是语料库建设中向语料库添加多种语言信息的过程。Corpus annotation is a process in corpus building in which a corpus is enhanced with various type of linguistic information.

CAI (computer-assisted instruction)：计算机辅助教学，是指教学活动中计算机的使用。这可能包括：①教学活动由计算机依次呈现。学生对计算机做出反馈，然后计算机显示这些反应是否正确。②运用计算机去监控学生的进展，引导学生进入合适的课程、材料等。这也被称为计算机控制教学。

Computer-assisted instruction refers to the use of a computer in a teaching program. This may include: ①A teaching program which is presented by a computer in sequence. The student responds on the computer, and the computer indicates whether the responses are correct or incorrect. ②The use of computers to monitor student progress, to direct students into appropriate lessons, materials, etc. This is also called computer-managed instruction.

CAL (computer-assisted learning)：计算机辅助学习，强调在教与学两个过程中运用计算机帮助学习者达到教育目标。CAI emphasizes the use of a computer in both teaching and learning in order to help the learner achieve educational objectives.

CALL (computer-assisted language learning):计算机辅助语言学习,指第二语言或外语的教学或学习过程中计算机的运用。根据 Richard 等(1998)的论述,计算机辅助语言学习可能呈现有以下各种形式:①既使用了计算机设备又在学习中使用了其他媒介的活动(如用计算机显示一个阅读文本)。②对基于印刷品或课堂的活动进行了延伸或改编的活动(如利用计算机程序帮助学生发展一个主题和扩展论文论点句,检查作文中的词汇、语法与主题发展)。③计算机辅助语言学习所特有的活动。

CALL refers to the use of a computer in the teaching or learning of a second or foreign language. It may take the form of:①activities which parallel learning through other media but which use the facilities of the computer (e. g. using the computer to present a reading text);②activities which are extensions or adaptations of print-based or classroom based activities (e. g. computer programs that teach writing skills by helping the student develop a topic and thesis statement and by checking a composition for vocabulary, grammar, and topic development.);③activities which are unique to CALL.

categorical grammar:范畴语法是一种形式语法,由逻辑学家 K. Ajdukiewicz 于 20 世纪 30 年代创立。范畴语法的基础是词库,其中的词汇都被赋予复杂程度不同的范畴:如果一个词汇序列形式正确,那么通过重复的撤销操作,这些词就共同标注为一个简单的范畴。比如,run 同它之前的名词(N)可以构成一个句子(S):men run。因此,run 就被赋予一个复杂的范畴 N\S,表示 run 同它前面的名词可以构成句子。通过撤销操作,X 紧跟 X\Y 就被简化为 Y;因此,N (*men*)后紧接 N\S (*run*) 时就被简化并且整体赋予范畴 S。用同样的方式,形容词如 young 也可以同其后的名词构成一个整体,但相互位置相反。这样,young 就被赋予复杂范畴 N/N。通过撤销操作,Y/X 后跟 X 时也会被简化为 Y。所以对于单词序列 young men run,简化过程要经历两个步骤:首先,N/N (*young*) 同 N (*men*) 简化为 N,即形式 *young men* 整体的范畴就是 N;然后,N (*young men*) 同 N\S (*run*)再简化为 S。Categorical grammar is a type of formal grammar, originally devised by the logician K. Ajdukiewicz in the 1930s. Its basis is a lexicon, in which words are assigned to categories of greater or less complexity: if a string of words is well-formed, these will combine, by a repeated operation of cancellation, to a designated simple category. E. g. *run* is a word with which a preceding noun (N) can form a sentence (S): *men run*. So, assign *run* to a complex category N\S, indicating precisely that run can form a sentence with its preceding noun By the operation of cancellation, X followed by X\Y reduces to Y; hence N (*men*) plus N\S (*run*) reduces to, and is thus assigned as a whole to, a sentence category S. An adjective such as *young* can combine similarly, but in the opposite order, with a following noun. So, assign *young* to a complex category N/N. By the operation of cancellation, Y/X followed by X also reduces to Y. So, for the string *young men run*, the reduction will be in two stages. First, N/N (*young*) plus N (*men*) reduces to N: i. e. the form as a whole is also of this category. Then N (*young men*) plus N\S (*run*) will again reduce to S.

CD-ROM (compact disk-read only memory):允许大量信息存放在一个磁盘上,而且可以非常迅速地从中提取信息。学生和教师能够在教室内外快速、高效地获取信息。CD-ROM allows huge amount of information to be stored on one disk with quick access to the information. Students and teachers can access information quickly and efficiently for use in and out of the classroom.

Chomsky's universal grammar:Chomsky 的普遍语法理论,Chomsky 认为,普遍语法指的是所有人类通过基因遗传的语法原则与参数的集合。根据 Chomsky 的观点,在语言习得中,普遍语法是理想化的习得开始阶段。Chomsky 认为,在这一阶段儿童不具备任何一种语言的知识。然后,部分通过参数的"设置",部分借助增加具体规则和词库的个别特征等,特定语言的知识从普遍语法开始发展。It is a set of principles and parameters of grammar which, according to Chomsky, is inherited genetically by all human beings. In Chomsky's account, universal grammar is represented as an idealized initial stage in language acquisition, at which a child is conceived as having no knowledge of a particular language. Such knowledge is then conceived as developing from universal grammar, partly by the 'setting' of parameters and partly by the addition of specific rules, individual features of the lexicon, and so on.

computational linguistics:计算语言学,应用语言学的一个分支,研究人类语言的计算处理。It is a branch of applied linguistics, dealing with computer processing of human language.

computer:计算机,是一种能够根据其记忆中存储的一系列指令来处理数据,并且能够在极短时间内完成复杂任务的电子机器。Computer is an electronic machine that can be used to manipulate data according to a series of instruction stored in its memory and which can perform complex tasks in a very short time.

computer system:计算机系统,计算机与其自身连接的键盘、打印机、显示器、磁盘驱动器、程序等被称为计算机系统。The computer itself together with a keyboard, printer, screen, disk drives, programs, etc. is known as a computer system.

computer literacy:计算机操作能力,指那些在计算机与计算机软件运用方面有着足够知识与技巧的人。Computer literacy is used to refer to those people who have sufficient knowledge and skill in the use of computers and computer software.

concordance: 词语索引,指以某种格式显示语料库中某个词型的所有词次。

这个词型被称为关键词,有时也称作目标词项、节点词或检索词。词语索引可以用极易获取的程序产生,方法主要有两种。第一种是通过批处理,可以生成语料库中每个词型的或者某些选出的词型的词语索引。另一种方法更快,带有交互性。如果计算机对语料库提前进行了处理,为每个词建立了索引,那么就可以使用软件几乎瞬间地检索出一个词型的所有词次,而且可以很容易地改变上下文或语境的大小。词汇索引可以有多种格式,最常见的格式是语境中关键词词语索引。A concordance is a formatted version or display of all the occurrences or tokens of a particular type in a corpus. The type is usually called a keyword but is sometimes referred to as a target item, node word or search item. Concordances can be generated with easily available software in two main ways. Using batch generation, a concordance can be made for ach and every type in the corpus, or alternatively for a selected type or types. A second type of concordance can be faster and interactive. If the corpus has been pre-processed by computer to index each word, the software can be used to find almost instantly all the occurrences of a type, and the size of the context can also be easily altered. Concordances can be produced in a number of formats. The most usual form is the Key Word in Context (KWIC) Concordances.

connectionism:连接主义,是人工智能的一个研究范例,以神经学为发展方向。传统的人工智能使用象征的处理方法,遵循顺序的、以整体为方向的过程,而连接主义与此形成了鲜明的对比,其信息处理是通过大量本地的、高度平行的过程进行。象征的信息处理是建立在规则和表征这些根本概念的基础之上,而连接主义则回避了这些概念。连接主义的支持者和反对者之间最近争论的焦点在于,连接主义的方法是除象征的信息处理外的另一种可选的方法,还是一种对象征的信息处理的补充。It is a paradigm of research in artificial intelligence that is oriented towards neurology. In contrast to the symbolic processing method of traditional artificial intelligence that used sequential, globally directed processes, in connectionism processing takes place through numerous local and highly parallel processes. Recent debate between adherents of connectionism and its challengers have centered on whether connectionist approaches represent an alternative to or a complement of symbolic information processing, which is based on the fundamental concepts of rule and representations, eschewed in connectionism.

corpus, computer corpus, and corpus linguistics:语料库(corpus)与语料库语言学,定义有多种多样。下面是两个同一年出现的有代表性的定义:

语料库(corpus,复数形式是 corpora)是一个语言数据的集合,其中收集的要么是书面语篇,要么是言语录音的标音形式。语料库的主要目的是去证实有关语言的假设,如确定特定语音、单词或句法结构的用法如何变化。

语料库语言学考察语言研究中语料库运用的原理与实践。

计算机语料库是大量机读语篇的集合。

Corpus(plural corpora) is a collection of linguistic data, either compiled as written texts or as a transcription of recorded speech. The main purpose of a corpus is to verify a hypothesis about language, for example, to determine how the usage of a particular sound, word, or syntactic construction varies.

Corpus linguistics deals with the principles and practice of using corpora in language study. A **computer corpus** is a large body of machine-readable texts. (cf. Crystal, David. 1992. *An Encyclopedic Dictionary of Language and Languages*. Oxford, 85)

Corpus(13c. from Latin *corpus* body. The plural is usually *corpora*) (1) A collection of texts, especially if complete and self-command; *the corpus of Anglo-Saxon verse*. (2) Plural also *corpuses*. In linguistics and lexicography, a body of texts, utterances or other specimens considered more or less representative of a language, and usually stored as an electronic database. Currently, computer corpora may store many millions of running words, whose features can be analyzed by means of tagging (the addition of identifying and classifying tags to words and other formations) and the use of concordancing programs. **Corpus linguistics** studies data in any such corpus. (cf. McArthur, Tom "Corpus" in McArthur, Tom (ed.) 1992. *The Oxford Companion to the English Language*. Oxford, 265-266)

dependency grammar:从属关系语法,这是一种生成语法,在这种语法中,句子的结构都用从属树(一种树形图,它对成分系列的每一个成分都赋予一个等级,并显示每个成分之间的从属关系)来表示。由此,从属关系语法也可以通称其他一些赋予从属关系的语法,不管句子结构是不是局限于用这种树形图形式来表示。It is a generative grammar by which the structures of sentences are represented by dependency trees (a tree diagram which assigns each of series of elements to a class and shows relations of dependency among them). Hence generally of other grammars that assign dependency relations, whether or not the structures are restricted to that form.

definite clause grammar:限定子句语法,这是计算语言学中的一种形式主义语法,兴起于1980前后,是对逻辑编程的一种发展,用来分析(并产生)句子。限定子句语法简称为DCG,建立在A. Colmerauer的变形语法的基础之上,同普遍Turing机器一样强大。限定子句语法使用的标记语法规律的符号是同一阶谓词相似的一种形式,称作"限定子句"。明确地说,一个限定子句的集合(同短语结构规则的集合相似)能够产生对已知语言的描述,而程序化解释用来分析句子形式的正确性。其中,辨认输入句是否符合语法的过程对应于谓词逻辑中的定理证明,在这一过程中,PROLOG 翻译器起到定理证明器的作用。限定子句语法是可执行的 PROLOG 程序。限定子句语法的意义主要归于“合一过程”,这使得验证相合性、建立语义结构和句法结构的表征等成为可能。在这些过程中,限定子句语法不但辨识自动机,而且还辨识所谓的置换器。It is a formalism used in computational linguistics that arose around 1980, as a development of logic programming, used to analyze (and also generate) sentences. Definite clause grammar, abbreviated DCG, is based on the metamorphosis grammar of A. Colmerauer, and is as powerful as the universal Turing machine. For the notation of grammatical regularities definite clause grammar uses a formalism similar to first-order predicate logic: the so-called “definite clause.”Declaratively interpreted, a set of definite clauses (just like a set of phrase structure rules) produces a description in the given language, while a procedural interpretation can be used to analyze the well-formedness of sentences. In this, the procedure to recognize whether an input sentence is grammatical corresponds to the proof of a theorem in predicate logic, whereby a PROLOG translator functions as a theorem prover. Definite clause grammars are executable PROLOG programs. The major significance of definite clause grammar is attributed to “unification”, which makes various things possible, such as checking congruences and constructing representations of syntactic and semantic structure. In this, definite clause grammars are not only recognizing automata, but also so-called transducers.

empiricism:经验主义。心理学中,经验主义是基于英国实证主义的一种方法,它将经历看作是所有理解的基础。它同先天论对立,因为后者将天生的观念看作是所有认知发展的基础。作为一种方法论原则,经验主义通过可观察的经历来确保知识的可验证性。这种方法论原则在语言习得的行为主义观念中扮演着决定性的角色。In psychology it is an approach based on English positivism, which views experience as the foundation of all understanding. This contrasts with nativism, which sees innate ideas as the basis for all cognitive development. As a methodological principle, namely ensuring the verifiability of knowledge through observable experience, empiricism plays a decisive role in the behaviorist views of language acquisition.

generalized phrase structure grammar:广义短语结构语法,这是 G. J. M. Gazdar 自 20 世纪 70 年代末开始发展的一种有关句法的形式模型,后来又有其他学者对其进行了完善。从根本上讲,这是一种短语结构语法,但是增加了其他一些工具,特别是使用了元规则和斜线范畴。这些新增的工具消除了转换的必要性,而当时生成语法的大多数理论都认为转换是必需的。例如,描述被动句的短语结构规则是通过一个更高层次的规则,部分地从描述主动句的规则演化而来。因此,就不再需要转换将主动句和被动句直接联系起来。在类似 Who can you see? 的问句中,Who 经过一个短语结构规则同一个含有零名词短语的短语联系起来:[can you see NP]。这样,将 who 移离宾语位置的转换变得不必要了。

广义短语结构语法的主要应用于计算语言学,后者利用短语结构系统进行的句法分析简单而且易于理解。广义短语结构语法通常同某种语义解释系统相联系,这种语义解释系统通常源自蒙太古语法,其中的语义规则同句法规则一一对应。It is a formal model of syntax developed by G. J. M. Gazdar, and subsequently by others, from the end of the 1970s. Basically it is a phrase structure grammar, but with additional devices, in particular the use of metarules and slash categories, that removed the need, assumed in most theories of generative grammar at the time, for transformations. A passive sentence, for example, is characterized by phrase structure rules derived in part, by a higher-level rule, from those that characterize an active; hence there is no need for a transformation that relates such sentences directly. In an interrogative like *Who can you see?*, *who* is related, by a phrase structure rule, to a phrase that must contain a null noun phrase: [*can you see* NP]. This removes that need for a transformation (e. g. move α) which would move *who* from the object position.

The main applications are in computational linguistics, where parsing with phrase structure systems is simple and well understood. Generalized phrase structure grammar is usually linked to a system of semantic interpretation, derived from Montague Grammar, in which semantic rules correspond one-to-one with those of syntax.

head-driven phrase structure grammar:中心语驱动短语结构语法,这是一个有关句法的形式模型,由 C. Pollard 和 I. Sag 自 20 世纪 80 年代末开始发展。从本质上讲,中心语驱动短语结构语法是广义短语结构语法的一个变体。其中,句法单位的结构直接或间接地受到中心语词汇单位的特征的约束。例如,Bill hates silence 中的 hates 在这里是中心语,hates 的词汇特征是必须同其后的名词短语相结合,即[hates silence]。通过合一过程,[*hates silence*]就构成了一个动词短语。由于动词 hates 是第三人称单数形式,非词汇中心语[hates silence]再经过合一过程,同第三人称单数的主语相结合。

同其他扩展词库作用的模型一样,中心语驱动短语结构语法没有或很少有具体的规则。同广义短语结构语法、先前和当代版本的转换语法类似,中心语驱动短语结构语法中不存在移动句法单位的过程。It is a formal model of syntax developed by C. Pollard and I. Sag in the late 1980s. In essence it is a variant of Generalized Phrase Structure Grammar in which the structure of syntactic units is constrained directly or indirectly by the properties of lexical units as heads. E. g. the head of *Bill hates silence* is (in this treatment) *hates*. The lexical properties of *hates* are such that it combines with a following noun phrase: [*hates silence*]. By a process of unification this is in turn a verb phrase, and, since *hates* is a verb in the third person singular, the phrase as a whole is one which, as a non-lexical head, combines, again by a process of unification, with a subject in the third person singular.

As in other models which extend the role of the lexicon, there are either no or few specific rules. As in Generalized Phrase Structure Grammar, there is no operation, as in earlier or contemporary versions of transformational grammar, by which units are moved.

ICALL (intelligent computer-assisted language learning): 智能机器辅助语言学习,参见 CALL。

information theory:信息理论,这是一个从 20 世纪 50 年代发展起来的数学理论,它通过具体信息单位的传输概率来定义一个通讯信道能够传输的信息量。假设信息可以由字母表中任何字母以任何顺序构成,那么在信息序列的任何阶段,任何一个具体字母的传输概率是个常量。但假设信息由英语的书面词语构成,那么在首字母 f 后,字母 t 或另一个 f 出现的概率将非常小,而 u 出现的概率就相对较高,r 或 a 的概率就更高。这个英语例子中信道传输的信息量就比此前假设中的信息传输量小。信息理论在语言学中的重要性在于,它构成了一种测量信息冗余的方法的基础。It is a mathematical theory developed in the 1950s in which the quantity of "information" carried by a channel of communication is defined in terms of the probability with which specific units may be transmitted. Suppose that messages may consist of any letter of the alphabet in any order: then the probability with which at any stage in the sequence any particular letter will be transmitted is constant. But suppose instead that messages consist of written words in English: then after e. g. initial *f* the probability that *t* or another *f* will follow is very low, that *u* will follow is relatively high, that *r* or *a* will follow even higher. In the second case the quantity of "information" carried by the channel would be less. Information theory is important in linguistics as a basis for one measure of redundancy.

lexical-functional grammar: 词汇功能语法,这是一个句法模型,由 J. Bresnan、R. Kaplan 自 20 世纪 70 年代末开创,后来又同其他人对其进行了发展。词汇功能语法起初认为,类似于被动同主动之间的关系,既可以使用系统地联系词库内词项的规则(如将被动词 take 转变为(be) taken 的规则)来进行处理,还可以使用系统地联系句子结构的转换规则(如将被动句 John took it 转变为 It was taken by John 的规则)来进行处理。这一观点后来又与有关谓词和主目语的解释结合起来。谓词和主目语理论同关系语法一样,认为句法功能和句法关系(主语、宾语等)过于原始。在经过发展的词汇功能语法模型中,句子在句法方面从两个层次进行表示: c 结构(如成分结构或短语结构)和赋予相应功能的 f 结构。此外,又从功能角度出发,对 Chomsky 原则和参数理论中从短语结构方面讨论的原则进行了重新阐释。It is a model of syntax developed by J. Bresnan and R. Kaplan, subsequently with others, from the end of the 1970s. The original insight was that relations between, for example, an active and a passive can be treated just as well by rules that systematically relate entries in lexicon (e. g. that of actives such as *take* to passives such as (*be*) *taken*) as by transformations that systematically relate the constructions of sentences (e. g. that of active *John took it* to that of passive *It was taken by John*). This idea was married to an account of predicates and arguments which, like that of Relational Grammar, takes syntactic functions or relations (subject, object, etc.) as primitive. In the developed model, sentences are represented in syntax on two levels, those of c-structure (i. e. constituency or phrase structure) and f-structure, which assigns the corresponding functions. Principles that are handled in terms of phrase structure in Chomsky's Principles and Parameters Theory (e. g. those of control or of command) are then reformulated in terms of functions.

linguistic universality:语言普遍性,严格地说,语言普遍特征指的是所有语言都具备的特征,或在所有语言中都成立的论断。不严格地说,语言普遍性更常见意思是指至少是大部分语言都具备的特征或对大部分语言都成立的论断。Strictly, a linguistic universal is a property that all languages have, or a statement that holds for all languages. Loosely, and more commonly, it is a property or statement that holds at least for a majority of languages.

local area network (**LAN**):局域网(LAN),是在教室、实验室或建筑物中用电缆连接在一起的多个计算机。这些计算机为教师开辟了新的为学生创造新活动的途径,这些活动可以为学生提供更多的使用目标语言的时间和经验。有些局域网设置允许师生通过计算机用目标语相互交流,或者是合作进行写作活动。学生们也可以用目标语开展合作性写作练习和会话,还可以参加问题解决练习。教师能够通过类似于声音实验室中的教师控制台来观察学生的活动与进展,并且对单个学生进行评论。Local area networks are computers linked together by cables in a classroom, lab, or building. They offer teachers a novel approach for creating new activities for students that provide more time and experience with the target language. Certain LAN setups allow students and teachers to correspond with each other via computer or to conduct collaborative writing activities in the target language. Students can also engage in cooperative writing exercises, conversations in the target languages, and problem-solving exercises. Teachers can observe students' activities and progress and make comments to individual students from a teacher station similar to that found in an audio lab.

machine translation (**MT**):机器翻译(MT),指运用机器(通常是计算机)

将语篇从一种语言译成另一种语言。MT refers to the use of machine (usually computers) to translate texts from one language to another.

Montague grammar：蒙太古语法，R. Montague 于 20 世纪 70 年代初逝世，蒙太古语法是对他去世前在句法学和语义学发展方面的工作进行的总结。蒙太古语法的基础观点在于，在应用上同人工逻辑系统相似的形式语义学技术也适用于普通意义上的各种语言。因此，对于任何语言，必须借助句法的形式系统列出一个句法上合格的表达的集合；必须用合适的逻辑系统对这些表达进行解释。Montague 理论中使用的句法范畴就是范畴语法的范畴，但合并范畴的规则在形式上根本上不受任何限制。而且，每个句法规则都同一个语义规则相联系，语义规则对句法规则的输入部分进行语义解释，从而获取对其输出形式的语义解释。在后来的论著中，形式语义学的运用以及与制约这一假设的规则，与更有限制的句法系统，特别是广义短语结构语法，联系到了一起。It is a treatment of syntax and semantics developing work by R. Montague before his death in the early 1970s. It was based on the belief that the techniques of formal semantics, familiar in application to artificial systems of logic, were equally appropriate to languages in the ordinary sense. Hence for any language, a set of syntactically well-formed expressions had to be specified by a formal system of syntax; these expressions had to be assigned interpretations in an appropriate system of logic. In Montague's account, the syntactic categories were those of a categorial grammar, the form of rules combining categories being, however, essentially unconstrained. In addition, each syntactic rule was associated with a semantic rule that derived the semantic interpretation of its output from the semantic interpretations of its inputs. In later work, both the application of formal semantics and this rule to rule hypothesis have been associated with more restricted systems of syntax, especially in Generalized Phrase Structure Grammar.

parallel distributed processing：并行分布处理模型。参见 connectionism。

precision：精确率，是指检索出的相关文件数目同所有检索出的文件数目的比例。Precision refers to the ratio of the number of relevant documents retrieved to the total number of documents retrieved. (Das, March 18, 2004.)

principles and parameters：原则与参数理论，即 Chomsky 自 20 世纪 80 年代初以来发展的普遍语法理论（参见 Chomsky's Universal Grammar）。这个理论在 80 年代流行的版本一般称作管辖和约束理论。It is the theory of universal grammar developed by Chomsky form the early 1980s onwards. The version which was current in the 1980s is generally known as Government and Binding Theory.

programmed instruction：程序化教学，是指按照有控制的步骤、分等级地向学生呈现新的学习内容的教学方法。其中，学生自主地、按照自己的顺序学习程序化的材料,完成每一个步骤后通过回答考试问题或填充图表来检查自己的理解。检查后立刻显示正确答案,或者提供附加信息。程序化教学中,经常使用计算机或其他各种教学机器呈现学习材料,当然也可能使用书籍作为材料。It is a method of presenting new subject matter to students in a graded sequence of controlled steps. Students work through the programmed material by themselves at their own speed and after each step test their comprehension by answering an examination question or filling in a diagram. They are then immediately shown the correct answer or given additional information. Computers and other types of teaching machines are often used to present the material, although books may also be used.

recall:召回率,是指检索出的相关文件数目同所有相关文件(包括检索出的和未检索出的)数目之间的比例。Recall refers to the ratio of the number of relevant documents retrieved to the total number of relevant documents (both retrieved and not retrieved).

rationalism:理性主义。理性主义是一种哲学学说,认为知识的基础是推理,而不是各种感官的经历。从这种意义上讲,理性主义是同经验主义是对立的。这一学说由 Chomsky 于 20 世纪 60 年代提出,他当时利用理性主义为儿童语言习得中一些具体因素辩护,认为来自感官经历的输入不是其中的一个因素。It is the philosophy that knowledge is based on reason rather than on the experience of the senses: opposed in that sense to empiricism. It was invoked by Chomsky in the 1960s in arguing for specific factors other than the input from sense experience in child's acquisition of language.

speech synthesis:言语合成,指任何形式的言语的人工模拟。这种言语的人工模拟在语音和心理实验中可以用作控制刺激的研究工具,也可以用作实际应用中的研究工具。Speech synthesis refers to any artificial simulation of speech, e. g. as a research tool in controlling stimuli for phonetic or psychological experiments, or in practical applications.

stratificational grammar:层次语法,是一种由S. M. Lamb 自 20 世纪 60 年代初开始发展的一种语法模型。其中,形式在一系列水平的各个平面上进行表示,这个水平系列称作层次,其中最低层表示语音,最高层表示意义。每个层次使用一个基本单位进行描述,比如,其中一个层次的基本单位就是音位。每个层次由最小成分组成,最小成分用带有"-on"的术语表示,比如,phonon(声子)就表示音位的区别性特征。每个层次还指明其中基本成分的排列方法,排列方法用带有'-tactics'的术语表示,如音位在其层次的排列方法用 phonotactics(音位结构学)表示。最后每个层次通过实现关系同其上和其下的层次相连接,比如,音位实现"形态子"(morphon),形态子是音位之上层次的最小成分,这个层次的基本单位是语素。人们对于层次语法的兴趣到 20 世纪 70 年代中期已经减弱。It is a model of grammar developed by S. M. Lamb from the early 1960s. Forms were represented at each of a series of levels, called ‘strata’, of which the lowest dealt with phonetics and the highest with meaning. Each stratum was characterized by one basic unit: e. g. at one level, the phoneme. This was composed of minimal elements labeled by a term in ‘-on’: e. g. ‘phonons’ were distinctive features of phonemes. Each stratum specified the ways in which its basic unit could be arranged: this constituted a‘-tactics’, e. g. phonotactics. Finally, each was connected to the next higher or next lower stratum by a relation of realization: e. g. phonemes realized morphons’, which were the minimal elements of a higher stratum whose basic unit was the morpheme. Interest in the model had dwindled by the mid-1970s.

transformation-generative grammar (TG): 转换生成语法,转换生成语法指任何使用转换将不同句法结构联系起来的语法。自 20 世纪 60 年代起,它通常泛指 Chomsky 的理论,或 Chomsky 学派的理论。

正如 Chomsky 起初提出的那样,转换生成语法中转换的主要作用是将一个语言的句子作为整体同一个较小的核心句集合联系起来。转换生成语法的经典形式可以追溯到 Chomsky 在 20 世纪 60 年代中期进行的阐释。其中,语法的基本部分为每个句子生成深层结构,这些结构成为转换部分的输入成分。转换部分是一个多种转换规则的有序系列,从中输出的成分是一个表层结构的集合。一个句子的深层结构和表层结构共同构成句子的句法描述,然后句法描述又由其他规则进行解释,提供句子的语义表征和语音表征。

TG refers to any grammar in which different syntactic structures are related by transformations. Hend commonly, from the 1960s, of the theories of Chomsky, or of Chomsky's school, in general.

In a transformational grammar as Chomsky first proposed it, the main role of transformations was to relate the sentences of a language as a whole to a small set of kernel sentences. Its classic form dates from a reformulation by Chomsky in the mid-1960s. In this, a base component of a grammar generated a deep structure for each sentence. These structures were the input to a transformational component, which was an ordered series of transformational rules; its output in turn was a set of surface structures. The deep and surface structures of a sentence formed its ‘syntactic description’, which was ‘interpreted’ by further rules that supplied its semantic representation and phonetic representation.

MOOC(Massive Open Online Course): 大规模开放在线课程。这一术语由戴夫·科米尔(Dave Cormier)在 2008 年首次使用,用来回应由西蒙斯(Siemens)和唐斯(Downes)开设的在线课程《联通主义和联通化知识》(Connectivism and Connective Knowledge)。这门课程有25位来自曼尼托巴大学的付费学生,还有2200多位来自世界各地的免费学生在线参与了这门课程的学习。所有的课程内容都可以通过RSS feed订阅,学习者可以用他们自己选择的工具来参与学习:用MOODLE参加在线论坛讨论,发表博客文章,在"第二人生"中学习,以及参加同步在线会议。

The first MOOCs emerged from the open educational resources (OER) movement. The term MOOC was coined in 2008 by Dave Cormier of the University of Prince Edward Island in response to a course called Connectivism and Connective Knowledge (also known as CCK08). CCK08, which was led by George Siemens of Athabasca University and Stephen Downes of the National Research Council, consisted of 25 tuition-paying students in Extended Education at the University of Manitoba, as well as over 2200 online students from the general public who paid nothing. All the course content was available through RSS feeds, and online students could participate through collaborative tools, including blog posts, threaded discussions in Moodle, and Second Life meetings.

Connectivism:联通主义。西蒙斯在"Connectivism: A Learning Theory for the Digital Age"一文中系统地提出了联通主义的思想,指出学习不再是一个人的活动,学习是连接专门节点和信息源的过程。联通主义是数字时代的一个学习理论,强调学习所发生的社会和文化环境的重要性。

George Siemens is the originator of Connectivism theory and author of the article "Connectivism: A Learning Theory for the Digital Age" and the book Knowing Knowledge – an exploration of the impact of the changed context and characteristics of knowledge. Connectivism is a theory of learning in a digital age that emphasizes the role of social and cultural context in how and where learning occurs. Learning does not simply happen within an individual, but within and across the networks.

重难点解析

计算语言学(Computational Linguistics)

计算语言学是应用计算机科学的方法对自然语言进行研究的科学。它是一门介于语言学和计算机科学之间的学科,属于认知科学。计算机科学主要关注人类语言能力中可以计算的方面,即可用于设计或辅助计算机系统的理论或技术;语言学有助于人们对语言数据特征的认识,对语言的结构和使用进行描述并提供相关理论。总体而言,计算语言学是为各种各样的语言现象提供计算模式的。这些模式可能是"基于知识的"(knowledge-based),也可能是"基于经验或数据驱动的"(data-driven or empirical)。计算语言学的主要任务是:

首先,研究如何对自然语言作形式化处理,把自然语言高效地转换成计算机可以处理的数据。从根本上说就是用形式化的方法来处理形式化的数据。任何信息在进行计算机处理之前,首先要进行形式化,用通俗的话说就是变成数字符号:声音、图像、概念甚至感情,在进行计算机处理时都要先转换成数字。

其次,研究如何分析这些数字化了的语言信息,并发现其中各个要素之间的关系。语言的各个要素承载着各种信息,这些信息对人来说有着不同的意义,人们所以使用语言,就是因为它可以承载意义。所以计算机语言处理的核心是语义的理解。

最后,研究如何实际应用这些研究成果,因为计算语言学是一门实用性很强的学科,它的研究项目大都是根据实际应用的需要提出的,而它的每一项研究都有着巨大的应用潜力。

计算语言学在语言教学和科研上有着广泛的用途,如计算机辅助语言教学(CALL)、机器翻译(MT)、计算机辅助翻译(CAT)、文本处理、语法及语式(style)检查、信息检索(Information Retrieval)、自然语言人机对话接口等。

强 化 练 习

Ⅰ. 选择题

1. __________ can be seen as a branch of applied linguistics, dealing with computer processing of human language.

   A. Semantics　　B. Pragmatics

   C. Computational linguistics　　D. Sociolinguistics

2. The __________ approach to machine translation is based on the understanding that translation between all pairs of a set of languages in principle requires only translation to and from the interlingua for each member of the set.

   A. interlingua　　B. knowledge-based

   C. transfer　　D. linguistic

Ⅱ. 填空题

1. Corpus linguistics deals with the principles and practice of using c __________ in language study.
2. By c __________ we mean the use of a computer in a teaching program.
3. C __________ especially refers to the use of a computer in the teaching or learning of a second or foreign language.
4. As MOOCs have evolved, there appear to be two distinct types: cMOOCs are based on principles from c __________ pedagogy and xMOOCs have a much more t __________ course structure.

Ⅲ. 问答题

1. What are the roles of corpus data in linguistic studies?

2 Read the following quote from Chomsky. What do you think about Chomsky's criticism and the revival of corpus linguistics?

It seems clear that description which is of greatest psychological relevance is the account of competence, not that of performance... For anyone concerned with intellectual processes, or any question that goes beyond mere data arranging, it is the question of competence that is fundamental.

These rather obvious comments apply directly to study of language, child or adult. Thus it is absurd to attempt to construct a grammar that describes observed linguistic behavior directly. ... a direct record-an actual corpus-is almost useless as it stands, for linguistic analysis of any but the most superficial kind. ...

3. Investigate the Benefits of MOOCs and anaylise the Challenges in MOOC development.

强化练习答案

Ⅰ. 1. C　2. A

Ⅱ. 1. corpora

2. computer-assisted instruction

3. Computer-assisted language learning

4. connectivist, traditional

Ⅲ.

1. Corpus data can play important role in a number of different fields of study related to language, such as speech research, lexical studies, grammar, semantics, psycholinguistics, etc.

(1) A spoken corpus provides a broad sample of speech, extending over a wide selection of variables such as speaker's gender, age, class, etc. This allows generalizations to be made about spoken language as the corpus is as wide and as representative as possible. It also provides a sample of naturalistic speech rather than speech elicited under artificial conditions.

(2) In lexical studies, a linguist who has access to a corpus can tell all the examples of a word or phrase from millions of words of texts in a few seconds. Dictionaries can be produced and revised much more quickly than before, thus providing up-to-date information about language. Also, definitions can be more complete and precise since a large number of natural examples are examined. Besides, the ability to call up combinations rather than individual words means

that we can treat phrases and collocations more systematically than was previously possible.

(3) Corpus data contributes to semantics by helping to establish as approach which is objective, because semantic distinctions are associated in texts with characteristic observable contexts and by considering the environments of the linguistic entities an empirical objective indicator for a particular semantic distinction can be arrived at. Another role of copra in semantics has been in establishing more firmly the notions of fuzzy categories and gradience.

(4) Although sociolinguistics is an empirical field of research, it is not often rigorously sampled. Sometimes the data are also elicited rather than naturalistic data. A corpus can provide what these kinds of data cannot provide—a representative sample of naturalistic data which can be qualified.

(5) In the field of psycholinguistics, sampled copra can provide psycholinguists with more concrete and reliable information about frequency, including the frequency of different senses and parts of ambiguous words. Next, corpus data can be used to examine the occurrence of speech errors in natural conversations. A third role for corpus data lies in the analysis of language pathologies, where an accurate picture of abnormal data must be constructed before it is possible to hypothesize and test what may be wrong with the human language processing system.

2. Chomsky changed the direction of linguistics away from empiricism and towards rationalism in a remarkably short space of time. In doing so he apparently invalidated the corpus as a source of evidence in linguistic enquiry. Chomsky suggested that the corpus could never be a useful tool for the linguist, as the linguist must seek to model language competence rather than performance. For another thing, the only way to account for a grammar of a language is by description of its rules-not by enumeration of its sentences. It is the syntactic rules of a language that Chomsky considers finite. Thirdly, even if language is a finite construct, it is doubted whether corpus methodology still be the best method of language studying. Apart from Chomsky, there were problems of practicability with corpus linguistics. Although Chomsky' s criticism did discredit corpus linguistics in some way, they did not stop all corpus based work. After computer slowly started to become the mainstay of corpus linguistics, the field entered a new period of development.

3. Benefits

(1) MOOCs are regarded as an important tool to widen access to Higher Education for millions of people, including those in the developing world, and ultimately enhance their quality of life. With the availability of affordable technologies, MOOCs increase access to an extraordinary number of courses offered by world - renowned institutions and teachers.

(2) MOOCs provide an affordable alternative to formal education. MOOCs are for large numbers of participants, can be accessed by anyone anywhere as long as they have an Internet connection, are open to everyone without entry qualifications and offer a full/complete course experience online for free.

Possible challenges for cMOOCs:

(1) Relying on user - generated content can create a chaotic learning environment.

(2) Digital literacy? is necessary to make use of the online materials.

(3) The time and effort required from participants may exceed what students are willing to commit to a free online course.

(4) Once the course is released, content will be reshaped and reinterpreted by the massive student body, making the course difficult for instructors to control.

(5) Participants must self - regulate and set their own goals.

(6) Language and translation barriers.

第11章 语言学和外语教学

Chapter 11 Linguistics and Foreign Language Teaching

本章要点

1. 语言学与语言教学的关系
2. 语言学与语言学习的关系
3. 语言学与大纲的关系
4. 对比分析和错误分析
5. 语料库语言学和语言教学

参考译文

11.1 导语(Introduction)

专门设一章来讨论语言学和语言教学的关系有两个原因:第一,语言教学实际上是应用语言学的一部分,而应用语言学又是语言学的一部分;第二,本书的很多读者现在或者将来是语言教师。我们相信,一些语言学的知识会帮助他们更好地了解语言的本质,从而更好地教授语言。理论知识显性或者隐性的约定了语言教学采用的方法(Richards and Rodgers,2001)。尽管我们在一章中无法穷尽所有的教学理论和方法,但有必要讲述语言学研究中一些对语言教学有所启示的内容。实际上,语言学作为一种科学,应该成为语言教师的基础知识(Lehmann,1979)。McCarthy 和 Carter(1994)挑战传统的观点,这种观点认为语言教师已经了解了很多语言知识不需要利用时间来学习语言学,语言教师应该学习更好、更有效率地教语言的方法,不需要学习教学法。

很多教师认为他们需要对所教的语言加深了解,但不确定是不是有必要来学习语言学的知识。是为了更好的教授语言,语言教师有必要学习语言的一种或多种理论。至少要知道他们教授语言的内在机制。例如,McDonough 就认为学习语言学描述原则和使用这些原则到课堂教学是有必要,有优势的,这样他们可以更好地解释一些语言现象,而不是使用权威硬性灌输给学生,如“这就像”“这是一个特例”“这是非正式的”(P33)。

语言教师应该展示语言的整体性和真实性,而不仅仅是教授语音或句法。要达到这个目的就要学习语言学知识。很明显,语言教师要尽可能多地学习语言学知识。但语言教师不是语言学家,他们应该使用语言学的成果而不是在课堂中教语言学知识。(Language teachers must present the real language and the entire language, not merely its phonology or lexicon or syntax. To discover the real language and to obtain some understanding of it, language teachers may well turn to linguistics. Obviously language teachers should learn as much as possible from linguists; but since language teachers have many additional requirements, they cannot be expected to become linguists. Language teachers should draw on linguists' achievements rather than teach linguistics in every language classroom.)

语言教师应该认识到没有统一的语言学派,相反,语言学中流派众多,之间有很多争论,不断会有后来的语言学学派否定前一学派的观点(Lehman,1979)。

11.2 语言习得(Language Learning)

在开始讨论语言学是如何指导语言教学之前,先看看学习语言学是如何帮助我们更好地理解语言习得的过程的。基于不同的语言学理论,人们提出很多的语言学习理论。实际上,语言学的知识是理解语言学习者如何学和最终能学到什么的基础。因此,语言学在外语习得和学习方面起到了很大的作用。Ellis(1994)提出:"早期的二语习得研究重在研究学习者的语言特性,尤其是他们的语法能力特性,这样的研究在方向上具有心理语言学的特点。后来的研究则关注学习者的语用能力,越来越多地采用了社会语言学的研究视角。所以语言学和第二语言习得的研究的确紧密相关(whereas much of the earlier [second language acquisition] work focused on the linguistic and, in particular, the grammatical-properties of learner language and was psycholinguistic in orientation, later work has also attended to the pragmatic aspects of learner language and, increasingly, has adopted a sociolinguistic perspective. So linguistics has indeed been relevant to second language acquisition research)。"(Cook,2000:3)

由于语言学和第二语言习得的研究内在紧密相关,我们无法穷尽所有的方面。我们将讨论一些话题来展示语言学对于语言学习和教学的重要性。

我们首先要澄清一个观点:语言学的知识能为语言学习服务,并不意味着语言学习者可以通过语言学的知识来提升他们的语言能力。虽然有些语言学习者(如高水平学习者和外语专业的学生)确实从语言学的知识中受益,但对大多数语言学习者来说,当他们还在为学习该语言本身而困扰时,让他们学习语言学是不明智的。因此我们在这里着重解释语言学是如何帮助解决语言习得方面的一些争议性话题。因为这些讨论和本书前几章的内容有关,读者(尤其是从事语言教育的读者)要回顾一下语言学研究的应用。

◀ 11.2.1 语法和语言学习(Grammar in Language Learning)

第二语言习得的研究者们提出的主要问题之一是第二语言教学中要不要讲

语法？怎样讲语法？这是个颇有争议的问题。传统的语言教师所进行的孤立的语法教学只强调形式而忽视意义，这种做法遭到批评。然而，沉浸法教学研究和自然语言习得研究表明，若课堂上的第二语言学习完全依赖体验，单纯强调以意义为中心，学生对一些语言特征的掌握也很难达到目标语的水平（Doughty and Williams，1998：2）。最近又提倡“关注形式”（focus on form）①，这似乎对语言学习中语法的作用采取更为平衡的态度，在单纯以形式为中心和单纯以意义为中心之间找到一种折中的教学方法。

“关注形式”的要点是，语言学习既要以意义为中心，以交际为出发点，又要适时关注形式。“所谓关注形式，是老师和学生有时在语言理解和语言输出时碰到语言问题，就适时将注意力转移到语言的形式特征上来”（Longe Robinson，1998：23）。

“关注形式”这一方法已取得一些成功经验，但在实践中还存在一些问题。比如“关注形式”所要关注的是哪些语言要素。人们大都是以语言学观点来讨论这一问题。“关注形式”对语言要素的关注点是两个变量的相关性，即：普通语法（universal grammar）和语言结构复杂性之间的相关性。根据“关注形式”这一方法的倡导者们的观点，如果第二语言的结构是普通语法的一部分，其关注程度就高，否则，关注程度就低。在“关注形式”的实际过程中，可以根据对语言形式关注程度的高低来采取相应的关注措施。问题是没有人确切地知道究竟哪是普通语法的一部分，这就需要语言学知识了。研究普通语法，往往被看成是为理论而理论，而在语言学习研究这一领域里却是最有实用价值的。

研究普通语法，除了与“关注形式”这一方法有一定联系之外，还引起了许多第二外语习得研究者们的极大兴趣。正如 Ellis 所指出的，“普通语法”知识在许多方面给第二语言习得提供帮助。比如，它可以对语言发展顺序和语言迁移做出解释。

语言结构的复杂性不易说明。一般认为不太复杂的结构会有较高的关注点，但其复杂性却是很难确定的。形式简单的结构会有复杂的功能，而形式复杂的结构却不一定有复杂的功能。同样，需要借助语言学知识来更好地理解语言结构的复杂性。

当前，人们普遍认为语法对语言学习具有一定的价值，但问题是我们对语法了解不多，或者说对何谓语法有不同看法，以语法为基础的语言学习和教学失败的原因，是没有找到有效的语法模式，诸如形式语法、生成语法和功能语法都曾尝试过，但至今对如何学习语法还没有找到正确答案，这并不是因为第二语言习得研究者们不能在诸多的语法模式中做出明智选择，而是现有的语法模式都不尽如人意。不言而喻，对语法进行语言学研究是非常重要的，我们需要对语法进行更

① “focus on form”与“focus on forms”是不同的，后者是用来描述传统的以语法为基础的语言教学的。

好的描述。

◀ 11.2.2 语言输入和语言学习(Input in Language Learning)

只要语言学习者能接受足够的目标语输入,即可学习该语言。这种输入既可以是书面语,也可以是口语。就口语而言,输入可在交互语境中实现,即与教师、同学或操目标语的人交谈;或在非交互语境中实现(如听收音机、看电影)。

语言输入的意义是不容置疑的。但就给学习者提供什么样的语言输入却有不同看法。注重语言教学以意义为出发点的人主张提供真实的语言输入,不同层级的语言材料应该有助学生不断地接触到丰富多样的真实语言输入。换言之,输入应在言语交流、模式、方式、目的上有所不同,要体现目标语真实话语所具有的丰富特征(Tomlinsun,1998:13)。

尽管真实语言输入有许多优点,但也有人强烈主张,无论输入什么都必须是可以理解的。这样才对学习有益。克拉申的输入假设(Krashen's input hypothesis)认为学习者习得语言实际上是理解所输入语言的结果。克拉申提出了"i+1"的原则,即学习者接触到的语言应该略高于他们现有的语言水平。这样,他们一方面能理解大部分内容,另一方面有一些内容又需要他们付出努力才能学到,输入既不能远远超出他们的力之所及,又不能只是与现有水平相当而没有一点挑战性。(According to Krashen's INPUT HYPOTHESIS (1985), learners acquire language as a result of comprehending input addressed to them. Kranshen brought forward the concept of "i+1" principle, i.e. the language that learners are exposed to should be just far enough beyond their current competence that they can understand most of it but still be challenged to make progress. Input should neither be so far beyond their reach that they are overwhelmed, nor so close to their current stage that they are not challenged at all.)

在克拉申假设的启发下,研究者进行了许多不同的最佳输入研究,其中有两种输入称为"预修正输入"(pre-modified input)和"交互修正输入"(interactively modified input)。"预修正输入"是指事先经过修正,使其适合学习者现有水平的语言输入,而"交互修正输入"是指教师和学生在交际过程中相互修正的语言输入(通常是口头话语),这些研究的初步结果表明"交互修正输入"似乎更有效一些。(PRE-MODIFIED INPUT is material that is finely tuned in advance to the learners' current level, whereas INTERACTIVELY MODIFIED INPUT is material (usually spoken discourse) that is modified when the teacher and the learners interact. Preliminary results from research have shown that interactively modified input is more likely to do a better job.)

虽然语言学习中语言输入的意义不言自明,但有关语言输入的研究却碰到不少问题。其中之一是对输入的不同类型缺乏语言学的分析。不同类型的输入很有可能产生不同的学习效果。但在不同类别的输入之间到底有什么语言学方面的差异呢？如果想更好地理解语言学习过程中的输入，必须回答下面一些问题：

（1）从语言学角度看，真实语言输入和非真实语言输入之间区别何在？

（2）假定"i+1"输入是理想的，如何判定输入不是"i+0"或"i+2"呢？是否有可靠的语言学标准来判断"i+1"输入"正好（不多不少）略高于"学习者的现有水平呢？

（3）假定修正的输入（不管怎么修正）正是我们要提供给学习者的，那么我们怎样修正输入呢？是从语言学的角度来修正？还是从其他方面修正？如果是从语言学角度修正，其修正标准又是什么呢？

如有实证性研究证明某一类型的输入材料对语言学习很理想，那么接下来就应研究它的语言学特征，使我们能创造或寻找类似的语言材料，这是语言学研究应用于语言学习的另一个领域。

◀ 11.2.3 语言学习过程中的中介语（Interlanguage in Language Learning）

除了语言输入之外，语言输出也能促进语言习得（Swain，1985；Skehan，1998）。正确的语言输出需要学习者组织语言表达信息，当学习者组织语言表达思想时，不只是重述他们已学到的东西，而是在进行加工和建构。比如，在对读到或听到的句子结构进行处理时，还要建构一些能用于表达信息的句子结构。

语言输出是促进语言习得的一种方式，这一观点在某种程度上与所谓的"建构主义"（constructivism）是一致的。建构主义的语言观认为，语言（或任何知识）都是在社会中建构的（Nunan，1999：304），学习者通过合作协商和完成各种任务来学习语言。换句话说，他们在某种社会环境和文化环境里建构语言。

处于学习过程中的第二语言或外语学习者所建构的语言通常称为中介语（Interlanguage）。所谓中介语是介乎目标语和学习者自己的母语之间的一种语言系统。与目标语相比，它还不完善，但它又不仅仅是学习者母语的翻译。（The type of language constructed by second or foreign language learners who are still in the process of learning a language is often referred to as INTERLANGUAGE. As the name signals, interlanguage is a language system between the target language and the learner's native language. It's imperfect compared with the target language, but it is not mere translation from the learner's native language.）对中介语的研究可以从两方面入手：

（1）研究中介语产生过程中涉及的心理、生理和神经机制；

（2）研究中介语的语言学特征。前一类研究已广泛展开，而后一类研究还未引起足够的重视，其实两类研究都是研究中介语，下面就中介语的语言学特征提出几个问题：

1）从语言学角度看，中介语与母语或目标语大致有哪些区别？

2）低级中介语与高级中介语是怎样区分的？

3)中介语系统是怎样用来表达信息的?

回答上述问题无疑会给语言学习研究者带来帮助,但研究中介语也需要语言学分析框架。当然,对这领域有兴趣的研究者们都有一定的语言学背景。

11.3 语言教学(Language Teaching)

实际上语言教学的所有方面都得到了语言学的启示。从宏观方面,语言学影响我们教学的整体方向。例如,结构主义语言学理论把语言看作是一个结构上相互关联的意义语码体系。相应的语言教学上,教学的目标即是教授语言的各个层次,包括语音、语法层面等。(Richards 等,2001)在微观的角度,语言学的知识帮助教师更好地解释他们教授的具体语言。应主要从语言学和语言教学的宏观方面讨论。

◀ 11.3.1 语言教学的话语观(The Discourse-Based View of Language Teaching)

语言教学的话语观最基本的一点是考虑到语言的各种形式存在于文章的各个层面。这些形式不仅仅是传统的语言教学关心的词语、词组和句子。(Mccarthy 和 Carter,1994:1)语言教学的话语观关注社会和文化情境中的完整的口头和书面文本。相应的,语言教学的话语观也以发展学生的话语能力为目标,和交际能力比较相似。交际能力指学习者所知道的语言在具体的语境中产生有效而恰当的语言交际的知识。交际能力包括语法和词汇的知识,口语交谈准则的知识,使用和应对不同言语行为和社会习俗的知识,恰当地使用语言交际的知识。(COMMUNICATIVE COMPETENCE refers to what a learners knows about how a language is used in particular situations for effective and appropriate communication. Communicative competence includes knowledge of the grammar and vocabulary, knowledge of rules of speaking, knowledge of how to use and respond to different types of speech acts and social conventions, and knowledge of how to use language appropriately.)

话语观语言学家相信,语言学习者知道了何时以何种方式在不同的场合使用语言,成功的认知了不同的能力形式(语音、词汇、句法层面)并有了语言交际能力(如言语行为能力),语言学习才真正成功了。

基于以上的观点,在二语习得方面,我们鼓励语言学习者完成一些任务,这样有助于对目标语的学习。交际教学法(Communicative Language Teaching)和任务教学法(Task-based Language Teaching)是这一理论最好的例子。在这种课堂中,教学者希望学生通过完成任务的方式来学习。

有范围更大的两种任务,真实场景任务(real-world tasks)和教学场景任务(pedagogical tasks)。真实场景任务和我们日常的生活和工作的场景接近。例如学生以小组的形式讨论如何改进学校的体育设施(如买一些新的设备),向校长提一些建议。这是现实生活中可能发生的事,因此是真实场景任务。教学场景任务仅供学生在课堂练习的在生活中不可能发生的任务,比如描述图片的不同点。在这个任务中学生使用语言达到找出并描述区别的目标。在这一过程中学生注重的是意思而不是语言的形式,因为并不要求他们练习特别的语言内容。这是教学场景任务而非真实场景任务,因为我们在日常生活中通常不会做这样的事情。教学场景任务的意图在于帮助学生学习和温习一些语言知识和技巧。但这并不意味着真实场景任务不具有教学场景任务的意图。

话语观的语言教学由于一些缺点也受到批评。它过分强调语言习得过程中的外在因素,不重视内在的学习过程。因为强调语言习得过程中的环境和输入,它和行为主义的语言习得观点比较相似。由于这种观点过分强调能力和功能在学习一门语言中的作用,而忽略了一些语言学习中的普遍规则。

◀ 11.3.2 普遍语法和语言学习(**The Universal Grammar and Language Teaching**)

在主要的语言学理论中,乔姆斯基提出的普遍语法(先前被称作转换生成语法)理论得到普遍的接受。普遍语法试图在尽量撇开外界语言输入的基础上解释相对比较快的母语习得。这种观点支持了外在的输入不能解释语言习得的观点。

在乔姆斯基看来,一个本族语使用者具备一种语言使用能力。(In Chomsky's view, a native speaker possesses a kind of linguistic competence.)儿童生来就有一套内在的语言规则系统。在习得母语的时候,他会将自己的内在语言系统与他们的母语进行比较,并不断的修改自己的内在语言系统。所以语言学习不是培养习惯而是不断的建立和验证语言假设。转换生成理论将一个句子的组成成分描写为一套深层结构,一套表层结构和一些转化的规则。

同样,乔姆斯基认为语言输入在两个方面是贫乏和不足的。第一点,输入由于口误、迟疑、错误的开始等实际使用方式而受到破坏,变得退化(degenerate)。相应的,这也说明输入对于语言习得来说不是个充分的基础。第二点,输入缺乏语法的改正。这意味着输入一般不含有"负面的证据",学习者可以从负面证据中知道在一个特定的语言中什么是行不通的。

尽管普遍语法的提出最初不是用来解释二语习得的,但很多的研究者致力于将这一理论的启示用于语言学习和语言教学。支持普遍语法者认为儿童和成人同样可以在语言习得中利用普遍规则。Cook(2000)基于乔姆斯基的理论写了一本关于二语习得的教材。

基于普遍语法的语言教学理论也遭到了一些批评。首先,普遍语法的主要目的是解释语言的宏观工作原理,而它的拥护者还要用习得来解释语言本身。因此语言的习得是普遍语法中的次重点。第二点,普遍语法仅仅围绕英语句法的核心语法,调查了大量的语言普遍规则,但忽略了语言具体的一些规则,比如一些无法被归类的语言的规则。第三点,语言的首要作用是交流,但是普遍语法中这个功能被舍弃。最后的也是最重要的一点是方法上的问题。由于乔姆斯基只是关心描述和解释能力,二语习得的研究者很难做出实证性的实验研究。

总体来说,普遍语法总结了关于中介语和母语影响力的非常有价值的预测,同时也提供了关于教学中二语习得教师如何教授语法和看待语法的珍贵的信息。但支持普遍语法的证据还不够充分。如果决定在母语习得成功的过程中的语言模式在二语习得中可以应用,二语习得的研究者就应该研究和解释如何激活这种语言模式和修改他们的教学方法。从这个角度来说,普遍语法可以为我们认识母语习得和二语习得提供教学的基础,应该更加详细的研究这一理论。(In summary, UG has generated valuable predictions about the course of interlanguage and the influence of the first language. Also, it has provided invaluable information regarding L2 teaching as to how L2 teachers should present vocabulary items and how they should view grammar. The evidence in support of UG, on the other hand, is not conclusive. If the language module that determines the success in L1 acquisition is proved to be accessible in L2 acquisition, L2 teaching methodologists should study and account for how to trigger this language module and redesign their methodologies. The UG theory should, therefore, be studied in detail so as to endow us with a more educational and pedagogical basis for mother tongue and foreign language teaching.)

11.4 大纲制定(Syllabus Design)

大纲制定对于教学来说极其重要,从一定程度上说,它是语言理论教学和语言实践教学的桥梁。它将语言教学的理论认识转化而建立一个可供教学操作的框架。大纲制定最重要的部分是选择和组织语言项目。很明显,这个过程是基于对语言体系本身的良好理解上的。在这点上,语言学起到了重要的作用。

11.4.1 术语区分:教学大纲和课程计划(A Clarification of Terms: Syllabus and Curriculum)

在现有关于英语教育的文献中,教学大纲和课程计划有时互换使用,有时区别使用,有时被误用,被误解。这给研究者和教师都造成了困惑。对于这些术语出现的混淆使用的情况,至少有两个原因。一是在英式英语和美式英语中分别使用不同的术语,二是大纲的概念在历史中不断地变化。Stern(1983)试图区别这两个概念:

"课程计划"这个概念用在两个相互关联的概念中。它首先是指教育机构或体系中学习计划的内容。因此我们可以说学校课程计划、大学的课程计划、法语学校的课程计划、苏联教育的课程计划。从狭义的角度说,是指一个特定学科内容的学习,比如数学课程计划、历史课程计划。所以英国大学和学校把它作为特定学科和课程研究方面的同义词。但是这几年这个术语逐渐并不单指学科内容,也指整个教学的过程,包括教学材料、教学设备、教学测试、教师培训,总的来说是和学校教育和一门课程学习内容相关的所有教学措施。

在 Stern 之后，Nunan(1988)提出课程计划和总体的安排相关，涉及语言学习、学习目标、学习经历、教师和学习者的关系，而教学大纲比较具体和当地化，它建立在教室教学层面的记录和描述上，在这个层面教师和学生将一个教学计划实际应用到教学领域。

Rodge(1989:26,引自 Richards, 2001:39)对大纲和课程计划也做出了类似的区分。他认为，教学大纲描述一门具体学科包括的内容，只是整个学校计划中一个很小部分。课程计划则是一个更宽广的概念，包括所有学生在学校接受的学习活动的总和。它不仅仅包括学习的内容，还包括他们的学习方式，教师是如何帮助他们进行学习的，使用了什么教材，评价的方式和方法，使用的教学设施。

从 20 世纪 80 年代开始一种认为课程计划的发展过程是语言计划设计的中心的观点在语言教学中被广泛接受。在很多国家，语言课程计划发展计划从 80 年代起在教育部高层级别建立起来，要求基于课程计划的发展视角不断的反省和发展国家的语言教学计划(Richards 2001:41)。结果是那些以前叫作教学大纲的现在改为课程计划。

在这一节，基于以上的差异我们将大纲和课程计划加以区分。教学大纲是在课堂教学的层面，包括教学的目标和内容，有些时候也包括了教学法的启示。课程计划则提供①对于语言，语言教学、语言学习的规则的总体陈述；②对于学习目标的具体规定；③计划的实施。从某种意义上看，教学大纲是课程计划的一部分。(A syllabus is a specification of what takes place in the classroom, which usually contains the aims and contents of teaching and sometimes contains suggestions of methodology. A curriculum, however, provides ① general statements about the rationale about language, language learning and language teaching, ② detailed specification of aims, objectives and targets learning purpose, and ③ implementation of program. In some sense, a syllabus is part of a curriculum.)

另外一点是教学大纲和语言教学方法相似，而课程计划和一个国家语言计划的具体文件相关。所以我们只有任务教学法(Task-based syllabus)和语法教学法(grammatical syllabus)，而没有语法课程计划或任务课程计划。因此，我们可以说大纲有教学的特性而课程计划是宏观教育计划的问题。

◀ 11.4.2 教学大纲设计背后的理论观点(Theoretical Views Behind Syllabus Design)

在大多数的情况下，外语教学中教学大纲的设计过程主要包括对教授内容的选择和分类。选择的过程是很必要的，因为我们不可能也没有必要学习一门外语的所有方面。选择涉及两个方面：首先，将该语言缩小到一个特定的方言和语域。然后，根据使用的经常性、可教授性和课堂教学的需要，在这个特定的语域进行选择。选择的过程要涉及语言的各个层面如语音和语法，句法和语境(语义和文化语境)。

实际的教学大纲的设计,在很大程度上取决于设计者对于语言的理解。如果他相信结构语言学的语言观,他的选择将会是结构语言观的教学内容。如果是功能主义的,就会有同样的调整。

下一个过程是将选择的内容按最符合实际教学目的的顺序排列。这个过程叫作分级(grading),将教学内容分成不同的子系统。第一步是将不同的项目分配到每一年中,计划每一个学期、月、星期的教学内容和教学班级的数目。第二步是确定每个部分课程的顺序排列的问题。我们使用分阶段(staging)这个单词来把课程分成不同的时间段,用排序(sequencing)来指教授课程内容的排序问题。

这些实际问题看似和语言学无关,但事实上语言学在这方面的作用也很重要。

第一,语言学提供对于二语习得的描述,并让人们理解这些因素是如何在语言体系中起到作用的。第二,在教学计划的安排中语言教学的所有方面都要被包括。这并不是说要将语音、词汇、句法、语法和语境分开来教学:这是语言学的分类,是对于语言概念的描述,而不是教学步骤。

◀ 11.4.3 教学大纲的种类(Types of Syllabus)

在理论上教学大纲可以被分作很多种,这取决于设计者对于语言的认识和对于教学和语言学习的观点及看法。在过去的几十年中教育学家提出了语法教学大纲、内容教学大纲、任务教学大纲,引起了人们的关注。以下是一些对于这些具有影响力的教学大纲的简单介绍。

(1)结构大纲(the structural syllabus)。

在结构主义语言学理论的影响下,结构大纲以语法为核心来选择语言项目和语言结构,教学材料中包含的词汇和语法规则都是根据它们的使用频率、复杂程度和实际用途等因素精心编排的。

在这种语法教学大纲背后的理解是语言包含了一系列的语法规则,学习语言意味着学到这些规则,并将它们运用到实际的语言使用中。根据语法复杂性或者简单性,我们将教学大纲的输入进行相应的选择归类,这些教学大纲先介绍一种语言种类,在学习者掌握后,再进入下一个语言项目。

结构大纲已使用多年,在语言教学中仍占主导地位,但人们已越来越明确地意识到它的弱点。这种大纲的主要缺点是只强调语法形式和单个词汇的意义。不论语境如何,总是把整个语句的意义看成是不言而喻的。而不是教学生在真实的语境中如何得体地运用这些语言。用这种大纲培养出来的学生往往缺乏交际能力。

(2)情景大纲(the situational syllabus)。

情景大纲不具有坚实的语言学基础。但人们认为情景大纲的设计者接受了这样的观点:语言是用来交际的。情景大纲旨在说明目标语使用的不同情景,语言项目的选择和编排以情景为基础,语法形式和句型是通过对话来呈现和训练的。这些对话往往题为"在机场""在超市""在银行"等。课堂教学采用听说法，即先听说，后读写。这种方法依然是以教师为中心，但同传统的语法翻译法相比，学生参与的机会就多得多。教师可以用图片、实物、参与者的姿态来引导学生参与对话和角色扮演。

情景大纲与结构大纲相比具有一些优势，因为它满足了学习者直接参与交际的需要。情景大纲依赖语言描述显然具有结构语法的特点。所以这样的大纲，从本质上讲，还是偏重语法的。有些人把它看成是"冒牌功能主义"。而且，教科书里描述的情景并不真实，情景的编排也缺乏系统性。

(3)交际大纲(the communicative syllabus)。

交际大纲旨在提高学习者的交际能力。交际大纲以意念功能大纲为基础，教会学生用语言表达和理解各种交际功能，强调交际过程。(A COMMUNICATIVE SYLLABUS aims at the learner's communicative competence. Based on a notional-functional syllabus, it teaches the language needed to express and understand different kinds of functions, and emphasizes the process of communication.)

Janice Yalden 对运用交际法设计教学大纲的种种理论进行了总结，并归纳出交际大纲的十个组成部分：

1)学习者掌握目标语的目的；

2)学习者使用目标语的场景(物质环境和社会环境)；

3)学习者在目标语环境中充当的社会角色以及交际对象充当的社会角色；

4)学习者将参与的交际活动：日常生活情景、职业情景、学术情景等；

5)这些交际活动涉及的语言能力，或者说学习者运用语言所能做的事情；

6)这些交际活动涉及的意念，或者说学习者所要谈论的内容；

7)构建话语所涉及的技巧：语篇和修辞技巧；

8)所需的目标语的各种变体，以及学习者所要达到的口语和书面语的水平；

9)所需的语法知识；

10)所需的词汇知识。

这十个组成部分考虑到了确保交际顺利进行的各个方面，交际大纲应充分考虑这些因素。至于哪些因素需要突出强调，却没有硬性规定，所以交际大纲有不同的种类，既有结构—功能型的，也有完全交际型的。

(Summarizing the previous theories on communicative approach to syllabus design, Janice Yalden (1983) lists ten components of a communicative syllabus:

1) as detailed a consideration as possible of the purposes for which the learners wish to acquire the target language;

2) some idea of the setting in which they will want to use the target language (physical aspects need to be considered, as well as social setting);

3) the socially defined role the learners will assume in the target language, as well

as the roles of their interlocutors;

4) the communicative events in which the learners will participate: everyday situations, vocational or professional situations, academic situations, and so on;

5) the language functions involved in these events, or what the learner will need to be able to do with or through the language;

6) the notions involved, or that the learner will need to be able to talk about;

7) the skills involved in the "knitting together" of discourse: discourse and rhetorical skills;

8) the variety or varieties of the target language that will be needed, and the levels in the spoken and written language which the learners will need to reach;

9) the grammatical content that will be needed;

10) the lexical content that will be needed.

It is supposed that these ten components take into account everything required to assure communication. A communicative syllabus should take into consideration most of these factors, if not all. Since which component receives the most emphasis is flexible, there is a variety of communicative syllabus types, from the structural-functional to the fully communicative.)

(4)任务性教学大纲(the task-based syllabus)。

任务性教学大纲更关心能够促进学习的课堂过程,而不是学生掌握的知识和技能,包括对于任务和活动的具体描述。学生们将在课堂中使用目标语言完成这一系列活动。

尽管"任务"已经存在了二十年,对于它的定义却并未明确。随着任务性教学的不断发展,研究者从不同的角度进行了定义。根据 Long 的观点,任务是让自己或别人承担某项工作,可以是无偿的,也可以是有回报的。如给栅栏涂上油漆、给小孩穿衣服。一句话,任务是人们在日常生活中经常做的事情。

Prabhu(1987)把任务定义为一种活动,在这个活动中,学习者通过思考从所给的信息中获得一个结果,而且教师能够控制和监督这个过程。根据这个定义,学生们做一个任务时,教师给他们提供信息,学生将这些信息进行加工,以此达到一个目标。(Prabhu defines a task as an activity which required learners to arrive at an outcome form given information through some process of thought and which allowed teachers to control and regulate that process. According to this definition, when students do a task, they are provided with some information and required to process this information in order to arrive at an outcome.)但他对学生要达到的具体目标却没有清楚论述。

根据 Nunan(1989)的观点,任务是教学的一部分,要求学生对目标语进行理解、加工和产出。学生的关注点在于其意义而非形式。

这些定义的明显区别是,对于 Long 来说,任务是真实世界中发生的事情,但对于 Prabhu 和 Nunan 来说,任务是发生在课堂中的事情。因而随后的科研者将任务定义成广义的两类,即真实场景任务和教学场景任务。前者是我们生活和工作中发生的任务,后者是在课堂中发生的。

值得提出的是,这些定义并不冲突。相反,可以认为它们是互补的,每个定义都有侧重点。一方面当谈到语言学习任务时,它们不可能是完全真实的,毕竟在课堂中的大部分活动都是为了语言学习和练习而设计的;另一方面课堂性教学任务也和真实生活中的事情有一定相似性。

后来的定义中,虽然专家们一直把它作为任务的特性来强调,但这两种区别被有意地模糊了。Skehan(1998)认为任务具有以下几个特性:

(1)意识第一性;

(2)学生们不单纯模仿;

(3)与现实生活中的活动具有可比性和相似性;

(4)任务完成的优先性;

(5)对于任务的评价要建立在结果的基础上。

所以只要和上述(或大部分)原则相符,就能被称为任务。因此,任务可以是真实的、半真实的、甚至虚拟的。

文学中关于任务的最新的定义是由 Bygate、Skehan 和 Swain(2001)提出的。他们认为,任务要求学生使用语言,着重意识,达到一定目标(a task is an activity which requires learners to use language, with emphasis on meaning, to attain an objective)。这和 Willis 的定义相似,即“任务是学习者为了达到某一目的,为了交际而使用目标语的活动(tasks are always activities where the target language is used by the learner for a communicative purpose in order to achieve an outcome)”。

从现在对任务教学法的理解来看,我们认为无论是 Bygate、Skehan 和 Swain 的定义,还是 Willis 的定义,都适用于实际应用。任务的本质就是学生使用目标语言做一些事情(通常是非语言的)的活动。

由于任务教学法在不断发展,有些研究者提议我们应该制定一些原则来指导任务设计,而不是一味地对其进行定义和描述。以下六项规则是任务教学研究者们认为教师在制定任务时应该遵循的:

(1)任务要有明确的目标。

当制定一个任务时,要让学生十分明确它的目的。理论上来讲,我们在课堂上让学生做的每一件事都有其目的。例如:让学生复述磁带内容,目标是训练学生的语音和音调;让学生用动词的适当形式填空,目的是温习和巩固时态的语法知识。但是当我们说一个任务应该具有目标时,我们强调的是交际目标,而非单纯的教学目标。例如:学生要完成一个找出班上同学最喜欢食物的采访,目标就是获得与此相关的信息。当然在此过程中他们将使用现有的语言知识和技能,也可能学习到新的语言知识。但是并不能说这一目标是学习如何问答或者描述食物。在课堂中,我们通常会让学生根据课本的对话来表演或者做一个与课文类似的对话。这样的活动显然具有教学目的,但没有真正的交际目的。所以它并不是任务,或者精确的说,不是真实的任务。

(2)任务要和真实世界的场景具有相似性。

和真实场景相似的任务更能激发学生的兴趣。我们说的和真实场景相似的任务,是指让学生做的活动和我们在真实的生活和工作中所做的事情相似。如让学生听几个大城市的天气预报,指出其中一些(或所有)城市未来的天气状况,这就是任务,因为它和我们日常生活中的实际行为相似。但是如果让学生做正误判断,这就不是一个任务了。因为在日常生活中,我们不会在听完天气预报后做对错判断。同样,做阅读理解的选择题,用过去时态对一段话进行改写,重新组织一组打乱的句子,这些也不是任务。

(3)任务要涉及信息的搜寻、加工和传递。

有趣的任务要包括信息的搜寻、加工和传递。换言之,学生在执行一项任务时,需要通过某种方式获得、重组和传递信息。上面提到的通过采访获取同学最喜欢食物信息的任务,他们需要从每个学生那里得到信息,将其收集起来,进行数字运算,最后以图表的形式将结果展示出来。在课堂当中有很多的活动不涉及信息的搜寻、加工和传递。例如:让学生把课本中的对话进行角色扮演,他们只需靠记忆或看书说出自己该说的话,甚至都不用去理会另外一方说了什么。

(4)任务要让学生做事情。

当教师设计任务时,需要考虑学生执行这项任务时要做什么事。理想的状态是一个任务应该让学生做一些能够观察到的事情。所以传统的课堂活动(诸如仔细听然后回答问题)并不是任务,因为在这种活动中教师无法知道学生是否真正在认真听(因为有些学生没能回答问题,但并不意味着他们没有认真听)。问题不在于老师不信任学生,而是让学生参与显性的学习过程可以更好知道他们是否集中精力。而且,这种显性的行为可以暗示学生内在的学习过程。传统的课堂教学活动能够添加一些具体的要求成为真正的任务性教学活动,比如根据听到的内容画图。当然也有其他的模式,例如讨论、记笔记、完成图表、添加数字、画画和画图表。

(5)任务要关注语言意义的使用。

尽管对任务性教学有不同的观点,大多数支持任务性教学的研究者同意任务是要让学生关注意义而非形式,即学生要关注语意的理解和传递,而不是结构的把握。让我们看看下面的传统活动:

Writing

A head-teacher is speaking to a teacher in a school: Next week we are going to clean the school as follows: Classroom Building I on Monday. Building II on Thursday. The Computer Room and Sound lab on Wednesday. The science labs on Thusday. The library and the Teachers' Rooms on Friday. Please write a notice for the students and put it up. Thank you.

Work with your partner and write a large notice. Start like this:

Classroom Building 1 will be....

在这个活动当中,学生简单地将主动语态改为被动语态。只是将意思用另一种方式表达,并没有传递他们自己的意思。所以这个活动不能被称为任务。但如果要学生制定一个学校大扫除的计划,这就是一个任务。

(6)任务的最后是获得一个可见性的成果。

大多数的研究者和教师达成这样一个共识:当任务完成时应该有一个最终产品,最好是一个可见性的成果,例如一份基于小范围调查的报告或者图表、小组讨论后得出的购物清单、一个旅行计划、由所给信息画出的一张图片。最终的产品有以下几方面的意义:①它能显示任务已经完成;②它在一定程度上揭示了学生们完成任务的情况;③它可以供不同小组的学生分享;④它可以作为学生的学习成绩记录在案。尽管强调任务要有最终产品,但这并不意味着任务性教学大纲应该以成果为导向,相反地它是以过程为导向的(Nunan, 1998)。相对于学习内容,更需要关注的是学习方法。这种教学大纲提倡体验式学习,让学生在使用语言完成目标的过程中探索语言,体验语言。

◀ 11.4.4 当前教学大纲的设计趋势(Current Trends in Syllabus Design)

教学大纲的设计一直以来受到语言学理论和语言教学理论的影响。现有如下趋势:

(1)新旧方式的共存。尽管在过去的 30 年中提出了很多不同的教学大纲的设计种类,但传统的教学大纲设计方法,如语法和语义教学大纲,并没有被废除不用,而新兴的教学大纲设计模式,如内容教学大纲和任务教学大纲,还没有被广泛接受。例如,现在在世界的很多地方还仍然使用传统的语法教学大纲,而任务教学大纲作为最新的教学大纲也存在和教学环境不相符合的情况,所以也没有得到广泛的使用(Richards,2001;Ellis, 2003)。

(2)对于学习过程的强调。和传统模式相比,任务教学大纲等新兴的教学大纲更重视教学过程,而不像过去的大纲重视结果。所以新兴的教学大纲又被称为过程主导型教学模式大纲,注重学习体验的本身。与此相反的结果主导型教学模式大纲则强调学习者在教学结束后要达到一定的技能并获取一定的知识(Nunan, 1988)。

(3)在大纲中涵括非语言的目标。和传统的教学大纲设计方法相比,最新的模式包括一系列非语言的目标,例如学习策略、情感启发。Richards(2001)将这些非语言的目标具体化为情感启发(如自信、动机、兴趣)、学习策略、思维技巧、人际交往技能、文化理解能力等。在这种趋势背后的理论思路是作为一门学习科目,语言学习不仅仅要帮助学生学习语言技能和知识,还需要提升学生的全面发展,即智力、情感、文化、学习策略等各个方面。

(4)综合语言教学大纲的出现。考虑到现有的各个语言教学大纲都具有优缺点,Richards(2001)说道:合适的教学大纲的选择体现了教学的不同层面的侧重点,不是绝对的选择。在大多数的课程中,有体现不同的大纲内容的部分,如体现语法的“技能练习”和“文本阅读”,和话题和功能相关的“任务练习”,和技能训练相关的“话题”和“课本阅读”部分。因此出现了综合语言教学大纲,也称为多任务教学大纲(Multi-syllabus)。设计一个综合语言教学大纲不仅仅是对不同教学大纲内容的简单拼凑,而是具有侧重点的融合。

现在选择坚持单一教学大纲的做法很少见。大多数都会选择综合语言教学大纲。教学大纲设计者可以有两点选择:①设计一个综合语言教学大纲,将现在流行的教学大纲的特征融合进去;②可以在教学的不同阶段采取不同的教学大纲。比如在第一个阶段以语法大纲进行组织,之后用功能主义的方式来介绍语法,或者组织安排根据不同的功能的语法需要进行语法内容的功能排序。

11.5 对比分析和错误分析(Contrastive Analysis and Error Analysis)

长久以来有这样的观点:母语在二语习得中有重要作用,尽管我们不知道在二语习得中它究竟扮演什么样的角色。这种母语作用的研究被称为语言转移(language transfer),即在语言习得过程中先前的语言习得被转换到一种新的语言情景时的心理过程(Gass and Selinker, 2001:66),或者目标语和先前习得的语言之间的相同点和不同点所带来的影响(Odlin,2003)。例如学生们的母语知识和技能会被转移到二语习得的过程中。

11.5.1 对比分析(CA)

对比分析是一种比较语言的方法,通过在二语习得的过程中区分哪些需要学习,哪些不需要学习进行潜在错误的判断分析。(CONTRASTIVE ANALYSIS is a way of comparing languages in order to determine potential errors for the ultimate purpose of isolating what needs to be learned and what does not need to be learned in a second language learning situation.)(Gass and Selinker, 2001:72)。对比分析的目标是为了预测在学习中哪些领域容易,哪些领域困难。早期的对比分析和行为主义及结构主义相关,对比分析的潜在理论依据如下:

(1)语言是习惯性的,语言学习的过程要建立一组新的习惯;

(2)已经习得的第一语言对第二语言的习得过程起到干扰作用;母语是在第二语言的接受和产生过程中错误的主要来源;第一语言和第二语言的差别越大,发生错误的概率越高;

(3)通过分析第一语言和第二语言之间的区别可以解释在二语习得过程中的

错误；

(4)转移发生在一语到二语的迁移过程。二语习得的一个重要方面就是学习这种区别。因为没有新的学习内容，两者之间的相似性可以忽略；

(5)细致分析两者之间的区别和相似点是非常有必要的；

(6)教师应该关注负面迁移。

尽管对比分析在很多方面能够帮助我们理解语言学习和语言教学，但是它存在很多的问题：

(1)两种语言之间的区别被定义成为语言学上的，但是这种区别涉及到心理的因素。语言上困难的内容在心理上就可能不那么困难。

(2)有大量的证据显示对比分析不可能预测所有的错误。一方面来说人们预测的错误(基于对比分析)有可能不会发生。对比分析预测错误都是双向性的，但研究表明并非这样，例如：

英语：I see them.

法语：Je les vios.

研究表明学习法语的英国学生会说"Je vios les"，但学习英语的法国学生却不会说"I them see"（他们说"I see them"）。另一方面对比分析也不能清楚解释一些错误的成因，例如：

He comed yesterday.

There is one people like golf (in our class).

(3)对比分析不能预测实际发生的问题，并且有些预测的错误实际并不会发生(Odlin,2003)。

现在在文献中"对比分析"这个术语逐渐被"跨语言因素影响研究"所代替。

◀ 11.5.2 错误分析(EA)

对比分析不能解释所有错误的事实导致了人们对它的失望，并逐渐被错误分析的潮流(error analysis movement)(Ellis, 1994)所取代。错误分析的一个主要观点是很多二语习得所犯的错误是由于其他因素造成的，而并非是一语的干扰。Corder 在他的《学习者错误的意义》("The significance of Learners")(1967)一文中说，错误不应该被看作要消灭的成分，事实上它们也是具有价值的。

在对于文献的错误分析中，错误(error)和过失(mistake)常被区分开来。错误是由于学习者知识的缺乏，它代表了能力上的不足。换言之，就是学习者不知道正确形式，没有正确使用语言的能力。过失是学习者没有发挥他们的语言能力。换言之，学习者已经习得了知识和技巧，但由于缺乏注意力或其他因素无法正确实施语言能力。

关于错误的来源一般被分为两类，即言外错误(interlingual errors)和言内错误(intralingual errors)。言外错误(或转移性错误)是学习者碰到和母语有相同特征的语言项目所犯的错误。例如学习者使用母语而非目标语当中的一些特点(语音、词法、句法和语用)。言内错误(或发展性错误)发生在目标语自身之中,称为过度归纳(OVERGENERALIZATION),是由于学习者把一规则应用到本不该应用的场合。

根据其性质,错误可被分为五类:省略、添加、时态双标记、形式错误和顺序错误。

Explanation and Example	Type
The absence of an item that must appear in a well-formed utterance: e. g. , she sleeping.	省略
The presence of an item that must not appear in well-formed utterances: e. g. ,He is works in a factory nearby.	添加
The use of a tense marker twice in one sentence: e. g. , We didn't went there.	时态双标记
The use of the wrong form of the morpheme or structure: e. g. , The dog finished to eat the bones. The dog eated the chicken.	形式错误
The incorrect placement of a morpheme (group) in an utterance: e. g. , What John is doing?	顺序错误

错误分析包括以下几步:

(1)识别。看一个语言学习者写出的句子,我们首先需要知道这个句子在语法上是否正确。如果回答是否定的,就说明存在错误;如果回答是肯定的,我们就要继续检查整个句子在交际语境中是否正确。否定回答暗示错误。

(2)描述。如果一个错误的句子很容易识别,我们应该把它同母语使用者写出的正确句子进行对比,列出错误和过失。如果句子意思不明确,我们就可以参考这个学习者的母语,从中找出它的意思,并进行对比分析。考虑到社会语境中语言的使用,我们既可描述错误也可以描述过失。

(3)解释。在识别和描述错误之后,我们就要试着回答这样一个问题:为什么这个学习者会犯这个错误。换言之,我们应该对导致学习者犯错的心理过程进行假设。这为我们提供了"人们怎么学习语言"这一基本问题的答案。

错误分析仍然有一些问题。(Gass and Selinker, 2001)首先依靠错误来进行二语习得的分析是不够的,我们需要综合考虑到错误和非错误来了解语言学习者整体的学习情况。其次,判断什么是错误很难。如:There are so many Taiwan people live around the lake。我们不知道错误的发生是由于"who"在"people"之后被省略还是由于"live"代替了"living"。最后,错误分析过分强调语言产生的数据而没有解释如何避免错误。

11.6 语料库在语言教学中的应用（The Use of Corpus in Language Teaching）

本书第 10 章曾提到，语料库是输入到计算机中的文本集。语料库使材料的编撰者能够选择真实、自然、典型的语言。语料库两个重要的特点是选材的大小和类型。通常选材的大小和类型是由使用目的决定的。

11.6.1 语料库的类型（Types of Corpora）

从功能上，语料库有常见的四种类型：

（1）一般语料库：并不是对于专业领域如技术、方言、青少年犯罪的资料收集，而是对于更宽广领域数据的收集。选材的多样性确保了个体性的泛化，除非研究者使用其中具体的一个资料，适用于语言的整体研究。

（2）具体语料库：是为了专业性用途。如果我们想找出语言在某一领域的使用，就选择该领域的素材。

（3）抽样语料库：是一类基于种类的语料库，是很多不同种类的短篇截选。

（4）监控语料库：可以储存大量的移动性的选材。它可以在研究中用来监控语言的状态。

11.6.2 语料库的应用（The Uses of Corpora）

语料库最重要的作用是可以有效地帮助我们知道语言是如何使用的。一般提供以下种类的信息：

（1）信息的使用频率。语料库能告诉我们一些语言项目和结构的使用频率。这类信息可以帮助我们选择课堂上的教学内容、教学重点以及教学意义。

（2）语境和上下文信息。语境是语言使用的情景环境，上下文信息是语言环境。有时候很难区别意义相近的单词或短语，但是如果我们从他们的语境和上下文考虑时，区别就很明显。

（3）语法信息。我们通常通过查阅语法书来得到语法信息，但是语料库中的解释比语法书上的要复杂得多，例如在语料库中对于英语条件句的信息远远超过三种。

（4）搭配信息。对于二语学习者来说学习词语常用搭配是很难的，如 make effort 还是 take effort，语料库的研究就能解决这个难题。

（5）语用信息。语料库的信息能告诉我们语言在实际交际中的使用方式。例如，学生们常被告知在别人说 How do you do 的时候，他们要回答 How do you do。语料库的数据显示实际的交际情况不只这一种回答，我们也可以说 Nice to meet you。

利用语料库的研究改善语言描述能为我们更好的教学提供帮助，例如提供更好的参考工具(语法书和字典),为做出在大纲中关于选词、句法结构的安排提供更好的参考依据(Sinclair, 1991)。

11.7 外语教育政策(Foreig Language Education Policy)

外语教育被不断诟病的主要原因在于,对于大多数学生来说,外语只是应对考试的必修课程。当在教室之外的社会上英语并无用武之地时,学生没有真正的英语(包括其他语言)学习动机。所以,全国或大多数中国学生是否需要获得较高的英语能力,是一个有争议的问题。(Feng, 2012)事实上,大多数中国人在生活或职业中少有机会使用英语。如果哪一天在中国英语广泛使用了,人们自会投入时间和精力去学习。社会是否视英语为公益决定了一个民族的英语能力。除此之外,在职位晋升或涨工资中,英语也常是拦路石,即使在鲜用英语的工作中亦是如此。很多人在工作中并不用英语,但是要想通过资格评估就必须过英语关。

如果学习某个东西的动机仅限于其在社会上的实用度,那么学生是否有动机去学习历史、艺术或化学?这些知识有多少能应用到社会生活或职业中呢?如果公益被定义为在社会上广泛使用的东西,那么很多学校课程都不是公益。就连很少受批评的数学也不是公益。除了基础的计算,日常生活中我们有多少时候会用到小学和初中学到的数学知识呢?

语言不仅是日常交流工具。如同其他语言一样,除了实用功能,英语还是思维工具,是我们认识世界、调节社会关系的工具。英语学习的价值远不止在于掌握一门通用语。外语学习在欧洲国家非常重要,是小学教育的必修课程。几乎所有学生在开始中等教育的时候就已经学习了至少一门外语,英语是最广为教授的语言。(Eurydice, 2008)

诚然,很多在学校或大学学习了英语的中国人在社会和职业中未能使用英语,这个现象背后的原因是什么呢?是因为他们的英语能力不够好吗?或者是无用武之地?还是应该使用却没有用呢?

“无用武之地”被公认为是无须学习英语的原因。但是现实中,英语的需要远超过人们的想象。比如,大学行政人员的工作需要接待外国学生和来宾,需要了解国外大学运行机制等。

如 Feng(2012)指出,过去的二十年在中国大陆对英语的社会及个人需要激增。随着经济、旅游、外贸及教育国际化的发展,中国对懂英语的双语人才的需求更是呈几何级数增长,从国际大事到偏远的少数民族自治区农家客栈,对英语的需求不可小觑。

尽管在中国英语还未被广泛应用,但是英语学习(外语学习)成就千千万万的中国年轻人海外留学梦。没有国家英语教育的全力投入,出国留学深造的人数会少很多。

总之,如 Qu (2012)所言,在中国悠久的历史上,从来没有任何一个时候像现在这样,掌握一门外语意义如此重大,如此深刻地影响一个人的生活。因此,我们完全有理由说,中国学生必须学习英语。

11.8 总结(Summary)

语言学理论在多种层面上影响着语言教学:确定学习目标、设计大纲、组织教学内容、决定教学方法和设定评估标准等,每一个阶段都相互关联,在每一种选择链之后都有一种对于语言和语言学习的观点和理解。从 20 世纪 70 年代早期,语言理论界的理论趋势促进了应用语言学的发展,也使语言教师朝着交际教学的目标前进。但是对于实现这个理想的模型还有很长的路要走。

我们已经讨论了这些语言学理论在教学中的启示,还有两点值得读者关注:

(1)教学具有很强的实践性。有了丰富的语言学理论知识并不一定能成为一位好的语言学教师。教师应该首先具有实践经验,然后再寻找相关和可行的语言学理论。教师应该更注重学习者的需要而不仅仅拘泥于语言学的概念。

(2)对于语言教学实践产生影响的理论领域并不仅限于语言学,其他的领域研究,诸如教育学、心理学也对教学产生重大影响。例如教学法的理论背景很大程度上依靠心理学的发展,所以语言学要结合其他相关理论来研究。

术语双解

applied linguistics:狭义的应用语言学,研究如何将语言学理论应用于语言教学。广义的应用语言学研究如何把语言学理论应用于解决其他领域的相关问题。Applied linguistics is the research associated with language teaching in its narrow sense. In its broad sense it refers to the research regarding means of application of linguistics in other disciplines.

authentic input:真实的语言输入,指语言输入要体现目标语真实话语所具有的本质特征。Authentic inputs are those which vary in style, mode, medium and purpose and are rich in features characteristic of authentic discourse in the target language.

communicative syllabus:交际教学大纲,以意念—功能大纲为基础,教会学生用语言表达和理解各种交际功能,强调交际过程,以提高学习者的交际功能为目的。A communicative syllabus aims at the learner's communicative competence. Based on a notional-functional syllabus, it teaches the language needed to express and understand different kinds of function and emphasizes the process of communication.

communicative test:交际性测试,以心理语言学—社会语言学方法为基础。测试受试者的交际能力。考察他们能否参与某种特定的语言交际活动,以及在交际中运用语言的能力。Communicative tests are intended to check the testee's communicative competence. They set out to show whether or how well the candidates can perform a set of specified activities.

contrastive analysis：对比分析，是将学习者的母语和目标语进行对比分析，找出相互间的异同和迁移作用，以确定相应的教学内容和教学方法。Contrastive analysis is the systematic study of the differences between the mother tongue and the target language and their influence upon each other so as to determine what the learner has to learn and what the teacher has to teach.

curriculum（Syllabus）：教学大纲，是课程教学计划，包括对教学内容、学习经验的描述。Curriculum（Syllabus）is the planning of a course of instruction. It is a description of the course content, teaching procedures and learning experiences.

input hypothesis：语言输入说，是克拉申提出的一种语言输入假设。他认为学习者习得语言实际上是理解输入语言的结果。克拉申提出了"i + 1"的原则，即学习者接触到的语言应该略高于他们现有的语言水平。Input hypothesis is formulated by Krashen, who brought forward the concept of "i + 1" principle, i. e. the language that learners are exposed to should be just far enough beyond their current competence that they can understand most of it but still be challenged to make progress. Input should neither be so far beyond their reach that they are overwhelmed, nor so close to their current stage that they are not challenged at all.

interactively modified input：交互修正输入，是指教师和学生在交际过程中相互修正的语言输入。Interactively modified input is material（usually spoken discourse）that is modified when the teacher and the learners interact.

meaning potential：意义潜势，指语言的语义系统。Meaning potential is the semantic system of the language.

notion：意念，指人们想传达的意义。Notion refers to the meaning one wants to convey.

notional-functional syllabus：意念—功能大纲，最初是由 D. Wilkins 和 J. A. van Ek 提出来的。它以韩礼德的功能语法和海姆斯交际能力理论为理论基础，要求学习者既掌握语言结构知识又培养在不同情景里使用语言表达思想的能力。Notional-functional syllabus was first proposed by D. Wilkins and J. A. van Ek . It is directly influenced by Halliday's functional grammar and Hymes' theory of communicative competence. What the Notional-functional syllabus wants the learner to acquire is , first, the knowledge of language structure, and second, the ability of using them in different situations to express ideas.

overgeneralization：过度法则化，指对目标语规则的过度概括。Overgeneralization refers to the fact that the learners overgeneralize the rules of the target language, for instance, beginners of English often produce sentences like "He speaked English." and "I cuted myself.".

pre-modified input：预修正输入，是指事先经过修正，使其适合学习者现有水平的语言输入。Pre-modified input is material that is finely tuned in advance to the learners' current level.

psycholinguistic-sociolinguistic approach:心理语言学—社会语言学方法,是目前影响较大的测试方法之一,这种方法测试的目的是检查学习者运用语言的能力,测试结果应以质的标准而不是量的标准来衡量。Psycholinguistic-sociolinguistic approach is one of the influential approaches to language testing. The purpose of testing is to check the learner's performance, and test results should be measured by quality instead of quantity.

psychometric-structuralist approach:心理测量—结构主义方法,是目前影响较大的测试方法之一,这种方法测试的目的是了解学习者对语言知识的掌握程度或语言能力。它用统计分析方法来分析测试本身以及测试结果。Psychometric-structuralist approach is one of the influential approaches to language testing. The aim of such tests is to discover the learner's mastery of linguistic knowledge or linguistic competence. The psychometric-structuralist approach claims to be scientific, because it uses statistical analysis to examine the test results as well as the test itself. This approach has been adopted by a great number of language teachers in the West.

situational syllabus:情景大纲,旨在说明目标语使用的不同情景,语言项目的选择和编排以情景为基础,语法形式和句型是通过对话来呈现和训练的。Situational syllabus is specifying the situation in which the target language is used. The selection and organization of language items are based on situations. Grammatical forms and sentence patterns are introduced and practised, but they are knitted in dialogues entitled"At the Airport","At the Supermarket","At the Bank", and so on.

structural syllabus:结构大纲,以语法为核心来选择语言项目和语言结构,教学材料中包含的词汇和语法规则都是根据它们的使用频率、复杂程度和实际用途等因素精心编排的。Structural syllabus is a grammar-oriented syllabus based on a selection of language items and structures. The vocabulary and grammatical rules included in the teaching materials are carefully ordered according to factors such as frequency, complexity and usefulness.

focus on form:关注形式法,是对于语法教学平衡纯粹关注形式和平衡纯粹关注意思的平衡教学法。It is a recent movement that takes a more balance view on the role of grammar in language learning. It is a compromise between the "the purely form-focused approaches" and the "purely meaning-form".

constructivism:构建主义,构建主义认为语言在社会中构建起来。学习者通讨合作,沟通,完成不同的学习语言任务。It views the language as socially constructed. Learners learn language by cooperating, negotiating and performing all kinds of tasks.

interlanguage:中介语 ,中介语是介乎目标语和母语之间的语言体系,是一个动态发展的体系,不断从一个起点到接近于本族语使用者的水平。It is often understood as a language system between the target language and the learner' s native language. Interlanguage is a dynamic system, which is constantly moving from the departure level to the native-like level.

communicative competence:交际能力,包括对于语法和词汇的知识,口语交谈的知识,使用和应对不同言语行为和社会习俗的知识,恰当地使用语言交际的知识。It refers to what learners know about how a language is used in particular situation for effective and appropriate communication.

auraloral teaching method:听说教学法,即让学生写和读某一特定语言材料之前,他们先听和说。这种方式是以教师为中心。但是与语法翻译教学法相比较,学生方面有更多的参与度。老师可以通过使用图片、真实的物品让学生进行对话和角色扮演。It is method when new materials are heard and spoken before they are read and written by the learners. This method may still be teacher-centered on the learner' s part. The teacher can make use of pictures, real objects to involve students in dialogues and role playing.

communicative syllabus:交际大纲,教会学生用语言表达和理解各种交际功能,强调交际功能,以提高交际功能为目的。It aims at the learners' communicative competence. It teaches the language needed to express and understand different kinds of function and emphasize the process of communication.

a public good:公共产品或公共物品, 经济学术语,与“私人产品(private good)”相反,指具有消费或使用上的非竞争性和受益上的非排他性的产品。特点是一些人对这一产品的消费不会影响另一些人对它的消费,具有非竞争性;某些人对这一产品的利用,不会排斥另一些人对它的利用,具有非排他性。即能为绝大多数人共同消费或享用的产品或服务。如知识、官方数据、国防、通用语言、防汛系统、以及义务教育、公共福利事业等。一般由政府或社会团体提供。In economics, a public good is a good that is both non – excludable and non – rivalrous in that individuals cannot be effectively excluded from use and where use by one individual does not reduce availability to others. Public goods include knowledge, official statistics, national security, common language(s), flood control systems, lighthouses, street lighting.

重难点解析

1. 交际教学大纲

交际教学大纲旨在提高学生的交际能力,基于功能教学大纲,它给学生教授的语言能让学生表达和理解不同的交际功能,并且强调交流的过程,总结以往对于交际教学大纲的理论,Yalden(1983)列出了十种组成成分。其包括:①尽可能详细地考虑学习者希望掌握目标语言的动机;②他们使用目标语言的场景,考虑物理和社会场景;③学习者将会承担的社会角色和他们交流者的角色;④学习者将会参与的交际场景,包括每天的日常场景、职业场景和学术交流场景;⑤在这些场景中的语言功能或者是语言的实用性;⑥相关的概念及语言学习者需要能讨论的概念;⑦构建话语的技能,包括话语和修辞技能;⑧目标语言的种类和语言学习者需要达到的口语和书面语的水平;⑨必要的语法知识;⑩必要的句法知识。这十点被认为是确保交际的必要因素。交际教学大纲应该包括以上十种因素的大部分,如果不是全部。由于每一种因素获得的重视度是灵活的,所以产生了不同种类的交际教学大纲。

2. 错误分析的步骤

第一步,识别。看一个语言学习者写出的句子,我们首先需要知道这个句子在语法上是否正确。如果回答是否定的就存在错误;如果回答是正面的我们就要继续检查整个句子在交际语境中是否正确。第二步,描述。如果一个错误的句子很容易识别,我们应该把它与母语者写出的正确句子进行对比,列出错误和过失。但如果一个句子意思不明确,我们就应该从这个学习者的母语中找出它的意思来源并进行对比分析。考虑到社会语境中语言的使用,我们既可描述错误也可以描述过失。第三步,解释。在识别和描述之后,我们就要问为什么。换言之,我们应该对导致学习者犯错的心理过程进行假设。这为我们回答根本性的问题——学习者如何学习语言——提供了依据。

强化练习

Ⅰ. 选择题

1. Negative transfer in learning a second language is known as ___________.

A. interference　　B. interlanguage

C. fossilization　　D. acculturation

2. Southern learners of English in China tend to pronounce "night" as "light", this shows ___________.

A. they can not pronounce the sound.

B. they don't like it.

C. interlanguage interference because there is not the sound /n/ in southern dialect.

D. teaching method is wrong.

3. Which stage does the child belong to according to the stage of first language acquisition when the say "baby chair" "mummy sock" "me going"? ___________

A. Babbling stage.　　B. One-word stage.

C. Two-word stage. D. Multiword stage.

4. __________ is defined as a conscious process of accumulation knowledge of a second language usually obtained in school settings.

A. Competence B. Performance

C. Learning D. Acquisition

5. __________ refers to a process that sometimes occurs in second language learning in which incorrect linguistic features become a permanent part of the way a person speaks or writes in the target language.

A. Interference B. Interlanguage

C. Fossilization D. Acculturation

Ⅱ. 填空题

1. In acquiring a second language, a learner will subconsciously use his L1knowledge . This is called language __________.

2. Such errors like " teached" and "womans" are caused by __________.

3. __________ holds that where two languages are similar, positive transfer would occur; where they are different, negative transfer would result.

4. __________ holds that L1 can be viewed as a kind of "input from the inside", thus transfer is not "interference" but a cognitive process.

5. __________ refers to the use of one's first language rule which leads to an error or inappropriate form in the target language.

Ⅲ. 问答题

1. 教学中如何有效减少中介语僵化?

2. 语言输入与二语习得之间有什么关系?

强化练习答案

Ⅰ. 1. A 2. C 3. C 4. C 5. C

Ⅱ. 1. transfer

2. overgeneralization

3. Contrative analysis hypothesis

4. Interlanguage theory

5. Interference.

Ⅲ.

1. (1)课堂里必须进行正确而恰当的语言输入。影响第二语言习得的因素很多,既有学习者内部因素如学习者动机、策略、风格及个性等的差异,又有学习者外部的因素如社会环境、学校环境及语言输入等,其中语言输入是重要因素之一。"教师的话"是作为一种与"外国人的话"相对的语域提出的,这种课堂上的语言输入对学生学习外语有很大的影响。课堂里教师的语言必须规范、标准和地道,表达的意思必须明确无误,不能让学生听了以后感到模棱两可或似是而非,甚至把错误的当成正确的。否则,久而久之,学习者的内部语言习得机制(LAD)便会发生作用,进行加工处理,将所接收到的错误语言信息僵化下来。教材是课堂里的另一个重要语言输入源。教材编写的好坏直接影响了学生的外语学习。每一部教材的编写都有一个大纲,我们称之为“外部大纲”。然而,学习者大脑内还有一个“内部大纲”即天生的语言习得机制。“外部大纲”制定的语言习得顺序必须符合“内部大纲”的自然顺序,否则就会发生冲突和碰撞,以至出错。所以,教材的编写者应深入研究学习者的学习心理过程,编出更加符合学习者自然习得顺序的科学性教材来。现在的教材很少利用母语和进行汉英对比,教材中应该有选择的增加汉外对比内容。教师应该注意目的语输入的数量和质量。Seliger 发现课堂输入的数量与成绩有重要关系,而且输入确实是影响习得速度的一个主要因素。Fillmore 的研究结果也表明,输入的数量和质量均对习得速度有较大影响。依据 Krashen 的语言输入假设,当语言学习者达到一定熟练水平时,应有充足的可以理解的信息输入,此时输入的信息应该比学习者目前的中介语水平稍高一点即“i+1”,同时提高目的语的输入质量,增加多样性并增大难度。

(2)教师应在不同的教学阶段适时调整教学策略。Medgyes 说过,成功的教师就应该针对不同对象适时调整他们的教学策略。教师应密切注意学习者的不同发展阶段,采用相应的教学方法和策略。语音僵化现象就是一个很明显的例子。在学习初始阶段,教师应特别注意学生的发音练习。如果对学生不正确的发音不及时进行纠正的话,学生的发音就会形成僵化,以后很难改变,这也是为什么许多人讲外语都有很重的口音的原因。随着学习者学习能力的逐步提高,其语言能力进入了“高原期”。这一时期的外语水平比较稳定,但也容易出现语言僵化现象。因此,教师应积极调整教学方法,采用各种可能的教学手段,预防或者制止学习者出现的各种不正确用法。对那些过度使用某些语言形式的顽固性错误(多由“训练迁移”所造成)也应予以纠正。

(3)教师正确运用反馈。我国学生是在自己国家里学习别国人的语言,接触外语的机会十分有限,没有那么多的正面语料输入使学习者去意识和改正自己的错误。在这样一个语言环境中,如果教师能有效地运用反馈,对于缓解僵化将十分有效。Brown 把 Vigil 和 Oller 提出的肯定认知反馈比作绿灯,把否定反馈比作红灯。教师的责任就是把绿灯和红灯的使用做到最佳结合:给学生开足够的绿灯,以鼓励他们继续交际,对严重的错误则亮起红灯。教师纠正性的反馈是完全必要的,因为不纠正就等于强化它们,学生就会把他们内化。

(4)加强语用教学。人本主义学习论的代表人物 Rogers 认为,要让学生全身心地投入到学习活动中,必须让他们直接面对生活中的各种真实问题。实践证明,课堂上提高学生的跨文化意识,对目的语文化的直接引入会取得很好的效果，从而促进二语学习，这便是语用教学的问题。课堂上环境资源毕竟有限，是否可以进行语用教学？经过研究得出结论：虽然有些语用知识很难教，但很多目的语语用特征，如语用日常用语、言语行为等是可教的。不仅语用语言知识是可教的，而且社交语用知识也是可教的。此外，语用教学是有促进作用的。在外语学习环境中，显性教学(explicit instruction)结合足够的实践机会能产生最佳效果。

因此，在课堂上必须加强语用知识的教学，介绍不同文化背景知识，强调交际者的社会因素在交际中的作用，构建真实的语境，进行有意义的课堂练习，从而更好地促进学习者的语用习得，最大程度地摆脱语用僵化现象。除课堂上进行语用学习外，若条件许可，学习者也可在课外利用一切机会与外教或别的外国朋友等多交往，尽量练习在真实语境中使用外语的能力，从而跳出课堂的局限。

(5)培养学生的语言正确性意识。Ellis 第二语言习得的许多研究都证明，学习者的动机对取得良好的学习成绩至关重要。学生有了正确的动机，用高标准要求自己，就会产生巨大的动力，不断检查自己的语言质量，使自己的语言尽可能接近目的语的标准。这一条是学习的内因，也是防止僵化的最关键因素。要让学生尽可能具体地了解自己中介语的缺陷。很多学生，包括学习成绩相对较好的学生对自己的英语学习状况的了解都很模糊很笼统，诸如“还不太自如”“词汇量不够”“发音有待改善”“不太准确”等。有的学生表达很流利，但不太准确，有的学生正好相反。教师应充分让学生意识到语言的正确性和流利性之间的关系。

2. 二语习得的输入，包括真实输入和课堂输入，因此输入理论特别是克拉申的输入学说，对于第二语言习得过程很有启示，英语作为一门外语也不例外。根据 Krashen 的观点，学会外语主要靠自然习得。其途径是在最小或没有心理障碍情况下，给学生提供充足的输入量。只要输入量大于学生目前的语言能力，而情感过滤又低，学生就会自然习得语言。所以 Krashen 的完整习得公式是：在最小心理障碍下，进行“i +1”可理解输入。Krashen 认为理想的输入应具备四个特点：可理解性，既有趣又有关联，非语法程序安排和要有足够的输入量。可理解性，是指可理解性输入的语言是语言习得的必要条件，不理解的输入对学习者来说只是一种噪音，对初学者来说，听那些不理解的语言等于浪费时间。既有趣又有关联，指的是输入的语言要有趣并要有关联，这样学习者就可在不知不觉中轻松习得语言。非语法程序安排，指的是语言习得重要的是足够的可理解的输入。因此，输入假说被广大教师所接受。输入是习得语言的必要条件。作为一门语言的英语习得来说，也必须有足够的可理解的语言输入。怎样才能创造出更多更好的语言输入机会以提供给学习者能理解的语言材料量，如何控制“1”这一不定量，怎样才能增加学生们的语言纳入量,更有效地习得英语呢?

(1)创造良好的输入环境,努力达到“自然输入”。语言输入的形式可以是自然输入,也可以是正规的课堂输入;可以是口语形式,也可以是书面形式。根据克拉申的理论,自然输入是习得语言的主要途径。但是根据目前我国的具体情况,缺乏大范围的英语使用环境,学生们必须通过正式学习,才能习得英语。所以,在教学中,应多创设一些英语课堂。首先,输入的材料应尽量采用真实实际情景中的材料,这是因为交际是向学习者全面提供真实语言的比较好的方法。真实的材料跟容易理解并非完全矛盾,真实材料中也有容易理解的内容。对于有声材料最好的输入形式可为有声音又有情景的输入如电影、录像、和幻灯等,以便让学习者既有言语信息的输入又有非言语信息的输入。所以一个英语课堂就像一个模拟的英语语言社会,教室里的活动大部分时间应用在创造习得所需要的活动上。

(2)针对学生的学习状态进行有效输入。学生们有了良好的语言输入环境,还需要合适的输入量与难度适宜的输入内容,克拉申主张可理解的输入量加“1”这一标度,针对我国学生而言,应该多给学生一些内容,这些内容既不脱离主题,适合学生们的接受程度,同时又帮助他们得到更多的有效输入材料,比如课堂上不必输入过深的知识,不提倡学习者听或看他们完全不能理解的目的语或电视节目。其次要注意输入材料的趣味性及与学生的现有知识、生活实际相关,同时还要考虑从学习环境、地区目的语环境及学习者的承受力出发,灵活处理教学中语言输入材料的数量和质量,只有这样才能有效地克服母语的负面影响。

(3)激发学习的动机与兴趣以改善输入效果。语言的输入是一个由量变到质变的过程,在这一过程中习得者的动机与兴趣起着至关重要的作用。首先语言输入不仅要考虑学习者目前的语言水平,还要考虑它是否能引起学习者的兴趣,是否与学习者的生活相联系;即语言的输入只有富有情趣,有一定的个人意义,有趣味性和实用性,才能更好地激发兴趣,从而被理解和吸收。其次,要考虑学习者不同的情感因素,这些情感因素包括:学习动机、自信心、焦虑感等。Krashen 把他们统称为“情感因素”,而且解释了这些因素是怎样发挥作用的。若学习目的明确,学习动机高,自信心强,焦虑感适度,那么情感焦虑就弱,进入大脑的语言输入就可以相对多;反之,大脑就无法接受语言输入信息,学习者只能接受少量的信息。因此在外语教学中,尤其要帮助学习者明确学习动机,努力降低焦虑感的影响。同时,根据个体性差异,改革传统的教学方法,让学生多开口说,通过听、说、读、写、译等多种灵活的方式变消极接受为积极渴求以更多地纳入信息,促进习得。

第12章 现代语言学理论和流派

Chapter 12 Theories and Schools of Modern Linguistics

本章要点

1. 布拉格学派
2. 伦敦语言学派
3. 美国结构主义学派
4. 转换生成语法
5. 格语法和生成语义学

参考译文

12.1 引言(Introduction)

现代语言学始于瑞士语言学家费尔迪南·德·索绪尔(1857—1913)。他通常被描述为“现代语言学之父”和“使语言学科走向现代的大师”(Culler,1976:7)。

1907-1911年之间,索绪尔在日内瓦大学讲授普通语言学。1913年索绪尔逝世后,他的同事和学生觉得他对语言学问题的思考很有见解。他的学生巴利·查尔斯和塞什艾·爱尔伯特根据很多同学的笔记将索绪尔的讲稿整理成册并于1916年出版,这就是《普通语言学教程》(*Course in General Linguistics*)。这本书成为研究索绪尔思想及对后来语言学家影响的最为重要的资源。

索绪尔的思想是从语言学(linguistics)、社会学(sociology)、心理学(psychology)三个方面发展起来的。在语言学方面,他受到美国语言学家W·D·辉特尼(Whitney)(1827—1894)的巨大影响。辉特尼基本上是以新语法学派(Neogrammarian)的传统进行研究的,但不同之处是他提出了符号的问题(the question of sign)。辉特尼通过坚持符号的任意性(ARBITRARINESS)这一概念来强调语言是一种系统(language is an institution),从而把语言学纳入正确的轨道。索绪尔还追随法国社会学家E·杜克海姆(Durkheim)(1858—1917),坚持认为语言是一种“社会事实(social facts)”,将之与个人心理行为严格区分开来(Saussure held that language is one of the“social facts”, which are radically distinct from individual psychological acts);某一思想家理解惯例的方式并不重要,关键是一个组织对于惯例的概念。由于这一概念本身具有重要的社会意义,所以即使缺乏做或不做某事的物理和心理基础,也并不妨碍它成为真实。在心理学方面,索绪尔受到奥地利心理学家S·弗洛伊德(Freud)(1856—1939)的深刻影响,认为“下意识”是具有连续性的(the continuity of the unconscious)。从Oedipus Complex的例子可以看出,一个行为可能会对人类产生深远影响。这些不同的学术思想可以用来解释为什么一些系统在不为人知的同时还能有效存在。如果一个系统值得人们对它进行分析,是因为这个系统不是一时的,它可能会一直存在,并会对人们的行为产生影响。

索绪尔认为人类语言是一种极度纷繁复杂的现象,面对语言的这些方方面面(aspects of language)以及人们可能达到的不同看法,语言学家就必须询问自己什么是他试图描述之物。索绪尔认为,语言是一个符号系统(SYSTEM OF SIGNS),声音只有当其用来表达或交流思想时才被以为是语言,否则它们只能是噪音而已。为了交流思想,他们必须是惯例系统的一部分,必须是符号系统的一部分。这里所谓的符号,就是形式和意义的联合,索绪尔称之为能指(the signifier)和所指(the signified)。(This sign is the union of a form and an idea, which Saussure called the signifier and the signified.)尽管我们称其为能指和所指似乎是把他们看作是彼此分离的独立体,而实际上他们只有相互结合作为符号的组成成分才能够得以存在。符号是语言的核心事实(the sign is the central fact of language),因此我们想要区分什么是根本的、必然的,什么是次要的、偶然的,就必须从符号自身的特性入手。

许多人认为索绪尔还受到当时西方经济学理论的影响。他就语言符号的性质所提出的语言学理论,即语言VS言语,组合VS聚合,共时VS历时,源自欧洲经济学家的经济学理论。索绪尔将经济学称为是研究价值的科学,认为语言学和经济学都是研究价值的科学。在提出一系列语言理论的过程中,索绪尔采用了两分法并倾向于其中一者,这将语言学引上了科学的道路。实际上,这是关于多数西方哲学所探讨的“有与无”这一经典关系的。这种关系是虚拟世界与现实世界的区别。对索绪尔而言,语言是虚拟世界中的“无”,言语对应现实世界中的“有”。无/虚拟体系被认为是稳定且一成不变的,而有/现实体系则是不稳定、变化无常的。通过设计、建造虚拟体系或语言的模型,我们主要关注的不是言语的现实体系,或是人们实际上所说的话语或书面上所写的文字,而是赋予文字或话语存在潜能的某种体系的结构。这一原则是理解结构主义部分基本哲学理念的关键,也是理解其对20世纪学术研究的重要性的关键。

索绪尔对现代语言具有两大影响。首先,他为此提供了一个整体方向,这是一个很少有人提出的语言学的任务问题。其次,他对一些具体的语言学概念也有影响。很多现代语言学的发展都可以看作是他的概念。如他对符号任意性的观点,语言(langue)和言语(parole),共时(synchrony)和历时(diachrony),组合(syntagmatic)和聚合(paradigmatic)关系等。索绪尔的基本理论具有革命性的意义,他推动语言学进入了一个全新的时期。20 世纪的语言学,是索绪尔语言学。

12.2 布拉格学派(The Prague School)

12.2.1 引言(Introduction)

布拉格学派(The Prague School/Circle of Linguistics of Prague)创始于 1926 年 10 月,V·马泰休斯(Mathesius)(1882—1946)领导并召开了布拉格语言学会的第一次会议。布拉格学派实践了一种独特的研究风格,即共时语言学研究(synchronic linguistics)。他对语言学最重要的贡献就是从"功能(It sees language in terms of FUNCTION)"的角度来看待语言。语言学界公认,布拉格学派是继索绪尔之后最有影响力的学派,"欧洲任何其他语言学团体都没有像布拉格语言学会那样产生了如此巨大的影响","布拉格学派曾影响到美国语言学的每一项重要发展"(Bolinger,1968)。

在布拉格学派形成的诸多观点中,有三点尤为重要。第一,在重视历时语言研究的同时,强调共时语言研究的首要地位。共时语言学研究(synchronic linguistics)可以得到全面的、可控制的语言材料,同时也没有严格的理论藩篱被树立起来将之同历时语言学研究(diachronic linguistics)相分离。(It was stressed that the synchronic study of language is fully justified as it can draw on complete and controllable material for investigation but no rigid theoretical barriers is erected to separate diachronic study.)第二,语言是一个价值系统,不是千千万万个毫不相干的孤立现象的集合。正是这种系统性质才使人类有可能进行交流。要正确理解和评价一个成分,就必须明确该成分与同一语言中相共存的其他成分之间的关系。换句话说,语言成分之所以存在,就在于他们彼此功能上的对比或对立。(There was an emphasis on the systemic character of language. It was argued that no element of any language can be satisfactorily analyzed or evaluated if viewed in isolation; assessment can only be made if its relationship is established with the coexisting elements in the same language system. In other words, elements are held to be in functional contrast or opposition.)第三,布拉格学派在某种意义上把语言看作是一种"功能",是一种由某一语言社团使用的,用来完成一系列基本职责和任务的工具。(Language was looked on as functional in another sense, that is, as a tool performing a number of essential functions or tasks for the community using it.)

12.2.2 音系学和音位对立(Phonology and Phonological Oppositions)

布拉格学派最突出的贡献在于其音位学说以及对语音学和音位学的区分(the distinction between phonetics and phonology)。布拉格学派初期主要从事音位学的研究。这个时期的代表作是特鲁别茨柯依的《音位学原理》(*Principles of Pho-*

nology)(1939)。特鲁别茨柯依用索绪尔区分语言和言语的理论，提出语音学属于“言语”(phonetics belonged to parole)，而音位学属于“语言”(phonology belonged to langue)。并在此基础上发展了音位的概念，以之作为语音系统的抽象单位来与实际发出的声音相区别。音位可以被定义为若干不同功能的总和，而声音当其能够用来区别意义时也可以归为音位。(A phoneme may be defined as the sum of the differential functions. Sounds may be phonemes in so far as they can serve to distinguish meaning.)

特鲁别茨柯依在给这些区别性的语音特征进行分类时，提出了三条标准：①他们与整个对立系统的关系；②对立成分之间的关系；③区别力的大小。这些所谓的对立可以被概括为以下内容：

(1)双边对立(bilateral opposition)。如果两个音位所共有的语音特征只属于这两个音位，他们的对立就叫双边对立。(If the features two phonemes share belong only to them, they are bilateral opposition.)换句话说，就是他们共有的特征不同时出现在其他音位中。例如/p/和/b/就共有一个双边的特征。

(2)多边对立(multilateral opposition)。这是一种更为松散的关系(a more loosely established relationship)。例如/a/和/i/仅仅因为都是元音这个特征而彼此相似，他们共有的“元音”这个特性也同时被其他的元音对共同拥有。(/a/ and /i/ for instance are alike only to the extent that both are vowels, a quality shared by any other pairs of vowels.)

(3)均衡对立(proportional opposition)。如果同一项特征同时可以区别两组或两组以上的音位，这种元音对立就叫作均衡对立。(Two phonemes are proportional if the same contrastive features also serve as the differentiating criterion for other pairs of phonemes.)例如，清与浊不仅是/p/和/b/的对立特征，而且也是/t/和/d/、/k/和/g/之间的对立特征。

(4)孤立对立(isolated opposition)。如果两个音位的对立关系是独特的，是其他音位对立中找不到的，这两个音位的关系就是孤立对立。(If the contrastive feature is unique to the pair, that is, it is not a contrastive feature of any other pairs of phonemes in the language, then the phonemes are in isolated opposition.)例如，英语中的/v/和/l/，前者是一个唇齿摩擦浊辅音，后者是一个双边浊辅音。再如德语中的/t/和/x/，一个齿龈塞音对一个软腭擦音，也是孤立对立。

(5)否定对立(privative opposition)。如果两个音位的对立是一个具有某种特征而另一个不具有这种特征，就叫否定对立。例如，送气的/p/和不送气的/b/的对立，鼻化音/m/和非鼻化音/b/的对立。(One member of a contrastive pair may be characterized by the presence of a certain feature, the other by its absence: aspiration vs. lack of aspiration as between /p/ and /b/, nasalization vs. lack of nasalization as between /m/ and /b/, and so on.)

(6)分级对立(gradual opposition)。如果两个音位的对立是一个具有不同程度的同一特征,就叫分级对立。(If the pairs share different degrees of a feature, their relation is gradual opposition.)例如一种语言的元音系统中有七个元音:

i	u
e	o
ɛ	ɔ

a

/u/和/o/的对立就是分级对立,因为具有同一特征(元音)的音位还有第三个/ɔ/。

(7)等价对立(equipollent opposition)。如果两个音位可以在逻辑上看成是等价的,既不是分级对立,又不是否定对立,就叫等价对立。(If the pair is not in gradual opposition, nor in privative opposition, they are logically equipollent.)例如英语中的/t/和/p/,/t/和/k/。

(8)中和对立(neutralizable opposition)。如果两个音位在有些位置上是对立的,而在其他位置上失去对立,这就叫中和对立。(The opposition occurs when two sounds contrast in some positions but not in others.)例如英语中的/p/和/b/出现在/s/之后就失去对立。再如德语中的浊辅音,在词尾位置上就变为清辅音:Rat(劝告)和 Rad(轮子)的发音一样,但他们的复数形式中/t/和/d/是对立的。

(9)永恒对立(constant opposition)。如果对立的音位可以出现在一切可能的位置上而不抵消对立,则称永恒对立。(The pair of sounds occurs in all possible positions without neutralizing effect.)例如,在尼日利亚的努皮语(Nupe)中一般音位结构是一个辅音跟着一个元音,只有极少数例外。/t/和/d/的对立就是永恒对立,在一切辅音位置上都不消失的对立。

特鲁别茨柯依对音位理论的贡献涉及四个方面。首先,他指出了语音的区别性功能并且给出了音位的准确定义;其次,通过区分语音和音位以及文体音位学和音位学,从而定义了音位学研究的范围;再次,通过研究音位的组合关系、聚合关系来解释音位间的互相依赖的关系;最后,他提出一整套用于音位研究的方法论,譬如确立音位的方法和研究音位结合的方法。

◀ 12.2.3 功能句子观(FSP)

功能句子观(functional sentence perspective)的分析是布拉格学派的一大贡献。功能句子观是一套语言分析的理论,它是指用信息论的原理来分析话语或篇章。其基本原则就是一句话中各部分的作用取决于它对全句意义的贡献。(Functional Sentence Perspective is a theory of linguistic analysis which refers to an analysis of utterances or texts in terms of the information they contain. The principle is that the role of each utterance part is evaluated for its semantic contribution to the whole.)

捷克斯洛伐克语言学家十分注意从功能的角度分析句子。他们认为一个句子总是包含有出发点(a point of departure)和核心(a goal of discourse)。所谓话语的出发点,是说话人和听话人都知道的东西——这是他们的共同点,是他们交汇的地方,叫作主位。(The point of departure is equally present to the speaker and to the hearer—it is their rallying point, the ground on which they meet. This is called the THEME.)而话语的核心,仅仅表现对听话人来说意义重大的信息,叫作述位。(The goal of discourse presents the very information that is to be imparted to the hearer. This is called the RHEME.)从出发点(主位)到话语的核心(述位)的运动揭示了大脑本身的运动。虽然不同的语言使用不同的句法结构,但是表达思想次序基本相同。基于上述论点,他们提出了"功能句子观(FSP)"这一概念,用来描述信息是如何分布在句子当中的(to describe how information is distributed in sentences)。FSP 主要涉及已知信息(被给信息)和新信息在话语中的分布形成的效果。(FSP deals particularly with the effect of the distribution of known /given information and new information in discourse.)所谓已知信息是指那些对于读者或听者来说不是新的信息,而所谓新的信息是指那些将要传递给读者或听者的信息。(The known information refers to information that is not new to the reader or hearer. The new information is what is to be transmitted to the reader or hearer.)正如我们看到的那样,主语、谓语的区别并不总是对应于主位和述位。例如:

例 12 - 1

(a) Sally　stands on the table.
　　主语　　谓语
　　主位　　述位

(b) On the table stands　Sally.
　　谓语　　　　　　　主语
　　主位　　　　　　　述位

Sally 在两个句子中都是语法意义上的主语,但在(a)中占据主位,而在(b)中则为述位。

在寻找结构和功能之间关系的过程中,杨·费尔巴斯(Jan Firbas)逐渐形成了交际力(communicative dynamism, CD)的观点。这种观点的基础是,语言交际不是静态现象,而是动态现象。(This notion is based on the fact that linguistic communication is not a static phenomenon, but a dynamic one.)交际力意味着衡量句子中所负载的信息量有多大。(CD is meant to measure the amount of information an element carries in a sentence.)交际力的程度就是语言成分所起的作用大小,它推动了语言交际向前发展。(The degree of CD is the effect contributed by a linguistic element, for it "pushes the communication forward".)因此如果从无标记用途方面来考察句子"He was cross",这个句子可以按交际力的程度解释为:He 负载的交际力最小,cross 负载

的交际力最大,而 was 负载的交际力则介于二者之间。

任何句子成分——句子、短语、词、语素——都可以被突出来以形成鲜明的对比。例如在 John **was** reading the newspaper 中,重读 was 就说明其他都是已知信息,只有 was 是待传信息,与"现在"形成对比。在这种情境下,唯一传送新信息的成分与上下文是独立的,而其他所有传递已知信息的成分则是依赖上下文的。因此,由于语境因素的存在,对上下文依赖与否主要取决于交际的目的。在 John has gone up to the window 中,the window 未必在上文是已知的,但是既然交际的目的是要表达"运动的方向",the window 必然独立于上下文而出现。如果一个宾语与上下文无关,例如在 I have read **a nice book** 中,a nice book 比限定动词拥有更大的交际力,这是因为宾语是表示对动词的扩展,因而也就更为重要。同样的,在 He was hurrying **to the railway station** 中,独立于上下文的表地点的状语成分要比行为动词的交际力更大。这是因为状语成分表示出动作的方向,因而比动词本身更为重要。

如果动词、宾语以及状语是独立于上下文的,通常主语负载的交际力都要比动词、宾语及状语更小。这是因为主语表示出来的施动者,无论是已知还是未知,他的交际性都不如有限定动词表示出来的未知动作或是该动作所指向的未知的目标(由宾语和表地点的状语表现出来)重要。例如,在 A man **broke into the house and stole all the money** 中,其交际的最终目的是要陈述行为(the breaking and stealing)以及行为的目标(the house and the money),并不是那个施动者(a man)。但是,如果主语伴随着一个表示"存在"或"出现"意义的动词(也有可能是一个表示时间、地点的状语),而且主语是独立于上下文的,那么这个主语就具有最大的交际力。这是因为一个新人物出场或者某一事件的发生,人物或事件本身要比(诸如当时当地的背景等)场合和"出现"的动作重要得多,例如句子 **An old man** appeared in the waiting room at five o' clock 就是如此。而像在 The old man was sitting **in the waiting room** 中,如果主语依赖上下文,表示时间或地点的状语却不依赖上下文,这些状语就会变得更为重要,而且具有超过主语和限定动词的更大的交际力。

上述所举的各种结构表明,交际力程度的大小是受语义内容以及它们之间的语义关系的影响的,而且不直接取决于成分在线性排列(the linear arrangement)中所占据的位置。(In all the structures exemplified above, the semantic contents and relations contribute to the degree of CD and they are not directly related to the positions the elements occupy within the linear arrangement.)然而,并非所有语义内容和语义关系都能用某种方式来表明交际力的大小。下边我们将举例说明线性排列本身是如何在不受语境和语义结构的制约下在 FSP 层面上起作用的。例如,语境独立的不定式放在句末时负载较小的交际力,试比较:

a. He went to Prague **to see his friend**.(他到布拉格去见他的朋友。)

b. **In order to see his friend**, he went to Prague.（为了会见他的朋友，他到布拉格去了。）

第二句中的不定式放在突出位置，有强调作用，所以信息量大些。同样，不受语境制约的直接宾语或是间接宾语，出现在线性排列中位置靠后的那一个交际力就大些。请比较：

a. He give a boy **an apple**.（他给了小男孩一个苹果。）

b. He gave an apple **to a boy**.（他把一个苹果给了小男孩。）

费尔巴斯（Firbas）把 FSP 定义为"不同程度的交际力的分布（the distribution of various degrees of CD）"。他的解释是，"排列的第一个成分负载的交际力最低，然后逐步增加，直到交际力最大的成分"。但是，相对于主位在前，过度居中，述位在后的规则来说，总是有些例外的情况发生。而且，有时候整个分布场都不受语境的制约（如 A girl broke a vase）。于是，主位也不一定总是受着语境的制约（the Theme may not always be contextually dependent）。但是，一切受语境制约的成分总是主位的。另一方面，非主位的成分总是独立于语境的，但是并非所有独立于语境的成分都是非主位的。（Contextually dependent elements, however, are always thematic. On the other hand, non-thematic elements are always contextually independent, but not every contextually independent element is non-thematic.）

12.3 伦敦学派(The London School)

使语言学在英国成为一门公认的科学的是约翰·鲁伯特·弗斯（John Rupert Firth）（1890—1960）。1944 年他成为英国第一任语言学教授。伦敦的大多数大学的语言学教师都是弗斯的学生，他们的作品都反映了弗斯的观点。

弗斯（Firth）主要受到人类学家 B. 马林诺夫斯基（Malinowski）（1884—1942）的影响。继而，他又影响了他的学生——著名的语言学家 M. A. K. 韩礼德（Halliday）。他们三人都强调"情景语境（context of situation）"和"语言系统（the system aspect of language）"的重要性。因此，伦敦学派也被称为系统语言学派（systemic linguistics）和功能语言学派（functional linguistics）。

12.3.1 马林诺夫斯基的理论

马林诺夫斯基自 1927 年开始一直在伦敦经济研究学院任人类学教授。他所创立的理论中，最重要的方面就是有关语言的功能的理论，这与他纯粹的人类学研究有着明显的区别。在马林诺夫斯基看来，那种把语言视为"将思想从说话人的大脑传递给听话人的大脑的手段"是一种引人误入歧途的说法。他认为，语言"应该被看作是一种行为模式，而不是与思维相对应的东西"。（Language "is to be regarded as a mode of action, rather than as a counterpart of thought".）按照马林诺夫斯基的观点，话语的意义并不来自于构成话语的词的意义，而是来自于话语所发生的上下文之间的关系。(According to him, the meaning of an utterance does not come from the ideas of the words comprising it but from its relation to the situational context in which the utterance occurs.)

马林诺夫斯基的主张主要基于如下两种观察。第一,在原始社团中,因为没有文字语言,所以语言只有一种用途。第二,一切社会中儿童都是以这种方式学会语言的。马林诺夫斯基巧妙的比喻道,在儿童看来,一个名称对他所代表的人或物具有某种魔力。儿童凭借声音而行动,周围的人对他的声音做出反应,所以这些声音的意义就等于外界的反应,即人的活动。

马林诺夫斯基认为,话语常常与周围的环境紧密联系在一起,并且情景语境对于理解话语来说是必不可少的;人们无法仅仅依靠语言的内部因素来分辩话语的意义;口头话语的意义总是被情景语境决定着的。马林诺夫斯基还区分了三种情景语境:①言语与当时的身体活动有直接关系的环境(situations in which speech interrelates with bodily activity);②叙述环境(narrative situations);③言语仅被用来填补语言空白的环境——寒暄交谈(situations in which speech is used to fill a speech vacuum—PHATIC COMMUNION)。

就第一种语言环境来说,马林诺夫斯基指出,一个词的意义并不是由其所指的自然属性所给予的,而是通过其功能获得的。初学者学习一个词的意义的过程不是去解释这个词,而是学会使用这个词。同样,表示行为的动词,通过积极参与这个行为而获得意义。对于第二种语言环境,马林诺夫斯基进一步区分了"叙述本身所处的当时当地的环境(the situation of the moment of narration)"和"叙述涉及或所指向的环境(the situation referred to by the narrative)"。第一种情况"由当时在场者各自的社会态度、智力水平和感情变化组成",第二种情况则通过语言所指来获得意义(例如神话故事中的情境)。马林诺夫斯基坚持认为,尽管叙述的意义与语言环境没有什么关系,但却可以改变听话人的社会态度和思想感情。第三种语言环境是指一种"自由的、无目的的社会交谈"的情况。语言的这种用法并不是说与人类活动最无关,其意义不太可能来自使用语言的环境,而只能来自"社会交往的气氛……谈话者之间的私人交流"。例如一句客气话,他的功能与词汇的意义几乎毫不相干,马林诺夫斯基把这种话语称为"寒暄交谈(phatic communication)"。

马林诺夫斯基在他1935年发表的《珊瑚园及其魅力》(*Coral Gardens and Their Magic*)一书中进一步发展了他的语义学理论,并且提出两个新的观点。第一,他规定了语言学的研究素材,认为孤立的词不过是臆造的语言事实,不过是高级语言分析过程的产物。在他看来,真正的语言事实是在实际语言环境中使用的完整话语。第二,如果一个语音用于两种不同的语言环境,则不能称之为一个词。应该认为是两个词使用了同样的声音或是同音词。要想规定一个声音的意义,就必须仔细研究它被使用时的环境。

◀ 12.3.2 弗斯的理论(Firth's Theories)

弗斯通过吸收索绪尔和马林诺夫斯基的某些观点继承了他们的传统,同时又发展了他们的理论并提出了自己的见解。在马林诺夫斯基的影响下,弗斯把语言看作是社会过程(language as a social process),是人类社会生活的一种方式(a means of social life),而并非仅仅是一套约定俗成的符号与信号。他认为,为了生存,人类必须去学习,而且学习语言是一种参与社会生活的手段。语言本身是一种做事情的手段,是一种使他人做事的手段。(Language is a means of doing things and of making others do things.)它还是一种行为手段,是一种生活手段。(It is a means of acting and living.)

弗斯既不把语言看作是完全天生的,也不把语言看作是完全后天获得的。他倾向于采取一种折中的态度,认为语言既有先天成分又有后天成分(seeing language as something both inborn and acquired)。因此,他坚持语言学研究的对象是在实际使用中的语言。研究语言的目的就是把语言中有意义的成分分析出来,以便建立语言因素和非语言因素之间的对应关系。研究语言的方法是,决定语言活动的组成部分,说明他们在各个层次上的关系以及它们之间的相互关系,然后指出这些成分与所处环境中的人类活动之间的内在联系。这就是说,弗斯试图把语言研究和社会研究结合起来(integrate linguistic studies with sociological studies)。人与文化价值是不能分离的,语言是文化价值非常重要的一部分,所以语言学可以帮助人们揭示人的社会本质。

弗斯提出:意义就是使用用途,因此把意义定义为不同层次上的成分和该层次上此成分的情境之间的关系。(Firth held that meaning is use, thus defining meaning as the relationship between an element at any level and its context on that level.)根据他的理论,任何句子的意义都含有以下五个部分:①每一个音素和它的语音环境的关系;②每一个词项和句子中其他词项的关系;③每一个词的形态关系;④作为例子被给出的句子的类型;⑤句子与其所处上下文的关系。

因此,可以从五个方面对意义进行分析,第一是语音层次,通过分析语音的位置和与其他音的对立来找出语音的功能。第二是词汇和语义层次,这一层的分析目标不仅要说明词的所指意义(referential meaning),而且要说明搭配意义(collocative meaning)。例如,night 的意义之一是和 dark 的搭配关系,而 dark 的意义之一自然是和 night 的搭配关系。第三是形态学层次(morphological level),研究词形变化。第四是句法层次(syntactic level),研究语法范畴的组合关系(the syntagmatic relationship of grammatical categories),或称"类联结"(colligation)。这种关系是靠语言的组成成分实现的,例如 We study linguistics。第五是情景语境层次,在这个层次上主要研究非语言性的物体、行为和事件,以及语言行为所产生的效果。弗斯指出这种研究不去区别词汇和思想,这样做可以使我们说明为什么在某种情境下要使用某种话语。由此我们可以在“运用(use)”和“意义(meaning)”之间画等号。弗斯还指出在一系列的情景语境中每一个较小的情景语境都存在于另一个更大的情景语境之中,就此而论,所有的情景语境都是整个文化环境的基本组成部分。(All the contexts of situation play essential parts in the whole of the context of culture.)

弗斯则像马林诺夫斯基一样把情景语境作为研究的重点。他对情景语境的定义包括整个言语的文化背景和个人的历史,而不仅仅是语言出现的语境中人们所从事的活动。弗斯发现,句子是变化无穷的,于是他提出了“典型情景语境(typical context of situation)”这一概念。这样,很多判断就可以用它来解释。对于典型情景语境,弗斯解释道,社会环境决定了人们必须扮演的社会角色,因此典型情景语境也是有限的。基于这个原因,弗斯说“与大多数人们所想象的不同,谈话更像一种大体上规定好的仪式,一旦有人向你说话,你则基本上处于一种规定好了的语境,你再也不能想说什么就说什么”。于是,语义学就成了对出现在典型情景中的话语进行分类的问题。

弗斯还进行了更为具体和更为详细的语境分析。他提出在分析典型情景语境时,应同时考虑到篇章的情景、语境和语言语境:

(1)篇章本身的内部关系。

1)结构的成分间的组合关系;

2)系统中的单位的聚合关系。

(2)情景语境的内部关系。

1)篇章与非语言成分之间的关系,以及它们总的效果;

2)篇章中的“小片段”和“大片段”(如词、词的部分、短语)与环境的特殊组成成分(如项目、物体、人物、性格、事件)之间的分析性关系。

他在他的《语言学论文集》(1957)中给出了一个图解,不仅概括了情景语境(situational context),而且概括了语言语境(linguistic context):

(1)参加者的有关特征:人物,性格。

1)参加者的语言行为;

2)参加者的非语言行为。

(2)有关的主题,包括物体、事件以及非语言性和非人格性的事件。

(3)语言行为的效果。

弗斯对语言学的第二个重大贡献就是他的韵律分析法(prosodic analysis),也称韵律音系学(prosodic phonology),这是他于1948年在伦敦语言学会上提出的。英文prosody这个词在这里有着特殊的意义。人的话语是一个连续的语流,至少由一个音节组成,不能被切分为若干独立的单位。在这个语流中,要想分析各个层次上的功能,仅靠语音描写或音位描写是远远不够的。这是因为音位描写实际上只探讨了聚合关系(paradigmatic relations),没有考虑组合关系(syntagmatic relations)。弗斯指出,在实际话语中构成聚合关系的并不是音位,而是音声单位(phonematic units)。音声单位比音位的特征要少一些,因为有些特征是一个音节或短语(甚至句子)中的音位所共有的。这种共有特征归到组合关系中去,统称为韵律成分。(There are fewer features in phonematic units than in phonemes, because some features are common to phonemes of a syllable or a phrase even a sentence. When these features are considered in syntagmatic relations, they are all called prosodic units.)

弗斯没有给韵律成分下定义,但是他的论证中描绘了韵律成分的组成,包括重读、音长、鼻化、硬腭化和送气等特征。(Prosodic units include such features as stress, length, nasalization, platalization, and aspiration.)总之,这些特征不单独存在于一个音声单位。

强调"多系统(polysystematic)"的分析并不意味着忽视结构的分析。事实上弗斯非常重视组合关系(syntagmatic relations)。他认为,分析话语的基本单位不是词,而是语篇(text),而且是在特定环境下的语篇。把语篇拆成各种层次是为了便于研究。各个层次是从语篇中抽象出来的,因此先从哪一个层次下手都无关紧要。但是,不论先研究哪一个层次,都必须分析语篇的韵律成分。

韵律分析(prosodic analysis)和音声分析(phonemic analysis)都考虑到基本相同的语音事实。但是,在材料归类和揭示材料的相互关系上,韵律分析就显得优越得多。韵律分析能够在各个层次上发现更多的单位,并且力图说明这些不同层次上的单位相互关联。

◀ 12.3.3 韩礼德与系统功能语法(Systemic-Functional Grammar)

M. A. K. 韩礼德在伦敦学派中继承和发展了弗斯的理论。他的系统功能语法是一种具有社会学倾向的功能语言学处理方法,是 20 世纪最有影响的语言学理论之一,同时也影响到和语言相关的不同领域,如语言教学、社会语言学、话语分析、文体学和机器翻译等。

1947 年,韩礼德在伦敦大学获得了中国语言文学学士。随后于 1947—1949 年在罗常培的指导下在北京大学学习。1949—1950 年在岭南大学,师从王力。后来他在弗斯的指导下攻读博士学位。1955 年,韩礼德完成了他的博士论文《"元朝秘史"的语言》("The Language of the Chinese Secret History of the Mongols")(英文),主要研究了 14 世纪中国北方的方言。1955 年以来,他在英国和美国的多所大学里任教,教授语言学课程。1975 年以来,韩礼德移居澳大利亚,创建了悉尼大学的语言学系,并且一直任教至 1988 年退休。

系统功能语法有两个组成部分:系统语法(systemic grammar)和功能语法(functional grammar)。它们是语言学理论整体框架中紧密相连不可分割的两个部分。系统语法的目标是要说明语言作为系统的内部底层关系,它是与意义相关联的可供人们不断选择的若干子系统组成的系统网络,又称"意义潜势(meaning potential)"。功能语法的目标是要说明语言是社会交往的手段,其基础是语言系统及其组成成分,又不可避免地由它们所提供的作用和功能所决定。

系统功能语法的建立基于以下两个事实:①语言的使用者实际上是在一组系统中进行选择,并且努力在社会的相互作用中实现不同的语义功能。(Language users are actually making choices in a system of systems and trying to realize different semantic functions in social interaction.)②语言和人类的社会活动紧密联系,不可分离。(Language is inseparable from social activities of man.)于是,系统功能语法把语言的实际运用作为研究的对象。(It takes actual uses of language as the object of study.)这一点与乔姆斯基的转换生成语法正好相反,TG 是把理想化的说话人的语言能力作为研究的对象。(TG Grammar takes the ideal speaker's linguistic competence as the object of study.)

1. 系统语法(systemic grammar)

根据弗斯的理论,一个系统就是一组相互排他的选择,它在语言结构中的某一位置起作用。(A system is a set of mutually exclusive options that come into play at some point in a linguistic structure.)和弗斯的音位学一样,系统语法首先关注各种各样的选择的本质和重要性,这些选择是一个人(有意或无意)做出的,是要从一种语言里所能够说出的无穷无尽多的句子里说出某一个特定的句子的决定。系统语法的核心部分是构建句子的一整套有效选择的图表,并且配有对不同选择之间的关系的详细说明。(The central component of a systemic grammar is a chart of the full set of choices available in constructing a sentence, with a specification of the relationships between choices.)例如,韩礼德提出,在英语的主句中,及物性(transitivity)系统提供了"外延的(extensive)"或是"内涵的(intensive)"选择;如果选择了外延的,又会有新的选择"描写的(descriptive)"和"有效的(effective)"出现;如果选择了有效的,就会出现更进一步的"可操作的(operative)"和"能接纳的(receptive)"对立(见图 12-1)。

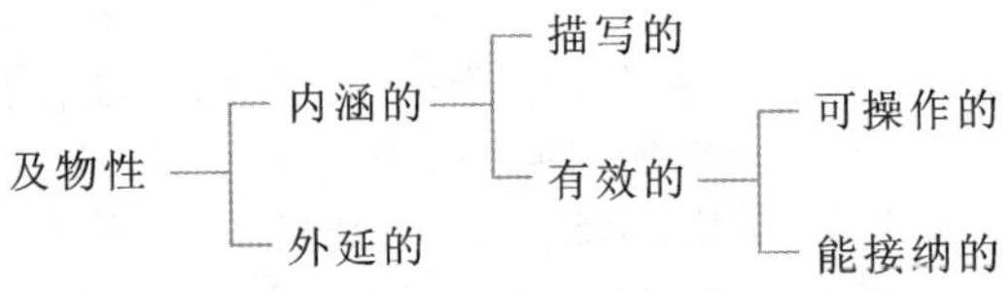

图 12-1　韩礼德的系统语法

韩礼德的系统语法与其他语言学家的理论有所不同,主要体现在以下几个方面:第一,系统语法十分重视语言的社会学特征;第二,系统语法认为语言是"做事"的一种手段,而不是"知识"的手段。他区分了"语言行为潜势(linguistic behaviour potential)"和"实际语言行为(actual linguistic behaviour)";第三,系统语法比较重视对个别语言以及个别变体的描写;第四,系统语法用"连续体"这一概念来解释众多语言事实(例如,不符合语法的—反常—不太反常—不太习惯—符合语法);第五,系统语法依靠对语篇的观察和数据来验证自己的假设;第六,系统语法以"系统"为基本范畴。

在系统语法里,系统的概念是由一条基本的解释性的原则构成的,即整个语言系统被认为是一个"系统的系统"。(In Systemic Grammar, the notion of system is made of a central explanatory principle, the whole of language being conceived as a "system of systems".)系统语法就是建立一个关系的网络系统,把语言系统解释成一种可以进行语义选择的网络。

在一般层面上讲,系统中存在连锁轴(axis of chain)和选择轴(axis of choice)(如图 12-2)。

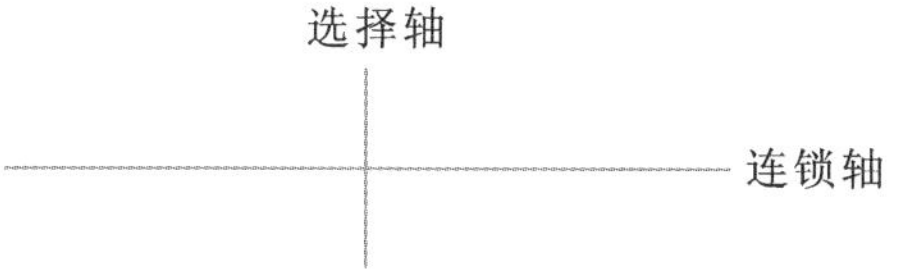

图 12-2

伴随着话语次序出现的水平线为连锁轴(axis of chain),而沿着纵线出现的基本模型则构成选择轴(axis of choice)。连锁轴代表组合关系(syntagmatic relations),选择轴代表聚合关系(paradigmatic relations)。出现在选择轴上的是对比关系。如果没有对比,语言就失去了交际的作用。连锁轴处理语法的表层,例如句法结构、语言单位,以及它们的级(句子、子句、词组、词、语素)。选择轴处理语法的意义,例如系统和精密度(system and delicacy)。

系统就是一组存在于语法中的一系列选择。例如英语中"数"的系统,包含两种选择:单数和复数。而人称系统提供了三个选择:第一人称,第二人称,第三人称(见图 12-3)。

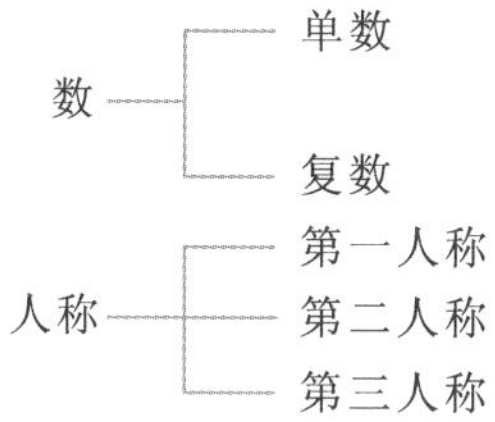

图 12-3

此外英语中还有其他诸如性、时态和语态等系统。一个系统就是一组选择。所以它们是语法能够辨别的意义。系统中的项目被称作选择,即使是特定系统中的项目也有其共同之处,他们都属于同一语义范畴。譬如单数和复数是相互区别的,但是二者都不得不与"数"相关。所有的系统都具有以下三个根本特点:第一,系统中的选择是互相排斥的。(The terms in a system are mutually exclusive.)选择了其中的一个,同时也就排除了对其他项目的选择。第二,每个系统都是有限的(a system is finite)。我们完全能够确定一个系统的限度,准确地说出它所包含的项目的数目,一个不多,一个不少。第三,系统中每一个项目的意义取决于系统中其他项目的意义。(The meaning of each term in a system depends on the meaning of the other terms in the system.)如果其中一个意义改变了,其他项目也要改变意义。

在系统网络中,出现在箭头左侧的是入列条件(entry conditions)。第一,为了对事物进行更为严格的区分,系统中的项目必须有共同的意义场(common area of meaning)。例如,否定选择和复数选择是不同的,但是他们之间的不同远不如否定和肯定、单数和复数之间的区别那么明显。第二,项目必须有共同的语法环境(common grammatical environment)。第三,项目必须描写适合系统的正确单位(也就是说,必须说明该单位是小句还是短语)。第四,系统常常互相提供入列条件。在许多情况下,要从一个系统中做出选择,只有已经从其他系统中做出其他选择之后才有可能实现。例如,在选择语气系统以前,我们必须首先去选择有限或是无限。

在英语里,我们可以对不同类型的过程、参与者和环境进行选择。他们都被统称为及物性选择(transitivity choices)。首先,我们把所有的选择区分为六种(见图 12 -4)。

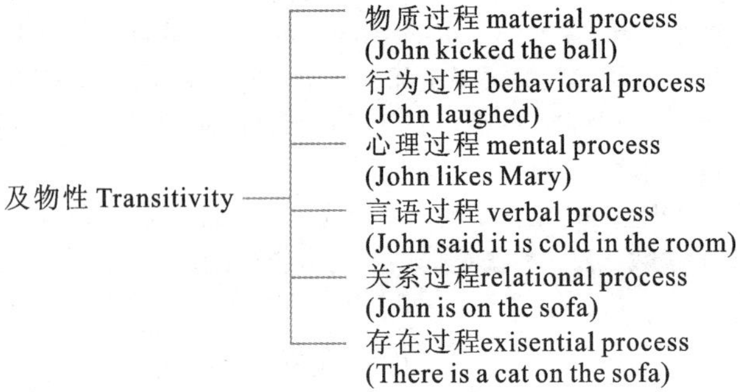

图 12 -4　及物性选择的区分

然后,我们将物质过程又分为两种类型:动作过程(John kicked the ball.)和事件过程(The train left five minutes ago.)。之后,动作过程还可以进一步分为其他若干类型。同样,心理过程也可以被区分为内化过程(internalized process)(I like it.)和外化过程(externalized process)(It puzzled everybody.)。

此外,在系统之间还可能存在另外一种关系,即同时性(simultaneity)。一个系统不依赖于另一个系统,但又有着相同的入列条件,他们就是同时并存的关系。(A system is simultaneous with another system if it is independent of the other system but has the same entry conditions as the other system.)如果两个系统是同时并存的,他们的项目能够自由结合,并且其中任一系统的项目都可以与另一系统中的任何项目结合。

在英语里有许多系统,所谓系统语法就是选取一个普遍意义的区,然后逐步地把它拆分为越来越小的子区。在每个阶段,我们都对意义进行了更好的区分,也使得这种区分愈加精密。

精密度(delicacy)用来辨识越来越细致的范围的程度。(Delicacy refers to the dimension which recognizes increasing depth of detail.)在分析过程中,我们选择一个普通的语义区,然后把它分为越来越小的子区,在每个阶段,都使语义的区别越来越精细。我们可以按照这种区别的程度来排列系统。这个度,就叫作精密阶(scale of delicacy)(见图 12－5)。

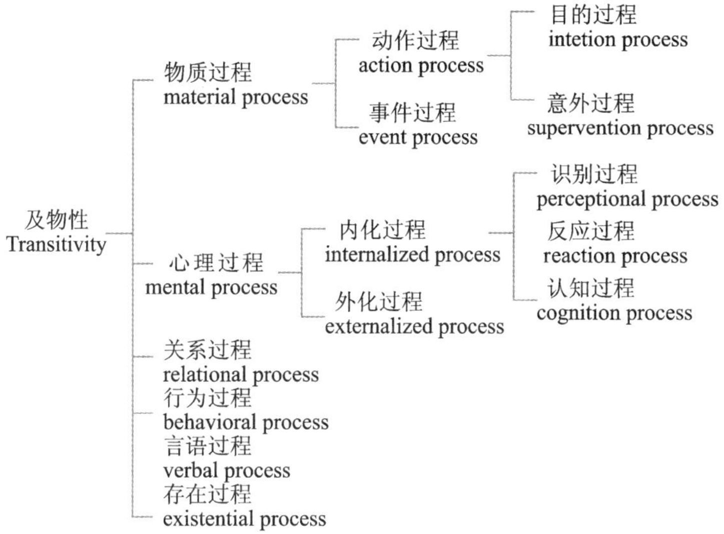

图 12－5　精密阶

在表达意义时,人们特意在系统网络中进行选择。在此基础上,选择就是意义。韩礼德认为,在不同的层次间存在着体现关系。"意义"的选择(在语义层上)被"形式"的选择(在词汇语法层上)所体现;而"形式"的选择又被音系层上"实体"的选择所体现。换言之,就是"能干什么"体现于"能意味着什么","能意味着什么"体现于"能说什么"。根据体现的观点,我们可以把语言看作一个多层代码系统(multi-level code system),在这个系统里一个子系统包含于另一个子系统中(见图 12－6)。

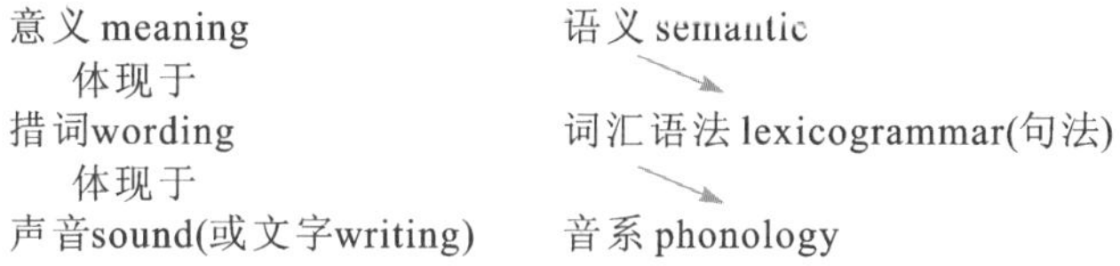

图 12－6

在系统语法中,关系的实现用箭头 ↘来表示。

2. 功能语法(functional grammar)

韩礼德的系统语法包含有功能的内容(韩礼德,1985/1994/2004),即以功能结构来解释语法形式。由于把功能看作与语篇(此处兼指书面和口头)分析有着特别的关联,韩礼德把功能语法定义为"实质上的'天然'语法(essentially a 'natural' grammar)",也就是说,所有的东西都可得到解释。韩礼德认为语言之所以是语言,就是因为它必须提供某种功能。换句话说,社会对语言的要求促使语言形成了自身的结构。他从功能观点出发来描述语言的发展,并且形成了一套语言的功能理论。

韩礼德认为儿童语言发育是"语言功能的掌握","学习语言就是学习如何表达"。于是,他提出 7 种儿童语言模式的功能:①工具功能(the instrumental function);②调节功能(the regulatory function);③交往功能(the interactional function);④个体功能(the personal function);⑤启发功能(the heuristic function);⑥想象功能(the imaginative function);⑦信息功能(the informative function)。

根据韩礼德的看法,成年人的语言变得更加复杂,承担着更多的功能,而且最初的儿童语言功能范围将会逐步减少为一套高度符号化和抽象化的功能,即元功能(metafunctions),包括概念功能、人际功能、语篇功能(the ideational, the interpersonal, and the textual functions)。这些元功能以"语法"的形式在语言系统新的层面出现,而语法系统一如其旧,输入功能,输出结构;提供一套心理机制,将不同的功能以成年人所需要的方式结合在一句话里。

(1)概念功能。

概念功能(包括经验部分和逻辑部分)用来表达新的信息或是给听话者传递一定的未知内容。(The Ideational Function ("External" and "Logical") is to convey new information, to communicate a content that is unknown to the hearer.)在目前所有的语言运用中,概念功能是一种意义潜势(meaning potential)。这是因为,一个人无论对语言进行何种具体运用,也都必须参照他对自己的经验的分类。

概念功能主要包括"及物性(transtivity)"和"语态(voice)"。整个及物性系统是概念内容的一部分。就这一方面来说,功能不仅具体指定对意义的有效选择,而且还决定这些结构得到体现的本质。(In this respect, the function not only specifies the available options in meaning but also determines the nature of their structural realizations.)例如 John built a new house 可以被分析为不同语言功能的构造:

动作者:John

过程,物质,创造:built

目标:a new house

这里的动作者、过程、目标以及它们的子范畴(subcategories)反映了我们对从经验而来的现象的理解。动作者、过程、目标等概念只有当我们假定概念功能是用来满足语言功能的某种理论时才有意义。如果我们要解释子句的结构,在分析过程中使用这些术语也是非常必要的。子句是一个结构单位,我们用它来表达概念意义的某个特定的范围，来表达我们的经验过程，表达我们具体的或是抽象的内部世界，表达我们自身的意识、爱好、所见、所想以及所说等。

及物性就是子句意义中的概念功能。(Transitivity is simply the grammar of the clause in its ideational aspect.)

物质过程是表示做某件事的过程(Material processes are those in which something is done.)，这类过程由一个动态动词(例如 beat, break, kick)、一个动作者(逻辑主语)和动作的目标(逻辑上的直接宾语，通常是一个名词或者代词)来表示。

心理过程表示诸如感觉(see, look)、反应(like, please)和认知(know, believe, convince)等心理活动。(Mental processes express such mental phenomena as "perception", "reaction" and "cognition".)他牵涉两个参加者：感觉者和被感知的现象(senser and phenomenon)。

关系过程可以被分为"归属"(attributive)"识别"(identifying)两类。前者指某个实体具有何种属性，或者归属于何种类型，例如："Sara is wise"。后者表示两个实体间的统一性，例如："Tom is the leader", "The leader is Tom"。这两种关系过程又可以进一步分为"内包式"(intensive)、"环境式"(circumstantial)和"所有式"(possessive)(见表12-1)。

表12-1　关系过程

类　型	模　式	
	(i)归属	(ii)识别
(1)内包式	Sara is wise	Tom is the leader; The leader is Tom
(2)环境式	The fair is on a Tuesday	Tomorrow is the 10th; The 10th is tomorrow
(3)所有式	Peter has a piano	The piano is peter's; Peter's is the piano

言语过程是交流信息的过程。(Verbal processes are those of exchanging information.)常用的动词有 say, tell, talk, praise, boast, describe 等。在这类过程中主要的参与者是讲话者、受话者和讲话内容。

行为过程指诸如呼吸、咳嗽、微笑、讥笑、哭泣、瞪眼、做梦之类的生理和心理活动过程(physiological and psychological behaviour)。一般只有一个参与者，即通常为人的行为者。这一点与心理过程非常相似。行为过程与只有一个参加者的物质过程有时是难以区分的，这就要看所牵涉的行为是否是生理或心理方面的行为。如果行为过程有两个参与者，我们就可以将它视为物质过程，例如"Mary kissed John"。

存在过程是表示有某物存在或有某事发生的过程。(Existential processes represent that something exists or happens.)在任何一个存在过程中，都必须有一个存在物(existent)。

例 12 – 2

There is a *new office building* at the end of the road.

Does *life* exist on Mars?

Along the street there comes *the bus*.

(2)人际功能(the interpersonal function)。

人际功能是充分利用语言来表达社会和个人的关系,包括讲话者进入语言情境的各种方式及实施的言语行为。(The Interpersonal Function embodies all uses of language to express social and personal relations. This includes the various ways the speaker enters a speech situation and performs a speech act.)子句并非仅仅局限于及物性的表达系统,而是在成人的语言系统中同时存在着非概念性的要素。

人际功能通过语气和情态来实现。(Interpersonal function is realised by mood and modality.)语气表明讲话者选择了某种言语角色,同时也赋予了听话者一种言语角色。讲话者选择了命令语气,就承担了发出命令的角色,同时置听话者于预期的遵守命令的角色之中。情态则说明讲话者是否做出论断。例如:"Give me that teapot!"

语气由两部分组成,即主语和限定成分(the "Subject" and the "Finite" element)。主语可以是名词,名词词组或者从句。

例 12 – 3

To argue with the captain is asking for trouble.

Ignoring the problem will not make your work easier.

限定成分是表达时态或情态的助动词或情态动词,它们是动词词组的一部分。(Finite elements are auxiliary verbs and modal verbs that express tense or modality, and they are part of the verb phrase.)在上面的例子里,is, will 即属于限定成分。

剩余成分指句子的剩余部分(RESIDUE refers to the rest of the clause),它包括三个功能成分:谓语、补语和附加语("Predicator","Complement"and"Adjunct")。在英语小句中一般的顺序是"谓语补语附加语"。但是,当附加语和补语充当子句的有标记主语(位于句首)时,它们仍然属于剩余成分的一部分(见表 12 – 2)。

表 12 – 2　剩余成分关系表

that teapot	the duke	has	given	to my aunt last year
附属语	主语	限定成分	谓语	附属语
剩余成分	语气成分		剩余成分	

韩礼德认为,在各种言语角色中,有两种是最基本的,即给予和求取(giving and taking)。在交际过程中,交际对象也可以分为两类:物品或服务与信息(goods-&-services and information)。由此,言语角色与交际对象的组合产生了四

种基本的言语功能：提供（offer）、命令（command）、陈述（statement）、提问（question）（见表 12－3）。

表 12－3

交际对象 / 交际角色	(a)物品或服务	(b)信息
给予	提供 Would you like this teapot?	陈述 He's giving her the teapot.
求取	命令 Give me that teapot!	提问 What is he giving her?

注：资料来源：韩礼德，1994：69

将两种变量结合起来，就界定了四种基本的言语功能：提供、命令、陈述和提问。相应地，还存在着一组与之匹配的反应：接受提供的对象、执行命令、认可陈述和回答问题（见表 12－4）。

表 12－4

		起始	预期回答	自由选择
给予	物品或服务	提供	接受	退回
求取	物品或服务	命令	执行	拒绝
给予	信息	陈述	认可	驳回
求取	信息	提问	回答	拒答

注：资料来源：韩礼德：1994：69

(3)语篇功能（the textual function）。

语篇功能是指语言中存在着一种机制将口头或书面的话语组织成连贯统一的语篇，这种机制使实际的言语区别于一系列的随意的句子。（The Textual Function refers to the fact that language has mechanisms to make any stretch of spoken or written discourse into a coherent and unified text and make a living passage different from a random list of sentences.）尽管两个句子在概念功能和人际功能方面可能完全相同，但就语篇功能而言则可能存在较大区别。

语篇功能满足了使实际应用中的语言前后相关联的要求，使实际的上下文具备一定的结构，从而使实际的篇章区别于语法或者词典中一个个孤立的条目。它提供了一系列潜在的可用的意义，使语言结构的组成成为可能。比较下面两组句子：

例 12－4

a. Mary had a very bad cold last week. Mary went to the doctor. The doctor said there was nothing serious. The doctor gave Mary some medicine. The doctor told Mary to take a rest for a few days. Mary took some medicine. Mary took the doctor's advice. Mary got better on the third day. Mary started to work on the third day.

b. Mary had a very bad cold last week and went to the doctor. The doctor said there was nothing serious, gave her some medicine, and told her to take a rest for a few days. She took the medicine and his advice, got better on the third day, and started to work right away.

后者读起来比前者更为统一连贯。这两组句子在概念成分和人际成分方面颇为相似,在语篇成分上却有着区别。前者忽略了某些成分重复出现的事实,将它们一概视作首次出现的成分。后者用“and”避免结构的重复;用定冠词“the”和代词“his”和“her”代替之前出现过的名词;用“she”代替“Mary”;用“right away”代替短语“on the third day”。诸如此类的连接成分一起被当作衔接语篇的组成部分。

语篇功能还对篇章中的某些部分形成了强调。例如,在下面的例子中:

例 12 – 5

Authority I respect, but *authoritarianism* I deplore.

“Authority”“authoritarianism”都得到了强调。这些成分都作为补语出现。在两个例子中,补语均被置于主语和谓语之前的位置上,这个位置对于补语而言是比较不寻常的,句子的重心因此被移到补语之上。

韩礼德认为,子句是概念意义、人际意义和语篇意义同时实现的产物(见表 12 – 5)。

表 12 – 5

<table>
<tr><td rowspan="2">概念意义
物质过程
动作/肯定</td><td>This house</td><td colspan="2">was built</td><td>by John Smith</td></tr>
<tr><td>目标/被动</td><td colspan="2">过程:具体动作</td><td>动作者</td></tr>
<tr><td rowspan="2">人际意义
陈述</td><td colspan="2">语气</td><td colspan="2">剩余成分</td></tr>
<tr><td>主语</td><td>限定</td><td>谓语</td><td>附加语</td></tr>
<tr><td rowspan="2">语篇意义
无标记主位</td><td>主位</td><td colspan="3">述位</td></tr>
<tr><td colspan="3">已知信息</td><td>新信息</td></tr>
</table>

由于语言具有概括性的人际功能,我们能够用它来表达各种具体形式的个人表达和社会交际。当然,要使上述两者有效地发挥作用,还需要语篇功能作为先决条件。有了这个条件之后,语言方可成为语篇,并与它自身以及它在上下文中的使用价值联系起来。倘若没有语篇成分,我们就根本不可能自如地使用语言。

沿着这个线索进一步讨论,我们就要涉足语言之外的一些社会意义的理论。从语言学家的角度来看,这个领域中最重要的工作是由伯恩斯坦(Bernstein)完成的。他关于文化传播和社会变化的理论是独一无二的,即认为在社会过程中语言作为不可或缺的要素深入影响文化传播和社会变化。(language is built into cultural transmission and social change as an essential element in social processes.)

◀ 12.3.4 适用语言学(Appliable Linguistics)

不同于“应用”(applied)或者“可用”(applicable)语言学,适用语言学是由韩礼德(Halliday)于 2006 年 3 月在香港城市大学为“韩礼德语言研究智能应用中心”(Halliday Center for Intelligent Application of Language Studies)的成立做演讲时所提出的。韩礼德相信语言理论“本质上是以消费者为导向的”(consumer oriented)(1985:7),在此基础上,韩礼德致力于“对语言进行系统的,‘合适可用的’”(appliable)描述,而不是构造“一个更为强有力的理论框架”。在其著作《语言系统的并协与互补》(Complementarities in Language)(2008)中,他探讨了词汇(lexis)与语法之间的互补性(complementarities),“语言作为系统”与“作为语篇”间的互补性以及口语和书面语间的互补性。他的观点得到了响应,并作为论文集《适用语言学》(Appliable Linguistics)(Mahboob & Knight, 2010)出版了。随后上海交通大学“马丁适用语言学中心”(Martin Center of Appliable Linguistics)于 2014 年成立了。

适用语言学涉及语言学理论的发展和评价。主要由如下原则构成:

(1)理论与实践密不可分。韩礼德认为理论应该具有适用性(appliability)。他反对学术圈里存在的一些错误观点,比如有些语言学家重理论,轻实践,而有些则完全忽视了理论对实践的指导作用。鉴于理论语言学与应用语言学间存在区别,而二者之间又很少交流,韩礼德提出理论应该被视为是解决实际问题的办法,理论解决顾客的实际需要。

(2)语言是意义。意义是选择(language as meaning and meaning as choice)。现代语言学家虽然在语音学、音系学、词汇学及句法的研究上做出了成绩,但在语义学上却收获甚少。韩礼德认为语言学的重点应该转移到语义学的研究上去。在他的论文《精确选择》(Pinpointing the Choice)中,韩礼德(2010)向我们展示了语言系统的应用,其实是语义系统的选择的全过程(how our application of linguistic framework can always be located as choice in the linguistic systems of meaning)。他进一步指出意义存在于各种情境(situations)或环境中(environments),我们不仅仅要把语言视为意义,还要把意义视为“选择”。

(3)社会理据性(social accountability)。语言不是一套规则,它根植于社会意义中(Hu, 2007)。社会理据性与批判性社会实践相冲突(critical social practice)。意义的建构与解释,其可接受性和适用性(applicability),其选择标准和评价都由社会和文化语境中的“社会人”来完成。只有坚持这项原则,某个特定单词,句子甚或语篇的意义才能恰当地确定下来。甚至政府和大学管理部门批准这样的语言研究项目,才合理,才能为大家接受。而且对理论的研究发现或研究项目的评估同样也应该依赖于社会理据性。

(4)多模态研究(multimodal research)。意义还可以通过不同的方式或模态(modes)来实现。这些模态由参与者结合现实情境来进行选择和使用。“韩礼德语言研究智能应用中心”选择三个项目来进行起始研究:文摘的自动处理,机器翻译，以及学习成就的评估。适用性语言学（2010）收纳了与多模态研究相关的论文，因为除了语言外，人类交际还需要其它的模态来表达意义，特别是在科技，尤其是计算机科学和信息技术高速发展的时代。

为了应对各种挑战和解决新的问题，系统功能语言学理论的研究目的和应用一直在不断地发生着变化。"适用性"这个概念要求理论和实践的发展应该符合新形势的要求。"适用性语言学"不是系统功能语言学家们的专属理论，也适用于语言学的其他学派。不仅如此，它不仅适用于语言学研究，还可应用于其它相关学科。

12.4 美国结构主义（American Structuralism）

美国结构主义（American structuralism）是共时语言学的一个分支，独立地诞生于20世纪初的美国。它在人类学家F·博厄斯（Boas）（1858—1942）的领导下，以完全不同于欧洲传统的风格进行着。

欧洲的语言学研究始于两千多年以前，而美国的语言学则始于19世纪晚期。传统语法在欧洲一直占据统治地位，而在美国，其影响却微乎其微。欧洲有众多的语言，并且都有自己悠久的历史和丰富的文化；而在美国，居统治地位的只有英语，在那里，没有欧洲语言那样的传统。此外，在美国最早对语言学感兴趣的学者是人类学家，他们发现印第安人的土著语言没有任何文字记载，当一种土著语言的最后一个使用者死去，这种语言也很快随之消亡。这让他们感觉到在消亡之前记录这些语言的迫切性，而且，这些语言种类之多，彼此差异之大，在世界上其他任何地区都是极罕见的。那儿大约有一千多种美国印第安土著语，分别属于150多个不同语系。据说仅在加利福尼亚这一地，其土著语就比整个欧洲的全部语言还要多。

◀ 12.4.1 早期：博厄斯和萨丕尔（Early Period: Boas and Sapir）

作为北美人类学方面的专家，博厄斯成为调查墨西哥以北众多美洲印第安土著语的发起人。其调查结果为1911年编辑出版的《美洲印第安语言手册》（*Handbook of American Indian Languages*）。博厄斯亲自撰写了其中若干章节，并且为全书写了重要的前言，总结了描写处理语言的研究方法。博厄斯还训练了一批人去调查其他语言。

博厄斯没有受过任何正式的语言学训练，完全是自学成才的。这种专业技能的欠缺实际上对他的研究工作反而有利无害。欧洲语言学家强调语言的普遍性，博厄斯则与之不同，他认为在世界上根本不存在什么最理想的语言形式，人类语言是无穷无尽千差万别的。尽管一些原始部落的语言形式似乎非常任意、不合理，但这一判断没有有力的事实予以支持。对于原始部落成员来说，印欧语同样是任意的、不合理的。博厄斯强烈反对那种视语言为种族之灵魂的观点。他证明，种族的进化和文化的发展与语言形式之间没有必然联系。由于历史变迁的原因，原来属于同一种族的人开始使用不同的语言，同一语言也可以被不同种族的人使用，同一语系的语言使用者也可以属于完全不同的文化。因此，语言只有结构上的差别,而没有"发达"与"原始"之分。

在为《美洲印第安语言手册》写的前言中,博厄斯论述了描写语言学(descriptive linguistics)的框架。他认为这种描写包含三个部分:语言的语音、语言表达的语义范畴、表达语义的语法组合过程。博厄斯已经注意到每一种语言都有它自己的语音系统和语法系统。对于要研究的语言,语言学家的重要任务是去概括各种语言的特殊语法结构和分析各种语言的特殊语法范畴。他处理美洲印第安语言数据的方法是分析性的,不采用跟英语或拉丁语等语言比较的方法。博厄斯从人类学的观点出发,把语言学看作是人类学的一个部分,故而没有把语言学确立为一门独立的学科。尽管如此,他的基本观点和考察、描写语言的方法,不但为美国描写语言学铺平了道路,而且影响到几代语言学家。

萨丕尔(Sapir)(1884—1939)与博厄斯一样,也是一位杰出的人类语言学家。在与博厄斯的纽约会面之前,萨丕尔在攻读日耳曼语硕士学位,并且很自信自己能够非常好地理解语言的本质。但当他遇到博厄斯之后,萨丕尔发觉自己似乎仍有很多东西需要学习。于是,他选用具有自身文化背景的当地发言人,开始着手按照博厄斯的方法去调查美国印第安语。对萨丕尔来说,这是一段极为宝贵的经历,同时也是对试图把印欧语语法范畴施加于其他语言的传统实践的一次根本性的变化。萨丕尔关于语言的理论与其思想后来被他的学生B·L·沃尔夫(Whorf)(1897—1941)继续发展,并以"萨丕尔—沃尔夫假说(the Sapir-Whorf Hypothesis)"而广为人知。

萨丕尔的全部心血凝结于1921年出版的《语言论:言语研究导论》(*Language: An Introduction to the Study of Speech*)一书中,这也是萨丕尔撰写的唯一专著。萨丕尔从人类学的角度出发来描写语言的特点及其发展,其主要焦点是类型学(typology)。这部书的目的是要"给语言学一个适当的展望而非堆积语言事实。它很少述及言语的心理基础,对那些特殊的语言也仅仅给出充分的现实描写或历史事实来说明其基本原则。主要目的在于说明语言是什么;它怎样随着时间和地点而变异;语言和人类所关心的其他根本问题之间的关系,如思维问题、历史过程的本质、种族、文化、艺术"。他把语言定义为"语言是纯粹人为的、非本能的、自觉制造出来的符号系统来传达观念、情绪和欲望的方法"。他甚至将语言和走路相比较,说"走路是人的遗传的、生理的、本能的功能","是一种普遍的人类活动;人和人之间,走路的差别是有限的",并且这种差别是"不自主的,无目的的"。萨丕尔的《语言论》涉及的内容非常广泛,详细论述了语言成分、语音、语言形式、语法过程、语法概念、结构分类以及历史演变等诸多问题。

关于语言和意义之间的关系,萨丕尔坚持认为语言和意义的联系并非必然但可能确实存在。关于语言和思维之间的关系,萨丕尔认为尽管二者的联系如此紧密,但实际上并不相同。语言是工具,思维是终极产物;没有语言,思维是不可能实现的。(Language is the means, and thought is the end product: without language, thought is impossible.)

萨丕尔还注意到语言的普遍性。他认为,人类的一切种族和部落,不论其多么野蛮或落后,都有自己的语言。除去形式上有所差别,各种语言的基本框架(即毫不含糊的语音系统、声音与意义的具体结合、表达各种关系的形式手段等)都已发展得十分完善。语言是人类最古老的遗产,其他任何有关于文化的方方面面都不可能早于语言。可以说,没有语言,就没有文化可言。

◀ 12.4.2 布龙菲尔德的理论(Bloomfield's Theory)

L·布龙菲尔德(Bloomfield)(1887—1949)是美国描写语言学的首要代表。他是美国语言学研究历史上的一位标志性人物,以至于1933—1950年这段时期被众人称作"布龙菲尔德时代"。也正是这个时期,美国描写语言学开始正式形成并迎来了它的最初发展阶段。

布龙菲尔德的《语言论》(1933)一度被大西洋两岸同时奉为科学的方法论之典范以及语言学方面最伟大的著作。在布龙菲尔德看来,语言学是心理学的分支,并且特别指出是心理学中带有实证论特征的行为主义(Behaviourism)的分支。行为主义是一种科学研究方法,其理论基础是认为人类无法认识他们所未经历之事。从行为主义的语言观出发,儿童对语言的学习是通过一连串的"刺激—反应—强化"来达到的,而成年人对语言的使用也是一个"刺激—反应(stimulus-response)"的过程,当行为主义者的方法论通过布龙菲尔德的著作进入语言学研究以后,在语言学研究中普遍的做法就是去接受、理解一个本族语使用者用他的语言说出的语言事实本身,而丢弃他对其语言所作的评论。这是因为只有观察了没有准备的、由说话人自然陈述的话语而做出的语言描写才是可靠的;相反,如果一个分析者通过询问说话者诸如"你能否用你的语言说……"之类的问题等到的语言描写则是不可靠的。

布龙菲尔德用一个有趣的例子来说明他的刺激—反应理论(stimulus-response theory)。假设一个男孩和他的女朋友正在散步。女孩饿了,她看到树上有苹果,于是发出一些声音。结果那个男孩就跳过篱笆,爬上树,摘下果子,递给女孩。女孩便把苹果吃了。这一系列行为可以被分解为语言行为和实际事件,而整个故事可以被分为三个部分:①语言行为之前的实际事件;②语言;③语言行为之后的实际事件。在①的实际事件中,女孩饿了,树上的苹果,以及她和男孩的关系,都构成了对说话人的刺激。在③中,是那个男孩的实际行动,叫做听话人的反应。那个女孩的语言行为的结果就是,她本人不必亲自去爬树就得到了苹果。于是,布龙菲尔德的第一条原则就是:一个人受到某种刺激时,他可以用他的语言去让另一个人做出相应的反应(when one individual is stimulated, his speech can make another individual react accordingly)。在一个社会中,不同的人总是具有不同的能力,但只要有一个人会爬树,只要有一个人会捕鱼,大家就都能吃苹果,也都能吃鱼。于是布龙菲尔德得出他的第二条原则:劳动分工以及基于劳动分工基础之上一切人类活动,都依赖于语言(the division of labour and all human activities based on the division of labour are dependent on language)。最后,再来看看那女孩发出的声音。这是对外部刺激(饥饿)的语言反应。这些声波抵达男孩的耳朵,耳朵又刺激他的神经,使他听女孩说的话。这就是对那个男孩的刺激。这就是说,人们可以对两种刺激做出反应:实际刺激和语言刺激。于是,布龙菲尔德得出了他的第三条原则:说话人和听话人身体之间有一段距离——两个互不相连的神经系统——由声波作为了桥梁(the distance between the speaker and hearer, two separate nervous systems, is bridged up by sound waves)。布龙菲尔德从中提出了一个著名的公式:

S→r…………s→R

这里 S 指实际刺激,r 指语言的代替反映,s 指语言的代替性刺激,R 指外部的实际反应。

布龙菲尔德还谈到语言学对语言教学的应用,并对传统语法提出批评。他指出,18、19 世纪的语法学家大都是在为英语制定"英语应该如何"的规则。其实,所有的变体都是真正的英语。他还认定,那些传统的语法学家大都是规定性的,企图用哲学概念规定语言范畴,因此是教条主义。这样,在语言教学中,我们应该首先教发音,而不是过多地去注意文字形式。关于美国的外语教学中流行的实践法,他认为学习一门语言需要不间断地在真实情境中不断实践与反复,而不是去教授学习者学习语法理论。那些传统的方法不仅给学生造成疑惑,而且不符合经济的原则,不会给学习者很大的帮助。

布龙菲尔德的《语言论》被看作是一部教科书,它开创了一个语言学流派——美国结构主义语言学。早在半个世纪以前,布洛克(Bloch)(1949:92)就写到:这样说绝不是过分其辞,在美国所发生的分析方法上每一项重大的改善……都是由于布龙菲尔德的这本书对语言研究促进的直接成果。如果说今天我们在描写分析的方法上在某些方面比他的方法高明一些,我们对于语言结构的某些方面比他本人认识得更清楚一些,这是因为我们站在了他的肩上。

◀ 12.4.3 后布龙菲尔德语言学(Post-Bloomfield Linguistics)

在布龙菲尔德《语言论》的影响下,哈里斯(1909—1992)、霍凯特(1916—2000)、特雷格、史密斯、希尔以及霍尔等美国语言学家进一步发展了结构主义。他们的一大特点就是严格(彻底)的经验主义。20 世纪 50 年代,随着电子计算机的出现,一些语言学家开始意识到普通语言学研究最为适当的、固有的目标就是发明一套明确的"发现程序(discovery procedures)",使得计算机能够处理任何语言的原始数据,并且在无人为干涉的情况下形成一套完整的语法。因此,后布龙菲尔德时期语言学以直接的观察为中心,即通过对所有数据进行一系列恰当的操作来发现语法,比如通过发现程序。这里所谓的全部数据即为"言语(speech)",所以操作必须从音流的语音分析入手。既然音素(phonemes)是构成众多不同类型的结构,它们就可以被分类为最小的可重复的排列或是语素形式,它们都是同一语素的成员。在发现语言中语素的基础上,语言学家的任务就是去找出语素是如何被组合起来形成语法的。为了发展完善句子结构的发现程序,后布龙菲尔德时期语言学家还对话语层面产生了浓厚的研究兴趣。

哈里斯(Harris)的《结构语言学的方法》(*Methods in Structural Linguistics*)(1951)一书被普遍看作是标志着美国结构主义达到其成熟期的著作。在这一著作中,哈里斯给出了关于发现程序最为完整全面和引人入胜的表述,其主要特点是精密的分析手续和高度的形式化。意大利的语言学家莱普希(Lepschy)认为哈里斯的这部书是美国后布龙菲尔德时期语言学的象征和转折点(Lepschy, 1970:120)。

哈里斯把"分布关系的逻辑(the logic of distributional relations)"作为结构语言学的基本方法,建立了一整套系统的描写语言的手续。这一方法极大地影响了美国描写语言学,哈里斯也因此被称作"后布龙菲尔德时期"最为杰出的语言学家。尽管如此,哈里斯也一度受到过批评。有的语言学家指出哈里斯的理论是一种循环论证:单位是靠分布得出来的,分布又得看环境,而环境又是由单位组成的。还有一些语言学家批评了哈里斯在对意义的问题上所采取的极端态度,认为哈里斯一直试图完全排斥意义,而实际上仍然很依赖意义来解决问题。但无论受到何种批评,哈里斯制定的方法作为可能实现的描写手段之一仍然具有极为重要的价值。

霍凯特(Hockett)既是一位语言学家又是一位人类学家。他不仅对音位、语素和语法分析以及普通语言学及其与其他学科的关系等方面有着卓越贡献,还对其结构主义的观点进行了令人激动和鼓舞人心的捍卫,同时又对转换语法中许多通常在表面上看来无可争议又甚为基础的假设提出质疑。

《现代语言学教程》(***A Course in Modern Linguistics***)(1958年)就是霍凯特的一部非常著名的关于美国描写主义传统的教科书。该书接纳并且发展了自20世纪30年代就不断向前的结构主义模式的成果。在书的前言中,霍凯特说这本书是打算作为大学语言学方面的教科书的。虽然霍凯特没有接受过任何语言学方面的教育和训练,但在他的书中几乎每一页都可以看得出美国语言学家,尤其是布龙菲尔德的影响。

在霍凯特之后的结构主义者中最为杰出的人应该就是K · 派克(Pike)(1912—2000)了。派克和他的后继者因其语言学分析的手法——法位学(tagmemics)而拥有特别的声誉。

派克认为,一种语言总有它独立的完全不依靠意义的系统。而且不仅语言有等级系统,世界上一切事物都是有系统、分等级的;都是由小到大,由下到上,由简单到复杂,由部分到整体分成若干不同等级的。语言也是如此有着三种相互关联的等级系统:音位(phonological)等级系统、语法(grammatical)等级系统和所指(referential)等级系统。这三种等级系统中的每一个层次都具有轨位(slot)、类别(class)、作用(role)和衔接(cohesion)这四个特性的语言单位。这些基本单位就叫作语法单位,简称法位(tagmemes)。一般说来,轨位规定某个法位在它所在的结构中占据的是核心地位还是外围地位,有时也分为主语轨位、谓语轨位、宾语轨位和附加语轨位。(The slot specifies whether a certain tagmeme is in the position of the Nucleus or of the Margin in the structure. The slot can be a subject slot, a predicate slot, object slot, and additive slot.)类别则用来区分这个轨位上的语言实体是什么。(The class tells what the linguistic entity is in the position of slot.)如词缀、名词、名词短语、动词根等。其作用是指明该法位在结构中的职能,如动作者(actor)、受事者(dergoer)、受益者(benefitee)、协同者(associated agent)、方位(scope)、时间(time)等。衔接是表明该法位是支配其他法位还是受其他法位支配。(The cohesion shows whether a certain tagmeme is dominating other tagmemes or is dominated by others.)一个法位的公式是:

法位 Tagmeme	=	轨位 Slot	类别 Class(es)
		作用 Role	衔接 Cohesion

图中四个成分中的任何一个都被称作为一个单元(cell)。有些法位是必须的、强制性的,因而标以“ + ”号;而那些任选的,非强制性的则标“ - ”号。如果用这个公式来表示一个动词,表达如下:

动词	=	+	核心	动词根
			谓语	——

动词	=	±	外围	时间词缀
			时间	时间一致性

法位学的最终目的是要提供一套能够把词汇、语法和语音等信息综合在一起的理论。(The ultimate aim of tagmemics is to provide a theory which integrates lexical, grammatical, and phonological information.)其理论基于如下假设,即在语言中存在各种各样的关系,这些关系都能被分析为各种不同的单位。然而,为了假设语言是人类行为的一部分,人们就必须明白语言是不能严格地形式化的。既然没有能够解释所有与语言相关的事实的描写系统,法位学便转而用不同的描写模式去服务于不同的目的,并且不再坚持世上只有唯一正确的语法和语言理论。

最后,自 20 世纪 50 年代后期,Sydney M. Lamb 提出的理论模式包含三个层级(level 或 strata):音位(phoneme)、词位(morpheme)和形态音位(morphophoneme)。这便为它的层次语法奠下了基础。Lamb 和 Hjelmslev 一样,认为语言是一个由各种关系组成的系统,而非各种组成要素的集合。他认为语言学家尽管无法直接观察到该关系系统,但能够观察到语言结构中实际存在的表现形式。在对这些数据进行分析时,语言学家必须努力构建该关系系统下潜在的表征形式。Lamb(1966:3)指出语言分析可以理解为一个简化过程。该过程既包括简化,又包括归纳总结。例如，在代数中：

abc + abd + abc + abf + abg

可以合并为：

ab (c + d + c + f + g)

后一种表达式比前一种更加简洁，它包含的归纳过程在此并未说明。因而，语言学家能做的和学习代数的学生很相似。例如：

blueberry, craneberry

可以合并为：

```
blue────┐
        berry
cran────┘
```

各要素和实体只有在由其维持的各种关系中才有意义。Lamb 主张语言在本质上将语音和意义联系起来，反之亦然。尽管这种关系很复杂，它仍可被视为一系列相互关联的层级系统或层级。每一层级系统在其所在层级都存在自身的组合规则，不同的层级在体现的基础上相互连接起来。

在各层级中，主要的四种从上到下依次是语义层级、词汇层级、词位层级和音位层级。每一层级中的项目由更小的“ - on”单位组成：(semon)、词子(lexon)、(morhpon)和音子(phonon)。例如在英语中词位^{L}/understand/ 由两个词子组成：^{LN}/under/和^{LN}/stand/。词位^{L}/stand/由单一的词子^{LN}/stand/组成。像^{M}/under/是由四个 morphon 构成的：^{MN}/ʌ/、^{MN}/ n/、^{MN}/d/和^{MN}/ə/。音位^{P}/m/由两个词子组成：^{P}/Ns/和^{P}/Lb/。① 在很多情况下，高一层级的单位只能通过低一层级的单位来实现。例如，音位^{M}/under/中的四个 morphon 只能通过四个音子：^{P}/ʌ/、^{P}/n/ 、^{P}/d/和^{P}/ə/来实现。

层次语法利用语结和连线将层级上的各种关系连接起来，将语言分析变成由语结和连线编织成的关系网络。在该关系网络中，语言的各种关系是通过三种模式实现的：变更模式、组合模式和符号模式。

尽管 Lamb 本人也不确定语言中究竟有多少层级，但是层次语法似乎能更好地解释语音和语义之间的关系。虽然其他理论倾向于将语法看作是从语言现象分析中抽象出来的产物，这实际上忽视了人的思维，但是 Lamb 的理论目的就在于了解人类思维中的语言系统。为此，他将自己的理论命名为认知层次理论。后来，随着“认知”一词得到普及，Lamb 于 1998 年将其理论与神经认知语言学区分开来。

概括起来，结构主义是基于以下假设的：语法范畴不应用意义而应用分布加以定义，在描述每一种语言的结构时不应参照所宣称的普遍存在于各语言中的时、态、词类等范畴。首先，结构语法描写一种语言中所有的语言现象，而非制定

① Ns = 鼻音；Lb = 唇音；Hi = 高(元音)；Vo = 声带(的)

各种规则。然而,其目的仅限于描写语言,而没有解释语言为什么会按照这种方式运作。其次,结构语法是基于经验的,意在实现客观性,即所有的定义和陈述应是可以验证或反驳的。然而,它几乎未曾提出过一套完备的可以和传统语法相提并论的语法来。再次,结构语法检验了所有的语言,意识到并正确对待了每种语言的独特性。但其并未对意义做出充分处理。最后,结构语法不仅描写了具体语言使用中可以观察到的那些差别,甚至还描写了语言建构或语言使用中最小的差别。

12.5 转换生成语法(Transformaional-Generative Grammar)

A. N. Chomsky 是一位用结构主义方法来研究希伯来语的学者,20 世纪 50 年代末,他发现按照分布与排列的方法对语言结构要素进行分类有其自身的局限性,便试图另辟蹊径。在这一实践中 Chomsky 逐渐建立起了著名的转换生成语法(简称 TG grammar)。《句法结构》(*Syntactic Structures*)一书的出版标志着乔姆斯基革命的开始。

自问世至今,转换生成语法的发展经历了五个阶段。经典理论阶段意在将语言学提升为一门科学。标准理论阶段研究如何在语言学理论中研究语义学。扩展标准理论阶段集中讨论语言的普遍性以及普遍语法。修正的扩展标准理论(或称管辖与约束)主要讨论管辖与约束原则。最后一个阶段是最简方案,对先前的理论做出进一步的修改。

◀ 12.5.1 天赋假设(**Innateness Hypothesis**)

乔姆斯基认为语言是某种天赋,儿童天生就具有一种语言学习能力,叫做"语言习得机制"(Language Acquisition Device, LAD)。(Chomsky believes that language is somewhat innate, and that children are born with what he calls a Language Acquisition Device.)这是一种很适合他们学习语言的独特的知识。他还认为儿童生来就有基本的语法关系和语法范畴的知识,并且这种知识是一种通用的、普遍性的知识。并且对语言的研究能够揭示人脑的实质。这种处理语言的方式,是对心理学的行为主义和哲学上的经验主义的一种反应,并且使得语言学成为心理学的一个分支。

乔姆斯基的天赋假设(innateness hypothesis)是建立在他对一些重要现象的观察之上的,而这些现象绝不可能用其他方式加以妥当地解释。第一,儿童学习母语非常迅速且费力甚少。(Children learn their native language very fast and with little effort.)考虑到这么小的孩子智力尚不发达,还不足以学习任何其他科学知识,这的确是令人吃惊的速度。最初的语言习得常常是在完全没有正式、明确的讲授下进行的:向儿童输入的是不完整、不标准的信息,而输出的却是圆满完整的语言系统。第二,儿童学习自己母语的环境差异悬殊。(Children learn their mother tongue in very different environments.)儿童也许很擅长有差异的不同事物,但是在它们最初的语言习得时期,这些差异程度表现得极度微小。第三,儿童在有限的时间里从有限的话语(通常是不标准的)中掌握了语言完整的语法知识。(The child learns the total grammar of the language during a limited period of time, from limited exposure to speech.)他们不但能够理解和造出他们已经听到过的句子,而且能够造出以前从未听过的句子。他们所掌握的与其说是个别的句子毋宁说是一套语法的规则。所有这些现象都在暗示,尽管婴儿并非一出生就掌握一门语言,但他们天生就有一种逐渐形成语言的能力,这与他们天生就能学会走路的能力极为相似。

这还并非全部的描述,乔姆斯基提出的 LAD 可能包含三个要求:假设标记(a hypothesis-maker)、语言普遍现象(linguistic universal)、评价程序(an evaluation procedure)。儿童出生在许多不同的言语社团,并且能够同样轻松地选择他们所在社团的语言。他从他身边的言语中寻找规则,然后以更多的语言信息为基础进行猜想和假设。为此,儿童需要 LAD 中的假设机制。然而,对同一套语言事实可能会有两个或是更多的假设,但这些假设中只有一种是简单而且较好的。换言之,儿童接触到的语言可以用几套不同的语法来描述解释。是什么致使他们总是从这些不同的语法中去选择那些相对较好的假设呢?乔姆斯基提出,出于复制和模拟目的,儿童一定配备了一套评价程序。正是这套评价程序指导他们在一系列可能的语法中选择了合乎语法的规则。

◀ 12.5.2 什么是生成语法?(What Is a Generative Grammar?)

乔姆斯基用生成语法(generative grammar)一词来简明地表示"一套用来给句子进行结构描写、定义明确严格的规则系统"。(A system of rules that in some explicit and well-defined way assigns structural descriptions to sentences.)乔姆斯基认为任何一种语言的说话者都掌握并且内化了一种有生成能力的语法,这套语法能够表达他的语言知识。"于是,生成语法试图明确说明说话者实际了解掌握什么,而不是他依据他掌握的东西去说什么"(Chomsky,1965)。

生成语法不局限于对个别语言的研究,而是要提示个别语法与普遍语法的统一性。它不以描写某一具体语言为归宿,而是把它作为一种方法来探索语言的普遍规律,以期最终揭示人类的认知系统和人的本质规律。

为了达到这个最终目的,乔姆斯基提出以三个不同的层面来评价语法,即"观察充分性"层面(the observational adequacy level)、"描写充分性"层面(the descriptive adequacy level)和"解释充分性"层面(the explanatory adequacy level)。在第一层面上,语法能够对原始的语言材料做出正确的解释。在第二层面上,语法不仅应该能正确解释原始的语言材料,而且要正确解释包括说话人和听话人的内在语言能力。在第三层面,即最高平面上,描写充分的语法揭示语言能力之后,还要与普遍语法联系起来,才能与人脑的初始状态联系起来,才有可能去揭示人的认知系统。在把许多语言描写充分之后,要进一步概括出人类语言的普遍特征,才能探索包含普遍语法的人脑初始结构。在一定意义上讲,语言学家进行的工作程序恰恰与儿童习得其母语的程序相反。儿童是从普遍语法发展为个别语法的,而语言学家则要从个别语法中找出普遍语法来。

跟布龙菲尔德与材料相适应的发现程序不同,乔姆斯基坚持“假设—演绎”(hypothesis-deduction)的方法。这种研究方式被称作为“评价过程”(evaluation process)。乔姆斯基深信,虽然结构主义语法的 IC 分析模式能够揭示某些结构特征,但是仍然有着严重的缺陷。比如,IC 分析不能恰当地解释 John is easy to please 和 John is eager to please 的不同,不能区别对 Visiting relatives can be tiresome 的两种不同解释的不同,也不能区分 John saw Mary 和 Mary was seen by John 之间的不同。把 John saw Mary 转换为 Mary was seen by John 的过程可以用这样的数学公式表示:

$$Np_1 + Aux + V + NP_2 \rightarrow NP_2 + Aux + be + en + V + NP_1$$

这样,TG 不但能描写句子的表面结构,还能解释句子的内部语法关系,因此比 IC 分析更接近于语言的真相。

◀ 12.5.3 古典理论(The Classical Theory)

乔姆斯基的古典理论的目标是把语言学变成一门科学。这套理论有三个特征:强调语言的生成能力(emphasis on generative ability of language);引入了转换规则(introduction of transformational rules);语法描写中不考虑语义(grammatical description regardless of meaning)。这三点分别见于乔姆斯基《句法结构》(***Syntactic Structures***)(1957)的论述中。

乔姆斯基提出了三套语法:有限状态语法(finite state grammar);短语结构语法(phrase structure grammar);转换语法(transformational grammar)。

有限状态语法是一种最简单的语法,它用有限的装置生成了无限的句子。(A finite state grammar is the simplest type of grammar which, with a finite amount of apparatus, can generate an infinite number of sentences.)但是这些句子的结构都很简单。我们可以用下面的例子证明有限状态语法是不充分的:

The rats the cat the dog chases worries die

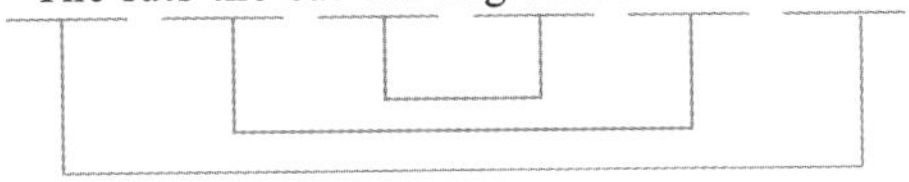

可能还会有一些更复杂的句子来证明这一点。英语不是有限状态语言,要给英语编写一部看上去足够实用的有限状态语法是不可能的。乔姆斯基设想出这种语法是想证明,按从左到右的程序组织语言是不现实的,这种程序不适用于自然语言的研究。这种语言只能用来描写刺激—反应的学习理论,而不能解释人的认知系统的复杂性。所以,乔姆斯基认为必须制定出这样一种语法,即只有有限的几条规则就能生成语言中所有合乎语法的句子,而绝不生成任何不合语法的句子。那么,语法就是一个用有限数量规则生成无限数量句子的系统。并且,这些规则要满足以下条件:①生成性:这些规则能自动地生成合乎语法的句子;②要简单:这些规则要用符号和公式来表示;③要清楚明白:一切表述应严格精确,不能模棱两可;④要详尽无遗:规则要尽量概括一切语言事实,不留遗漏;⑤可重复性:规则要能重复使用,才能生成无限的句子。

这就是乔姆斯基提出的第二种模式,即所谓的"短语结构语法(phrase structure grammar)"。它只由知识结构(PS)规则组成,这是把一些传统的成分结构分析形式化之后得到的。短语结构语法比有限状态语法具有更大的生成能力,可以生成后者无法处理的句子。下面就是一些短语结构规则:

(1)S → NP + VP

(2)VP→ Verb + NP

(3)NP → NP(plural)

　　　　NP(single)

(4)NP(s) → D + N

(5)NP(p) → D + N + S

(6)D → the

(7)N →{man,ball,door,dog,book…}

(8)Verb → Aux + V

(9)V → {hit,take,bite,eat,walk,open…}

(10)Aux → Tense(+ M)(+ have + en) (+ be + ing)

(11)Tense →Present

　　　　　Past

(12)M → {will,can,may,shall,must…}

箭头表示"可以改写为……"。短语结构规则又被称为改写规则。(Phrase structure rules are called rewriting rules.)一个句子的改写过程就是把它从一种符号改写成另一种符号的过程。例如,为了生成"The man hit the ball"这个句子,我们必须使用这些规则,并且用标示加括号来表示:

NP(Det(the)N(man))VP(V(hit)NP(Det(the)N(ball))))

或用树形图表示(见图 12-7)。

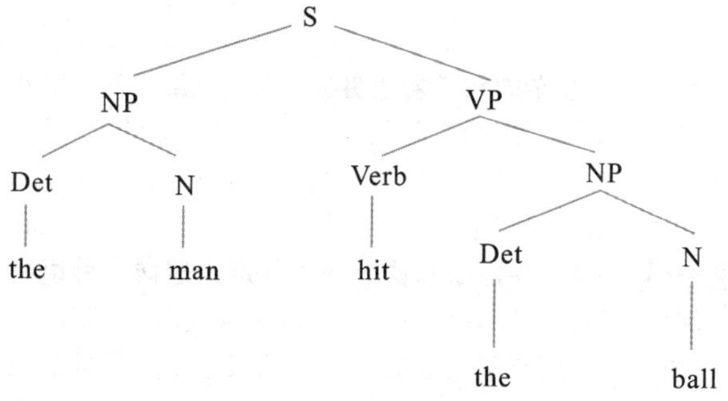

图 12-7

标示加括号运用了数学的运算原理。式子 X(Y+Z)和 XY+Z 是不同的,它们的运算顺序不一样,所得的结果也不一样。同样,(old men) and women 和 old (men and women)也不一样。这清楚地表明了①词类(有时还表明数、时态和结构);②短语的范畴和构成;③短语与短语之间的关系。树形图也有同样的功能。它是一个等级系统,成分之间的关系非常清楚:man(属于 NP)只有通过同一个节点(node)才能与 hit(属于 VP)发生关系。

乔姆斯基在《句法结构》(*Syntactic Structures*)中列出了16种英语转换规则。例如,英语主要依靠 not 作为否定手段,它出现的位置有固定的规律可循。

例 12-6

(1) She	might not	visit us today.
(2) John	has not	finished his work.
(3) Jane	is not	reading.
(4) He	didn't	kiss his mother.
1	2	3

每个句子的第一部分是一个 NP。第二部分可以被分析为一致的成分①,用 C 和一个情态动词来代表。这些情态动词分别是 have、be 和 do,于是就得到 C+M,C+have,C+be,C+do。第三部分即否定形式后面的成分,因为并不重要,故可用省略号(…)代替。

结构分析:NP—C+M…

NP—C+have…

NP—C+be…

NP—C+do…②

现在,将这三个部分分别用 X_1、X_2、X_3代替,否定转换规则可写为:

结构变换:$X_1—X_2—X_3 \rightarrow X_1—X_2 + \text{not}—X_3$

乔姆斯基把转换规则区分为两种:一种是"强制性"(obligatory);一种是"随意性"(optional)。助动词转换和小品词转换就是强制性转换,而否定转换、被动转换等就是随意性转换。(The transformation of auxiliaries and particles are obligatory, and the transformation of negation, the passive voice, etc. are optional.)句子类型之所以不同,就在于它们经过了不同的转换程序。依照乔姆斯基的说法,下列就是经历了不同的转换。

例 12-7

(1) The man opened the door.

① 一致成分(C)负责形式如"has""is"等的实现。

② 乔姆斯基的原始形式是"NP-C-V…"。(1957:61)

(2) The man didn't open the door.

(3) Did the man open the door?

(4) Didn't the man open the door?

(5) The door was opened by the man.

(6) The door was not opened by the man.

(7) Was the door opened by the man?

(8) Wasn't the door opened by the man?

第一句只经过强制性转换,像这种简单的、主动的、肯定的陈述句叫作核心句(kernel sentence)。接下来的第二句经过了否定转换。第三句经过了疑问转换。第四句经过了否定疑问转换。第五句经过了被动转换。第六句经过了被动否定转换。第七句经过了被动疑问转换。第八句经过了被动疑问否定转换。这八种句型派生于同一个底层结构。

◀ 12.5.4 标准理论(The Standard Theory)

乔姆斯基的《句法理论若干问题》(***Aspects of the Theory of Syntax***)(1965)标志着标准理论时期的到来。在《句法结构》出版之后,乔姆斯基发现有几个严重的问题必须得到解决,否则难以达到他的理论目标。第一个问题是转换规则的力量过于强大。一个普通的句子可以随意地被改变:可以进行否定转换,可以进行被动转换;可以增加成分,也可以减少成分——这些都没有任何限制。第二个问题是,乔姆斯基的规则生成正确的句子的同时也可能生成不合格的句子。例如,在规则 S→ NP + VP 和 VP → V + NP 的作用下,可能生成如下的两个句子(见图 12-8)。

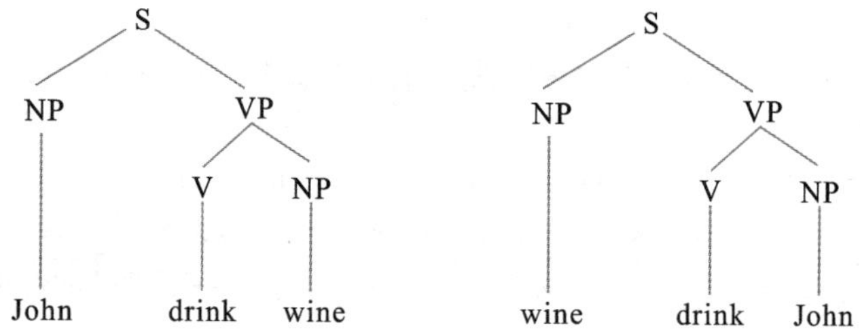

图 12-8

这就说明,动词和名词之间有着某种选择规则。第三个问题是,被动语态的转换规则不能随意运用。英语中有些动词没有被动结构。我们可以说 John married Mary(约翰和玛丽结婚了),却不说 Mary was married by John。这样说意思完全不同,因为这是说约翰是个牧师,为玛丽主持结婚典礼。我们可以说 John resembles his father(约翰长得像他爸爸),但却不能将之转换为 His father was resembled by John。这些事实表明转换规则尚不能普遍应用。在这一时期(标准理论时期),乔姆斯基提出,转换规则的运用不能改变原句的意义,并且名词一定要受动词的限制。

乔姆斯基在其《句法理论若干问题》中做出了重大改动,把语义部分加入了他的语法体系。他说,生成语法应该包括三大组成部分:句法部分(syntactic)、音系部分(phonological)和语义部分(semantic)。句法部分又叫基础部分(base component),它包括改写规则和词典(lexicon)两部分。改写规则生成句子的深层结构,转换规则再把深层结构变成表层结构。语义部分对深层结构从语义上做出解释,音系部分对表层结构从语音上做出解释。三个部分的关系可以用下图表示(见图 12-9)。

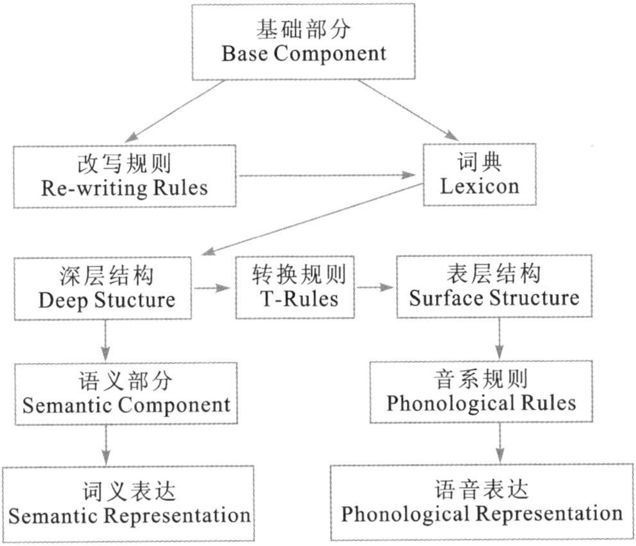

图 12-9

标准理论在古典理论的基础上做出重大改善。第一,转换只能改变句子的形式而不允许改变意义(transformations can only change the forms of sentences and are not allowcd to altcr thc mcaning)。第二,为了从规则中剔除生成类似 Wine drink John 的句子,标准理论有了选择性的限制(a selectional restriction),用来确保有生命的名词(John)出现在动词(drink)前,而无生命的名词(wine)出现在动词后。第三,转换中的限制是为了不生成不合语法的句子(restrictions are put on transformations in order not to generate ill-formed sentences)。第四,在改写规则中,符号 S 被置于箭头的右边,例如 VP → V +S 和 NP→ NP + S,意味着这些句子是可以被插入的。通过

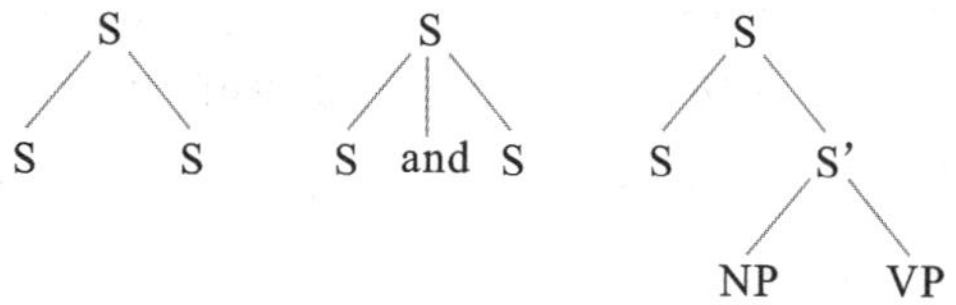

这种方法,标准理论不仅可以概括简单的句子,而且可以概括复杂的句子。第五,规则被适当地排列,并且在规则运用上也有一定的次序(the rules are properly ordered and there is a set order in which the rules apply)。这样,先使用哪条规则后使用哪条规则会有很大的区别。例如,反身形式规则规定,在简单句中出现两次的名词第二个应使用反身形式(John kills John = John kills himself);而祈使句规则规定,祈使句中动词前的名词应该去掉(You come here! = Come here!)。很显然,在一个简单句中,反身形式规则最先被使用(John kills John →John kills himself);而祈使句规则由于 John kills John 不是祈使句,不能转换为 * kills John 或 * kills himself 等形式而不被使用。同样,在祈使句中,祈使句规则首先得到运用,反身形式规则因为名词并未出现两次(You come here!)而不被使用。

◀ 12.5.5 扩展的标准理论(The Extended Standard Theory)

在扩展的标准理论里,乔姆斯基对标准理论进行了两次修正。第一次修正被称为"扩展的标准理论"(EST),第二次修正被称为"修正的扩展的标准理论"(REST)。(In the Extended Standard Theory, Chomsky revised his Standard Theory twice. The first revision is called the "Extended Standard Theory". The second revision is called the Revised Extended Standard.)

尽管标准理论已经对古典理论进行了修正,但是仍有很多问题需要解决。第一,转换规则仍然权力过大,可以移动语言片段,可以删去语言片段,可以改变范畴,可以保持原义不变,还可以根据具体情况随机变化。第二,标准理论认为,派生名词(如 criticism 和 explanation)与相关动词具有相同的语义属性,所以下面的句子都是古怪的句子:

例 12 - 8

a. The square root of 5's criticism of the book.

五的平方根对书的批评。

b. The square root of 5 criticized the book.

五的平方根批评了这本书。

后来发现,派生名词和动词的相关关系很不规则:不仅句法特性不一样,音位关系和语义关系也不规则,派生规则很难概括。第三,标准理论认为语义解释取决于深层结构,转换过程保持语义不变。后来发现这是不可能的,任何转换都必

然会改变意义。例如在 12 - 9 中,(1)不同于(1′),(2)不同于(2′):

例 12 - 9

(1) Everyone loves someone. 每人都爱某个人。

(1′)Someone is loved by everyone. 某个人被每个人爱。

(2)Tom doesn't go to town very often. 汤姆不常进城。

(2′)Very often Tom doesn't go to town. 汤姆常不进城。

乔姆斯基也承认,转换之后的句子前提变了。

例 12 - 10

(1)Beavers build dams. 河狸筑水坝。

(1′)Dams are built by beavers. 水坝是河狸筑的。

句(1)讲的是河狸的特性,句(1′)讲的是水坝的特性,两个句子意义迥然。第四,标准理论无法解释割裂结构,如:

例 12 - 11

John ate some spaghetti, and Mary some macaroni.

约翰吃的是实心面,玛丽吃的是空心面。

这里当然可以用省略规则删去第二个从句中的 ate,但这种省略规则必须在语义解释之后使用,这与标准理论的模式是相违背的。第五,对更多类型的结构进行的调查显示,许多转换规则必须有极其复杂的限制,否则就会出现不符合语法的句子。一方面,应该有一条适应大多数普遍现象的转换规则;另一方面,对那些例外的情况又必须加以限制。例如,有不少动词可以出现在以下两种结构中:

例 12 - 12

(1)John gave a book to Mary. (______ NP PP)

(2)John gave Mary a book. (______ NP NP)

但同样有不少动词只能出现在第一种结构中:

例 12 - 13

(1)John donated a book to Mary. (______ NP PP)

(2)John donated Mary a book. (______ NP NP)

结果,转换的部分变成了一组规则和一组限制规则的使用条例。后来,又反过来寻找这些限制条件中的普遍性,出现了新的规则。

乔姆斯基在他第一次对标准理论进行修正时,把部分的语义解释移到了表层结构。以逻辑成分的范围为例,请看如下两例:

例 12　14

(1)Not many arrows hit the target. 不是很多箭射中了靶子。

(2) Many arrows didn't hit the target. 很多箭没有射中靶子。

它们的深层结构是："NOT[many arrows hit the target.]" 通过转换，这两个句子由于逻辑成分 NOT 的范围不同，语义也就不同了。可见表层结构对语义起一定的作用。不过，此时乔姆斯基仍然坚持语义主要由深层结构决定的观点。

乔姆斯基的第二次修正涉及整个理论框架（见图 12－11）。

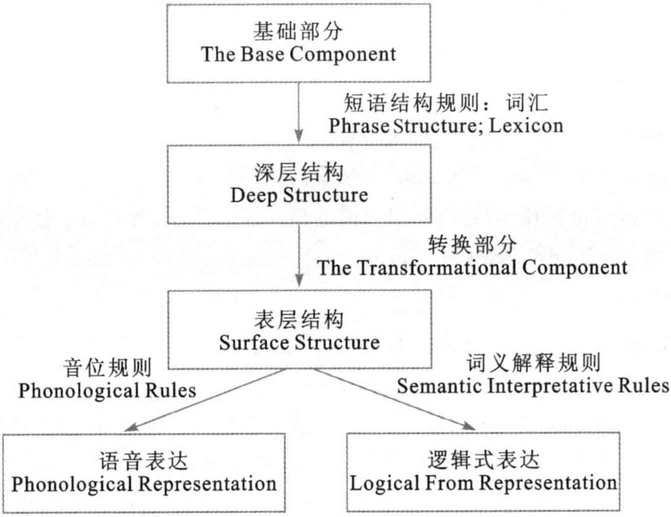

图 12－11

乔姆斯基这一次修正最为显著的变化是把语义解释完全放到了表层结构上。并且相应地从语义解释规则中得出了逻辑式表达。这样，语义被排除在句法范围之外。(The most remarkable change is that Chomsky now completely puts semantic interpretation in the surface structure. And, accordingly, from semantic interpretative rules is derived logical form representation. Hence, semantics was left out of the domain of syntax.)

◀ 12.5.6 管辖和约束理论（The Government and Binding Theory）

20 世纪 80 年代，乔姆斯基的转换生成语法进入了第四个发展阶段，即"管辖和约束理论"(government and binding)(GB)时期。这个原则系统包含 X 杠理论(X-bar theory)、主位理论(θ-theory)、界限理论(bounding theory)、管辖理论(government theory)、格理论(case theory)、控制理论(control theory)和约束理论(binding theory)。除了主位理论，其他各项尽管已在 EST 中有所涉及，但在 GB 中又得到了进一步的发展。

“管辖和约束理论”把我们的注意力引向了一个新的方向，那就是语言中的“空范畴”(the empty category)(EC)。乔姆斯基认为通过空范畴我们可以进一步了解语言机制。但尚不能确定这些与空范畴相关的原则能否适应一切语言，以及空范畴的性质和类型是否具有普遍性。

◀ 12.5.7 最简方案及之后(The Minimalist Program and After)

乔姆斯基的最简方案(The Minimalist Program)(1995)使转换生成语法进入崭新的阶段。最简方案的产生受到两个相互联系的问题的影响：①哪些普遍条件是人类语言能力共同满足的？②在排除了隐藏在这些普遍条件之后的特殊结构的情况下，语言能力在多大范围内受这些普遍条件的支配。

最简方案(the minimalist program)有几个显著的变化。首先，它抛弃了 GB 理论中的一些具体的分析模型，深层结构和浅层结构这两个分析层次也不复存在。(Some of the discrete analytical models in the GB are discarded and the two levels of analysis, the deep structure and the surface structure, are left out.)其次，GB 理论中的重要概念“管辖”也被舍弃不用，而代之以若干修正后的概念来解释管辖理论所概括的事实。由此，管辖理论由普遍语法的一个子系统蜕变为输出条件的一个解释性的制约。(The important concept “government” in the previous theory is rejected and the facts interpreted by the theory of government are replaced by several revised concepts, thus the theory of government has turned from a subsystem of universal grammar into the interpretative constraint of the output condition.)

20 世纪 90 年代后期，为了给最简方案一个更清晰的解释，乔姆斯基重新考虑了它的动机。乔姆斯基坚持认为，人类语言的初始状态是相同的，而获取不同的具体语言的情况则是不同的。(Chomsky holds that the initial states of human languages are the same whereas the states of acquiring different languages are not.)普遍语法是学习初始状态的理论，特殊语法是关于具体语言获得的理论。(A universal grammar is a theory for studying the initial states, and particular grammars are theories for studying the states of acquisition.)语言能力包含一个储存诸如声音、意义和结构之类信息的认知系统，由此表达系统能够重新得到并利用这些信息。他提出一个复杂的问题：语言能力究竟是如何被组织起来的？

乔姆斯基假想了一个实例，在这个实例中有一个特定的灵长类动物，与人相比，它缺乏的仅仅是语言能力。假定某事件重新组织了它的思维，给予它以语言能力。为使新机制能够顺利运行，它必须满足“易理解条件”，同时思维或大脑的其他系统必须能够理解新机制所生成的表达。另一方面，新机制发出的批示必须被思维或大脑的其他系统认可并接受。由此，乔姆斯基提出最彻底的最简观点：

语言机制是关于易理解条件问题的理想的解决方法。(Linguistic mechanism is the ideal solution to the problem of legibility conditions.)

鉴于人类语言是与声音和意义相关的一种方式,最简方案在建立除“界面”层级的语音形式和逻辑形式外,别无层级。后来,乔姆斯基认为甚至在技术意义上作为特殊表达层级的语音形式和逻辑形式都是不存在的。相反,整个派生中,迄今创造的句法结构被涵盖并发送到界面组件中进行语音和语义阐释。最简方案进一步坚持认为派生和表达符合“经济”标准要求,它们极少在某种意义上是语言机制决定的:在派生中没有额外步骤,在表达上没有其他符号。

21 世纪,乔姆斯基将注意力转移到语言机制的交叉学科和生物学方面。2002 年乔姆斯基和两位哈佛心理学家一起,在他们的联合文章“语言机制:它是什么,谁有它及它是如何发展的?”中提出一个观点,即语言机制需要大量的交叉学科合作,相信语言学可以与进化生物学、人类学、心理学和神经科学结合在一起研究。他们从广义上(FLB)和狭义上(FLN)对语言机制做出区分。前者包括感官系统、概念意向系统和递归计算机制,后者则只包括递归,它是语言机制中唯一人类独有的组件。他们认为既然 FLN 可能因为除了语言以外的各种原因进化,比较研究就要在沟通领域之外来寻找这种计量的证据。

乔姆斯基在 2005 年发表的一篇论文“生物语言学:设计、发展、进化”中,通过在 20 世纪 50 年代的认知革命中生物语言学的再形成,将其发展追溯至它早期的哲学起源,并概述现在生物语言学的情况。他提出个人语言的发展取决于三个因素:遗传因素、经验和并非特定于语言机制的原则。对目前语言是如何递归生成的最好的解释是通过融合(merge),即从已有的事物中重新构建出新的事物,生成“思维语言(language of thought)”,也许以接近最佳的方式外化(因此交流)一个次要的过程。最后他提供了这个领域进一步研究的几个目标,例如,①原子的计算(词汇项目、概念),带有他们明显独特的人类特性;②大脑的重新组合,可以从这些原子中生成结构化的表达式进行无限的融合;③操作的外部化,映射表达式到感官接口;④通过第三因素原则“why”问题已经得到回应之后,普遍语法中的任何其他的保留;⑤界面操作。

他认为,人们对关于人类思想进化和大脑有效地开始运行还知之甚少,以此证明这个列表。通过制定合理清晰的目标和逐步趋向原则性的解释,我们更清楚地掌握了语言的共性,尽管我们在弄清有关“大脑的组织结构(organic structure of the brain)”和“语言的创意和连贯正常使用(creative and coherent ordinary use of language)”的问题之前,还需要做许多工作。

◀ 12.5.8 乔姆斯基的重大贡献(Chomsky's Fundamental Contribution)

20 世纪 50 到 70 年代,美国心理学由主要行为转变为主要认知。这种“认知革命”(cognitive revolution)始于 1959 年乔姆斯基对斯金纳的《言语行为》(*Verbal Behavior*)的评论。在他的《笛卡儿语言学》(1966)和后来的著作中,乔姆斯基解释了人类的语言能力,后来成为了心理研究中某些领域的模型。出众的哲学、逻辑学和数学知识让他在长达半个世纪内开发并修改一个又一个典型。公平地说,乔姆斯基是第一个一直认真解决有关的问题的有说服力的学者,并且深深地影响了我们目前对大脑运作的概念。

TG 语法的发展可被视为不断简化理论和控制生成能力的过程,最简方案和最简问题不过是这个过程中的一些符合逻辑的阶段。(The development of TG Grammar can be regarded as a process of constantly minimalising theories and controlling the generative powers, and the Minimalist Program and the Minimalist Inquiries are just some logical steps in this process.)尽管 TG 语法经历了一个提出许多具体规则、假定、机制的理论模型,之后又对其进行修正乃至抛弃的复杂过程,它的目的和意图却是一致和连续的,即探索人类语言的本质、本原和使用(the nature, origin and the uses of human knowledge on language)。

12. 6 修正还是反叛?(Revisionists or Rebels?)

不论转换生成语法对美国语言学研究的成就有着多么强大的影响,它仍旧遇到众多挑战,其中就有菲尔墨(Fillmore)的格语法(case grammar)以及生成语义学(generative semantics)。

◀ 12.6.1 格语法(Case Grammar)

格语法是一种着重研究句子成分之间的关系的分析手段。(Case Grammar is an approach that stresses the relationships of elements in a sentence.)它是生成语法的一种类型,是由 G · J · 菲尔墨于 20 世纪 60 年代后期发展起来的。在这一语法体系里,动词被视为句子中最重要的部分,并且和众多不同的名词短语有着一系列的关系。这些关系系统称为“格”。(In this grammar, the verb is recognized as the most important part of the sentence, and has a number of relationships with various noun phrases. These relationships are called CASES.)

例 12 – 15

Smith killed the policeman with a revolver.

This revolver killed the policeman.

with a revolver 和 this revolver 分别有着不同的功能,但是在两个例句中,它们与动词 kill 的语义关系却是完全相同的。revolver 是使 kill 这一动作得以施行而凭借的工具,同样,with a revolver 描述了 kill 这个动作发生的方式。

菲尔墨把他的格语法看作是对乔姆斯基所提出的“转换语法理论的实质性修正(substantive modification to the theory of transformational grammar)”(Fillmore,1968:21)。乔姆斯基的模式只能表明如 in the room,towards the moon,on the next day,in a careless way,with a sharp knife,by my brother 都是介词短语,而不能表明它们同时还分别承担的地点、方向、时间、方式、工具以及施事等功能。菲尔墨则认为应该以下面的方式来处理这个问题:介词短语的深层句法结构应该被分析为一个名词短语和与它相关联的构格介词的关系。这个名词短语和构格介词都受介词短语的题元角色(thematic role)所支配。菲尔墨还认为,子句中任何具有题元角色的成分事实上都可以用格标记和格记号来分析。(Every element of a clause which has a thematic role to play should be analysed in terms of case markers and case symbols.)

菲尔墨的论点主要基于如下假设,即句法结构应该是格所决定的中心,并且隐藏着的范畴更加重要。“格”(Case)用来定义普遍隐藏着的“句法语义关系”(the underlying syntactic-semantic relationship),“格形式”(case form)用来定义“在具体语言中对格关系的表达(the expression of a case relationship in a particular language)”。所谓主语和谓语,以及它们的不同都只应当被看作是表层的现象。在其深层结构中,一个句子应该包含一个动词和一个或多个的名词短语,每个名词短语各自跟动词有各自的格关系。出现在一个句子中的不同的“格”,决定了句子类型和该语言中动词的类型。

格语言中引人注目的就是那些与语义相关联的概念,如施事(agency)、原因(causation)、地点(location)、利益(advantage)等。这些概念在语言中极易证明,而且已经被心理学家视为儿童语言习得研究中的重要部分加以运用。但是根据 Lyons 的说法,大多数在 TG 理论一般框架内进行研究的语言学家并没有把格语法看作是可以替代标准理论的东西。这是因为,当格语法用深层结构所管辖的格来对语言中所有的动词进行分类时,用来定义这些格的语义原则往往是模糊不清甚至相互冲突的。

◀ 12.6.2 生成语义学(Generative Semantics)

生成语义学是在 20 世纪六七十年代发展起来的,是对乔姆斯基以句法为基础的转换生成语法的反驳。这一流派的领军人物是 J · R · 罗斯(Ross)、J · D · 麦克科利(McCawley)、G · 拉可夫(Lakoff)以及 P · 波斯塔尔(postal)。生成语义学家考察所有从语义结构上生成的句子,而语义结构往往以一种与哲学上的逻辑命题相类似的形式表达出来。例如,语言学家运用这种理论指出在下列句子之间存在着的语义关系:

例 12－16

This dog strikes me as being his new master.

This dog reminds me of his new master.

因为二者具有相同的语义结构：X 认识到 Y 和 Z 相似。

生成语义学认为，句法过程和语义过程之间没有原则性的区别。这一想法还有一些辅助性的假说作为补充。第一，乔姆斯基在《句法理论的若干问题》(*Aspects of the Theory of Syntax*)(1965)中提出的深层结构上纯粹的语义层并不存在；第二，派生的最初表达式是逻辑表达式，这对所有的语言而言都是相同的；第三，意义的各个方面都可以用短语生成的方式来描写。换句话说，句子派生是从语义映射到表层结构的直接转换。最初的语义生成模式如下(见图 12－12)。

图 12－12

正如上图所提示的那样，词汇部分以何种方式在何时介入生成过程的问题成为生成语义学中众议纷纭的主题之一。麦考利将词典条目自身视为结构化的语义材料(词汇分解理论)，以图解决这个问题，比如他对“kill”这个条目如下(见图 12－13)。

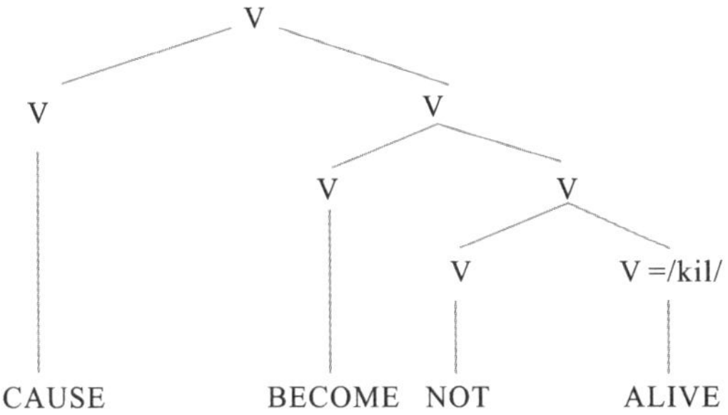

图 12－13

生成语义学家意识到，他们对深层结构的抛弃只是将问题转变为词句的争论。因为从语义表达到表层结构的转换映射有一个显著的特征，即在应用循环规则之前将会有一个大的破裂，当词典条目插入的自然位置正好位于这个破裂处时，此特征尤其显著。因此，他们搜寻了大量的论据以证明并无此种问题存在。最引人注目的一个论据则借自摩瑞斯·哈勒(Morris Halle)反对结构主义音位学的经典辩论。生成语义学家们试图证明深层结构这一不同于语义表达的层次的存在将会使得同样的生成过程出现两次，一次是在句法中，一次是在语义中（Postal，1970）。

生成语义学在 20 世纪 70 年代末就彻底消失了。尽管生成语义学已不再被视为一个可行的语法模式，但它仍然在许多方面在它的后继者身上留下了鲜明的印迹。首先，正是生成语义学最先开始了对于转换规则所不能形式化的句法现象的深入探讨。（It was generative semantics that started an intensive investigation of syntactic phenomena which defied formalisation by means of transformational rules.）其次，由生成语义学家最先提出进行讨论的许多提议后来出现在解释主义文献之中。（Many proposals originally disputed by generative semanticists have since appeared in the interpretivist literature.）最后，生成语义学家们最先进行了关于词典条目的逻辑和次逻辑属性、直接的和间接的言语行为和语言的更广泛的语用方面的研究（the important initial studies which Generative Semantics inspired on the logical and sub-logical properties of lexical items, on speech acts, both direct and indirect, and on the more general pragmatic aspects of language），当语言学理论最终发展起组合这些问题的途径时，这些研究越来越受到人们的重视。

术语双解

bilateral opposition：双边对立，如果两个音位所共有的语音特征只属于这两个音位，它们的对立就叫作双边对立。英语中的/p/和/b/共有的特征是“口腔双唇破裂音”，英语中其他的辅音都不共有这三个特征。If the features two phonemes share belong only to them, they are bilateral opposition. In other words, the features they have in common do not occur simultaneously in any other phoneme. /p/ and /b/ share the feature of “bilabial”.

multilateral opposition：多边对立，如果两音位之间有一个以上的特征把他们区别开来，也就是说，他们共有的特征其他音位也共有，就叫多边对立。Multilateral opposition is a more loosely established relationship: /a/ and /i/ for instance are alike only to the extent that both are vowels, a quality shared by any other pairs of vowels.

proportional opposition：均衡对立，如果同一项特征同时可以区别两组或两组以上的音位，这种音位对立就叫作均衡对立。如英语中/p/和/b/的对立就是均衡的，因为他们之间的对立关系与/t/和/d/、/f/和/v/之间完全相同，区别它们的是同一特征，即清浊之分。Two phonemes are proportional if the same contrastive features also serve as the differentiating criterion for other pairs of phonemes. For example, sonority (voiced/voiceless) is the contrastive feature between not only /p/and /b/, but also between /t/ and /d/, and /k/ and /g/.

isolated opposition：孤立对立，如果两个音位的对立关系是独特的，是其他音位对立中找不到的，这两个音位的关系就是孤立对立。例如，英语中的/v/和/l/，前者是一个唇齿摩擦浊辅音,后者是一个双边辅音。If the contrastive feature is unique to the pair, that is, it is not a contrastive feature of any other pairs of phonemes in the language, then the phonemes are in isolated opposition. for example, in English, /v/and /l/, the former is labial-dental fricative, the latter is lateral voiced.

gradual opposition:分级对立,如果两个音位的对立是一个具有不同程度的同一特征,就叫分级对立。If the pairs share different degrees of a feature, their relation is gradual opposition.

equipollent opposition:等价对立,如果两个音位可以在逻辑上看成是等价的,既不是分级对立,又不是否定对立,就叫等价对立。例如英语中的/t/和/p/,/t/和/k/。If the pair is not in gradual opposition, nor in privative opposition, they are logically equipollent. For example, /t/ and /p/, /t/ and /k/ in English.

neutralizable opposition:中和对立,如果两个音位在有些位置上是对立的,而在其他位置上失去对立,这就叫中和对立。例如英语中的/p/和/b/出现在/s/之后就失去对立。再如德语中的浊辅音,在词尾位置上就变为清辅音:Rat(劝告)和Rad(轮子),书写形式不同,但发音却完全一样。The opposition occurs when two sounds contrast in some positions but not in others. English /p/ and /b/ do not contrast after /s/. In German, the voiced consonants at the end-position become voiceless: Rat (persuade) and Rad (wheel) are pronounced the same way, but their plurals are different.

privative opposition:否定对立,如果两个音位的对立是一个具有某种特征而另一个不具有这种特征,就叫否定对立。例如,送气的/p/和不送气的/b/的对立,鼻化音/m/和非鼻化音/b/的对立。带这种特征的音位叫"有标记"(marked)音位,不带的叫"无标记"(unmarked)音位。One member of a contrastive pair may be characterized by the presence of a certain feature, the other by its absence: aspiration vs. lack of aspiration as between /p/ and /b/, nasalization vs. lack of nasalization as between /m/ and /b/, and so on.

constant opposition:永恒对立,如果对立的音位可以出现在一切可能的位置上而不抵消对立,则称永恒对立。例如,在尼日利亚的努皮语(Nupe)中一般音位结构是一个辅音跟着一个元音,只有少数例外。/t/和/d/的对立就是永恒对立,在一切辅音位置上都不消失的对立。The pair of sounds occurs in all possible positions without neutralizing effect. For example, in Nupe, a language spoken in Nigeria, the normal phonological structure is a consonant followed by a vowel, except in very few cases. The opposition between /t/ and /d/ is constant in all positions for consonants.

functional sentence perspective(FSP):功能句子观,功能句子观是一套语言学分析的理论,它是指用信息论的原理来分析话语或篇章。其基本原则就是一句话中各部分的作用取决于它对全句意义的贡献。"句子功能前景(FSP)"这一概念,用来描述信息是如何分布在句子当中的。Functional Sentence Perspective (FSP) is a theory of linguistic analysis which refers to an analysis of utterances (or texts) in terms of the information they contain. The principle is that the role of each utterance part is evaluated for its semantic contribution to the whole.

communicative sentence pattern:交际句子模式,功能语言学术语。功能句子观的(functional sentence perspective)目的是描述句子中信息是如何分布的。在分析句子时,可从三个层面分析,即:语法句子模式(grammatical sentence pattern),语义句子模式(semantic sentence pattern)和交际句子模式(CSP)。交际句子模式表示已存在着句子(sentence)和言语(utterance)的区别。句子属于抽象系统,而言语归类于该系统中的实例。The Functional Sentence Perspective is to describe how information is distributed in sentences. We can approach a sentence at three levels and distinguish between the Grammatical Sentence Pattern, the Semantic Sentence Pattern, and the Communicative Sentence Pattern. This shows that there is a distinction between sentence and utterance.

given information:已知信息,信息结构把语言组织成为"信息单位(information unit)"的结构。信息单位是信息交流中的基本成分。所谓信息交流,即言语活动过程中已知内容与新内容之间的相互作用。已知内容是指言语活动中已经出现过的或者根据语境可以判定的成分,称为"已知信息(given)"。新内容指的是言语活动中尚未出现或者根据语境难以断定的成分,称为"新信息(new)"。可以说,信息结构就是已知信息和新信息相互作用从而构成信息单位结构。The given information refers to information that is not new to the reader or hearer.

new information:新信息,功能句子观景(FSP)研究的重点,指由传递给读者或听者的、前面并未提供的信息。它与已知信息(known information)相对立。The new information is what is to be transmitted to the reader or hearer.

situational context:情景语境,语境通常分为情景语境(SC)和语言语境(linguistic context)。情境语境是指话语产生的前因后果、言者/听者双方的关系、双方共享的背景知识、典故、言语意图等。Situational context refers to the cause and effect of the verbal action, the relationship between speaker and hearer, and the background knowledge shared by the speaker and hearer.

linguistic context:语言语境,语境中的一种,通常是指某一词语或话语的前后左右"做伴"的词语。Linguistic context refers to that which occurs before and /or after a word, a phrase or even a longer utterance or a text. It often helps in understanding the particular meaning of the word, phrase, etc.

referential sense:所指意义,如果在词和词表示的物体或思想之间存在的是一种确定的所指关系(reference),那么就可能说,这个词具有所指意义(referential sense),而话语和说出话语的情景间的关系叫作上下文或情景意义(contextual or situational meaning)。In traditional semantics, reference is the relation between the linguistic expression and the object in extralinguistic reality to which the expression refers, and the linguistic expressions are of referential sense.

colligation:类联结,在形态学层次上研究词形变化,在句法层次上、研究语法范畴的组合关系,如:The boy kicks the ball.(孩子踢球。)这句话中的类联结是"名词短语+动词+名词短语"。Colligation refers to morphologically and syntactically motivated conditions for the ability of linguistic elements to be combined. These conditions can lead to differences in meaning.

prosodic analysis:韵律分析,弗斯对语言学的第二个重大贡献就是他的韵律分析法(prosodic analysis),也称韵律音系学,这是他于1948年在伦敦语言学会上提出的。英文prosody这个词在这里有着特殊的意义。人的话语是一个连续的语流,至少由一个音节组成,不能被切分为若干独立的单位。在这个语流中,要想分析各个层次上的功能,仅靠语音描写或音位描写是远远不够的。这是因为音位描写实际上只探讨了聚合关系,没有考虑组合关系。弗斯指出,在实际话语中构成聚合关系的并不是音位,而是音声单位(phonematic units)。音声单位比音位的特征要少一些,因为有些特征是一个音节或短语(甚至句子)中的音位所共有的。这种共有特征归到组合关系中去,统称为韵律成分。Firth's second important contribution to linguistics is his method of PROSODIC ANALYSIS, called prosodic phonology, put forward in a paper presented at London Philological Society in 1948. The term "prosody" has a special meaning. Since any human utterance is a continuous speech flow made up of at least one syllable, it cannot be cut into independent units. In order to analyze the functions on various levels, mere phonetic and phonological descriptions are insufficient. Phonological description only deals with paradigmatic relations, leaving syntagmatic relations out of consideration. Firth pointed out that in actual speech, it is not phonemes that make up the paradigmatic relations, but PHONEMATIC UNITS. There are fewer features in phonematic units than in phonemes, because some features are common to phonemes of a syllable or a phrase (even a sentence). When these features are considered in syntagmatic relations, they are all called prosodic units.

prosody:韵律学,在传统上属于韵文格律特征。在语音学中,统指音高、音响、音速即节奏的变异特征。Traditionally, prosody is the study of meters in verse. In phonetics, prosody is a collective term for variations in loudness, pitch, and speech rhythm.

functional grammar:功能语法,功能学派认为,语言是社会活动的产物。作为人类交际的工具,它承担着各种各样的功能。并且形成了一套语言的功能理论。功能语法是在此基础上描述和解释语言现象的一种理论方法。功能语法的基本假设是语言现象如果不考查其所实现的功能就无法得到解释,韩礼德把功能语法定义为"实质上的'天然'语法",也就是说,所有的东西都可得到解释。韩礼德认为语言之所以是语言,就是因为它必须提供某种功能。他从功能的观点出发来描述语言的发展,韩礼德(1970,1973,1985)把语言的纯理功能分为三种:意念功能(ideational)、人际功能(interpersonal)和语篇功能(textual)。In the broader sense, functional grammar is a theoretical approach to the description and explanation of linguistic phenomena based on their various functions. The basic assumption of functional grammar is that linguistic phenomena cannot be explained without examing their functions. Halliday defines a functional grammar as "essentially a natural' grammar", in the sense that everything in it can be explained. Halliday believes that language is what it is because it has to serve certain functions. He interprets language development from a functional point of view and formulates a functional theory of language. Halliday classified the metafunctions of language as the ideational, the interpersonal and the textual functions.

chain system:链状系统,语言结构中两条主轴线中的一条。链(chain)是语言单位按水平方向排列而成的轴线,相当于横组合关系(syntagmatic system)。沿着纵线出现的基本模型则构成选择轴,选择轴代表聚合关系。出现在选择轴上的是对比关系。如果没有对比,语言就失去了交际的作用。连锁轴处理语法的表层,例如句法结构、语言单位以及它们的级。选择轴处理语法的意义,例如系统和精密度。Chain is a technical term from Government and Binding theory which formally represents the steps of a (possibly repeated) movement transformation as a sequence of positions in s-structure. On a very general level, there is the chain system and the choice system. The dimension along which the utterance sequence occurs is the axis of chain; the basic patterns along the vertical line form the axis of choice. The axis of chain represents syntagmatic relations; the axis of choice represents paradigmatic relations. Associated with the axis of choice is the concept of contrast. If it were not for its contrasts, language would not be able to work at all. The axis of chain deals with the surface aspects of grammar, such as sentence structures, linguistic units, and their ranks (sentence, clause, group, word, morpheme). The axis of choice deals with the meaning aspects of grammar, such as system and delicacy.

rank:级,在系统语法里,指语言单位的层级排列,即项目间的等级关系。例如:按语法的级阶(rank scale),句子、子句、词组、单词、词素之间是内包(inclusion)关系,即句子是由子句构成的,而子句是由词组构成的,以此类推。A term used in a type of linguistic analysis in which linguistic units (e. g. sentences, clauses, words) are arranged in a certain order (rank scale) to show that higher units include lower ones.

complement:补语,指分句或句子的一个构成成分,传统上与"完成"动词所确定的行为相关联。补足(complementation)的使用域可以包括除了动词以外的谓语的全部限制性特征。如：包括宾语和内向结构从句，也可被限制在某些语境中，如跟在动词 to be 和其他一些语义相关的动词后面的形式。主语补足语（subject complements），如 She is a doctor.（她是医生。）中的 a doctor（医生），可以有别于宾语补足语（object complements），如 She called him a nuisance.（她把他叫作讨厌鬼。）中的 a nuisance（讨厌鬼）。在生成语法里，补语是一个零层次范畴的姐妹构成成分。动词以外的其他范畴有时也被说成是带补语。如在 a student of arts（文科学生）中，介词短语 of arts（文科的）可被描述成 a student 的补语。Complement refers to (in grammar) that part of the sentence which follows the verb and which thus completes the sentence.

transitivity choices：及物性选择，指这样一些语法特征，这些特征系统用来表示参与某种交际的人之间的某种关系，以及参与者的活动、状态或环境之间的某种关系。及物包括 6 种不同的过程：物质过程（material process）、心理过程（mental process）、关系过程（relational process）、行为过程（behavioural process）、言语过程（verbal process）、存在过程（existential process）。Further choices associated with transitivity would be which roles the participants had in a process and how processes, participants, and circumstances are combined. In English, we make choices between different types of process, participants, and circumstances. They are known collectively as the transitivity choices, which includes six kinds: material choice, behavioural process, mental process, verbal process, relational process and existential process.

delicacy：精密阶，用来辨识越来越细致的范围的程度。在分析过程中，我们选择一个普通的语义区，然后把它分为越来越小的子区，在每个阶段，都使语义的区别越来越精细。我们可以按照这种区别的程度来排列系统。这个度，就叫作精密阶。Delicacy refers to the dimension which recognizes increasing depth of detail. In analysis, we take a general area of meaning and gradually break it into smaller and smaller sub-areas. In each stage, we gradually make finer and finer distinctions in meaning. We can arrange systems on a scale according to the fineness of the distinction. This scale is called scale of delicacy.

predicator：谓语动词，这个术语代表谓语结构中的动词成分，以便与整个谓语部分相区别。Predicator is a verbal constituent which, in conjunction with the subject, forms the minimal statement of an utterance. The predicate expresses actions, processes, and states that refer to the subject.

instrumental function：工具功能，是幼儿用语言来满足其物质需要，获取物品和服务的功能；如表示“我要那个东西”这样的语义。A function of language used by children for satisfying material needs.

regulatory function：控制功能，是幼儿用语言控制他人行为的功能。他意识到，别人（如其父母）是用语言来控制他的行为的。因此，他也要用语言来控制他人的行为，如表示“给我做那件事”的语义。A function of language used by children for controlling the behavior of others.

interactional function：交流功能，是幼儿用语言与周围的人，特别是其母亲及其他对他重要的人进行交际的功能，如“您好”“见到您很高兴”等。A function of language used by children for getting along with other people.

personal function：个体功能，是幼儿用语言控制周围的环境、认识世界的功能。A function of language used by children for identifying and expressing the self.

heuristic function：启发功能，是幼儿用语言认识周围的环境、认识世界的功能。A language function used by children for exploring the world around and inside one.

imaginative function：想象功能，是幼儿用语言来创造自己的环境功能，是一种“我们假装怎么”的功能。A language function used by children for creating a world of one's own.

informative function：告知功能，是幼儿用语言向他人提供信息的功能。这一功能在成人语言中占据重要位置，但在幼儿语言中却出现得很晚，一般是在18个月以后才出现。A language function used by children for communicating new information. At about 18 months, the child is beginning to master the adult's system of communication, including grammar, vocabulary and meaning components.

goal：目标，在语法分析中，指动词动作所影响到的实体，常指宾语等词。如“约翰踢了那只球”中的the ball(那只球)是动词所表示的动作的“目标”。A term used by some linguists to refer to the person or thing which is affected by the action expressed by the verb. For example, in the English sentence: “John kicked the ball”, ball is the goal.

participant：参与者，指语言交际过程中言语活动的参加者，参与者的出现可以影响谈话的内容与方式。参与者可实际参与言语交流也可保持沉默。例如，政治演讲过程中的听众。A person who is present in a speech event and whose presence may have an influence on what is said and how it is said. He or she may actually take part in the exchange of speech or be merely a silent participant; for example, as part of an audience to whom a political speech is made.

modality：情态(范畴)，指说话方式。用这种方式，说话人可以表达他对交际中谈及的情况所持的态度。情态的概念，在英语中通常用情态助词和possibly(可能)一类的状语，或用It's certain that...(肯定，的确，可以肯定的是……)一类结构表达。Any of the Auxiliary verbs which indicate attitudes of the speaker/writer towards the state or event expressed by another verb, i.e. which indicate different types of modality.

adjunct：附加语，附加语为分句或句子结构的一部分，在分句或句子中修饰动词。

表示时间、地点、频率、程度及方式的副词都属附加语。通常由副词词组或介词短语来实现。如在"My aunt was given that teapot yesterday by the Duke"一句中有两个状语成分:副词短语 yesterday 和介词短语 by the Duke。An adjunct is part of the basic structure of the clause or sentence in which it occurs, and modifies the verb. Adverbs of time, place, frequency, degree, and manner, are examples of adjuncts.

cultural transmission:文化传递,是指语言不是像遗传基因或动物本能那样从父辈那里继承或代代相传的。语言作为一个体系,必须经过后天一点一点地习得。诚然,按照乔姆斯基的儿童先天母语习得潜在能力,即所谓的"语言习得机制(language acquisition device)",这一能力具有一种程度的遗传基础,但是人们所要学的某一特定的语言是文化的,即社会的语言,而不是通过遗传而获得的语言,如狗的"吠语"或蜜蜂的"舞语"。Cultural transmission refers to the transmission from one generation to the next through membership of a society as opposed to genetic inheritance. It's one of the set of "design features of language" proposed in the 1950s.

behaviorism:行为主义,行为主义用"刺激—反应"(stimulus-response)的观点来研究人类行为,有好几个语言学家,特别是布龙菲尔德派语言学家的研究工作,深受行为主义理论的影响。行为主义的研究,有助于了解(人类)说话的技能和学说话的过程,有助于推动程序化教学(programmed instruction)的发展。Behaviorism is a theory of psychology which states that human and animal behavior can and should be studied in terms of physical processes only. It led to theories of learning which explained how an external event (a stimulus) caused a change in the behavior of an individual (a response) without using concepts like "mind" or "ideas", or any kind of mental behavior.

stimulus-response:刺激—反应,指在行为主义心理学和语言教学中引起说话人或学习者做出反应(response)的情况或言语行为。刺激可以以问题陈述的形式表现出来。在程序化的过程中,刺激后面通常跟着一个"加强"刺激(stimulated stimulus),以纠正或证实学生的反应(response)。如布龙菲尔德(Bloomfield)的刺激—反应模式如下:

Jill　　　　　Jack

S——rs——R

当吉尔(Jill)看见一个苹果,而且他想吃,于是他便会受到一个刺激(stimulus)(S),便会对杰克(Jack)输送一言语反应(reaction)(R)。由他的言语所产生的声波(sound waves)对杰克(Jack)产生了言语刺激,便导致了他去摘苹果的非言语反映(non-verbal reaction)。A learning theory associated particularly with the American psychologist B. F. Skinner(1904—1990), which describes learning as the formation of association between responses. Behaviorism in linguistics holds that children learn language through a chain of "stimulus-response reinforcement", and the adult's use of language is also a process of stimulus-response. A stimulus is the behavior which is produced as a reaction in an individual or organism. A response is the behavior which is produced as a reaction to a stimulus. Bloomfield put forward the well-known formula:

Jill Jack

S———r s———R

Here **S** stands for practical stimulus, **r** stands for the substitute reaction of speech, **s** stands for the substitute stimulus, and **R** stands for external practical reaction.

empiricism:经验主义,一种认识论的理论或学说。经验是偏重于感性的认识,其中也会有少量思维性的认识。如认为有了对某事物的经验,就能够取得对该事物的全部认识,这就是一种经验论。在哲学思想方面,强调经验是对事物认识的基础,科学和哲学都必须建立在此基础上。这和认为一切认识来源于感觉这个论断在意义上是一致的。An approach to psychology which states that the development of theory must be related to observable facts and experiments, or which states that all human knowledge comes from experience.

general linguistics:普通语言学,提供基本概念、理论、模式和方法的那些语言研究学科的总称。通常包括音系学(phonology)、语音学(phonetics)、形态学(morphology)、句法学(syntax)、语义学(semantics)等研究方面的分析和描写的原则,还包括文字、历史比较语言和方言学。Depending on the interests of the investigator, linguistics can be divided into general linguistics, which attempts to develop theories explaining general universal regularities of language, and applied linguistics, which investigates problems dealing with specific languages. General Linguistics provides a set of established principles, theories, models and methods for studying language from different subfields: phonology, phonetics, morphology, syntax, semantics, pragmatics and etc..

tagmemics:法位学,语言分析(linguistic analysis)的一个学派,其基础是派克(K. L. Pike)的研究成果。语言的结构被看作是三个半独立的但又互相联结的层次或方式(mode),也就是语音、语法和词汇三个层次。派克及其追随者不承认句子(sentence)是语法的基本单位,却强调说,语法单位是按等级排列成级(ranks)或层次(level)的(即排列成语素、词、短语、子句、句子、段落、整段谈话)。基本单位是法位(tagmeme),法位代表一种语法功能(或叫作空格→slot)和填充这一空格的项目类别。A theory of language originated by Pike. In tagmemic analysis there are three hierarchies or systems: grammatical, phonological, and lexical. In each of these systems there are a number of levels. For example, in the grammatical system there are: the morpheme level, the word level, the phrase level, the clause level, the sentence level and the paragraph level. On each level of the grammatical system there are TAGMEMEs displaying relationships between grammatical functions and classes of linguistic items which can fill these functions (fillers).

tagmeme:法位,法位学(tagmemics)中形成的基本单位,表示空格和可以在这个空格上出现的语言类别之间的关系。The basic unit of grammatical analysis. A tagmeme is a unit in which there is a relationship between the grammatical function, for instance the function of subject, object or predicate, and a class of fillers.

class:类, 类别,指一系列具有某种共同形式与语义特征的实体。最广泛的用途是将语素分为不同的形式类或形类(form-classes),将词分为不同的词类(word-class)(其他句法单位不常用类来指称)。A group of items which have something in common.

cohesion:衔接,语段中不同部分之间的语法或词汇关系。这种联系可能存在于句子之间,也可能存在于一个句子中不同部分之间。除了句子衔接外,话语、篇章衔接通过不同的衔接手段来实现,如参照(reference)、替代(substitution)、省略(ellipsis)、逻辑关联(logical connection)和词汇搭配(lexical collocation)。The grammatical and/or lexical relationships between the different elements of a text. This may be the relationship between different sentences or between different parts of a sentence.

universality:普遍性,指所有语言所具有的语言范畴,或语言的特性,也称作语言普遍现象(language universal)。指存在于所有已知语言的模式或现象。例如,语言学家认为:①一种语言有专指两件东西的双数,就会有复数(指数量大于二)。这种普遍现象有时称为蕴涵普遍现象。②指母亲的词,很可能以鼻音开头,如英语 mother、德语 Mutter、斯瓦希里语 mama、汉语 muqin 的/m/。Universality is a language pattern or phenomenon which occurs in all known languages. For example, it has been suggested that:①if a language has dual number for referring to just two of something, it also has plural number (for referring to more than two). This type of universal is sometimes called an implicational universal. ② there is a high probability that the word referring to the female parent will start with a nasal consonant, e. g. /m/ in English mother, in German Mutter, in Swahili mama, in Chinese (Mandarin) muqin.

empirical:经验的,一种语言研究的途径,即仅仅承认可观察的语言现实。方法是仅限于实地调查(field work)得来的语言素材进行语言分析(linguistic analysis),或仅限于将词和词代表的事物联系起来。An approach to linguistic study which states that the development of theory must be related to observable facts and experiments, or which states that all human knowledge comes from experience。Empiricism contrasts with the view that many forms of human knowledge are inborn or innate.

substitution:替代,指在一个更大的语言单位内,用一个语言单位去替换另一个语言项目的过程或结果。在语法分析中,替代是指实现句子衔接途径之 ,如 Why don't you use your own recorder? I don't have one. (substitution)。第二语言习得中指学习者用一种语言(通常是学习者的第一语言)的形式代替目的语的形式而引起的错误。In generative transformational grammar, a formal syntactic operation by which certain constituents of a tree diagram are replaced by other constituents between the deep structure and the surface structure. In second language acquisition an error in which the learner substitutes a form from one language (usually the learner's first language) for a form in the target language.

standard theory:标准理论,指乔姆斯基(N. Chomsky)在其1965年出版的《句法理论的若干问题》一书中提出的生成语法模式。这一模型的重要性在于,尽管乔姆斯基本人和他人作了广泛的修改并提出其他模型,它仍被许多人认为是关于转换语法的目标和形式的主要陈述。标准理论通常与乔姆斯基本人在后来著作中修正并提出的扩展的标准理论对立,与修正的扩展标准理论、管辖与约束理论以及生成语法的各种"非标准"模型(例如生成语义学)对立,后面这些模型都与《句法理论要略》中的模型有重大区别。标准理论在古典理论的基础上做出重大改善。第一,转换只能改变句子的形式而不允许改变意义。第二,为了从规则中剔除生成类似 Wine drink John 的句子,标准理论有了选择性的限制,用来确保有生命的名词(John)出现在动词(drink)前,而无生命的名词(wine)出现在动词后。第三,转换中的限制是为了不生成不合乎语法的句子。第四,在改写规则中,符号S被置于箭头的右边,例如 VP → V + S 和 NP → NP + S,意味着这些句子是可以被插入的。通过这种方法,标准理论不仅可以概括简单的句子,而且可以概括复杂的句子。第五,规则被适当地排列,并且在规则运用上也有一定的次序。这样,先使用哪条规则后使用哪条规则会有很大的区别。Standard theory is an abbreviated name for the model proposed in Chomsky's (1965) book *Aspects of the Theory of Syntax*, in which he revised his suggested model for transformational grammar published in *Syntactic Structures* in 1957. This model consists of four main parts: the base component, the transformational component, the phonological component and the semantic component. The Standard Theory improved a lot on the Classical Theory. Firstly, transformations can only change the forms of sentences and are not allowed to alter the meaning. Secondly, to rule out the generation of sentences like Wine drinks John. There is now a selectional restriction to ensure that the animate noun (John) appears before the verb (drink) and the inanimate noun (wine) appears after the verb (drink). Thirdly, restrictions are put on transformations in order not to generate ill-formed sentences. Fourthly, in rewriting rules, the symbol S is introduced on the right of the arrow, so that there are rules like: VP → V + S and NP → NP + S. This means that sentences can be embedded. By means of this rule, this theory not only covers simple sentences but also complex ones. Fifthly, the rules are properly ordered and there is a set order in which the rules apply. It makes a great difference which rule comes first and which comes next.

universal grammar：普遍语法，一种语言观点，认为所有语言具有共同结构。这种理论认为，不管使用什么语言，每个成人的语法都可用这种理论来描述。它认为，每个说话者都掌握一套原理和参量，这些原理适用于所有语言，而参量则因语言而异，但这种差异是有一定限度的。这一理论由诺姆·乔姆斯基提出，在他的支配/约束理论模式中有更详细的讲述。根据普遍语法理论，习得一种语言意味着将普遍语法的原理应用于某一具体的语言，如英语、法语或德语，并理解哪个值适合于哪个参数。Universal grammar is a theory which claims to account for the grammatical competence of every adult no matter what language he or she speaks. It claims that every speaker knows a set of principles which apply to all languages and also a set of parameters that can vary from one language to another, but only within certain limits. The theory was proposed by Noam Chomsky and has been stated more specifically in his model of Government/Binding theory. According to UG theory, acquiring a language means applying the principles of UG grammar to a particular language, e. g. English, French, or German, and learning which value is appropriate for each parameter.

extended standard theory：扩展式标准理论，生成语法的两种模式。它是于 20 世纪 70 年代初期，以乔姆斯基（Chomsky）的《句法理论要略》（1965）为基础发展而来的；后者被称之为标准理论。所谓“扩展”（extended）主要与语义规则有关，其中有些规则的应用可以从表层结构来作为输入。在扩展的标准理论里，乔姆斯基对标准理论进行了两次修正。第一次修正被称为“扩展的标准理论”（EST）。第二次修正被称为“修正的扩展的标准理论”（REST）。人们把这两次修正统称为“扩展的标准理论”（EST）。乔姆斯基这一次修正最为显著的变化是把语义解释完全放到了表层结构上。并且相应地从语义解释规则中得出了逻辑式表达。这样，语义被排除在句法范围之外。Chomsky and others later modified the Standard Theory. They felt that not only the base component but also the transformational and phonological components had some effect on the semantic interpretation of a sentence. The revisions are generally called the “Extended Standard Theory”. The most remarkable change is that Chomsky now completely puts semantic interpretation in the surface structure. And, accordingly, from semantic interpretative rules is derived logical form representation. Hense, semantics was left out of the domain of syntax.

language acquisition device：语言习得机制，一个人获得第一语言的能力，这一机制被当作一种机能或器官时的一种说法。20 世纪六七十年代乔姆斯基及其他学者认为每一个正常的人生来就有一个语言习得机制。语言习得机制包括人类语言本质及结构的基本知识。语言习得机制的提出解释了儿童仅仅因置身于语言环境之中就能在较短的时间内形成第一语言能力。The capacity to acquire one's first language, when this capacity is pictured as a sort of mechanism or apparatus. In the 1960s and 1970s Chomsky and others claimed that every normal human being was born with an LAD. The LAD included basic knowledge about the nature and structure of human language. The LAD was offered as an explanation of why children develop competence in their first language in a relatively short time, merely by being exposed to it.

innateness hypothesis:天赋假设,指一种观点,这种观点认为儿童生来就具有掌握语言的生物天赋,生来就知道某些描述语言特征的普遍性结构原则。天赋说认为,儿童语法能力的快速发展及其复杂性只能用这样的假说才能解释,即儿童生来就具有至少一部分关于人类语言普遍结构原则的先天知识。Innateness hypothesis is a theory which is said that human knowledge develops from structures, processes, and "ideas" which are in the mind at birth (i. e.) are innate, rather than from the environment, and that these are responsible for the basic structure of language and how it is learned. This hypothesis has been used to explain how children are able to learn language.

language universal:语言普遍现象,指所有语言所具有的语言范畴,或语言的特性,也称作 linguistic universal。世界上的一切语言存在着置于普遍规则之下的某种共性。这种共性即为语言普遍现象。A property that all languages have, or a statement that holds for all languages. Human languages in the world have the same underlying principles in common. This is called language universal.

generative grammar:生成语法,指一系列明确的规则(rule),这些规则对语言或言语段进行结构描述,并且证明这些语段属于该语言中结构上恰当的或合乎语法的句子。理想的生成语法应能生成某种语言全部的但仅仅是合乎语法的句子。A type of grammar which attempts to define and describe by a set of rules all the grammatical sentences of a language and no ungrammatical ones.

bracketing:括弧法,指用来显示一系列句法成分内部结构的方法。每一对括弧可以附有标记,以说明括弧存在的语法原因,这种被称作带标记的括弧(labeled bracketing)。如,(((The) boy)) ((are (the) (apple))))。An economical writing convention used in rewriting rules and phrase structure rules.

passive voice:被动语态,句子或分句的特点,或动词的某种形式。在主动语态的句子中,就语法主语和动词的关系而言,语法主语通常表示动作的施事(actor)。如"The boy broke the window. (那个男孩打破了窗户。)"一句中的 the boy 是主语,又是动词 broke 的施事。主动语态和被动语态(passive)相对立。在被动语态的句子中,句子的语法主语是动词所表示的动作的承受者或行为目标。如:"The window was broken by the boy. (窗户被那个男孩打破了。)"一句中 the window 是动词 was broken 的主语。主动语态有时还有其他种类的语态相对立,如中间语态(middle)。在转换生成语法中,一个句子从主动语态转换成被动语态,这种转换被称为 passivization(被动转换)。Verbal voice contrasting with the active and in some languages the middle voice. Passive constructions describe the action expressed by the verb semantically from the point of view of the patient or another non-agentive semantic role. In this process the valency of the verb when used actively is usually changed: the subject becomes a prepositional object, usually optional, and an object, usually the direct object, becomes the subject.

transformation:转换,一种能使结构表达的两个层次相对应位置形式化的语言操作。转换规则把短语结构部分生成的深层结构转变成表层结构,乔姆斯基以为主动句和被动句、陈述句和疑问句、肯定句和否定句都是从同一个深层结构派生出来的,只是相关的转换操作有所不同。In Chomsky's model of transformational grammar, transformation refers to the formal operations which mediate between the deep structure and the surface structure of sentences. Transformations transfer the tree diagrams generated by phrase structure rules from deep structure to derived tree diagrams at surface structure. Chomsky thought that sentences like the active and the passive, the declarative and the interrogative, and the positive and the negative are each derived from the same deep structure. The difference between them simply comes from the operation of relevant transformations.

obligatory transformation:强制转换,早期转换生成语法的一种。其内容是:如果要生成合格句,在句子派生过程中的特定阶段就要使用转换规则。与之相对应的是选择转换规则(optional transformation),即不涉及句子合格性的转换,如肯定句转换为否定句、主动句转换为被动句等皆属此类。Chomsky has distinguished transformational rules into two kinds: obligatory and optional. The transformation of auxiliaries and particles are obligatory, and the transformation of negation, the passive voice, etc. are optional. Obligatory transformations regulate formal (morphological) processes like agreement, whereas all transformations that change meaning belong to the group of optional transformations.

kernel sentences:核心句,指在转换生成语法中原来通过短语结构规则和无选择转换,而不通过任选转换而生成的句子。核心句通常是简单陈述句,它可以通过任选转换规则转换成比较复杂的被动句。该术语有时用来表示与基本句子模式(clause pattern)相似的意义。In the terminology of Z. S. Harris, a simple sentence that cannot be further reduced structurally or semantically. These minimal sentences form the syntactic nucleus of a language, and all other sentences can be derived from them using transformations. Thus kernel sentences form the basis for transformational derivations. In the early phases of transformational grammar (represented by Chomsky 1957), kernel sentences are declarative sentences that are generated by rewriting rules and obligatory transformations and from which non-kernel sentences can be derived using optional transformations. For example, kernel sentences are those simple active positive statements from which passives or negative statements and questions can be derived using optional transformations.

passive transformation:被动转换,在生成语法(generative grammar)中,把一句子从主动式转换为被动式的转换叫作被动转换。一个经过这一过程的动词或句子叫作“被动化”(passive)。In generative grammar, sentences like the active and the passive are derived from the same deep structure. Passive transformation refers to the process of changing a sentence from the active into the passive.

ellipsis:省略,因前面已经提过,没有必要再出现而省去句中的词或片语的现象。例如,两个并列子句动词的主词为同一个时,就可以省略以避免重复。The leaving out of words or phrases from sentences where they are unnecessary because they have already been referred to or mentioned. For example, when the subject of the verb in two co-ordinated clauses is the same, it may be omitted to avoid repetition.

government:支配,句子中两个或更多成分之间一种语法关系,这种关系里,一个成分的选择影响另一个成分的形式选择。传统语法里,支配关系这一术语主要用于指动词和名词之间或前置词和名词之间的关系。A type of grammatical relationship between two or more elements in a sentence, in which the choice of one element causes the selection of a particular form of another element. In traditional grammar, the term government has typically been used to refer to the relationship between verbs and nouns or between prepositions and nouns.

case grammar:格语法,一种语法分析方法,由美国语言学家菲尔摩(C. Fillmore)所首创。这种方法是在进行句子的语法分析时确认的一套语法功能,并按他们的语义作用做出解释。如将格分为:施事格(agentive)、与格(dative)、方位格(locative)等。格语法中,动词被认为是句子的最重要部分,与不同名词片语有着一系列的语法关系,这些关系称为格(cases)。An approach to grammar which stresses the semantic relationships in a sentence. Case grammar is a type of generative grammar developed by Fillmore. In case grammar, the verb is regarded as the most important part of the sentence, and has a number of semantic relationships with various noun phrases. These relationships are called cases.

multimodal research:多模态研究,即使用两种及以上模态来研究分析问题。其中模态是指具有规则和规律性的社会符号系统。多模态也称符号模态,包括手势语、身势语、空间关系学、视觉形象、设计布局、音乐及建筑设计等。Multimodal research refers to a research using multiple modes, or one which uses at least two modes. Mode is a semiotic system with rules and regularities attached to it. And multiple modes, namely semiotic modes, can include gestures, posture, proxemics, visual images, document layout, music and architecture design, etc.

重难点解析

1. 语言学流派、主要的语言学家及其代表作

语言学流派:①历史比较语言学,奠基人为丹麦的拉斯克、德国的格里姆和葆扑;②结构语言学,包括布拉格学派、哥本哈根学派、美国描写语言学派;③转换生成学派;④系统功能学派;⑤社会语言学派。

主要语言学家及其代表作:索绪尔(瑞士),著有《普通语言学教程》,被称为现代语言学之父;布龙菲尔德(美国),著有《语言论》,是美国结构主义语言学的奠基者;特鲁贝茨科依(俄国),著有《音位学原理》,是布拉格学派的杰出代表;乔姆斯基(美国),著有《句法结构》,是转换生成学派的代表;韩礼德(英国),著有《功能语法导论》,是系统功能学派代表;拉波夫(美国),著有《语言演变理论的经验基础》,是社会语言学代表;叶尔姆斯列夫(丹麦),著有《语言理论导论》,是哥本哈根学派代表。

2. 转换生成学派的发展历程

转换生成学派出现于 20 世纪 50 年代末,以美国乔姆斯基为代表,运用转换—生成的理论和方法研究语言。1957 年乔姆斯基的《句法结构》出版,标志着"转换—生成语法"的诞生。这一理论是建立在理性主义的哲学基础之上的,它完全不同于建立在经验主义基础之上的美国结构主义,因此,它的出现是对当时居于主流地位的美国结构主义语言学的一大挑战,被人称作"乔姆斯基革命"。

转换—生成语法从提出至今已经四十多年了,在这期间,它主要经历了四个阶段:

第一阶段是"古典理论"时期,从 1957 年到 1965 年,《句法结构》是这个时期的代表作,有重要影响的理论有短语结构规则、转换规则以及语素音位规则。古典理论最显著的一个特点就是主张语法自主,把语义排除在语法之外,在这一点上与此前流行的结构语言学的理论是一致的。

第二阶段是"标准理论"时期,从 1965 年到 1971 年,代表作是《句法理论要略》,其语法包括四部分规则,即基础部分、转换部分、语义部分和语音部分。标准理论中最引人注目的修正是把语义纳入到语法中来,提出语法结构有深层和表层之别,深层结构决定语义,他通过转换规则转化为表层结构。这一修正使它跟古典理论有了原则区别。

第二阶段是"扩展的标准理论"时期,从 1972 年至 1979 年,1972 年出版的《深层结构、表层结构和语义解释》标志着这一时期的开始,而以 1977 年出版的《关于形式和解释的论文集》为代表,则对这一时期的理论又作了一些修正,因而也称为"修正的扩展的标准理论"。1972 年的主要变化在于表层结构对语义解释也起一定的作用,而在 1977 年的理论中,语义解释则被全部放到了表层。此外,这一阶段还提出了"虚迹"的理论。

第四阶段是从 1979 年至今,以《支配和约束论集》为代表。这本书是根据乔姆斯基1979年在意大利比萨的一次学术会议上提出的“支配”和“约束”理论整理成的。这一阶段的理论有两个重大变化：一是在原来的规则系统之外增加了原则系统；二是提出了“虚范畴”。目前，支配和约束理论仍然处于不断的修正和发展中。

转换—生成语法强调对人的语言能力做出解释，而不是仅仅描写语言行为，它要研究的是体现在人脑中的认知系统和普遍语法。乔姆斯基认为“语言”不是实际存在的东西，这个概念是从语法中派生出来的，只有语法才是实际存在的，因此，转换—生成语法研究的对象是语法而不是语言。另外，转换—生成语法采用的是现代数理逻辑的形式化方法，根据有限的公理化的规则系统和原则系统用演绎的方法生成无限的句子，以此来解释人类的语言能力。所以说，转换—生成语法无论是在研究目的、研究对象，还是在研究方法上都和传统语言学、结构主义语言学有原则的区别。它为语言研究开辟了一条新的道路，展现了一个全新的发展方向，使语言学以新的面貌呈现于世。它对其他人文社会科学的发展也产生了重要的影响。

3. 功能语言学

以英国的语言学家韩礼德为代表的功能学派认为语言是一种社会现象，强调交际和交流是语言的基本功能，因此，研究语言不仅要重视它的形式结构意义，而且要重视词句与社会文化的情景意义。韩礼德认为系统是第一性的，并且对语义功能进行了系统分类。他从语言运用的角度提出了语言有三种功能：概念功能、人际功能和语篇功能。韩礼德认为，结构研究是语言的表层形式，而系统研究是语言的深层形式，是语言的意义潜势（MEANING POTENTIAL），这二者是互相联系的，缺少其中任何一项都不能对语言进行全面的描写。

系统功能语法学派认为语言首先是一种“行为”，是一种“做”（DOING）的形式，而不是一种“知”（KNOWING）的形式。也就是说，仅仅具有语言知识是不够的，重要的是要能够实际运用语言。语言行为是人与人之间、人与环境之间进行交往、相互作用的社会现象。运用系统理论研究语言，就是把语言看作一种社会符号系统，并且用这一符号系统来认识社会，认识社会与人以及人与人之间的关系，最终建立动态化的语言社会模式。系统理论把研究重点放在语篇上，认为语言必须通过特定的语言组合（即存在于某一特定语境中的语篇），才能充分实现其意义。韩礼德的语言理论不但探讨了语言的形式，还研究了语言的意义和功能，并且分析了语言与社会的关系。系统功能语法把语言的实际使用作为研究对象，并且在应用过程中不断地检验和完善理论，具有较强的科学性和实践性。

4. 应用语言学

应用语言学（applied linguistics）将语言学理论、方法和发现应用于阐述其他领域出现的语言问题：这种形式特别用于外语教学，但也同样应用于其它方面，如文体学、词汇学、翻译和语言规划，也可用于临床和教育方面（转引自胡壮麟，

2007)。

5. 可用语言学

可用语言学(applicable linguistics)出现于 Frank. Y. Gladney (1966)的名为"Applicable linguistics for language teachers"一文中。他指出,一些传统或非语言学出身的教师发现转换生成语法否定了当时流行的结构主义理论,但也肯定了某些以音位为基础的拼写法,因此,音系学应当包括部分的词汇学,而其它的词汇学应当属于句法学。传统的读写在目标上应当转为听说,这就是 applicable linguistics。转换生成语法是教育上可资利用的语音学,是可用语言学,是实用语言学(转引自胡壮麟,2007)。胡壮麟(2007)认为,Gladney 的用意不是在建立一个具有崭新意义的语言学科。applicable linguistics 也不是一门课程的专门名称,而是指可用或实用一类语言学的课程。

6. 适用语言学

适用语言学(appliable linguistics)源于韩礼德于 2006 年 3 月在"韩礼德语言研究智能应用中心"开幕式上的讲话。韩礼德提出,人们面临处理和传递信息或准备科学技术课程或诊断医学疾病或审视互相矛盾的观点信仰的基础的,都在从事适用语言学的探索。胡壮麟认为,适用语言学是全面的和理论上强有力的语言模式。它可以用来解决语言应用过程和研究过程中的问题。Applicable linguistics 知识说明哪些语言学理论有实用价值,而 appliable linguistics 要回答要用什么样的理论能更好地说明和处理人类活动领域中的问题。适用语言学的目标是建立一个意义发生系统。适用语言学首先要解决语义的发生过程和积累过程,研究和探索"语义发生系统"。适用语言学的工作机制以社会理据来解释和描写语义发生。适用语言学的突破点是智能应用,比如文稿摘要的自动制作,机器翻译和预期学习成效的评估(胡壮麟,2007)。

强 化 练 习

1. Why is Saussure hailed as the father of modern linguistics?
2. What is the relation between Systemic Grammar and Functional Grammar?
3. What is special about TG Grammar?

强化练习答案

1. ① Saussure was the first to notice the complexitics of language. ② He believed that language is a system of signs. ③ He also held that the sign is the union of the signifier and the signified. Saussure made clear the object of study for linguistics as a science. His ideas pushed linguistics into a brand new stage, such as the arbitrary nature of sign, distinction of langue and parole and synchronic and diachronic linguistics.
2. Systemic Grammar and Functional Grammar are two inseparable components for an

integral framework of Systemic-Functional linguistic theory. Systemic Grammar aims to explain the internal relations in language as a system network or meaning potential. This network consists of subsystems from which language users make choices. Functional grammar aims to reveal that language is a means of social interaction, based on the position that language system and the forms that make it up are inescapably determined by the uses or functions which they serve. Systemic Grammar contains a functional component, and the theory behind Functional Grammar is systemic.

3. The starting point of Chomsky's TG Grammar is his innateness hypothesis, based on his observations that some important facts can never be otherwise explained adequately. Chomsky's TG Grammar has the following features. First, Chomsky defines language as a set of rules or principles. Second, Chomsky believes that the aim of linguistics is to produce a generative grammar which captures the tacit knowledge of the native speaker of his language. This concerns the question of learning theory and the question of linguistic universals. Third, Chomsky and his followers are interested in any data that can reveal the native speaker's tacit knowledge. They seldom use what native speakers actually say; they rely on their own intuition. Fourth, Chomsky's methodology is hypothesis-deductive, which operates at two levels: (a) the linguist formulates a hypothesis about language structure—a general linguistic theory; this is tested by grammars for particular languages, and (b) each such grammar is a hypothesis on the general linguistic theory. Finally, Chomsky follows rationalism in philosophy and mentalism in psychology.

参考文献

[1]胡壮麟. 语言学教程:第5版[M]. 北京:北京大学出版社,2017.

[2]廖美珍. 语言学教程(第四版)精读精解[M]. 成都:西南交通大学出版社,2013.